영어학의 이해와 활용

김경학 지음

Understanding & Practically Using English Linguistics

신아사

머리말

이 책은 영어에 대해 관심이 있고, 영어를 어떻게 공부해야 할지 궁금해 하는 일반인은 물론 영어를 전공하는 영문과 학생들을 위하여 영어 전반에 관해 알기 쉽게 쓴 영어학의 이해이다. 대학에서 30여 년간 강의를 해오면서 느낀 점 중 하나는 영문과 학생들 자체도 지나치게 이론적인 것보다는 영어 회화나 토익 토플 등 실용적인 영어에 더 관심이 있다는 점이다. 그러나 실용적이라고는 하지만 단편적인 영어지식에 치우쳐 있어 체계가 없고 이리 저리 휩쓸리는 경향이 있다. 따라서 전체적으로 영어란 어떤 언어이고, 영어를 어떻게 공부하는 것이 바람직한지 그 이론적 배경을 알아보고, 듣기가 강조되고 있는 이 시점에서 영어 음성학, 음운론의 기본 원리는 무엇인지, 또 독해의 기본인 영어 어휘 및 단어 내부구조 및 어형성 과정에 대해서 어떤 것에 초점을 맞추어 공부를 해야 되는지 등에 대해 보다 체계적으로 안내하면 많은 도움이 될 것이라고 생각하게 되었다. 거기에 영어 어휘 및 숙어의 의미와 영어의 일반 문장구조는 어떠하며 통사론에서는 문장을 어떻게 분석하고 의미를 해석하는지 등의 문장 의미론과 발화의 의미인 화용론과 정보구조도 소개하면 영어 전반에 관해 충분한 이해를 할 수 있고, 더 나아가 영어를 이해하고 활용하는 데 좋은 길잡이가 될 수 있다고 생각하여 이 책을 집필하게 되었다. 이 책의 구성 및 중점사항과 공부에 도움이 될 수 있는 몇 가지 사항을 적어 보면 다음과 같다.

첫째, 초보자나 영어에 관심 있는 일반학생들도 평이하게 접근할 수 있도록 영어 전반에 걸쳐 기본적으로 필요한 지식을 총 망라하였다.

둘째, 영어 음성학과 음운론, 단어의 내부구조와 형태론, 단어 및 구의 의미와 어휘의미론, 문장구성요소와 문장구조의 분석, 생성문법의 문장 의미론, 화용론과 정보구조 등 영어학 전반에 걸쳐 총 8장으로 구성하여 영어학의 이해와 같은 전공 교재나 참고문헌으로 이용할 수 있도록 구성하였다.

셋째, 중요 중점사항에 중심으로, 지나치게 이론적인 설명보다는 예문 중심으로 설명하였다. 또 전반부는 영어 음성음운, 단어의 내부구조 등 보다 접근하기 쉬운 주제로 시작하여 후반부는 점차 이론적인 어휘 의미론, 문장구조 및 통사론 및 문장 의미론, 화용론과 정보구조 등 필요한 이론적 설명을 첨가하여 균형을 유지하였다.

넷째, 영어학 전반에 대해 필요한 기본 지식과 이론적 원리를 총 망라하고 있고, 각 장 끝에 연습문제를 넣어 이를 잘 이해하고 연습문제를 통해 활용할 수 있도록 하였으므로, 일반학생은 물론 영문과 학생들에게 좋은 길잡이가 될 수 있도록 하였다.

끝으로 지식이 넘쳐나는 세상에서는 유용한 지식을 구별해 내는 지식도 필요하며, 단편적인 지식을 총괄하는 지식도 필요하다. 반드시 필요한 영어학 전반에 관한 지식들을 전체적으로 한 번 체계적으로 이해해 본다면 다른 세부적인 지식을 접할 때 더욱 효과적으로 학습할 수 있을 것이다. 이 책이 그러한 총괄적인 기반을 제공하는 데 도움이 되기 바란다. 이어 이 책의 출판을 기꺼이 허락해 주신 출판사 사장님과 편집인께도 감사를 드린다.

2015년 2월

저자 김경학

차 례

제 1 장 영어 음성학

제 2 장 영어 음운론

제 3 장 단어의 내부구조와 형태론

제 4 장 단어 및 구의 의미와 어휘의미론

제 5 장 문장 구성요소와 문장구조의 분석

제 6 장 생성문법의 통사론

제 7 장 문장 의미론

제 8 장 화용론과 정보구조

영어학의 이해와 활용

제 1 장

영어 음성학

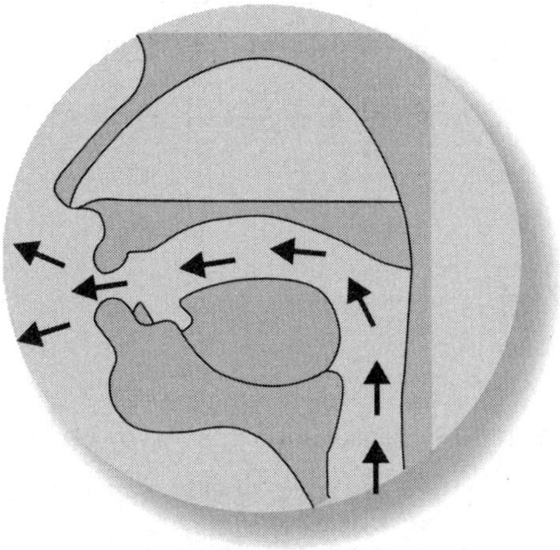

〈구강음의 조음시의 공기의 통로〉

1. 음성학과 음운론

음성학(phonetics)이란 인간이 의사소통에 사용하는 말소리(speech sounds)에 대한 학문이다. 음성학의 하위분야로는 의사소통에 사용하는 인간의 말소리를 화자가 어떻게 발음하는지 발성기관 및 조음과정을 연구하는 분야로 조음음성학(articulatory phonetics)이 있다. 또 입 밖으로 나온 공기 중의 말소리가 어떻게 전달되는지 말소리를 구성하고 있는 음파의 물리적 속성을 연구하는 분야로 음향음성학(acoustic phonetics)이 있다. 다음 귀에 도달된 말소리를 청자가 어떻게 식별하고 지각하는지 지각과정을 연구하는 분야로 청각음성학(auditory phonetics)이 있다.

한편 음운론(phonology)이란 음성학 자료를 바탕으로 추상적인 음운조직을 체계화하고 그 조직을 지배하는 여러 가지 법칙들을 발견하는 학문이다. 즉 영어 등과 같은 특정 언어의 소리체계(sound system)를 연구하는 분야로 주로 각 언어마다 소리체계가 어떻게 구성되어 있고, 그 나라 언어에서는 음운변화가 어떻게 일어나는 지를 연구한다. 예를 들어 영어의 음성체계에서는 /l/소리와 /r/소리가 별개의 소리이지만 국어의 음성체계에서는 /ㄹ/은 /l/소리에 가깝고, /r/소리는 없다. 또 국어의 음운변화에서는 /ㄴ/이 /ㄹ/앞에서 같은 /ㄹ/로 바뀌는 음운 변화현상([신라]〉[실라])이 있는데, 이 때문에 한국학생이 Henly를 [helli]로 잘못 발음하는 경향이 있다. 본 장에서는 영어 음성학으로 조음음성학을 중심으로 영어의 자음과 모음의 특성과 분류에 대해 살펴보고자 한다. 나아가 한국어 자음과 모음과의 차이에 대해서도 살펴보고자 한다.

2. 영어의 발성기관

영어의 조음음성학으로 자음(consonant)과 모음(vowel)과 같은 분절음(segments)의 조음과정을 살펴보면, 실체 소리를 내기 위해서 사용되는 인체의 발음기관에 대해 알아야 될 것이다. 이때 발음에 포함되는 해부학적 구조를 총칭해서 발성기관(organ of speech)라고 한다.

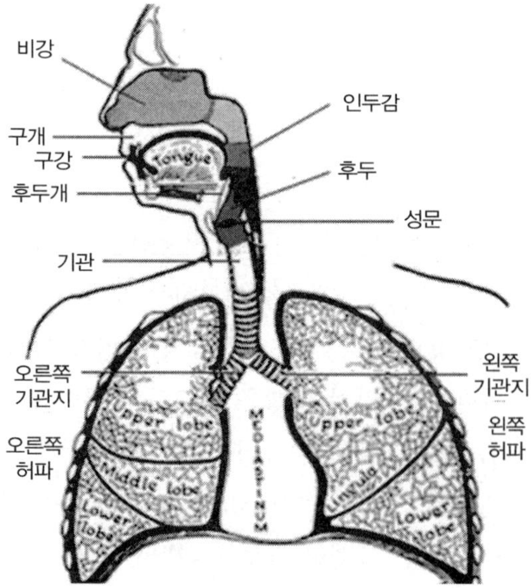

〈발성(조음) 기관〉

소리를 내기 위해서는 숨을 들이쉬면서 내는 들숨소리도 있지만, 일반적으로는 숨을 내 쉬면서 내는 날숨 체계(eggressive pulmonic system)를 이용한다. 즉 소리를 내기 위해서는 먼저 허파에서부터 공기를 내보내면서 시작된다. 허파에서부터 나온 공기는 기관지와 기관으로 이어지는 데, 이와 같은 호흡기 계통을 소리를 내기 위한 발동부라고 한다. 따라서 영어발음습관을 고치기 위해서는 먼저 발동연습을 통해 영어 강세박자 리듬을 익혀야 한다.

호흡기를 통해 나온 공기는 후두(larynx)로 이어지는 데, 후두는 성대(vocal cords)라고 불리는 두 개의 근육과 성대 사이의 공간, 즉 성문(glottis)을 포함하는 일종의 상자이다. 성대가 약간 닫힌 상태에서 공기가 성문을 통과할 때는 성대가 진동하고, 성문이 완전히 열린 상태에서는 성대의 진동이 없다. 성대가 진동하면서 발음되는 음은 유성음이라 하고, 성대가 진동되지 않는 음을 무성음이라 한다. 이와 같이 유무성의 소리가 구별되어지는 후두를 소리를 내기 위한 발성부라고 한다. 영어는 모음과 자음의 절반이상이 유성음이다. 올바른 영어발음습관을 갖기 위해서는 발성연습을 통해 목청이 많이 울리는 영어의 유성음 발음을 익혀야 한다.

다음 실제 소리가 만들어져 발음되는 부분은 후두개를 포함한 인두(pharynx), 구강(oral cavity), 비강(nasal cavity)이다. 이들을 발음기관 또는 조음부라고 한다. 그 중에서도 가장 중요한 부분이 입안인 구강이다. 구강의 윗부분에 있는 윗입술, 윗니, 잇몸, 경구개는 고정되어 있어 움직이지 않는 부분이다. 반면 조음시에 움직이는 기관은 아랫부분에 붙은 아랫입술, 아랫니, 혀 등이다.

인두는 식도의 바로 위에서부터 시작하여 구강과 비강으로 연결되는 파이프 모양의 공명강으로서 성대를 지난 공기가 반드시 지나야 하는 통로이다. 인두의 공기가 비강으로 빠져나가면 비음이 생성되고, 구강으로 빠져나가면 구강음이 된다.

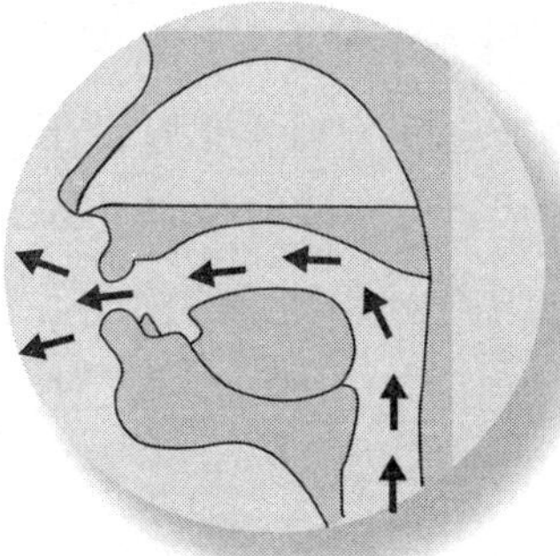
〈구강음 조음시의 공기의 통로〉

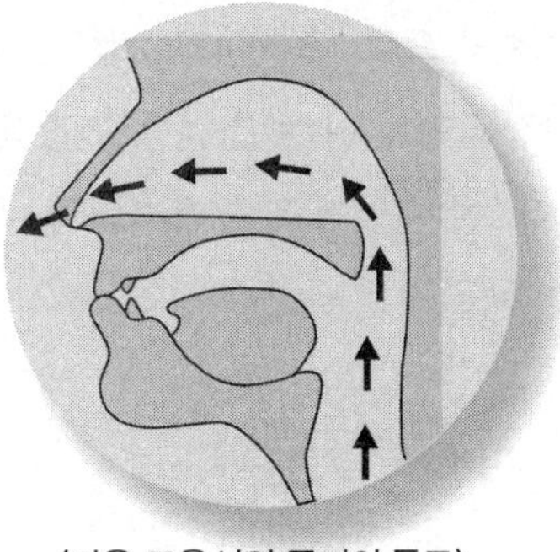
〈비음 조음시의 공기의 통로〉

구강의 윗부분에 고정되어 있는 수동적 조음기관 윗입술, 윗니, 잇몸(치경), 경구개 등은 주로 소리가 만들어지는 지점인 조음점(place of articulation)을 형성하고, 아랫부분에 있는 능동적 조음기관으로는 아랫입술, 아랫니, 혀와, 윗부분에 있지만 뒤쪽에 있는 연구개 및 목젖은 소리를 만드는 능동적인 조음자(articulator)가 된다. 발음은 주로 조음자가 조음점으로 움직이는 상향 운동에 의해 이루어진다. 조음자 중에서 가장 중요한 역할을 하는 혀는 혀끝(tip), 설단(blade), 전설(front), 중설(center), 후설(back), 설근(root)등으로 나누어진다.

1. 입술 (lip)
2. 이 (teeth)
3. 잇몸 (alveolar)
4. 경구개 (hard palate)
5. 연구개 (soft palate, veium)
6. 목젖 (uvula)
7. 혀 (tongue)

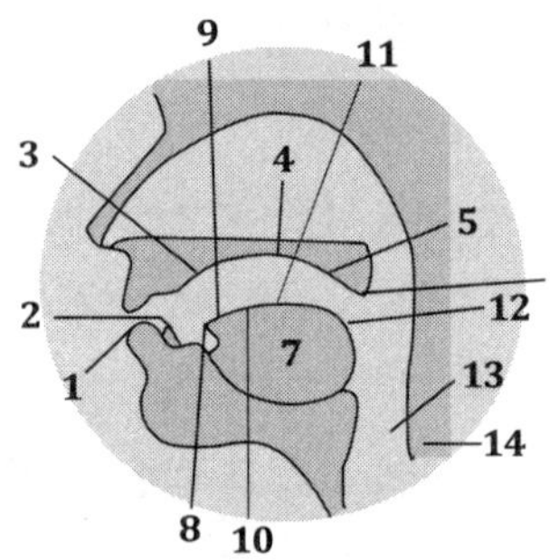

8. 혀끝 (tip)
9. 설단 (blade)
10. 전설 (front)
11. 중설 (middle)
12. 후설 (back)
13. 후두개 (epiglottis)
14. 성문 (glottis)

〈조음기관〉

조음점에서 가장 많이 사용되는 부분은 치경과 구개(입천장)이다. 치경은 윗니 바로 뒤의 잇몸을 말하며, 구개는 치경을 포함하여 앞의 2/3 가량이 뼈로 되어있고, 나머지는 연한 근육으로 되어 있다. 앞의 딱딱한 부분은 경구개(hard palate), 뒤의 연한 부분은 연구개(soft palate)라고 한다. 두 입술을 둥글게 앞으로 내밀어서 작은 공명강을 만들 때 이를 순강이라고도 하는 데, 흔히 구강에 포함시킨다. 구강에서 조음된 소리라도 밖으로 나가는 마지막 통로인 입술의 모양이 둥그냐, 평평하냐에 따라 원순음, 평순음으로 나뉜다. 또 턱 근처의 근육도 발음시 작용을 하는 데 근육이 단단해져 긴장되면서 나는 소리를 긴장음이라 하여 느슨한 상태에서 발음되는 이완음과 구별한다. 이는 영어의 강세리듬과 매우 밀접한 관련이 있어 매우 중요하다.

3. 영어 자음의 특성과 분류

자음은 공기의 흐름이 구강 내에서 장애를 받아 나는 소리이다. 이때 어떻게 장애를 받는가와 장애가 생기는 장소에 따라 분류되며, 성대의 진동여부에 따라 유성음과 무성음으로 구별된다. 장애를 받는 장소 즉 조음점에 따라 양순음(bilabial), 순치음(labio-dental), 치음(dental), 치경음(alveolar), 경구개음(palatal) 연구개음(velar), 성문음(glottal)으로 분류되고, 방해를 받는 방법 즉 조음방법(manner of articulation)에 따라 폐쇄음(stop), 마찰음(fricative), 파찰음(affricative), 비음(nasal), 유음(liquid), 활음(glide) 등으로 분류된다.

3.1 유성음, 무성음의 분류와 성문음

호흡기를 통해 나온 공기는 후두(larynx)로 이어진다. 후두는 성대(vocal cords)라고 불리는 두 개의 근육과 성대 사이의 공간, 즉 성문(glottis)을 포함하는 일종의 상자이다. 성대가 약간 닫힌 상태에서 공기가 성문을 통과할 때는 성대가 진동하고, 성문이 완전히 열린 상태에서는 성대의 진동이 없다. 성대가 진동하면서 발음되는 음은 유성음(voiced sounds)이라 하고, 성대가 진동되지 않는 음을 무성음(voiceless sounds)이라 한다. 유성음과 무성음이 조음될 때의 성문의 모양은 다음 그림과 같다.

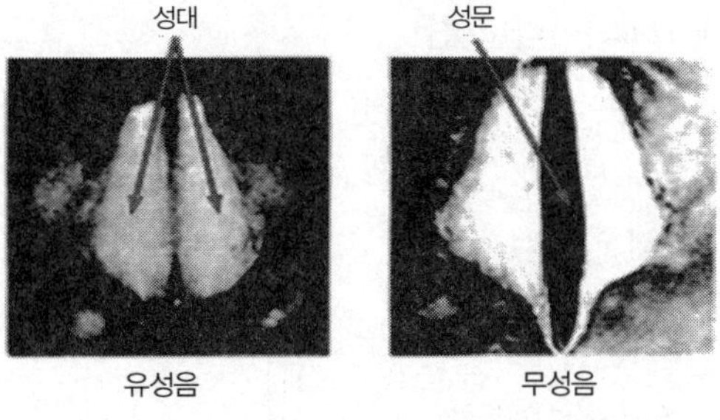

〈성대와 성문의 모양〉

영어는 국어와 달리 유성 무성의 차이가 매우 중요하다. 영어나 국어 모두 모음은 유성음이다. 그러나 국어의 자음은 기본적으로 무성음으로 보는 데 비하여, 영어의 자음은 /p, t, k, f, θ, s, ʃ, ʧ, h/을 제외한 다른 자음은 모두 유성음이다. 예를 들어 영어의 자음 중에서 비음 /m, n, ŋ/과, 유음 /l, r/ 활음 /y, w/ 등은 모두 성대가 진동하는 유성음이다. 또 자음 중에서 폐쇄음과 (/ʔ/를 제외하고) 마찰음(/h/를 제외하고), 그리고 파찰음은 유성음과 무성음이 서로 대립을 이루는 쌍으로 되어있다. 따라서 영어의 발음은 국어에 비하여 목청이 많이 울리기 때문에 딱딱한 발음이 아니라, 부드럽고, 울림이 많은 공명음 발음이다. desk처럼 무성자음이 어말에 나왔을 때 모음 [으]를 첨가하여 [데스크]로 발음하지 말고, 울림이 많은 단어 앞쪽의 유성음 /de-/발음은 높은음에 길고 강하고 명료하게 발음하고, 울림이 없는 단어 끝의 무성음 /-sk/는 낮은음에 짧고 약하고 불분명하게 발음하여 거의 들리지 않을 정도로 속으로 발음하여, 전체적으로 높은음에서 낮은 음으로 미끄러지는 미끄럼형 리듬으로 발음해야 한다. 이와 같은 부드럽고 울림이 좋은 공명음 발음을 위해서는 유성음, 무성음을 구별할 수 있는 발성연습이 필요하다. 특히 유성음은 성대를 중심으로 가슴과 입천장까지 울리는 공명음이 되어야 한다.

한편 성문과 관련된 소리를 보면 다음과 같다. 성대가 완전히 폐쇄되어 공기의 흐름이 중단되어서 만들어지는 소리를 성문폐쇄음(glottal stop)이라고 한다. 성대를 완전히 닫고 성대의 근육을 팽팽하게 한 다음 전혀 진동이 일어나지 않게 함으로 만들어지는 소리는 속삭임(whispering)이라고 한다. 성대를 천천히 규칙적으로 진동시킴으로써 만들어지는 소리를 갈라지는 소리(creaky voice)이라고 한다. 성대의 과도한 긴장과 불규칙적인 진동의 결과로 생기는 소리를 거친 목소리(harsh voice)이라고 한다. 성대가 부어서 불규칙적인 진동과 불완전한 폐쇄가 생긴 결과로 만들어지는 소리를 쉰 목소리(hoarse voice)이라고 한다.

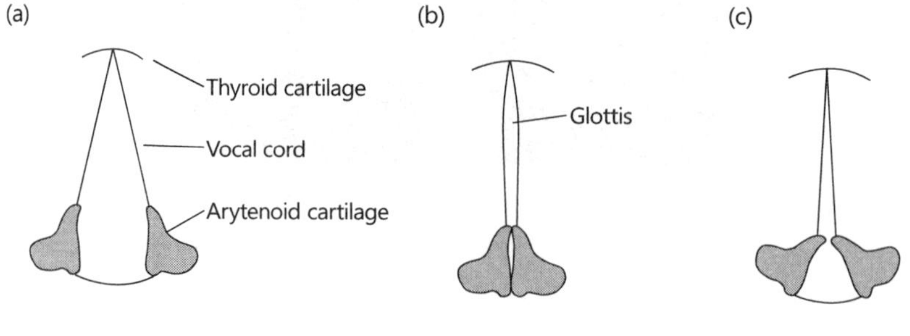

3.2 조음점에 따른 분류

입술에서 성대에 이르기까지 어른의 경우 약 17cm의 통로에는 이론적으로 무한대의 조음점이 가능하다. 그러나 실제로 영어 자음에 동원되는 조음점은 대략 다음과 같다.

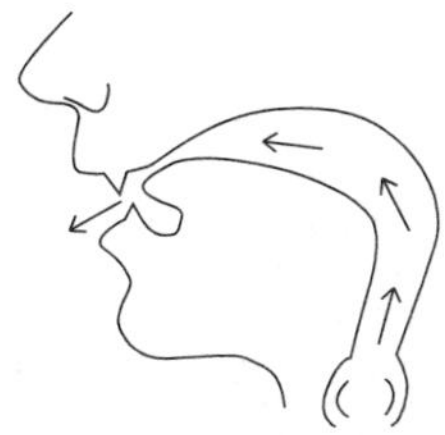

① 양순음(bilabials) : 두 입술 사이에서 조음되는 소리로 영어에는 /p, b, m, w/가 있다.

② 순치음(labio-dentals) : 윗니와 아랫입술사이에서 조음되는 소리로 영어에는 /f, v/가 있다.

③ 치간음(interdentals) : 두 이 사이에서 조음되는 소리로 영어에는 /θ, ð/이 있다.

④ 치경음(alveolars) : 치경 즉 위 잇몸에서 조음되는 소리로 영어에는 /t, d, s, z, n, l, r/로 가장 많다.

⑤ 경구개치경음(palato-alveolars) : 치경의 뒤쪽과 경구개 사이에서 조음되는 소리로 영어에는 /ʃ, ʒ, ʧ, ʤ/ 소리가 있다.

⑥ 경구개음(palatals) : 경구개에서 조음되는 소리로 영어에는 /j/ 소리(또는 /y/로 표기)가 있다.

⑦ 연구개음(velars) : 연구개에서 조음되는 소리로 영어에는 /k, g, ŋ/ 소리가 있다.

⑧ 성문음(glottals) : 성문에서 조음되는 소리로 영어에는 /h, ʔ/ 소리가 있다. /ʔ/ 소리는 no라는 의미로 uh-uh[ʌʔəʔ]를 발음할 때 마찰음 /h/를 폐쇄음 /ʔ/로 발음하거나(yes라는 의미로는 [əhʌ]라고 발음함), bottle:[bɑʔl]할 때 폐쇄음 /t/소리가 치경이 아니라 성문에서 나올 때 나는 소리이다.

3.3 조음방법에 따른 분류

자음은 공기의 흐름이 구강 내에서 방해를 받아 나는 소리이다. 따라서 방해를 받는 방법 즉 조음방법(manner of articulation)에 따라 폐쇄음(stop), 마찰음(fricative), 파찰음(affricative), 비음(nasal), 유음(liquid), 활음(glide) 등으로 분류된다.

(1) 폐쇄음 또는 파열음

폐쇄음은 허파에서 올라온 공기의 흐름이 구강내에서 어느 지점에서 잠시 폐쇄되었다가 압축되어, 갑자기 파열되며 나는 소리이다. 공기의 흐름이 완벽히 폐쇄된다는 의미에서 폐쇄음(stop)이라고도 하며, 폐쇄되었던 공기가 갑자기 파열되며 나는 소리라는 의미에서 파열음(plosives)이라고도 한다.

〈폐쇄음의 조음단계〉

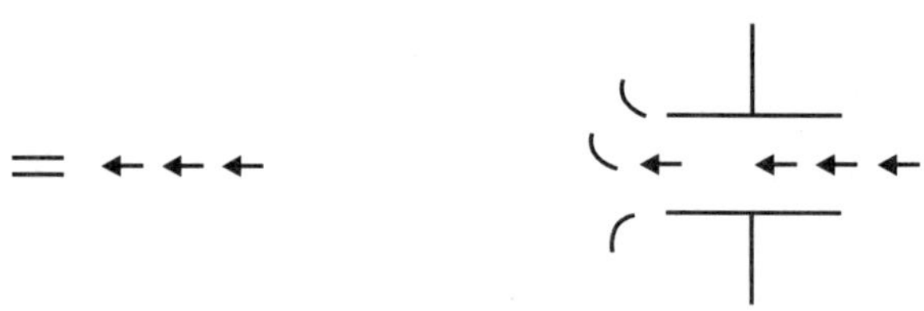

영어의 경우 양입술을 막았다 파열시키는 /p, b/와 치경 즉 위 잇몸을 혀(전설)로 막았다 파열시키는 /t, d/, 연구개를 혀(후설)로 막았다 파열시키는 /k, g/ 및 성문 즉 목구멍을 막았다 파열시키는 /ʔ/ 등이 있다.

(2) 마찰음

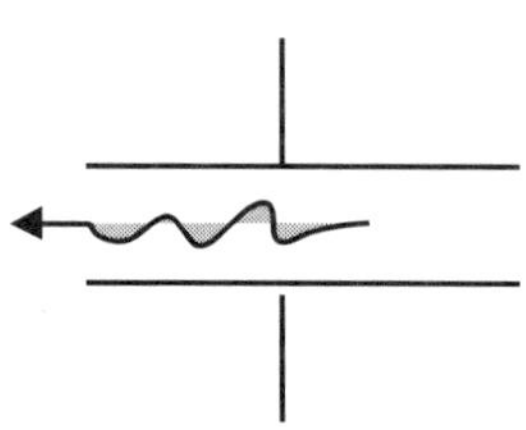

마찰음은 조음기간 사이에 조그만 틈을 열어 주어 이 틈을 통해 밀폐되었던 공기가 빠져 나가면서 나는 소리이다. 이렇게 공기가 조그만 틈을 통하여 통과할 때 마찰(friction)을 일으킨다고 하여 마찰음(fricative)이라고 한다. 이는 마치 타이어에 조그만 구멍이 나, 그 구멍으로 바람이 새어나올 때의 소리와 마찬가지의 이치로 발성되는 소리이다. 유리창에 '호' 또는 '후'하고 입김을 불 때의 소리인 /h/ 소리가 이에 속한다. 영어의 마찰음에는 윗니를 아랫입술에 갖다 대고 그 틈 사이에서 마찰시키는 /f, v/, 양 이빨 사이에서 마찰시키는 /θ, ð/, 혀를 치경에 가까이 갖다 대고 그 틈 사이에서 마찰시키는 /s, z/, 혀를 치경과 경구개에 걸쳐 가까이 갖다 대고 그 틈 사이에서 마찰시키는 /ʃ, ʒ/, 목구멍사이에서 마찰시키는 /h/ 등이 있다.

(3) 파찰음

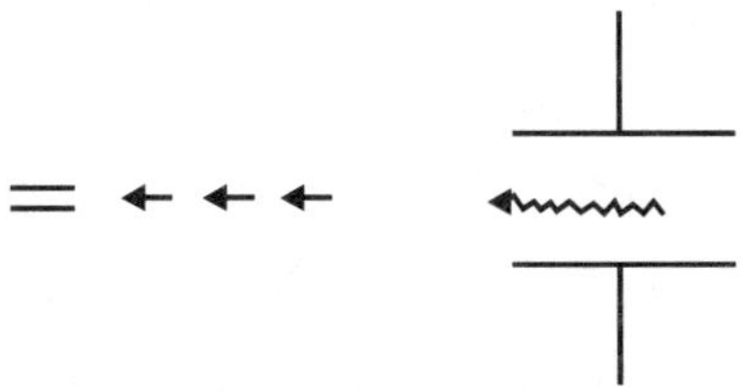

파찰음(affricates)이란 처음에는 폐쇄음의 경우에서처럼 잠시 공기를 완전히 폐쇄시켰다가 그 폐쇄된 공기를 마찰음의 경우에서처럼 조그만 틈으로 마찰시켜 내보냄으로써 나는 소리를 말한다. 이러한 의미에서 폐쇄음과 마찰음 결합이라고 할 수 있다. 영어에서 사용되는 파찰음에는 'church' 등에서 나타나는 /tʃ/ 소리와 'judge' 등에서 나타나는 /dʒ/소리 두 가지가 있다. 이 두 소리의 음성 기호가 상징하듯이 /tʃ/소리는 음성학적으로 폐쇄음인 /t/ 소리와 마찰음인 /ʃ/소리가 합쳐진 소리이며, /dʒ/ 소리는 폐쇄음인 /d/ 소리와 마찰음인 /ʒ/ 소리가 합쳐진 소리이다.

(4) 비음(nasals)

비음은 연구개(velum)가 하강하여 코로 통하는 통로가 열리게 되어, 폐로부터의 공기의 흐름이 비강을 통하여 코로 빠져나가면서 나는 소리이다. 이때 구강(oral cavity)은 완전히 폐쇄되는데, 이는 앞에서 설명한 폐쇄음과 동일하다. 영어의 경우 양입술을 막아 구강이 폐쇄되어 공기가 코로 빠져나가면서 나는 소리 /m/, 위 잇몸을 혀

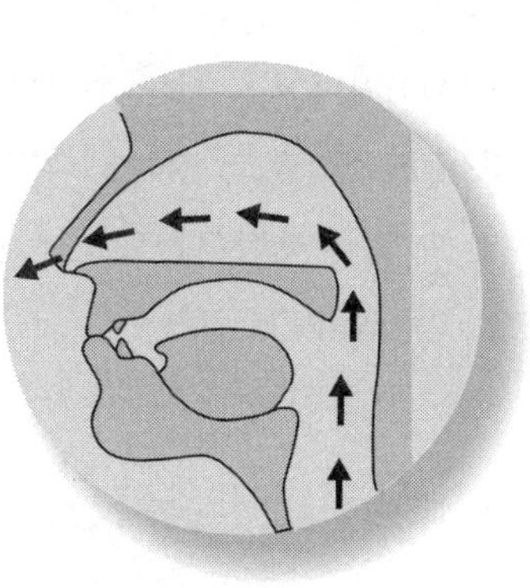

〈비음의 조음시의 공기의 통로〉

로 막아 공기가 코로 빠져나가면서 나는 소리 /n/, 연구개를 막아 공기가 코로 빠져나가면서 나는 소리 /ŋ/이 있다.

(5) 유음(liquids)

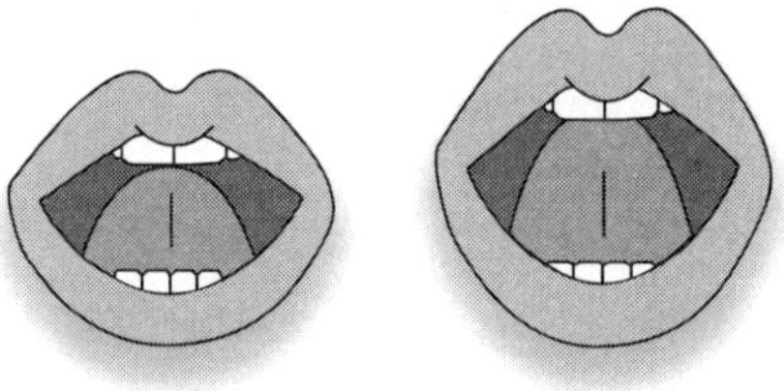

〈/r/와 /l/의 조음시의 입모양〉

자음은 공기의 흐름이 방해를 받는다는 의미에서 모음과 구별되는 소리이지만, 유음은 자음중에서 그 방해의 정도가 폐쇄음이나 마찰음의 경우보다 훨씬 덜한 상태에서 나는 소리이다. 즉 공기가 흐르듯이 흘러가는 소리라 하여 유음이라 한다. 영어의 /l/과 /r/이 이에 속하는데, /l/은 혀가 치경(alveolar ridge)에 닿기는 하지만 공기가 혀의 양측면으로 흐르듯이 빠져 나오면서 나는 소리로서 이를 설측음(lateral)이라고 한다. 영어의 /r/도 일반적으로 치경에서 발성되기는 하나 혀를 뒤로 말아 올려(curl back) 공기가 혀 위로 흘러나오면서 나는 소리로서 권설음(retroflex)이라고 한다.

(6) 활음 (glides)

활음은 공기의 흐름에 대한 방해의 정도가 극히 미미할 때 나는 소리이다. 따라서 그 미미한 정도의 방해만을 제외하면 이는 거의 모음에 가까운 소리로 반모음(semi-vowel)이라고도 한다. 또한 이들은 이중모음을 낼 때 모음에서 모음으로 재빨리 미끄러져 전이되어 가는 소리라는 의미에서 전이음이라고도 불린다. 활음은 음절의 핵을 이루지 못한다는 점에서 다른 모음과 구별된다. 영어의 경우 /y/(또는 /j/로 표시)와 /w/ 소리가 있다.

3.4 영어 자음의 종합적 분류

영어자음의 분류를 종합하여 도표로 나타내면 다음과 같다.

<table>
<tr><th colspan="3">조음점
조음방법</th><th>양순음</th><th>순치음</th><th>치간음</th><th>치경음</th><th>경구개
치경음</th><th>경구
개음</th><th>연구개
음</th><th>성문음</th></tr>
<tr><td rowspan="6">저해음</td><td rowspan="2">폐쇄음</td><td>무성</td><td>p</td><td></td><td></td><td>t</td><td></td><td></td><td>k</td><td>ʔ</td></tr>
<tr><td>유성</td><td>b</td><td></td><td></td><td>d</td><td></td><td></td><td>g</td><td></td></tr>
<tr><td rowspan="2">마찰음</td><td>무성</td><td></td><td>f</td><td>θ</td><td>s</td><td>ʃ</td><td></td><td></td><td>h</td></tr>
<tr><td>유성</td><td></td><td>v</td><td>ð</td><td>z</td><td>ʒ</td><td></td><td></td><td></td></tr>
<tr><td rowspan="2">파찰음</td><td>무성</td><td></td><td></td><td></td><td></td><td>ʧ</td><td></td><td></td><td></td></tr>
<tr><td>유성</td><td></td><td></td><td></td><td></td><td>ʤ</td><td></td><td></td><td></td></tr>
<tr><td rowspan="3">공명음</td><td colspan="2">비음</td><td>m</td><td></td><td></td><td>n</td><td></td><td></td><td>ŋ</td><td></td></tr>
<tr><td colspan="2">유음</td><td></td><td></td><td></td><td>l, r</td><td></td><td></td><td></td><td></td></tr>
<tr><td colspan="2">활음</td><td>w</td><td></td><td></td><td></td><td></td><td>y(j)</td><td>w</td><td></td></tr>
</table>

먼저 자음을 분류할 때 방해를 많이 받는 저해음(obstruent: 또는 장애음)과 방해를 비교적 덜 받는 공명음(sonorant)으로 구별한다. 저해음은 방해를 많이 받아 공명도가 떨어지는 시끄러운 소음(noise)의 특성을 갖는 음으로 순수 자음이라고 할 수 있다. 이에는 파열음, 마찰음, 파찰음이 있다. 공명음은 모음과 마찬가지로 공명도가 높아 음악적인 소리(musical sound)의 특성을 갖는다. 이에는 비음, 유음, 활음 등이 있다. 공명음은 모두 유성음인데 비하여 저해음은 성대를 진동하여 내는 유성음과 진동이 없는 무성음의 대립이 있다. 따라서 먼저 자음을 분류할 때 폐쇄음, 마찰음, 파찰음과 같이 조음시 장애를 많이 받아 공명도가 적은 저해음(obstruent)과 비음, 유음 활음 등과 같이 장애를 덜 받는 공명음(sonorant)으로 분류한다.

또 다른 자음 분류는 폐쇄음, 파찰음, 비음 등과 같이 조음될 때 공기의 흐름이 구강 내의 어느 곳에서 차단되었다가 나는 소리로 비지속음(noncontinuant)과, 마찰음, 유음, 활음 등과 같이 모음과 비교하여 상대적으로 방해를 어느 정도 받지만, 공기의 흐름이 차단되지 않고 흘러나가는 지속음(continuant)으로 분류할 수 있다.

- 자음
  - 비지속음 (noncontinuant)
    - 파열음 (plosive)
    - 파찰음 (affricate)
    - 비음 (nasal)
  - 지속음 (continuant)
    - 마찰음 (fricative)
    - 비마찰음 (nonfricative)
      - 유음 (liquid)
      - 활음 (glide)

조음 형태면에서 조음기간에 접근하여 폐쇄되어 조음하는 폐쇄 접근음(close approximation)과 모음처럼 조음기간에 접근하지만 개방되어 조음하는 개방 접근음(open approximation)으로 분류하기도 한다.

- 자음
  - 폐쇄 접근음 — 폐쇄음, 마찰음, 파찰음, 비음
  - 개방 접근음 — 유음, 활음

또 음절역할의 기능면에서 유음, 비음처럼 음절의 핵인 모음역할을 할 수 있는 성절자음(syllabic consonants)과 음절핵인 모음역할을 할 수 없는 비성절자음(nonsyllabis consonants)으로 분류하기도 한다.

- 자음
  - 성절 자음 — 유음, 비음
  - 비성절 자음 — 폐쇄음, 마찰음, 파찰음, 활음

3.5 영어와 국어 자음체계 비교

영어와 국어의 자음체계를 비교하면 다음 도표와 같다.

조음방법 \ 조음점			양순음	순치음	치간음	치음	치경음	경구개치경음	경구개음	연구개음	성문음
저해음	폐쇄음	영	p b				t d			k g	ʔ
		국	ㅂ(ㅂ) ㅍ ㅃ			ㄷ(ㄷ) ㅌ ㄸ				ㄱ(ㄱ) ㅋ ㄲ	
	마찰음	영		f v	θ ð		s z	ʃ ʒ			h
		국				ㅅ(ㅈ) ㅆ		(ㅅ) (ㅈ)			ㅎ
	파찰음	영						ʧ ʤ			
		국						ㅊ(ㅈ)			
공명음	비음	영	m				n			ŋ	
		국	ㅁ			ㄴ					
	유음	영					l, r				
		국				ㄹ					
	활음	영	w						y(j)	w	
		국									

국어의 자음체계는 영어와 달리 /t, d/와 같은 유무성의 차이는 없고, 오히려 무성음에 더 가까운 /ㄷ/이 대표음으로 있다. 또 /ㅌ, ㄸ/과 같은 유기음, 무기음 등의 차이가 있다. 또 조음위치도 영어와 조금 다르다. 특히 영어의 치경음 /t, d/, /s, z/, /n/, /l, r/과 비슷한 /ㄷ/, /ㅅ/, /ㄴ/, /ㄹ/은 위 잇몸이 아니라 오히려 윗니에서 조음되는 치음이라 할 수 있다.

(1) 폐쇄음 발음

폐쇄음의 경우 국어는 영어처럼 무성음 /p, t, k/, 유성음 /b, d, g/의 구별이 없고, 대표음으로 /ㅂ, ㄷ, ㄱ/를 무성음으로 본다. 그러나 '바보, 바다, 가기'와 같이 두 번째 음절에서의 국어 폐쇄음 /ㅂ, ㄷ, ㄱ/는 유성음으로 발음된다. 즉 무성음인 /ㅂ, ㄷ, ㄱ/가 유성음인 모음과 모음사이에서 유성음화된 경우로 별개의 소리로 보지 않기 때문에 괄호로 표시한다. 따라서 한국 사람은 'bob/dad/god'에서 유성음 /b, d. g/를 발음할 때 국어의 /ㅂ, ㄷ, ㄱ/로 대치하여 발음하지 않도록 조심해야 한다. 또 'cab/cap, cad/cat, rag/rack' 등과 같은 영어 단어 끝의 폐쇄음 발음에서 영어의 유무성 차이를 구별하지 못하고, 모음 /으/ 삽입하여 발음하는 경향도 있으니 조심해야 한다. 위의 경우 단어 끝의 폐쇄음은 폐쇄만 하고 파열을 시키지 않으므로 그 앞의 모음발음에서 차이가 난다. 즉 유성음 /b, d, g/ 앞에서 같은 유성음인 모음은 약간 길게 발음되고, 무성음 /p, t, k/ 앞에서 모음은 약간 짧게 발음된다.

한편 국어에서는 유기음 /ㅍ, ㅌ, ㅋ/와 무기음 /ㅃ, ㄸ, ㄲ/은 별개의 소리인데 비하여, 영어에서는 같은 /p, t, k/ 소리가 약간 다르게 발음된 변이음이다. 따라서 'pot/spot, team/steam, car/scar' 등에서 두 발음의 차이를 인식하지 못하고 모두 /p, t, k/로 발음하는 경향이 있으므로 조심해야 한다. 또 국어의 /ㄷ, ㅌ/은 영어의 /t, d/처럼 치경음이 아니라, 치음에 가깝다. 따라서 'ten, talk, tennis, return' 등에서 /t/를 국어의 /ㅌ/처럼 치음으로 발음하지 않도록 조심해야 한다. 또 'bitter/bidder, latter/ladder, metal/medal, wetting/wedding, atom/Adam, shutter/shudder' 등처럼 강모음과 약모음 사이의 /t, d/는 구별이 안되고, 단타음 [ř]로 발음되므로 조심해야 한다. 또 'beaten, fatten, battle, bottle'처럼 /t/소리가 /n/이나, /l/앞에서 성문패쇄음 /ʔ/으로 발음되므로 유의해야 한다.

(2) 마찰음 및 파찰음 발음

마찰음의 경우 국어는 영어와 더욱 더 다르다. 즉 영어의 순치음 /f, v/와 치간음 /θ, ð/에 해당하는 국어의 마찰음 소리는 없다. 따라서 한국 사람들은 영어의 /p/와 /f/ (pen ↔ fan) 및 /b/와 /v/ (base ↔ vase)를 구별하기 어려워한다.

pen 발음할 때의 영어 /p/소리는 위 앞 그림처럼 먼저 두 입술을 붙여 허파에서 나온 공기의 흐름을 차단하여 압축하였다가, 붙였던 입술을 갑자기 터뜨리며 공기를 파열시켜 내는 무성 파열음으로 우리말 [ㅍ]과 유사한 유기음 소리이다. 즉 무성 양순 폐쇄음(voiceless bilabial stop)이다. 반면 fan 발음할 때의 영어 /f/소리는 위 뒷 그림처럼 윗니를 아랫입술 안쪽에 살그머니 얹고 그 사이로 공기를 마찰시켜 내는 무성 마찰음이다. 즉 무성 순치 마찰음(voiceless labiodental fricative)이다. 두 소리는 발음 나는 위치도 다를 뿐만 아니라, 발음 하는 방법도 다른 소리이다. 그러나 우리말에는 /f/ 소리와 비슷한 소리가 없기 때문에 /f/를 두 입술을 붙였다 떼면서 발음하여 /p/로 발음하는 경우가 많으므로 조심해야 한다.

또 /ð/와 /d/(they ↔ day)도 구별하기 어려워한다. /ð/는 혀끝을 윗니 밑에 가볍게 대고 혀를 긴장하지 않고 그 사이로 숨을 내쉬어 마찰시켜 나는 유성 치간 마찰음으로 목청이 떨림이 있는 유성음이다. /d/는 혀끝을 위잇몸(치경)에 대고 막았다 숨을 터뜨릴 때 나는 유성 치경 파열음으로 목청이 떨림이 있는 유성음으로 [바다]를 발음할 때 나는 /ㄷ/소리와 유사한 발음이다. 한국사람이 /ð/나 /d/를 구별하지 않고 모두 치음에 해당하는 /ㄷ/으로 잘못 발음하는 경우가 많으므로 조심해야 한다.

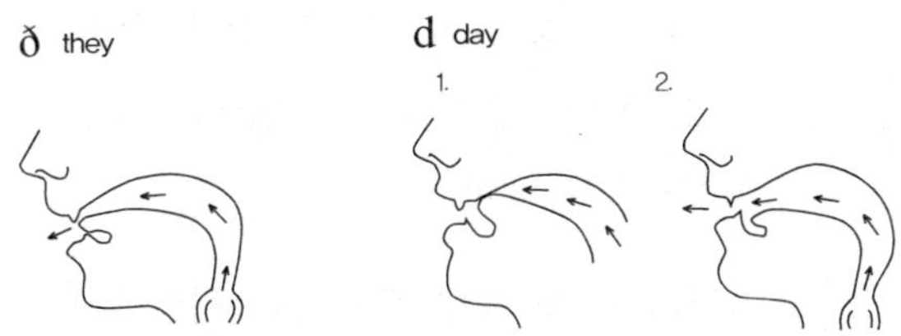

또 /ㅅ/도 [사랑]이라고 발음할 때는 영어의 무성치경마찰음 /s/와 달리 치경음이 아니라 윗니에서 발음되는 치음에 가깝다. 심지어 [시도]라고 발음할 때에는 경구개치경음으로 발음하여, 영어 무성경구개마찰음 /ʃ/과 비슷하게 발음하기도 한다. 된소리인 /ㅆ/은 별개의 소리로 치경음이라기보다는 윗니에서 발음되는 치음에 가깝다. 따라서 한국 사람에게는 영어의 /θ/와 /s/ (thin↔sin)을 구별하기 힘들어 한다.

θ thin

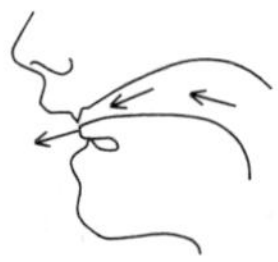

s sin

thin의 /θ/는 혀끝을 윗니 밑에 가볍게 대고 혀를 긴장하지 않고 그 사이로 숨을 내쉬어 발음하는 무성 치간 마찰음이다. sin의 /s/는 혀끝을 윗니잇몸(치경)가까이 대고 그 틈으로 강한 숨을 내쉬면서 마찰되어 나오는 무성 치경 마찰음이다. 특히 한국 사람들이 /θ/나 /s/를 구별하지 않고 모두 윗니에 가까이 대고 발음하는 치음 /ㅆ/이나 /ㅅ/으로 잘못 발음하는 경우가 많으므로 조심해야 한다.

/ㅈ/도 치경이 아니라 [자랑]이라고 발음할 때는 영어의 유성치경마찰음 /z/와 달리 윗니에서 발음나는 치음에 가깝고, 심지어 [지도]라고 발음할 때에는 경구개치경음으로 발음하여, 영어 유성경구개마찰음 /ʒ/나 유성경구개파찰음 /ʤ/와 비슷하게 발음하기도 한다. 따라서 한국 사람에게는 영어의 /z/와 /ʒ/(prize↔television), /ʒ/와 /ʤ/ (measure↔major)도 구별하기 힘들어 한다.

z zoo

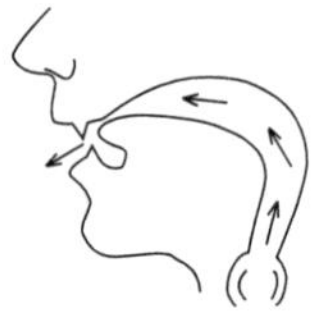

zoo 발음할 때의 영어의 유성 치경 마찰음 /z/는 혀끝을 치경에 대고 혀의 좌,우를 입천장에 붙여 혀의 중앙부에 생긴 좁은 홈을 통하여 공기를 내보며 나오는 음으로서 공기가 혀와 치경 사이, 그리고 윗니 뒤에서 마찰되어 나오며 얻는 유성 마찰음이다. 우리말에는 없는 소리이므로 매우 조심해서 발음해야 한다.

ʒ television

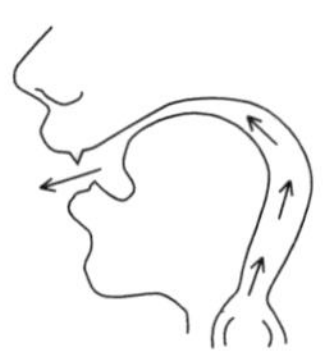

television 할 때의 영어 /ʒ/는 혀끝을 치경 가까이에 대고, 동시에 전설을 경구개 쪽으로 올려 가까이 대고, 그 틈으로 강한 숨을 내쉬면서 마찰되어 나오는 소리이나, 목청에 떨림이 있는 유성음이다. 즉 유성 경구개치경 마찰음이다. 마찬가지로 우리말에는 없는 소리이므로 매우 조심해서 발음해야 한다.

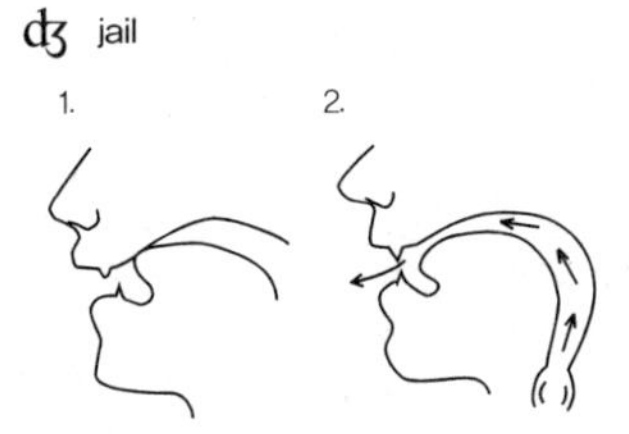

jail 발음할 때의 영어의 유성 경구개치경 마찰음 /ʤ/는 혀끝이나 설단을 치경에 대고 동시에 전설을 경구개에 댄후 공기를 일단 차단시켰다가 차단된 곳을 천천히 터 줌으로써 공기가 마찰되며 나오는 유성 경구개치경 파찰음이다. 특히 한국 사람들이 /z/, /ʒ/, /ʤ/를 모두 치음에 가까운 /ㅈ/으로 잘못 발음하는 경우가 많으므로 조심해야 한다. 파찰음의 경우 /ㅊ/는 무성 경구개파찰음 /ʧ/에 가깝다고 할 수 있다.

(3) 유음 및 활음 발음비교

유음 /ㄹ/도 치경음이 아니라 치음에 가깝고, /l, r/의 구별이 없으므로 한국 사람은 light ↔ right과 같은 소리의 구별이 힘들다고 할 수 있다.

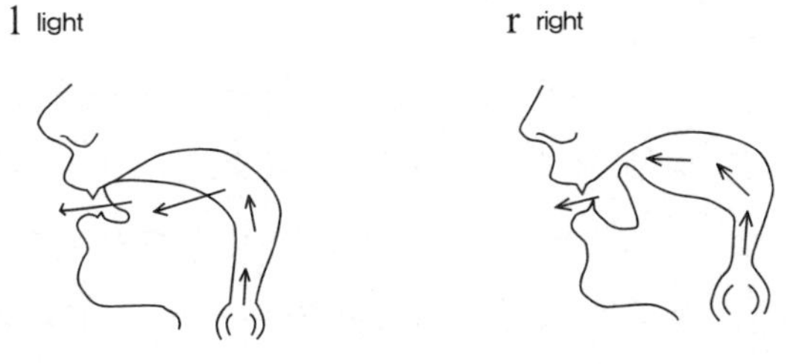

light 발음시의 /l/은 혀끝을 윗니의 속 잇몸(치경)에 대고 혀의 양옆으로 공기를 내보낼 때 나는 소리로 우리말의 [칼], [돌]의 /ㄹ/소리와 유사하다. right의 /r/은 혀끝을 입천장(경구개) 쪽으로 말아 올려서 내는 소리인데 동시에 입술을 둥글게 하며 발음해야 한다. 우리말의 /ㄹ/소리는 혀 앞부분을 말아 올리지도 않고 입술을 둥글게 하지도 않는 소리이므로 영어의 /r/과는 다르므로 조심해서 발음해야 한다.

한편 letter, love, light와 같이 모음 앞에서 나는 /l/과 ball, film, milk처럼 모음 뒤에서 나는 /l/소리는 약간 다르다.

l letter

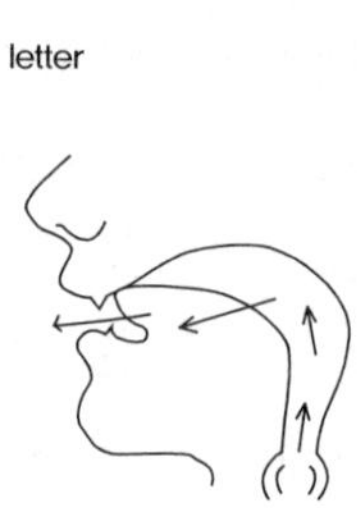

l ball

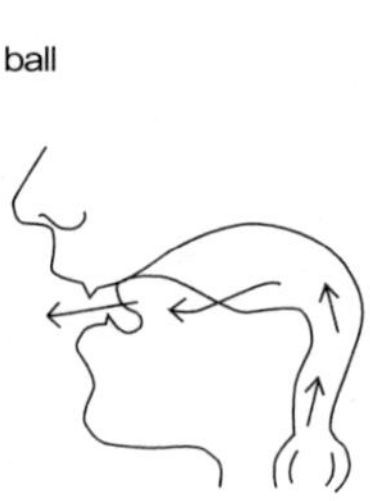

letter의 /l/은 밝은(light) l 발음이라고 하고, ball의 /l/은 어두운(dark) l 발음이라고 한다. 즉 밝은 l은 letter 발음시의 위 그림처럼 정상적으로 혀끝을 윗니의 속 잇몸(치경)에 대고 혀의 양옆으로 공기를 내보낼 때 나는 소리이지만, 어두운 l 소리는 ball 발음시의 위 그림처럼 혀 뒤끝이 약간 올라가면서 공명관계가 약간 어둡게 울리는 소리이다.

/j, w/와 같은 활음(전이음)에 해당하는 국어의 소리가 없기 때문에 ear-year[ji], east-yeast[ji]에서 모음 /i/와 /ji/발음의 구별이 어렵다. 또 kick- quick[kw], would[wu], won[wʌ] 에서 /w/발음도 어렵다.

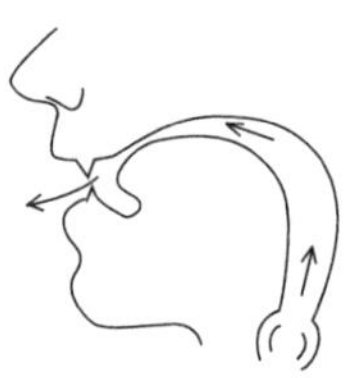

yellow의 /j/는 옆 그림처럼 영어 모음 /i/ 발음 할 때처럼 혀 앞부분(전설)을 경구개 쪽으로 올리고, 두 입술을 둥그렇게 오므리면서 공기가 미끄러지듯 빠져 나오게 하는 미끄러지는 소리로 목청이 떨림이 있는 유성음이다. 따라서 경구개 활음(glide)이라고 한다. 또는 이중모음 /ay/처럼 모음 /a/에서 미끄러지듯 이어져 전이되는 전이음이라고도 한다. 경우에 따라서는 /j/대신 /y/로 표시하기도 한다.

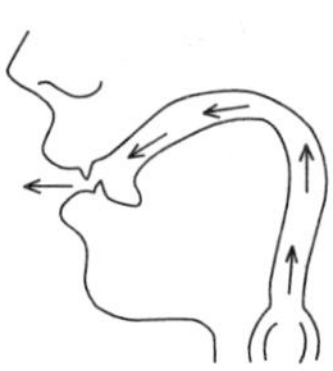

wide의 /w/는 옆 그림처럼 두 입술을 둥그렇게 오므리면서 공기가 빠져 나오는 유성음이다. 또 후설이 연구개 쪽으로 올라가 그 위로 미끄러지듯 입술로 빠져 나오는 소리이다. 따라서 양순음으로 보기도 하고 연구개음으로 보기도 한다. 또 /j, w/처럼 공기가 미끄러져 나오는 활음과 /r, l/과 같이 공기가 흘러나오는 유음은 모음과 같이 공기의 저항이 비교적 적으면서 조음기관에 접근하여 발음하는 접근음(approximate)이라는 공통점이 있다. 또 yellow, wide처럼 모음 앞에 활음 /j, w/은 자음역할도 하지만, Tuesday, due, music, view에서처럼 /u/모음 앞에서 /ju/로 공명도가 낮은 자음인 /j/에서 공명도가 높은 모음 /u/로 상승하는 상승 이중모음으로 보기도 한다. 또 이중모음을 모음 다음에 전이음 /y, w/가 오는 것으로 보고 /ay/, /aw/ /ey/, /ɔy/, /ow/처럼 표기하기도 한다. 공명도가 높은 모음 /a, e, ɔ, o/에서 공명도가 낮은 자음인 전이음 /y, w/으로 떨어지는 하강 이중모음으로 미끄럼형의 하강 리듬으로 발음하게 된다. 한국학생들은 이중모음을 모음 두 개가 연결된 것으로 착각하여 하강리듬으로 발음하지 않는 경향이 있으므로 조심해야 한다.

4. 영어 모음의 특성과 분류

모음은 자음에 비하여 조음기관의 방해를 받지 않고 공기가 비교적 자유롭게 구강을 흘러나오는 소리이다. 따라서 단독으로 발음이 가능하며 음절의 핵(nucleus)을 이룬다. 즉 소리의 장단, 고저(pitch), 강세(stress), 그리고 억양(intonation) 등이 다 모음에 의해 표현된다. 특히 모음은 구강내의 좁은 공간에서 거의 혀의 높이나 모양에 의해 구분되므로 모음상호간의 차이는 자음 상호간의 차이에 비해 불분명하다고 할 수 있다. 그럼에도 불구하고 모음이 여러 가지로 구분되는 것은 혀의 일부분의 위치를 상하전후로 움직임으로써 구강내의 공간 형태가 여러 모양을 하게 되고, 이로 인해 성대를 진동시키며 나오기 때문이다. 이러한 모음은 조음학상으로는 구강 내의 좁은 공간에서 거의 혀의 미묘한 움직임에 의하여 발음되기 때문에 모음의 기술은 자음과 같이 조음기관의 절대적인 기술에 의하지 않고, 어디까지나 다른 모음을 발음할 때의 혀의 위치나 모양과 비교하여 논의되는 상대적인 기술이다. 이때 영어모음을 기술하는 데는 혀의 전후 위치, 혀의 높이, 입술의 모양, 조음기관의 긴장도 등 4가지 기준에 의해 구분한다.

4.1 혀의 전후 위치에 의한 분류

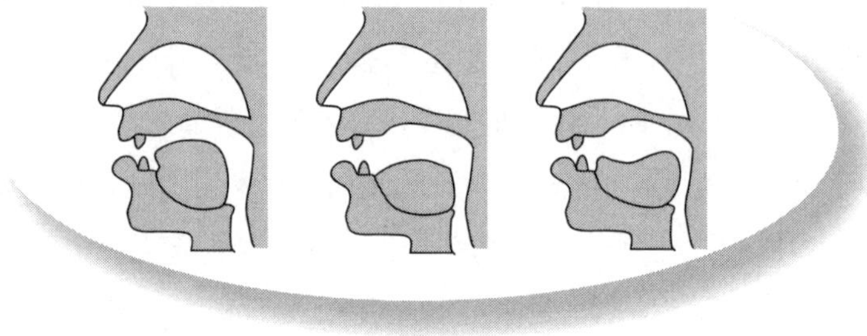

〈[i], [a], [u]의 조음시의 구강의 모양〉

(1) 전설모음(front vowel)

혀의 가장 높은 점이 구강의 앞쪽에서 조음되는 모음을 전설모음이라 한다. 영어에서는 /i, ι, e, ε, æ/ 모음이 전설 모음에 해당한다. (일반사전의 발음기호에는 /i/는 장모음으로 [i:]로 표기하고 있다. 또 /ι/는 학자에 따라 /ɪ/로도 표기하는 데, 사전 발음기호에는 단모음으로 [i]로 표기하고 있다.)

(2) 후설모음(back vowel)

반대로 혀의 가장 높은 점이 구강의 뒤쪽에서 조음되는 음을 후설모음이라 한다. 영어에서는 /u, ʊ, o, ɔ, ɑ, ɒ/ 모음이 있다. (사전의 발음기호에는 /u/는 장모음 [u:]로 표기하고 있고, /ʊ/는 학자에 따라 /U/로도 표기하는 데, 사전 발음기호에는 단모음 [u]로 표기하고 있다.)

(3) 중설모음(central vowel)

그 중간을 중설모음이라 한다. 영어에서는 /ɜ, ə, ʌ, a/ 등의 모음이 있다. 여기에 r-음색이 있는 모음으로 /ɝ, ɚ/ 등을 포함시키기도 한다. 경우에 따라 /ʌ/를 후설모음으로 보는 사람도 있다. /a/모음은 단순모음으로 쓰이지 않고 이중모음 /ai, au/으로 (혹은 /ay, aw/) 쓰인다.

4.2. 혀의 높이에 의한 분류

1) heed : /i/
2) head : /e/
3) had : /æ/
4) father : /ɑ/
5) good : /ʊ/
6) food : /u/

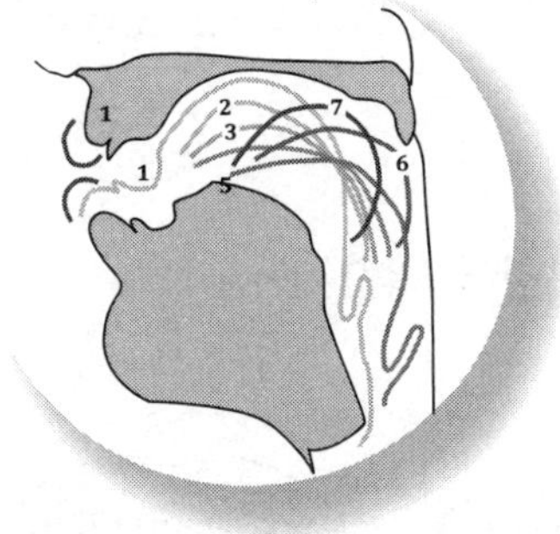

〈모음의 조음시의 혀의 변화〉

(1) 고모음(high vowel)

혀를 최고로 치켜 올려 조음하는 음을 고모음이라 한다. 영어에는 /i, ɩ, ɜ, u, ʊ/의 모음이다. 이때 /i, u/는 긴장(tense)모음으로, /ɩ, ʊ/는 이완(lax)모음으로 구별한다. /ɜ/ 모음은 중모음 /ə/가 강세모음으로 발음할 때 혀의 높이가 약간 올라가 고모음이 된 경우이다.

(2) 저모음(low vowel)

반대로 혀를 최저로 낮추어 조음하는 음을 저모음이라 하며, /æ, a, ɔ, ɑ, ɒ/의 모음이 있다. /a/모음은 단순모음으로는 쓰이지 않고, /ai, au/등처럼 이중모음으로만 쓰여, /ɑ/모음과 구별된다. /ɑ/모음은 평순모음인데 비하여, /ɒ/모음은 원순모음으로 미국영어에는 없고, 영국영어에서 not[nɒt]으로 발음하는 경우에 볼 수 있다. /ɔ/모음은 학자에 따라 중모음으로 보기도 한다.

(3) 중모음(mid vowel)

그 중간을 중모음이라고 하며, /e, ε, ə, ʌ, o/ 모음이 있다. (사전의 발음기호에는 /e/

를 이중모음 [ei]로 표기하고 있고 /o/도 이중모음 [ou] 표기하고 있다.) /e, ə, o/는 중모음중에서도 상-중모음(upper-mid vowel)로, /ɛ, ʌ, (ɔ)/는 하-중모음(lower-mid vowel)로 구별하기도 한다. (단 /ɔ/모음을 중모음으로 분석할 경우)

4.3 입술 모양에 의한 분류

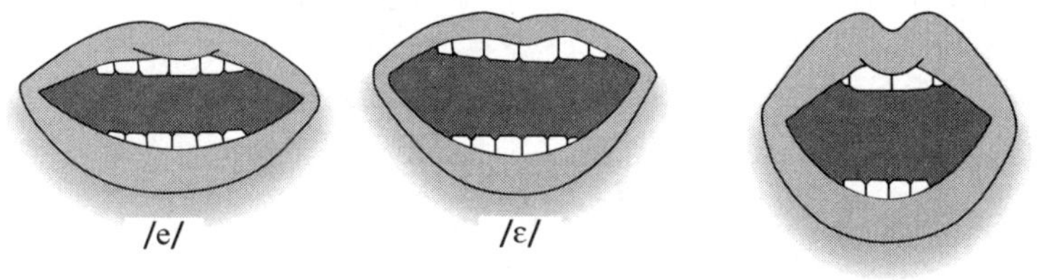

〈/e/와 /ɛ/의 조음시의 입모양〉 〈/ɔ/의 조음시의 입모양〉

입술을 둥글게 해서 조음하는 음은 원순모음(rounded vowel)이라 한다. 영어에서는 /ɑ/를 제외한 모든 후설모음 /u, ʊ, o. ɔ, ɒ/이 다 원순모음이다. 입술을 넓혀 평평하게 해서 조음하는 음은 비원순모음(unrounded vowel), 혹은 평순모음이라 한다. 영어에서는 전설모음 /i, ɩ, e, ɛ, æ/와 중설모음 / ɜ, ə, ʌ, a/이 모두 다 평순모음이다.

4.4 근육의 긴장도에 의한 분류

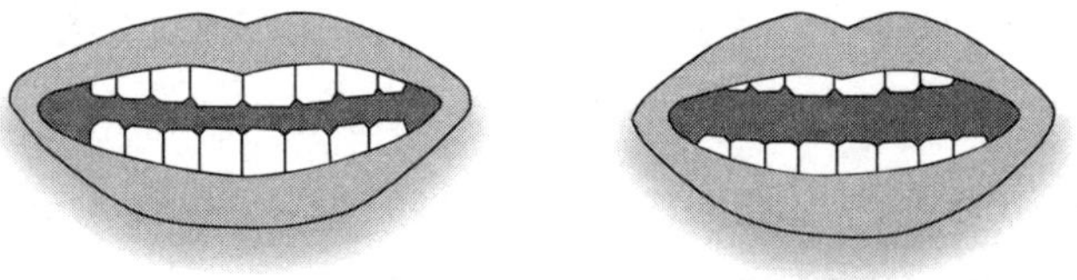

〈/i/의 조음시의 입모양〉 〈/ɪ/의 조음시의 입모양〉

영어모음을 근육의 긴장도에 따라 긴장모음과 이완모음으로 구별한다. 영어의 대표적인 긴장모음은 /i, e, u, o, ɔ/ 이고, 이완모음은 /ɪ, ɛ, æ, ə, ʌ, ʊ/ 이다. 영어에서는 이 구별이 매우 중요하다. 영어는 강세박자 언어이기 때문에 강세가 있는 모음을 전반적으로 강하게 발음하다 보면 근육이 많이 긴장된다. 따라서 좀 더 분명하게 지각되는 긴장모음이 된다. 반면 이완모음은 주로 비강세 모음으로 가장 대표적인 비강세 모음은 /ə/인데 특별히, “schwa”라는 이름을 붙여 부른다. 즉 다음과 같이 강세음절이 비강세음절로 변할때, 비강세 음절의 모음은 거의 다 /ə/ 모음으로 약화된다.

(1) a. locátion [ei] → lócative [ə]
    b. propóse [ou] → pròposítion [ə]
    c. oblíge [ai] → òbligátion [ə]
    d. allége [ɛ] → àllegátion [ə]

영어는 강세박자 언어로 강약이 교체하며 영어고유의 리듬이 있는데, 거의 대부분의 비강세음절의 모음은 /ə/ 모음으로 발음된다. 따라서 이 /ə/ 모음을 잘 발음하면 영어발음의 절반을 정복한 셈이 된다.

4.5 영어의 이중모음

영어의 이중모음(diphthong)은 두 모음이 결합하여 첫 모음은 음절의 중심인 핵이 되어 크게 발음하고, 두 번째 모음은 자음으로 보기도 하는 전이음(glide)으로 중간에 끊임이 없이 미끄러지는 발음이다. 가령 이중모음 /ai/의 경우, 핵음 /a/를 시발점으로 다음 /i/의 조음위치를 향해 미끄러지듯 발음하는 하강리듬의 발음이다. 이때 /i/는 단순한 지향점일 뿐, 결코 종착점이 아니다. 따라서 Trager-Smith(1951)는 이중모음의 후모음을 자음중 미끄러지는 소리인 전이음 /y/로 보고 /ay/로 표시하였다. 영어의 대표적인 이중모음의 후모음으로는 /i, u, ɚ/가 있는데 각각 자음 중 전이음인 /y, w, r/로 보기도 한다.

aɪ fine

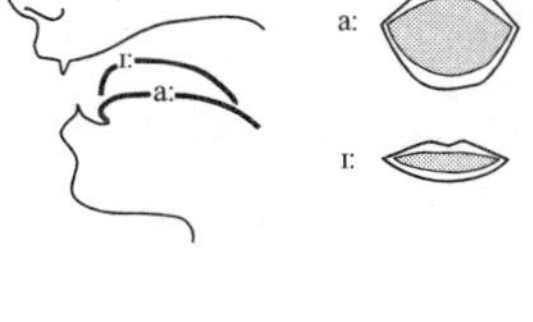

한편 mule[mjul]의 /ju/처럼 전이음이 음절핵인 주모음보다 앞에 오는 경우가 있는데, 이를 공명도가 낮은 음에서 높은 음으로 상승한다는 점에서 청각적인 면에서 상승이중모음(rising diphthong)이라고 한다. 따라서 high[hai], house[haus], pay[pei], boy[bɔi], phone[poun]의 /ai/, /au/, /ei/, /ɔi/, /ou/처럼 공명도가 높은 음에서 낮은 음으로 하강하는 이중모음은 하강이중모음(falling diphthong)이라고 한다. 즉 리듬에 따라 영어의 이중모음을 분류할 때 /ju/(또는 /yu/)와 같은 하나의 상승이중모음에, /ai/, /au/, /ei/, /ɔi/, /ou/와 같은 5개의 하강이중모음으로 분류해 볼 수 있다.

또 혀의 움직임의 방향에 따라 후모음이 /i/인 경우 주모음인 /a, ɔ, o/ 등에서 혀가 전설모음 쪽인 앞으로 미끄러진다는 점에서 전향이중모음(fronting diphthong)이라 하고, 후모음이 /u/인 경우 혀가 뒤로 미끄러진다는 점에서 후향이중모음(retracting diphthong)이라 한다. 후모음이 /ə/인 경우 혀가 중앙으로 미끄러진다는 점에서 중향이중모음(centering diphthong)이라고 한다.

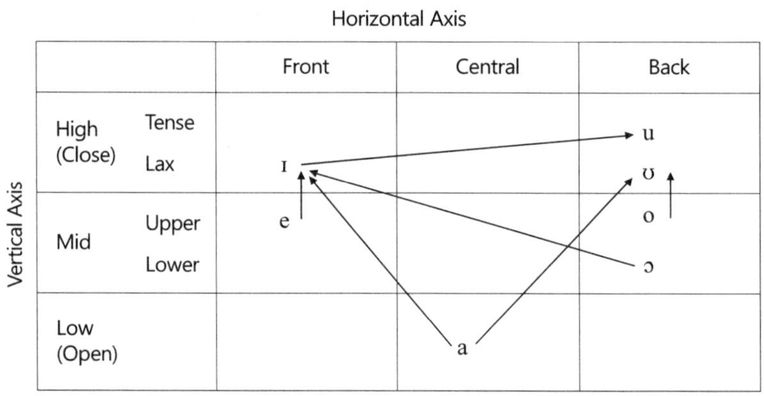

전향이중모음으로는 fine의 /ai/, day의 /ei/, boy의 /ɔi/가 있는데, 한국학생들은 이중모음을 두 개의 모음이 결합한 것으로 보고 또박또박 발음하는 경향이 있으므로 조심해야 한다. 즉 이중모음의 첫 모음인 핵음 /a/, /e/, /ɔ/는 명확하고, 크고, 길게 높은 음으로 발음하고, 뒤에 오는 후모음 /i/는 혀가 앞으로 미끄러지는 방향으로 불명료하고, 약하고, 짧게 낮은 음으로 발음하여 마치 전이음 /y/를 발음하듯 미끄러지는 하강리듬의 소리이다. 즉 단순모음(monothong)에 꼬리가 달려있는 하강리듬의 발음을 해야 한다.

후향이중모음으로는 bow의 /au/, phone의 /ou/가 있는데, 첫 모음인 핵음 /a/, /o/는 명확하고, 크고, 길게 높은 음으로 발음하고, 뒤에 오는 후모음 /u/는 혀가 뒤로 미끄러지는 방향으로 불명료하고, 약하고, 짧게 낮은 음으로 발음하여 마치 전이음 /w/를 발음하듯 미끄러지는 하강리듬의 소리이다. 단순모음에 꼬리가 달려있는 하강리듬의 발음을 해야 한다.

중향이중모음으로 /iə/, /ɛə/, /uə/, /ɔə/, /ɑə/가 있다. 마찬가지로 핵음인 /i, ɛ, u, ɔ, ɑ/에서 출발하여 약모음인 /ə/로 미끄러지는 하강리듬의 소리이다. 핵음인 /i, ɛ, u, ɔ, ɑ/ 등은 명확하고, 크고, 길게 높은 음으로 발음하고 뒤에 오는 약모음 /ə/는 혀가 미끄러지는 방향으로 불명료하고, 약하고, 짧게 낮은 음으로 발음하여 꼬리가 달려있는 하강리듬으로 발음해야 한다. 특히 철자에 r이 들어있는 단어는 Trager-Smith(1951)식의 미국영어에서는 /ir/, /ɛr/, /ur/, /ɔr/, /ɑr/ 등으로 표기하여 이중모음이 아닌 굴러가는 소리로 발음하기도 한다.

한편 이중모음 뒤에 또는 이동음으로 /ə/나 /ɚ/가 뒤따를 때, 삼중모음(tripthong)이 된다. /eiɚ/, /ouɚ/, /aiɚ/, /auɚ/, /ɔiɚ/ 등이 있는데 영국영어에서는 모음 뒤에 /r/소리를 생략하므로 /ɚ/대신 /ə/로 발음한다. 이중모음의 경우처럼 첫 모음은 명확하고, 크고, 길게 높은 음으로 발음하고 그 다음 첫번째 이동음 /i, u/등은 불명료하고, 약하고, 짧게 낮은 음으로 발음하고, 두 번째 이동음 /ə/나 /ɚ/는 제일 작게 발음을 해야 한다.

4.6 영어의 모음체계

혀의 전후의 위치, 혀의 높낮이, 입술 모양, 조음기관의 긴장 유무와 같은 4가지 기준에 의하여 영어의 모음을 분류해 놓은 것이 다음 모음 4각도이다.

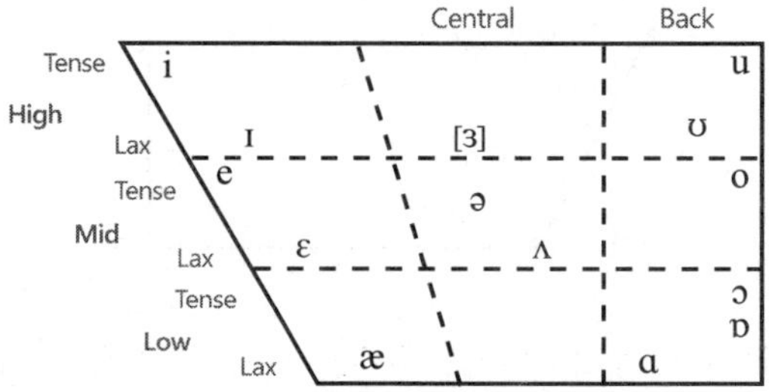

〈영어의 모음사각도〉

영어의 모음은 혀의 전후위치에 따라 전설모음(front vowel), 중설모음(central vowel), 후설모음(back vowel)로 분류한다. 또 혀의 높이에 따라 고모음(high vowel),

중모음(mid vowel), 저모음(low vowel)으로 분류한다. 근육의 긴장도에 따라 긴장모음(tense vowel), 이완모음(lax vowel)으로 분류한다. 입술 모양에 따라 원순모음(round vowel), 평순모음(unround vowel)으로 분류한다. 이때 전설모음과 중설모음은 모두 평순모음이고, 후설모음은 /ɑ/모음을 제외하고는 모두 원순모음이다. 한편 중설모음중 가장 대표적인 이완모음인 /ə/모음이 주로 비강세모음(unstressed vowel)으로 쓰이는 데 비해, /ɜ/는 혀의 높이가 약간 높기도 하지만 강세음절에 나와 강세모음(stressed vowel)로 쓰일 때 발음되는 모음이다. 또 /ʌ/도 강세모음으로 /ə/와 구별한다.

따라서 영어 모음의 명칭은 이와 같은 순서로 전후위치, 높낮이, 긴장도 및 강세와 원순성 순으로 이름을 부른다. 예를 들어 위의 모음 4각도를 보면 /i/모음은 전설 고 긴장모음(front high tense vowel)이고, /ɪ/모음은 전설 고 이완모음(front high lax vowel)이다. 이때 평순모음이라는 특성은 영어의 전설모음은 당연히 평순모음이기 때문에 구태여 붙일 필요가 없기 때문에 생략한다.

4.7 국어와 영어 모음체계의 비교

한편 영어와 국어의 모음체계를 모음 4각도로 그려 비교하면 대략 다음과 같다.

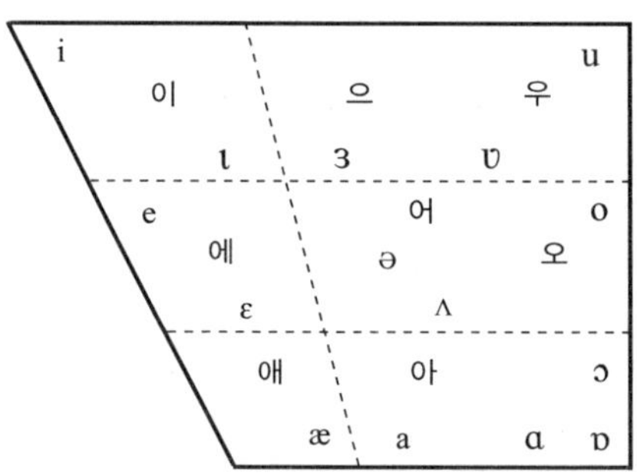

위 도표에서 보듯 영어와 한국어 모음은 거의 똑같은 소리가 없다고 할 수 있다. 먼저 전설모음으로 한국어 /이/는 영어의 /i/보다는 낮고 /ɩ/보다는 약간 높은 중간정도의 소리라고 할 수 있으며 긴장도의 구별도 없다. 따라서 한국 사람들은 이완모음인 영어의 /ɩ/ 소리를 잘못 발음하는 경향이 있다. /에/ 모음도 영어의 /e/보다 약간 낮고, /ɛ/보다는 약간 높은 소리이다. /애/도 영어의 /æ/보다는 약간 높은 소리이다. 또 모두 긴장도의 구별이 없으므로 영어의 이완모음 /ɛ, æ/를 한국어 모음 /에, 애/로 대치해서 발음하지 않도록 해야 한다. 중설모음인 /으/에 해당하는 영어의 모음소리는 없고, /어/는 영어의 /ʌ/ 모음보다는 약간 높은 소리로 긴장도의 구별은 없으나 이완모음이 아니기 때문에 긴장모음에 가깝다. 따라서 영어의 가장 대표적인 이완모음 /ə/를 한국어 모음 /어/로 발음하지 않도록 해야 한다. /아/ 소리도 영어의 /ɑ/보다는 앞쪽에서 나는 중설모음으로 영어의 /a/에 가까우나 영어의 /a/는 주로 /ai/와 같은 이중모음을 발음할 때 나는 소리이므로 똑 같다고 할 수 없다. 후설모음인 /우/도 영어의 /u/보다는 낮고 /ʊ/보다는 약간 높은 중간정도의 소리라고 할 수 있으며 긴장도의 구별은 없다. /오/도 영어의 /o/보다는 낮고 /ɔ/보다는 높고 앞쪽에서 나는 소리이다.

(1) 국어 /이, 우/와 영어 /ɩ, ʊ/의 비교

국어 /이/는 영어의 /i/보다는 낮고 /ɩ/보다는 약간 높은 중간정도의 소리로, 긴장도의 구별도 없다. 따라서 한국 사람들은 이완모음인 영어의 /ɩ/소리를 잘못 국어의 /이/로 발음하는 경향이 있다.

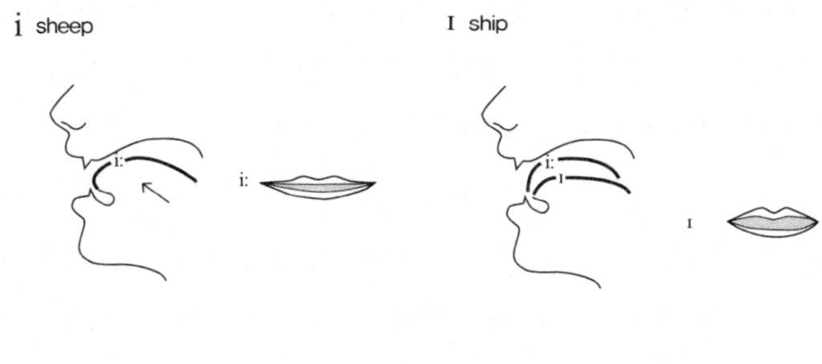

ship, hit의 영어모음 /ɩ/ 소리는 sheep, heat의 /i/보다는 길이가 짧을 뿐 아니라, 혀의 높이도 낮고, 전혀 긴장하지 않고 가볍게 내는 소리이다. 음성학자들은 장단의 차이 뿐만 아니라, 혀의 위치와 긴장도가 모두 다른 별개의 소리로 보고, /ɪ/나 /ɩ/로 표기하여 구별한다. 우리말의 긴 /이:/와 /에/의 중간음이며, 혀와 입 및 턱을 긴장하지 말고 발음해야 한다. 한국 학생으로는 발음하기 어려운 소리이므로 특별히 주의해야 한다. /이날/, /비옷/을 발음할 때, 첫 번째 모음 /이/가 비교적 영어의 /ɩ/에 가까운 소리이다. 새끼손가락을 이빨 사이에 끼우고, 우리말 /이/를 가볍게 발음할 때 나는 소리이다.

국어 /우/도 영어의 /u/(or /u:/)보다는 낮고 /ʊ/보다는 약간 높은 중간정도의 소리로, 긴장도의 구별이 없다. 따라서 한국 사람들은 이완모음인 영어의 /ʊ/소리를 잘못 국어의 /우/로 발음하는 경향이 있다.

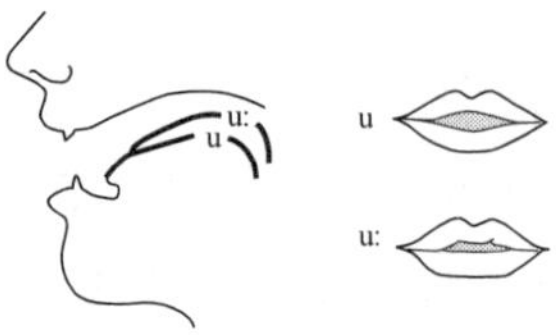

book, full의 /u/ 소리는 boot, fool의 /u:/보다는 길이가 짧을 뿐 아니라, 발음할 때 혀의 높이도 낮고, 전혀 긴장하지 않고 가볍게 내는 소리이다. 음성학자들은 장단의 차이뿐만 아니라, 혀의 위치와 긴장도가 모두 다른 별개의 소리로 보고, 단모음 /u/는 /ʊ/로, 장모음 /u:/는 /u/로 표기하여 구별한다. /ʊ/는 우리말 /겨우/, /가부/에 나오는 /우/ 소리와 유사한 모음이며, 짧고 가볍게 나는 소리이다. 장모음 /u/보다 더욱 아래턱과 혀를 낮혀 가볍게 발음해야 한다. 전설 고 이완모음 /ɪ/와 함께 비교적 어려운 발음이므로 많은 연습이 필요하다.

(2) 국어 /에, 애/와 영어 /ε, æ/의 비교

국어의 /에/ 모음도 영어의 /e/보다 약간 낮고, /ε/보다는 약간 높은 소리이다. 또 긴장도의 구별이 없다. 따라서 한국 사람들은 이완모음인 영어의 /ε/ 소리를 국어의 /에/로 잘못 발음하는 경향이 있으므로 조심해야 한다.

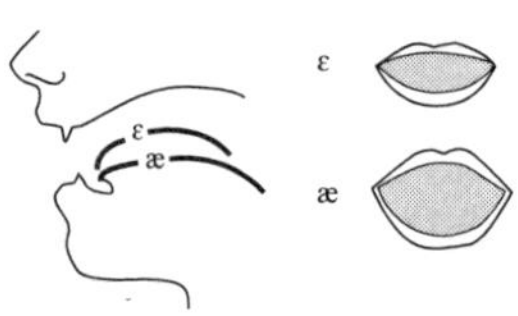

pen, bet, men의 영어모음 /ε/ 소리는 우리말 /에/보다는 턱을 더 벌리고, 긴장하지 않고 가볍게 발음해야 한다. 사전에서는 주로 발음기호 /e/로 표기하기도 하지만 음성학자들은 /e/는 tail, day의 이중모음 /ei/로 보고, /e/와 구별하여 /ε/로 표기한다. 영어의 /ε/는 국어의 /에/와 전혀 다른 소리이므로, 국어의 /에/로 잘못 발음하지 않도록 매우 조심해야 한다.

국어의 /애/도 영어의 /æ/보다는 약간 높은 소리로 긴장도의 구별이 없으나 긴장음에 가깝다. 영어의 이완모음 /æ/를 한국어 모음 /애/로 대치해서 발음하지 않도록 조심해야 한다. man, bat의 영어모음 /æ/ 소리는 입술을 양옆으로 잡아당기듯이 하고 우리말의 /애/보다 턱을 더 벌리고 힘을 빼고 발음해야 하는 이완모음이다.

(3) 국어 /어/와 영어 /ə, ʌ, ɔ/의 비교

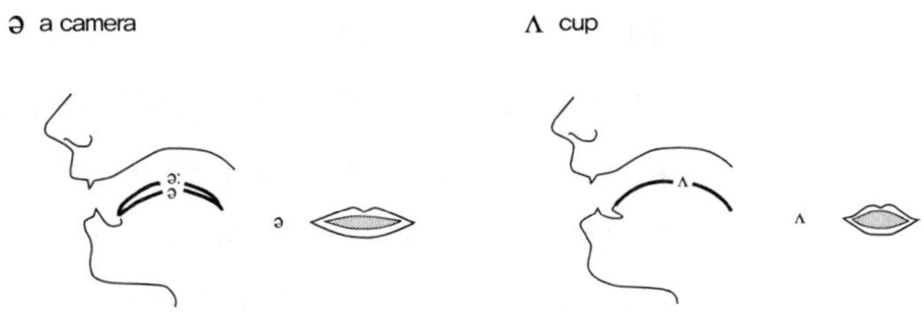

a[ə], camera[kæmərə]에서 영어모음 /ə/ 소리는 우리말 [어머나], [얼레] 처럼 무의식적으로 힘없이 나는 /어/에 가깝다. 즉 짧고 힘없이 발음되는 대표적인 이완모음이다. 먼저 입술을 한 일자로 약간 벌리고, 모든 근육에 긴장을 풀고 혀는 입의 바닥에 이완된 상태로 놓는다. 혀의 중설부와 입천장 사이의 공간을 통해 공기의 흐름이 빠져나가며 짧고 가볍게 발음한다. 영어모음에서 철자가 무엇으로 표현되었든지 강세가 없는 대부분의 비강세 모음은 이 모음으로 발음되기 때문에 가장 많이 쓰이는 모음으로 약모음(weak vowel)이라고도 한다. 또 /ɚ/는 /ə/와 /r/을 동시에 발음하는 모음으로 r-음색(r-colored)이 있는 모음이라고 한다. father 등에서 어말에 발음나는 소리로 비강세 이완모음이므로 힘을 빼고 약간 혀를 내려 발음하는 모음 소리이다. 영국영어에서는 모음 다음에 /r/이 생략되므로 Jones(1967)는 길게 나는 장모음 /əː/로 표기하기도 한다. 한편 /ɜ/는 우리말 /어/보다 혀가 약간 앞으로 나오고, 아래턱이 약간 더 올려서 내는 음으로 강음절에만 오기 때문에 약간 길게 발음 나는 강세모음소리이다. /ɝ/는 /ɜ/와 /r/을 동시에 발음하는 모음으로 r-음색의 모음이다. bird, girl 등에서 나는 강세모음으로 /ɜ/보다는 혀의 높이가 조금 높은 소리이다.

한편 cup의 /ʌ/는 /ə/보다 입을 약간 더 벌린 상태에서 우리말의 /아/도 아니고 /어/도 아닌 중간소리이다. 즉 중설모음으로 볼 때에는 영어의 /a/에 가까운 /아/와 비슷하고, 후설모음으로 볼 때에는 /어/와 비슷한 소리이다. 근육에 긴장을 풀고 혀는 입의 바닥에 이완된 상태에서 가볍게 내는 이완모음이다. 같은 이완모음인 /ə/가 비강세음절의 모음으로 쓰이는 데 비하여, /ʌ/는 강세음절의 모음으로 쓰인다는 점에서 구별된다. 국어의 /어/는 영어의 /ʌ/모음보다는 약간 높은 소리로 긴장도의 구별은 없으나, 이완모음이 아니기 때문에 긴장모음에 가깝다. 따라서 영어의 가장 대표적인 이완모음 /ə/를 한국어 모음 /어/로 발음하지 않도록 해야 한다. 또 영어의 /ɔ/ 모음은 원순모음인데, 국어의 /어/는 평순모음이므로 전혀 다른 소리이다.

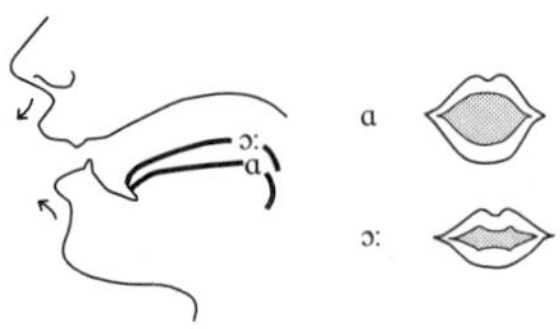

ball의 /ɔː/는 두 입술이 /o/ 발음시 보다 더 크게 벌리고 더 둥글게 하며, 이는 거의 보이지 않도록 하고, 후설부와 연구개 사이의 공간을 더 넓히면서 발음하는 소리이다. 한국 학생들이 /ɔ/음을 입을 충분히 벌리지 않고 발음하는 습성이 있어 /ə/와 구분되지 않는 경우가 많으므로 유의해야 한다. 국어 /어/와는 전혀 다른 소리이므로 조심해야 한다. 국어 /어/ 모음을 내다가 입술을 둥그렇게 하며 혀를 조금 더 아래로 내려 입을 더 벌려 발음해야 한다.

4.8 영어 철자와 발음

영어의 발음과 철자는 영어의 역사와 함께 변하여 왔기 때문에 매우 복잡하고 불규칙하다. 특히 영어 모음은 혀의 위치에 따라 상대적으로 정해진다. 따라서 세월이 흐름에 따라 상당히 변하였기 때문에 철자와 영어모음 발음과의 연관성을 찾기란 매우 어렵다. 그래도 모국어 화자들은 영어 철자만 보고도 정확한 모음 발음을 한다는 것을 보면 어느 정도 규칙성이 있다는 것을 알 수 있다. 다음은 이와 같은 규칙성을 설명한 것이다.

첫째 모음 다음에 자음이 하나나 둘이 나온 -VC(C)형태의 1음절 단어에서의 영어 모음 발음은 철자에 대한 기본 모음 발음을 한다. 영어 모음철자에 따른 기본 모음 발음은 다음과 같다.

1) a → /æ/ : fact　　tap　　bag
2) e → /ɛ/ : best　　left　　spell
3) i → / i / : fish　　kill　　bit
4) o → /ɑ/ : lock　　cop　　hot
5) u → /ʌ/ : dust　　cup　　fun

둘째 모음 다음에 자음과 묵음의 -e로 끝난 -VCe형태의 1음절 단어에서의 영어모음 발음은 영어 모음철자 이름에 해당하는 발음을 한다.

1) a → /ei/ : cake face name
2) e → /i:/ : these Pete
3) i → /ai/ : life smile time
4) o → /ou/ : nose home wrote
5) u → /u:/ : rule cute rude

셋째 철자에 상관없이 비강세음절의 모음은 비강세의 약모음으로, 영어의 가장 대표적인 이완모음 /ə/로 발음한다.

1) /ə/ a : alóng, Cánada, ánimal
e : próblem, télephòne, ínstrument
i : ánimal
o : colléct, proféssion, cómmon
u : suggést, ínstrument

2) /ər/ ar : régular
er : percént dáughter módern
or : forgót ìnformátion dóctor
ur : pléasure

연 습 문 제

1. 영어자음 분류의 세 가지 기준은 무엇이며, 그 기준에 따라 영어자음을 분류해 보시오.

2. 다음 밑줄 친 폐쇄음 영어자음 발음이 어떻게 다른지 설명하시오

a. pay	back	talk	dance	keep	guess
b. pipe	job	tight	dead	cook	dog
c. spy	star	sky			

3. 다음 단어의 밑줄 친 부분의 영어 유무성 자음발음이 한국어 자음 발음과 어떻게 다른지 설명하고, 실제 발음해 보시오.

a. babo ↔ 바보	doll ↔ 돌	gago ↔ 가고
b. cap ↔ cab	write ↔ ride	back ↔ bag

4. 다음 자음발음이 서로 어떻게 다른지 조음음성학적인 면에서 설명하고 실제 발음하여 구별해 보시오.

a. pine ↔ fine	b. base ↔ vase	c. day ↔ they
d. sink ↔ think	e. light ↔ right	

5. 다음 유음 /r/과 /l/이 모음 앞에서와 모음 뒤에서의 발음이 서로 어떻게 다른지 조음음성학적인 면에서 설명하시오.

a. red, run, room, write ↔ bird, fur, dirt, girl

b. light, look letter, lemon ↔ tell, wall, ill, sail

6. 다음 유음 /l/과 비음 /n/이 어떻게 발음되는지 설명해 보고 성절자음에 대해 설명해 보시오.

a. terrible bottle bicycle hospital chemical final
b. didn't happen button chicken eleven cousin

7. 비음, 유음, 전이음에 유의하여 전통적인 분류에서 자음과 모음을 분류할 때와 기능면에서 분류할 때, 형태면에서 분류할 때 어떻게 분류되는지 설명해 보시오.

a. nice, light, year
b. didn't, bottle, day

8. 다음 영어 전설 모음의 발음이 한국어 모음 발음과 어떻게 다른지 조음음성학적 관점에서 비교해 보고, 실제 구별하여 발음해 보시오.

a. The heat hit New York.
b. bat ↔ bet ↔ bait,
c. man ↔ men

9. 다음 영어 후설 모음의 발음이 한국어 모음 발음과 어떻게 다른지 조음음성학적 관점에서 비교해 보고, 실제 구별하여 발음해 보시오.

a. Look at Luke.
b. I don't want to know.
c. Don't stop and walk.

10. 다음 영어 모음의 발음이 비슷한 다른 모음과 어떻게 다른지 조음음성학적 관점에서 비교 설명해 보고, 실제 구별하여 발음해 보시오.

a. I work in the morning and take a walk.
b. bird ↔ board
c. cut ↔ caught

11. 다음 문장의 밑줄 친 부분 이중모음의 특징을 설명해 보시오.

a. /ey/ Change the date to the eighth.

b. /ay/ Mike would like some rice.

c. /ow/ He told me an old joke.

d. /aw/ I found the town in an hour.

e. /ɔy/ The boy enjoys his toy.

12. 다음 모음 발음이 기본모음으로 발음 나는 경우와 철자 이름과 같은 발음이 나는 경우를 구별하여 형태상의 특징을 설명하시오.

cake	fact	life	tap	cup	left	home
these	bit	cute	spell	bag	drop	tape
smile	rule	soft	nose	kill	dust	

제2장

영어 음운론

1. 구조주의 음운론의 음소와 변이음

1.1 구조주의 음운론

1930년대부터 1950년대의 미국의 구조주의(structuralism) 이론은 엄밀성과 명시성으로 하여 인문사회 분야에서 가장 앞서가는 학문이론이었다. 따라서 음운론 분야에 있어서도 보다 과학적이고 명시적인 이론을 전개해 갔었는데, 그 시대의 음운론 이론을 음소론(phonemics)이라고 한다.

(1) tears,　store,　night,　water

(1)에 쓰인 /t/라고 생각되는 소리는 사실 모두 다른 소리인 [t^h], [t'], [t˺], [ř]이다. 즉 /t/는 실제로 발음되는 소리가 아니라, 이를 대표하여 추상적으로 생각하여 인식하고 있는 소리이다. 이를 특별히 음소(phoneme)라고 한다. 예를 들어 우리가 나무를 생각해 볼 때, 실체로 존재하는 나무는 [밤나무], [떡갈나무], [참나무] 등 개별적인 종류의 나무들이지만, 우리는 이를 총괄하여 /나무/로 인식한다. 마찬가지로 [t^h], [t'], [t˺], [ř] 등은 실제 발음하는 개별적인 소리인데 비하여, /t/는 이러한 소리를 총괄하여 영어권 화자들이 심리적으로 인식하고 있는 소리이다.

구조주의 음운론에서는 [t^h], [t'], [t˺], [ř] 등은 /t/라는 추상적인 소리인 하나의 음소가 각각 다르게 발음된 (변)이음(allophone)이라고 설명한다. 이때 각 언어마다 별개의 음소인지 하나의 음소가 약간 다르게 발음된 변이음인지 하는 것이 다를 수 있다. 예를 들어 영어의 경우 [tʰ], [t˙] 등은 변이음이지만 국어의 경우 이와 비슷한 /ㅌ/과 /ㄸ/은 별개의 음소이다. 반대로 국어의 경우 [l]과 [r]은 하나의 추상적 소리 /ㄹ/의 변이음인데 비하여 영어에서는 별개의 음소이다. 이처럼 구조주의 음운론에서는 추상적인 소리인 음소와 구체적인 소리인 음(phone)을 구별하여 음소는 사선(slash) / /로 표기하고, 음은 각괄호(bracket) [ ]로 표기하여 구별한다.

1.2 음소의 발견수순

한편 구조주의 음운론에서는 각 언어의 음소를 발견하기 위해서 특별히 발견수순(discovery procedure)이라는 엄밀하고 체계적인 방법을 개발하였는데 그 구체적인 기준은 다음과 같다.

첫째 대립(contrast)이다. 어떤 소리가 특정 언어 속에서 음성적으로 대립을 이룬다면 별개의 음소로 생각한다. 예를 들어 light ↔ right과 같이 한 소리를 제외하고 나머지는 똑같은 최소 대립쌍(minimal pair)에서 /l/과 /r/은 의미차이를 보이는 별개의 단어로 인식되게 하는 대립을 보이므로 영어에서는 별개의 음소가 된다.

둘째 상보적 분포(complementary distribution)이다. 만일 두 소리가 대립함인 없이 동일한 환경에서 나타나지 않고, 서로 다른 자리에서 배타적 즉 상보적으로 분포한다면, 이는 하나의 소리가 다른 자리에서 형태가 약간 변한 변이음으로 본다. 예를 들어 음소 /p/는 pie, appéal 등과 같이 어두에서나 강세가 있는 음절 첫머리에서 유기음 [pʰ]으로 발음되고, spit, tépid처럼 /s/소리 다음이나 강세모음과 약모음 사이에서는 무기음 [p˙]으로 발음되고, stop, nip처럼 단어 끝에서는 불파음 [p˺]로 발음되는데, 이들 위치는 대립을 이루는 동일한 자리가 아니라 서로 배타적으로 보완해주는 상보적 분포이다. 이와 같이 비슷한 소리가 상보적 분포를 이룰 때 하나의 소리가 약간 변형된 변이음이라 한다.

이때 어말 위치에서는 원어민 사이에도 사람마다 약간의 차이를 보여 원래는 불파음 [p˺]로 발음하여야 하는 데, 유기음 [pʰ]으로도, 무기음 [p˙]으로도 발음하는 경우가 있다. 이 경우 의미차이를 보이는 대립을 이루지 않고 같은 소리로 이해한다. 이런 경우를 자유변이(free variation)라 한다. 즉 변이음은 상보적 분포를 보이면서 동일한 위치에서는 자유변이가 가능한 소리이다.

셋째 음성적 유사성(phonetic similarity)이다. 어떤 소리가 상보적 분포를 이룬다고 하여 모두 한 음소의 변이음이라고는 할 수는 없다. 예를 들어 영어의 /h/소리는 head, ahead 등과 같이 음절 첫머리에 분포하고, /ŋ/소리는 sing, sink처럼 음절 끝에만 분포한다. 서로 배타적인 상보적 분포를 이루지만 변이음이라고 할 수는 없다. 즉 /h/소리와 /ŋ/소리는 음성적으로 유사한 소리가 아니므로 아무리 상보적 분포를 하여도 별개의 음소이다. 즉 [tʰ], [t'] [t˺]처럼 음성적적으로 유사한 소리가 상보적 분포를 보이면서 동일한 위치에서는 자유변이가 가능한 소리가 변이음이다.

1.3 영어 자음음소의 변이음과 음소규칙

한 소리의 음성적으로 유사한 변이형들을 '한 음소의 변이음들'이라고 하였다. 예를 들어 유기음화된 [tʰ]와 유기음화되지 않은 [t]를 보면 음성적으로 비슷하지만 동일하지 않다. top의 [tʰ]를 [t]로 발음한다 해도 의미가 달라지지 않는다. 변이음의 특징은 첫째 예측이 가능하다는 것이다. 동일한 환경에는 나타나지 않고 언제나 서로 다른 환경에서 나타나기 때문에 상보적 분포라고 하였다. 따라서 위치에 따라 유기음이나 무기음으로 변하는 것을 예측할 수 있다. 둘째 변이음들은 자유변이(free variation)를 하여도 의미상 차이가 없다. 즉 화자에 따라서 stop에서 어말 자음 음소 /p/를 불파음 [p˺]로 발음할 수도 있고 안할 수도 있다. 셋째 음소의 변이음들은 언제나 언어 특정적이라고 볼 수 있다. 즉 국어의 /ㄷ/, /ㅌ/, /ㄸ/은 별개의 음소인데, 영어의 [tʰ], [t'], [t˺]은 음소 /t/의 변이음들이다.

한편 한 음소의 변이음은 예측 가능하다고 하였는데, 이를 다음과 같은 형식의 음소 규칙(phonemic rule)으로 나타낼 수 있다.

(2) /x/ → [y]/________
　　　　[z]/ elsewhere

즉 /x/라는 음소는 사선 /____가 나타내는 환경에서 [y]라는 변이음으로 나타나고,

그 외의 환경에서는 [z]라는 변이음으로 나타난다는 규칙이다. 따라서 위 음소규칙에 다르면 음소 /x/는 두개의 변이음 [y]와 [z]를 가진다는 의미이다. 따라서 음소 /p/의 변이음을 음소규칙으로 나타내면 다음과 같다.

(3) /p/ → [p^h] /#__ and __V′ (port, party, compúter, apárt)
[p˺] /__{C(stop), #} (rope, capped, opt, scepter)
[p'] / elsewhere (sport, spring, opera, apron)

음소 /p/는 port, party 등과 같이 어두에 위치할 때(#__)와 compúter, apárt 등과 같이 강세모음 앞에 위치할 때(__V′) 강하게 발음되므로 공기를 많이 동반하는 유기음인 [p^h]로 발음된다는 규칙이다. 또 음소 /p/는 capped, opt, scepter 등과 같이 [t, k]등과 같은 폐쇄음(stop) 앞에 위치할 때(__C(stop))와 cap, rope 등과 같이 단어 끝에 위치할 때(__#) 막기만 하고 파열하지 않는 불파음 [p˺]로 발음된다는 규칙이다. sport, spring, opera, apron 등과 같이 그 외의 위치에서는 무기음 [p']로 발음된다는 규칙이다.

다음 무성폐쇄음 /t/는 /p/보다 더 많은 변이음들을 가진다.

(4) /t/ → [t^h] /#__, __V′ (tongue, retúrn, atténd)
[t^n] /__[n, n̩] (fitness, mitten)
[t^l] /__[l] (atlas, butler)
[ř] /V′__{V, [r̩], [l̩]} (cíty, mátter, bóttle)
[t̪] /__[ð, θ] (at that, eighth)
[t˺] /__{C(stop), #} (footprint, hatpin, rat, root)
[t'] / elsewhere (stop, try, twin, attract, matron)

tongue, retúrn, atténd 등과 같이 어두나 강세모음 앞에서 강하게 발음되므로 공기를 많이 동반하는 유기음인 [t^h]로 발음된다. fitness, mitten 등과 같이 [n]이나 약모음 /ə/가 생략하여 모음 역할 하는 성절자음 [n̩] 앞에서 비음화된 [t^n]로 발음된다. atlas, butler 등과 같이 설측음 [l] 앞에서 설측음화된 [t^l]로 발음된다. cíty, mátter, bóttle 등과 같이 강세모음과 약모음(모음 역할을 할 수 있는 유음 [r̩, l̩]) 사이에서 가볍게 혀를 치경에 갖다 대는 단타음 [ř]로 발음된다. at that, eighth 등과 같이 치음 [ð, θ] 앞에서 치음화된 [t̪]로 발음된다. footprint, hatpin, rat, root 등과 같이 폐쇄음 앞에 위치하거나 단어 끝에 위치할 때 불파음 [t˺]로 발음된다. stop, try, twin, attract, matron 등과 같이 그 외의 위치에서는 무기음 [t']로 발음된다.

한편 단타음은 다음과 같이 한 단어내에서는 강세모음과 약모음사이라는 조건이 매우 중요한 역할을 한다.

(5) a. Ítaly: [ítəli] 〉[iřəli] ↔ Itálian: [itǽliən]
b. átom: [ǽtəm] 〉[ǽřəm] ↔ atómic: [ətɑ́:mik]
c. phótogràph: [fóutəgræ̀f] 〉[fóuřəgræ̀f] ↔ photógrapher[fətɑ́grəfər]

다음 음소 /n/도 예측 가능한 많은 변이음들을 가진다.

(6) /n/ → [ɱ] /__C(labiodental) (infamous, information, confirm)
[n̪] /__C(interdental) (month, ninth, in the)
[ŋ] /__C(velar) (incongruous, increase, income)
[n̩]/ C(obstruent)__# (leaden, madden, kitten, listen)
[n] /__elsewhere (noise, pound, tons, funny, pin)

infamous, information, confirm에서처럼 [f]와 같은 순치음(labiodental) 앞에서 순치음화된 [ɱ]로 발음된다. month, ninth, in the 등과 같이 치간음(interdental) [θ, ð] 앞에서 치음화된 [n̪]로 발음된다. incongruous, increase, income 등과 같이 연구개음(velar) [k, g]앞에서 연구개음 [ŋ]로 발음된다. leaden, madden, kitten, listen 등과 같이 [d, t]와 같은 순수 자음인 저해음(obstruent) 다음에서 모음역할을 할 수 있는 성절자음 [n̩]로 발음된다.(이 경우 약모음 /ə/가 생략한다) noise, pound, tons, funny, pin 등과 같이 그 외의 위치에서는 [n]으로 발음된다.

마지막으로 영어에서 모음길이는 예측 가능한 변이음을 가진다.

(7) /V/ → [V:] /__# (fey, grow, see)
[V·] /__Cvd (fade, brogue, Abe)
[V] / elsewhere (face, broke, ape, aced)

fey, grow, see 등처럼 모음으로 끝난 경우 장모음 [V:]로 발음된다. fade, brogue,

Abe 등과 같이 유성(voiced)자음 앞에서 반 정도 장모음화된 [V·]로 발음된다. face, broke, ape, aced 등과 같이 그 외의 위치에서는 단모음 [V]로 발음된다.

2. 생성음운론과 음운규칙

2.1 생성주의 음운론

생성음운론(generative phonology)에서는 추상적인 소리인 음소와 구체적인 소리인 변이음이라는 음소규칙의 개념이 아니라, 기저형(underlying representation)을 설정하여 음운규칙에 의해 구체적인 표면소리로 생성되는 과정으로 설명한다. 예를 들어 tears, store, night, water에서의 /t/음소를 기저형으로 설정하여, 유기음화, 무기음화, 불파음화, 단타음화와 같은 음운규칙으로 설명한다. 먼저 유기음화 과정을 예로 들어보자.

(8) a. tears, ten: /t/ → [t^h] / #____
b. attáck: /t/ → [t^h] / .____V [+stress]

(8a)는 tear, ten과 같이 단어 첫머리에서 기저형으로 설정된 /t/소리는 유기음화 되어 [t^h]소리로 생성되어 발음된다는 규칙이다. 이때 단어 첫머리라는 조건을 환경으로 사선 /와 단어경계(word boundary)라는 약속 #를 사용하여, 단어경계 # 다음 자리에서라는 조건 #____로 표시할 수 있다. (8b)는 단어 첫머리뿐 아니라, attáck처럼 중간이라도 강세를 받는 음절 첫머리에서 /t/소리는 유기음화 되어 [t^h]소리가 된다는 규칙이다. 음절 첫머리이며, 강세 모음 앞이라는 조건을 음절경계(syllable boundary)라는 약속 점(dot).를 사용하여, 음절경계의 강세모음 앞이라는 조건 .____V [+stress]로 표시한다. 따라서 tautólogy의 경우 두 번의 /t/소리가 모두 유기음화 되는 것을 알 수 있다. 앞의 /t/는 (8a)의 조건에 의해, 뒤의 /t/는 (8b)의 조건에 의해 설명된다. 따라서 이 둘의 조건을 하나로 묶어 다음과 같이 표시한다.

(9) $/t/ \rightarrow [t^h]\ /\ \left\{ \begin{array}{l} \#\_\_\_\_ \\ .\ \_\_\_\_\ V\ [+\text{stress}] \end{array} \right\}$

이와 같은 유기음화 현상은 /p/와 /k/소리에도 그대로 적용된다.

(10) a. $/p/ \rightarrow [p^h]\ /\ \left\{ \begin{array}{l} \#\_\_\_\_ \\ .\ \_\_\_\_\ V\ [+\text{stress}] \end{array} \right\}$ (pull, oppóse)

b. $/k/ \rightarrow [k^h]\ /\ \left\{ \begin{array}{l} \#\_\_\_\_ \\ .\ \_\_\_\_\ V\ [+\text{stress}] \end{array} \right\}$ (caught, occúr)

2.2 음운규칙과 동화현상

이와 같은 음운규칙은 인간이 선천적으로 갖고 태어났다고 생각되는 언어능력에 속한다. 즉 인간은 백지상태에서 주위에서 발음하는 소리를 단순히 듣는 경험을 통해서 알게 되는 것이 아니라는 것이다. 구조주의 음운론에서는 실제 소리를 경험을 통해 듣고, 음소와 변이음으로 분류만 하였는데, 생성음운론에서는 주위에서 듣는 소리를 통해서 선천적으로 갖고 태어났다는 이성에 의해 그 발음원리와 원칙을 깨닫고, 그 다음부터는 들어보지도 못했던 소리를 그 발음원칙에 따라 생성해 발음해 낸다는 것이다. 이것이 바로 음운규칙이라고 하는 것이다.

유기음화현상외에도 불파음화, 단타음화와 같은 현상도 다음과 같은 음운규칙으로 표현할 수 있다.

(11) a. $/p/ \rightarrow [p^{\urcorner}]\ /\ \_\_\_\_\_\_\ \#$

b. $/t/ \rightarrow [t^{\urcorner}]\ /\ \_\_\_\_\_\_\ \#$

c. $/k/ \rightarrow [k^{\urcorner}]\ /\ \_\_\_\_\_\_\ \#$

(12) $/t/ \rightarrow [\check{r}]\ /\ V[+\text{stress}]\ \_\_\_\_\_\_\ V$

(11)은 불파음화 현상으로 영어의 무성폐쇄음 /p, t, k/가 어말에서 파열하지 않고 막기만 하는 불파음으로 발음한다는 원칙이다. 즉 영어화자의 머릿속에는 이와 같은 음운에 대한 원칙이 들어 있어, 처음 몇 번 들어보고 나서, 이 원칙을 깨닫고 그 다음

부터는 처음 들어보는 소리도 이와 같은 원칙에 따라 불파음으로 발음한다는 음운 규칙이다. (12)는 영어의 /t/ 소리가 강세모음과 약모음사이에서 단타음 [ř]로 발음한다는 원칙이다.

이외에도 다음과 같은 음운규칙이 있다. 이때 이와 같은 많은 음운변화의 동기는 화자가 자신의 조음 노력을 최소화하려는 조음편의(ease of articulation)에 있다. 즉 가장 대표적인 음운규칙은 동화(assimilation)현상인데, 동화란 이웃한 두 소리가 영향을 끼쳐 서로 비슷하게 닮아 동화되는 현상으로 바로 최소의 노력으로 최대로 발음을 편하게 하려는 조음편의 현상이다.

(13) a. /C/ → $[C^{W}]$ / ___V(rounded)
b. /l, r, m, n/ → [l̩, r̩, m̩, n̩] / C(obstruent)__#, C(nasal)___#
c. /s, t, d, n, l/ → [s̪, t̪, d̪, n̪, l̪] /__C(interdental)
d. /y, w, r, l, m, n/ → [y̥, w̥, r̥, l̥, m̥, n̥] / C(vl)__
e. /k, g, ŋ/ → [k̄, ḡ, ŋ̄] / V(front)___, ____V(front)
f. V → Ṽ / ___ /n, m, ŋ/

(13a)는 pool, coke, voice, moan 등에서 /p, k, v, m/ 등과 같은 모든 자음은 /u, ou, ɔi/ 등과 같은 원순모음 앞에서 원순모음에 동화되어 비슷하게 입술이 약간 둥그렇게 되어 발음되는 순음화된 자음 $[p^{W}, k^{W}, v^{W}, m^{W}]$으로 발음된다는 음운규칙이다. (13b)는 paddle, matter의 유음 /l, r/과 chasm, button의 비음 /m, n/ 등 공명도가 높은 자음은 단어 끝자리에서 방해를 많이 받아 공명도가 낮은 저해음 자음 뒤에 올 경우 모음과 같은 음절적 기능을 담당하는 성절자음(syllabic consonants) [l̩, r̩, m̩, n̩]로 발음된다는 음운규칙이다. (13c)는 sixth, eighth, width, tenth, wealth 등에서 /s, t, d, n, l/ 등의 치경음은 치간음 [θ, ð] 앞에서 치간음에 동화되어 발음위치가 같은 치음화된 [s̪, t̪, d̪, n̪, l̪]로 발음된다는 음운규칙이다. (13d)는 twin, cute, play, try, smart, snow 등에서 활음 /y, w/, 유음 /r, l/, 비음 /m, n/ 등 유성음만 있는 공명자음은 [t, k, p, s] 등과 같은 무성(voiceless)자음 앞에서 무성음으로 동화된 [y̥, w̥, r̥, l̥, m̥, n̥]로 발음된다는 음운규칙이다. (13e)는 key, peek, give, rag, ring, rang 등에서 연구음 /k, g, ŋ/은 /i:, i, e, ɛ, æ/ 전설모음 앞이나 뒤에서 전설모음에 동화되어 발음위치가 경구개쪽으로 전설음화된 [k̄, ḡ, ŋ̄]로 발음된다는 음운규칙이다. (13f)는 sun, sin, soon 등에서 /ʌ, i, u:/ 등

의 모든 모음은 비음 /n, m, ŋ/ 앞에서 비음으로 동화된 모음 [ʌ̃, ĩ, ũ:] 등으로 발음된다는 음운규칙이다. 이외에도 다음과 같은 음운규칙이 있다.

(14) a. /l/ → [ɫ] / V_____

b. V(front) → V̄ / ___/ɫ/

c. /t, d, s, z/ → [ʧ, dʒ ʃ, ʒ] / ___(#) /y/

d. V(lax) → [ə] / When unstressed

e. /ə/ →/ø/ /___[l, r, m, n]

(14a)는 영어의 설측음 /l/은 cool, fool, bell처럼 모음 다음에 발음될 때, 모음에 영향을 받아 혀 뒤 부분이 연구개쪽으로 조금 올라가(일종의 연구개음화) 어두운 [ɫ] 소리로 발음된다는 음운규칙이다. 반면에 (14b)는 seal, sill, sail, sell, sally처럼 전설모음 /i:, i, ei, ɛ, æ/는 연구개음화 된 / ɫ /를 닮아 연구개쪽으로 약간 후진한다(→)는 음운규칙이다. seat, sit, same, set, sam 등의 전설모음과 비교해 보면 알 수 있다. (14c)는 posture, individual, passion, vision 등과 같이 한 단어 내에서, 또 meet you, did you, miss you, lose you처럼 단어 사이에서 치경음 /t, d, s, z/이 경구개음 /y/ 앞에서 서로 영향을 주어 경구개-치경음 [ʧ, dʒ ʃ, ʒ]으로 병합되어 발음된다는 음운규칙이다. (14d)는 átom[æřəm] /atómic[ətɑ:mik]처럼 강세를 받지 않는 이완(lax)모음은 약모음 [ə]로 약화된다는 음운규칙이다. (14e)는 police, parade, gorilla, every, evening, generally, botany, family처럼 약모음 /ə/는 유음 [l, r]과 비음 [m, n]과 같이 모음역할을 할 수 있는 성절자음 앞에서 생략된다는 음운규칙이다.

이때 두 소리가 완전히 서로 비슷해지거나 닮게 되는 경우가 아니라 각 음소가 갖고 있는 음성자질에서 몇 개의 음성자질이 이웃한 음소의 음성자질에 영향을 받아 동화되는 경우이다. 따라서 음소라는 개념보다는 각 음소가 갖고 있는 음성자질이 더 중요하게 된다. 이를 각 음소의 음성자질에서 다른 음소의 음성자질과 구별해 주는 변별자질이라 한다.

2.3 변별자질과 자연부류

앞에서 음운규칙을 설명할 때 편의상 음소규칙에서 사용하였던 음소표시인 /p/, /t/, /k/를 사용하였지만 생성음운론에서는 음소라는 개념을 사용하지 않고, 기저형이라는 개념과 함께 각 소리를 구별해주는 변별적 자질(distinctive feature)을 사용한다. 음소로 표시된 (11)의 불파음화 규칙의 문제점은 (11a)는 /p/→[p˺]로, (11b)는 /t/→[t˺]로, (11c)는 /k/→ [k˺]로 각각 별개의 현상으로 세 개의 규칙이 영어에 존재하는 것처럼 표현되었다는 점이다. 영어를 모국어로 사용하는 사람은 이들 세 개의 규칙이 서로 관련이 없는 별개의 현상이 아니라 서로 연관 있는 하나의 현상이라는 것을 직관(linguistic intuition)적으로 알고 있다. 표면적으로는 세 개의 현상이지만 영어를 모국어로 사용하는 사람의 머릿속에는 '영어의 무성파열음은 어느 소리이건 간에 낱말의 끝에서 발음할 때에는 불파음으로 바뀐다'는 것을 직관적으로 하나의 규칙으로 알고 있다. 따라서 이런 직관을 음운규칙으로 나타낼 때에도 세 개의 규칙이 아니라 하나의 규칙으로 표현되어야 한다는 것이다. 그러나 각 음소(phoneme)를 더 작은 속성으로 분석할 수 없는 말소리의 '최소 단위'로 본다면 이러한 규칙성을 하나의 규칙형식으로 표현할 수 없게 된다. 이러한 문제를 해결하기 위하여, 즉 자연스럽게 비슷한 음성적 특성을 지닌 음소들을 자연부류(natural classes)로 묶어서 나타낼 수 있도록 생성음운론에서는 변별자질이론(theory of distinctive features)을 도입하게 되었다. 즉 위의 불파음화 현상에서 영어의 무성 파열음의 공통적 특질을 묶어서 나타낼 수 있는 변별자질이 필요하게 되었다.

즉 영어 무성 폐쇄음 /p, t, k/는 자연스럽게 공통된 음성적 특질을 지닌 소리로 묶여서, 유기음화, 무기음화, 불파음화와 같은 음운현상을 일으킨다는 것이다. 이와 같이 공통된 음성적 특질을 지니고 있어 자연스럽게 묶어서 비슷한 음운현상을 일으키는 소리를 자연부류(natural class)를 이룬다고 한다.

2.4 분절음과 주요부류

한편 분절음 소리를 크게 2개의 자연부류를 이루는 자음과 모음으로 분류할 수 있다. 또 자음을 다시 크게 2개의 주요 분류로 묶을 수가 있다. 첫 번째는 폐쇄음, 마찰음, 파찰음 등의 저해음이고, 두 번째는 비음, 유음, 활음 등의 공명음이다. 한편 공명음중에서 비음과 유음은 자음인데도 불구하고 음절의 핵을 이룰 수 있는 소리였는데, 반모음인 전이음은 음절핵을 이루지 못하고 이중모음에서 핵음이 아닌 미끄러지는 후모음 역할만 하는 소리였다. 따라서 이를 다시 분류해서 저해음, 비음/유음, 반모음, 모음으로 크게 4개의 자연부류로 나누어 볼 수 있다.

이와 같은 자연부류를 분류하기 위한 변별자질중에서 먼저 방해를 많이 받는 자질로 자음성(consonantal)을 들 수 있다. 따라서 영어 자음은 일단 자음성을 지닌 [+consonantal]로 보고, 모음은 자음성이 없는 [-consonantal]로 표시한다. 이때 전이음인 반모음도 자음성이 없는 [-consonantal]로 표시한다. 다음 자음중에서 저해음과 공명음을 분류하기 위한 변별자질로 공명성(sonorant)을 들 수 있다. 따라서 자음중에서도 저해음인 폐쇄음, 마찰음, 파찰음은 공명성이 없는 순수자음이므로 [-sonorant]로 표시하여 자연스럽게 자연부류를 형성할 수 있다. 반면 비음, 유음, 전이음 등은 자음중에서도 공명성이 높은 공명자음이므로 [+sonorant]로 표시하여 구별한다. 물론 모음은 공명음이므로 [+sonorant]로 표시한다. 한편 반모음과 모음을 분류하기 위한 변별자질로 음절의 핵음 역할을 할 수 있는 음절성(syllabic)을 들 수 있다. 따라서 모음은 [+syllabic]이고, 반모음은 [-syllabic]으로 구별해 줄 수 있다.

따라서 다음과 같이 순수자음인 저해음, 유음/비음, 전이음, 모음 등과 같은 주요부류(major classes)를 변별자질 3개를 이용하여 자연스럽게 자연부류로 구별할 수 있다.

(15)

	저해음(순수자음)	유음/ 비음	전이음(반모음)	모음
consonantal	+	+	–	–
sonorant	–	+	+	+
syllabic	–	+	–	+

순수자음인 폐쇄음, 마찰음, 파찰음과 같은 저해음은 자음성을 지니고 있으며, 비공명음으로 음절핵을 이룰 수 없는 특성을 지닌 소리들이다. 반면 비음과 유음은 자음성을 지닌 자음이나 공명도가 높은 음으로 음절핵을 이루기도 하는 특성을 지닌 소리이다. 전이음은 자음성이 없는 반모음으로 공명도가 높지만 이중모음에서 미끄러지는 전이음으로 쓰이기 때문에 음절핵을 이룰 수 없는 특성을 지닌 소리이다. 모

음은 자음성이 없는 소리로 공명도도 높고, 음절핵을 이루는 특성을 지닌 소리이다.

2.5 조음방법과 변별자질

한편 장애를 많이 받아 나는 순수 자음도 폐쇄음, 마찰음, 파찰음을 구별해 줄 수 있는 변별자질이 필요하다. 즉 조음방법을 나타내는 자질로 지속성을 나타내는 [± continuant]와 파열의 속도를 나타내는 [±delayed release]가 있다. 마찰음은 중단 없이 지속적으로 마찰시켜 내는 소리이므로, 지속음의 음성적 특질인 [+continuant]로 표시한다. 폐쇄음은 당연히 폐쇄시켰다 갑자기 파열시키는 소리이므로 비지속음인 [–continuant]의 특성을 지니고 있고, 파찰음도 폐쇄시켰다 천천히 열면서 마찰시키는 소리이므로 비지속음인 [–continuant]의 특성을 지닌다. 한편 폐쇄음은 공기의 흐름을 폐쇄시켰다가 압축하여 갑자기 파열시키는 소리이고, 파찰음은 폐쇄하였다 천천히 마찰을 시키면서 내는 소리이다. 따라서 폐쇄음은 갑자기 파열시킨다는 [–delayed release]의 음성적 특질을 지닌 것으로, 파찰음은 천천히 마찰시킨다는 [+delayed release]의 음성적 특질을 지닌 것으로 구별하여 나타낼 수 있다. 이처럼 장애를 많이 받아 나는 순수자음을 다음과 같은 두 개의 변별자질로 구별하여 나타낼 수 있다.

(16)	폐쇄음	파찰음	마찰음
continuant	–	–	–
delayed release	–	+	

지금까지의 설명한 음성적 자질은 자음중에서도 공명성이 없는 순수자음이며 그 중에서도 폐쇄하였다 갑자기 터트리는 폐쇄음을 구별하기 위한 변별자질이다.

2.6 조음점과 변별자질

폐쇄음중에도 /p/, /t/, /k/는 조음위치가 다른 소리이다. 이를 구별하여 줄 자질이 필요하다. 즉 양순음, 순치음 치간음, 치경음, 경구개치경음, 연구개음 등의 여러 개의 조음점으로 구별하여 나타냈지만, 이를 두 개의 자질을 이용하여 나타낼 수 있다. 먼저 조음점을 크게 두 개로 나누어, 치경 즉 잇몸을 기준으로 하여 그 앞 뒤쪽을 나타내는 [±anterior]의 자질을 사용한다. 즉 잇몸 앞 쪽에서 발음되는 나는 순음, 치음과 뒤 쪽에서 발음되는 경구개, 연구개음을 구별할 수 있다. [+anterior]는 입의 앞부분 즉 치경을 기준으로 하여 그 앞쪽에서 조음되는 말소리로, 영어에는 양순음 /p, b, m/, 순치음인 /f, v/, 치간음 /ð, ɵ/ 및 치경음 /t, d, s, z, n, r, l/이 있다. [–anterior]는 치경 뒤쪽에서 조음되는 자음으로 경구개치경음 /ʃ, ʒ, ʧ, ʤ/를 비롯하여 연구개음 /k, g, ŋ/이 있다.

또 설단 즉 혀날을 이용해서 내는 소리인가 아닌가를 구별하는 [±coronal]를 사용한다. 즉 혀날과 연관 있는 치음, 경구개음과 혀날과 전혀 연관이 없는 순음, 연구개음을 구별하여 나타낼 수 있다. [+coronal]은 혀날과 관련되어 조음되는 자음으로 영어에는 치간음, 치경음과 경구개치경음이 있다. 반면 [–coronal]은 혀날과 관련 없이 조음되는 양순음, 순치음, 연구개음이다. 이를 종합하여 조음위치를 다음과 같이 네 개의 큰 그룹인 순음, 치음, 경구개음, 연구개음으로 구별하여 나타낸다.

(17)

	순음(양순, 순치음)	치음(치간, 치경음)	경구개음	연구개음
anterior	+	+	–	–
coronal	–	+	+	–

즉 양순음 /p, b, m/과 순치음 /f, v/ 등의 순음은 잇몸 앞쪽에서 나는 [+anterior]이며, 혀날과 관련 없이 조음되는 [–coronal]이다. 치간음 /ð, ɵ/ 및 치경음 /t, d, s, z, n, r, l/등의 치음은 잇몸 앞쪽에서 나는 [+anterior]이며, 혀날과 관련되어 조음되는 [+coronal]이다. 경구개치경음 /ʃ, ʒ, ʧ, ʤ/은 잇몸 뒤쪽에서 나는 [–anterior]이며, 혀날과 관련되어 조음되는 [+coronal]이다. 연구개음 /k, g, ŋ/은 잇몸 뒤쪽에서 나는 [–anterior]이며, 혀날과 관련 없이 조음되는 [–coronal]이다. 한편 순수자음은 항상 유성음과 무성음의 짝이 있으므로 [±voiced]로 구별하여 나타낸다.[1)]

(11)에 예시한 영어 자음소리 /p, t, k/는 각각 상호간 또는 영어의 다른 소리와 구

---

1) 위에 예시한 변별자질 이외에도 〔±nasal〕, 〔±strident〕 등이 있으며, 모음을 구분하기 위한 변별자질들로는 〔±high〕, 〔±low〕, 〔±back〕, 〔±round〕 등이 있다. 세계의 모든 언어의 음운현상을 기술하는 데 필요한 변별자질의 수는 25개 내외가 있다고 한다.(Chomsky and halle, 1968). 이 가운데서 각 언어에서는 일반적으로 12개 내외의 변별자질을 사용하면 충분히 나타낼 수 있다고 한다.

별하기 위해서는 +consonantal, –sonorant, –continuant, –delayed release, ±anterior, ±coronal, –voiced 등 7개의 자질이 필요하지만, 이 세 개의 자음소리의 음성적 공통자질만 한 데 묶으면 [+consonantal, –sonorant, –continuant, –voiced]의 네 개의 변별자질만 있으면 된다. 즉 조음 위치를 나타내는 [±anterior, ±coronal]은 공통된 음성자질이 아니므로 배제하고, 또 파찰음 /ʧ, ʤ/과 구별하기 위한 [–delayed release]도 /ʧ, ʤ/가 경구개음으로 고정되는데 비하여 폐쇄음 /p, t, k/는 조음위치가 정해져 있지 않은 소리의 묶음이므로 자동적으로 배제된다. 따라서 이와 같은 공통자질을 사용하여 다음과 같은 음운규칙을 만든다면 유기음화와 같은 음운변화를 세 개의 별도의 현상이 아니라 하나의 현상이라는 사실을 하나의 규칙으로 표현할 수 있다.

(18) $\begin{bmatrix} +\text{consonantal} \\ -\text{sonorant} \\ -\text{continuant} \\ -\text{voiced} \end{bmatrix} \rightarrow [+\text{aspirated}] \ / \ \begin{Bmatrix} \#\_\_\_ \\ .\ \_\_\_\ \text{V}\ [+\text{stress}] \end{Bmatrix}$

즉, 영어의 무성 패쇄음 /p, t, k/가 낱말의 첫소리나 강세 모음 앞의 음절 첫소리로 발음하면 유기음으로 변하는 현상을 (18)과 같이 하나의 규칙으로 표현할 수 있다. 여기에서 한 가지 더 기억해야 할 것은 영어에서 [+consonantal, –sonorant, –continuant, –voiced]의 네 자질로 이루어지는 말소리는 영어 무성 폐쇄음 /p, t, k/의 세 개 소리 외에는 없다는 사실이다. 이처럼 변별자질를 이용하여 어떤 공통된 음성적 특질을 지닌 말소리들을 묶을 수 있다. 또 그 묶음의 말소리들은 공통된 음성적 특질을 지닌 소리들로, 자연부류(natural class)를 이룬다고 한다. 또 이렇게 묶인 말소리들은 음운변화와 같은 현상에서 같이 행동하는 경우가 많다. 위에서 설명한 유기음화현상이 바로 그 하나의 예이다.

2.7 영어모음에 대한 변별적자질

모음은 앞에서 서술한대로 순수자음, 유음/비음, 전이음 등과 같은 주요 부류(major classes)를 구별해 주는 변별 자질로 방해를 많이 받는 자음성 자질에서 자음성이 없는 [–consonantal]이며, 공명성 자질에서 공명성이 높은 [+sonorant]이다. 또 음절성 자질에서는 음절의 핵을 이룰 수 있는 [+syllabic] 이다. 따라서 이를 다음과 같이 구별하였다.

(19)

	모음	반모음(전이음)	유음/비음	장애음(순수자음)
consonantal	–	–	+	+
sonorant	+	+	+	–
syllabic	+	–	+	–

한편 혀의 전후 위치에 따라 후설모음은 후설성이 있는 [+back]으로 구별한다. 그러면 전설모음은 당연히 후설성이 없는 [-back]이 된다. 또 혀의 높이에 따라 고모음은 고음성이 있는 [+high]로, 저모음은 저음성이 있는 [+low]로 구별한다. 중모음은 고음성도 저음성도 없는 [-high, -low]로 구별하여 나타낼 수 있다. 전설고모음 중 /i/와 /ɩ/는 근육의 긴장도에 차이가 있으므로 /i/모음은 긴장성이 있는 [+tense]로, /ɩ/모음은 긴장성이 없는 [–tense]로 구별할 수 있다. 마찬가지로 후설고모음중 /u/와 /ʊ/, 전설 중모음 /e/와 /ɛ/도 긴장성 자질로 구별할 수 있다. 이때 중설중모음 /ə/, /ʌ/는 일단 후설성이 있는 [+back]으로 본다. 그러면 다른 후설모음과 어떻게 구별을 할 수 있는가 하는 문제가 생긴다. 그런데 영어의 후설모음은 /ɑ/모음은 제외하고는 모두 원순모음이기 때문에 중설모음은 원순성이 없는 [–round]로 구별할 수 있다. 또 후설 저모음 /ɔ/와 /ɑ/도 원순성으로 구별할 수 있다. 또 중설중모음 /ə/와 /ʌ/는 강세에서 차이가 있으므로 구별할 수 있다. 또 중설중모음 /ə/와 /ʌ/는 후설 저모음 /ɑ/와는 같은 비원순 모음이지만 혀의 높이에 있어 차이가 나므로 구별할 수 있다. 즉 후설성, 고음성, 저음성, 원순성, 긴장성 등 다섯 가지 자질을 이용하면 영어모음은 다음과 같이 다 구별할 수 있게 된다.

(20)

	i	ɩ	e	ɛ	æ	u	ʊ	o	ɔ	ɑ	ə	ʌ
back	–	–	–	–	–	+	+	+	+	+	+	+
high	+	+	–	–	–	+	+	–	–	–	–	–
low	–	–	–	–	+	–	–	–	+	+	–	–
round	–	–	–	–	–	+	+	+	+	–	–	–
tense	+	–	+	–	–	+	–	+	+	+	–	–

이때 영어에서는 전설모음이면 비원순모음이므로 [–back]인 자질을 갖게 되면 [–round]라는 자질은 그냥 알 수 있는 자질이 된다. 또 체계상 [+high]이면 자동으로 [–low]가 되는 것이고, 역으로 [+low]이면 자동으로 [–high]가 된다. 이와 같은 자질을 다른 음소와 구별하는데 절대적으로 필요한 변별적 자질(distinctive fdeature)이 아니라, 자동으로 알 수 있는 잉여자질(redundant feature)이라고 한다.

3. 영어 음절구조와 자음군

3.1 영어의 음절구조

영어발음을 얼마나 잘할 수 있는가 중의 하나는 영어음절이 어떻게 구성되어 있는지를 알고 한국어의 음절과는 어떤 차이가 있는가를 아는 일이다. 왜냐하면 영어와 한국어의 음절구조가 다르기 때문에 그러한 차이에서 오는 언어전이(transfer)에 의한 간섭 문제가 발생할 수 있기 때문이다. 한국어의 음절구조는 단순형으로 음절머리에 자음이 하나밖에 배열되지 않고, 음절꼬리에도 하나밖에 배열되지 않으므로 [아], [가], [암], [갑]과 같이 V, CV, VC, CVC형의 네가지 유형의 음절구조 밖에 없다. 그러나 영어의 음절구조는 이러한 단순형 즉 a[ə], go[gou], own[oun], love[lʌv] 등과 같은 단순형 외에도 복합형으로 모음 앞에 자음이 최대 세 개, 모음 뒤에 자음이 최대 네 개까지 올 수 있다. 예를 들어 please [pli:z], springs [spriŋz], strengths [strɛŋkθs] 등과 같은 복합형이 가능하다. 그렇기 때문에 한국인이 영어음절 구조의 발음을 익힐 때 어려움이 따른다. 예를 들어 twinkles [twinklz]의 경우 한국인이 발음하면 각 자음 뒤에 모음 [으]를 삽입시켜 발음하기 쉽기 때문에 결과적으로 [트윙클즈]처럼 4음절로 잘못 발음하게 된다.

한편 영어와 국어의 음절은 최대음절의 크기(영어는 CCCVCCCC, 국어는 CVC)라는 외형상으로도 큰 차이를 보일 뿐만 아니라, 내부구조에서도 대조를 보인다. 음절의 내부구조(the internal structure of the syllable)란 주어진 한 음절이 어떻게 나누어지는 가를 보여주는 것이다. 예를 들어 pen은 논리적으로 세 가지의 내부구조가 가능하다.

(21) a. [p] + [e] + [n] b. [p] + [en] c. [pe] + [n]

(21a)는 음절 pen을 구성하는 개별음 /p, e, n/이 위계적 관계없이 모음을 중심으로 대칭으로 구성되어 있음을 나타내고, (21b)는 모음과 음절말의 자음이 하나의 단위를 이루고 있으며, (21c)는 음절머리의 자음과 모음이 하나의 단위를 이루고 있다. 실제 영어의 음절의 내부구조는 (21b)처럼 되어 있다. 영어 음절의 내부구조가 (21b)와 같다는 것은 개별 자모음보다는 크지만 음절보다는 작은 중간 단위가 있다는 것을 뜻한다. 이 중간단위, 즉 위의 (21b)에서 [en]을 각운(rhyme)이라고 한다. 각운이 영어의 주요 음운단위라는 증거는 여러 곳에서 찾아볼 수 있다. 첫째, smoke와 fog의 합성어인 smog의 합성원리를 생각해 보자. 철자만을 생각하면 다음의 (22a), (22b)가 모두 가능한 결합형인 것 같지만, 세 단어 smoke[smouk], fog[fɔg], smog[smɔg]의 발음을 보면, (22b)의 결합형이 맞음을 알 수 있다.

(22) a. smo + g = smog: [smou] + [g] = *[smog]
b. sm + og = smog: [sm] + [ɔg] = [smɔg]

(22b)에 나타난 합성의 원리를 생각해 보면, smog의 내부구조는 sm-과 -og[ɔg]로 나눌 수 있으며, smoke는 sm-과 -oke[ouk]로 fog는 f-와 -og[ɔg]로 나눌 수 있다. 이처럼 영어 음절은 2대요소 즉 음절머리 자음군과 각운으로 이루어져 있음을 확인할 수 있다. 이와 같은 영어의 음절구조를 예를 들어 strengths[strɛŋkɵs]라는 단어를 갖고 그림으로 나타내면 다음과 같다.

(23)

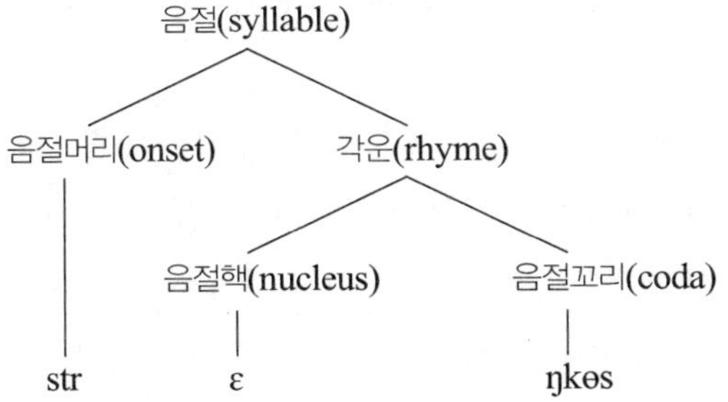

3.2 자음군(consonant cluster)과 음소배열제약

(1) 영어 음절머리의 자음군과 음소배열제약

영어의 음절구조에서 음절머리의 자음이 세 개, 음절꼬리의 자음이 4개 까지 올 수 있는 자음군(consonant cluster)이 가능하다고 해도, 아무런 자음이 다 나올 수 있는 것은 아니다. 음절 머리에 자음이 한 개만 올 경우는 모든 자음이 가능하지만 /ʒ/ 와 /ŋ/만은 오지 못한다. 그것은 생성음운론의 분석방법을 따를 때 /ŋ/은 기저형이 /ŋg/라는 사실에 그 이유를 찾을 수 있다. 즉 어두에 /mb/, /nd/와 같이 비음과 조음위치가 같은 유성 폐쇄음이 오지 못하는 것과 같다.

또 음절머리에 자음이 두 개가 오는 것이 흔하다고 하여 모든 자음군이 다 허용되는 것이 아니다. 자음 24개 중에서 어말이나 음절 꼬리에만 오는 /ŋ/을 빼고 23개의 자음이 다른 자음과 결합할 수 있는 경우의 수는 506가지이지만, 실제적으로는 다음 (24-27)처럼 40가지이고, 그 중에서 전이음 /j, w/와의 결합을 빼면 20가지 밖에 되지 않는다.

먼저 음절머리의 첫 자음이 폐쇄음이 오는 경우 그 다음 자음은 /r, l/과 같은 유음이거나 /j, w/와 같은 전이음이다.

(24)						
	a. pray,	tree,	crow,	broad,	dray,	grass
	b. play,	*/tl/	clay,	blue,	*/dl/	glow
	c. */pw/,	twelve,	quick,	*/bw/,	dwell,	gwine
	d. pure,	tube,	cute,	beauty,	duty,	gules

(24a,b)와 같이 유무성 폐쇄음 /p, t, k, b, d, g/ 다음에 /r, l/과 같은 유음과 (24c,d)와 같이 /w, j/와 같은 전이음이 온 자음군이 가능하다. 이때 유음과 전이음을 합쳐 조음기관이 완전히 막히지 않고 개방적으로 모음에 접근되어 있는 음이라 하여 (개방) 접근음((open) approximant)으로 분류하는 학자도 있다. 즉 공명도가 가장 낮은 폐쇄음 다음에 자음중 공명도가 비교적 높은 개방 접근음이 오고 다음에 공명도가 가장 높은 완전 개방음인 모음이 오는 방식이다. 이때 두개의 연속적인 순음 */pw/, */bw/와 두개의 연속적인 치경음 */tl/ */dl/가 불가능한 것은 조음학상 불가능한 경우로 특

별히 체계적인 갭(systematic gaps)이라고 한다.(틀린 문장이나 단어 앞에는 흔히 *를 붙인다.) 또 (24d)에서 보듯 철자상으로는 없는 /j/발음이 후설모음인 /u/모음 앞에서 발음을 용이하게 하기위해서 일종의 음운첨가 현상으로 삽입되는 것을 엿볼 수 있다.(이 경우 연속된 두 개의 자음으로 보지 않고 상승이중모음 /ju/로 보기도 한다.)

다음은 음절머리의 첫 자음이 /s/를 제외한 무성 마찰음 /f, ɵ, ʃ, h/가 오고, 그 다음 자음은 /r, l, j, w/와 같은 공명도가 높아 모음성이 강한 개방 접근음이 오는 경우이다.

(25) a. fry, throw, shrink, */hr/
b. flow, */ɵl/, schlemiel, */hl/
c. */fw/, thwart, */ʃw/, which
d. few, thews, */ʃj/, huge

(25a, b)처럼 무성 마찰음 /f, ɵ, ʃ/ 다음에 유음 /r, l/이 온 자음군이 가능하고, (25c,d)처럼 전이음 /w, j/이 온 자음군이 가능하다. 이때 */hr/과 */hl/이 없는 것은 우연히 없는 경우라 하여 우연한 갭(accidental gaps)라고 한다. 그러나 */fw/이 불가능 한 것은 조음학상 연속적인 순음(순치음과 순음)이 불가능하기 때문이고, */ɵl/이 불가능한 것은 조음학상 치음(치간음과 치경음)을 연속적으로 발음하기 불가능하기 때문으로 체계적인 갭에 해당한다. 또 (25d)의 few, thews, huge 보듯 철자상으로는 없는 /j/ 발음이 후설모음인 /u/ 모음 앞에서 발음을 용이하게 하기위해서 일종의 음운첨가 현상으로 삽입되는 것을 엿볼 수 있다. 그러나 */ʃj/는 없는 것은 mission [míʃən]에서 보듯 /s/음 다음에 /j/이 올 경우 치경음 /s/가 경구개음 /j/의 영향을 받아 /ʃ/로 변하고 /j/가 생략되기 때문이다(상호동화라고도 하고 융합이라고도 한다).

다음은 음절머리의 첫 자음이 /s/일 경우 그 다음 자음은 무성 폐쇄음 /p, t, k/과 무성마찰음 /f/가 오거나, 비교적 공명도가 높은 비음 /m, n/, 유음 /r, l/, 전이음 /w, j/ 등이 올 수 있다.

(26) a. spend, stone, score, sphere
b. small, snow, Sri Lanka, slay, swim, suit

(26a)처럼 마찰음 /s/ 다음에는 무성폐쇄음 /p, t, k/가 올 경우 무성폐쇄음 /p, t, k/는 무기음 [p', t', k']로 변하여 마찰음 /s/보다 공명도를 높인다. (26b)처럼 /s/ 다음에는

비교적 공명도가 높은 비음 /m, n/, 유음 /r, l/, 전이음 /w, j/ 등이 가능하나, /sr/의 경우 Sri Lanka와 같은 외래어에서나 볼 수 있듯이 매우 드물다.

다음은 파찰음 /tʃ, ʤ/다음에 공명도가 높은 전이음 /j/가 가능하다. 또 비음 /m, n/, 유음 /l/ 다음에 전이음 /j/가 가능하다.

(27) a. chew, juice
b. music, new, lute

(27a)와 같이 /tʃj/, /ʤj/ 등의 자음군이 가능하다. 또 (27b)처럼 /mj/, /nj/, /lj/ 등의 자음군이 가능하다. 그러나 이 경우도 연속된 두 개의 자음으로 보지 않고 상승이중모음 /ju/로 보는 것이 더 일반적이다.

요약하면 두 개의 자음군이 음절머리로 나온 경우, (24-5)처럼 순수 자음인 패쇄음, 마찰음과 같이 장애를 많이 받아 공명도가 낮은 장애음(저해음) 다음에 공명도가 비교적 높아 모음에 근접한 접근음인 유음, 전이음 등이 오는 경우와 (26)처럼 /s/ 다음에 다른 자음이 오는 경우와 (27)처럼 파찰음과 공명도가 높은 비음 및 유음 다음에 전이음 /j/가 오는 경우로 대별해 볼 수 있다.

한편 */pt/와 같은 폐쇄음과 폐쇄음 결합은 불가능하고, */pn/이나 */np/와 같은 폐쇄음과 비음, 또는 비음과 폐쇄음의 결합은 불가능하다. 이는 조음학상 두 개의 연속적인 폐쇄음을 발음할 수 없기 때문으로 일종의 체계적인 갭에 해당한다. 또 */ts/와 같은 폐쇄음과 마찰음의 결합 및 */ft/와 같은 마찰음과 폐쇄음의 결합도 불가능하다. 즉 폐쇄음과 마찰음은 방해를 많이 받고 나오는 저해음이기 때문에 연속해서 발음할 수 없기 때문이다. 따라서 두 개의 자음이 결합할 경우 공명도가 낮은 저해음과 공명도가 비교적 높은 비음이나 유음 및 전이음의 결합이 가능함을 알 수 있다. 예를 들어 play, pray는 영어 단어이지만 *lpay, *rpay는 그렇지 않음을 우리는 직감적으로 알 수 있다. 이러한 음절구조제약은 영어 사용자가 갖고 있는 영어에 대한 내면적인 지식(intrinsic knowledge)이며, 영어 발음을 향상시키는 것에는 이러한 지식을 향상시키는 것도 포함된다.

다음 (28)처럼 음절머리에 자음이 세 개 오는 경우에 첫 자음은 반드시 /s/이어야 하며, 두 번째 자음은 무성폐쇄음 /p, t, k/ 중 하나이며, 세 번째 자음은 접근음 /r, l, j, w/ 중 하나이다.

(28) a. spring, splash, spew, */spw/
b. stray, */stl/, studio */stw/
c. screw, sclaff, skew, square

이때 (28a, b)에서 */spw/와 */stl/이 불가능한 것은 조음학상 연속적인 두개의 순음 */pw/와 두개의 치경음 */tl/이 불가능한 체계적인 갭이고, (28b)의 /stw/가 없는 것은 우연한 갭이다. 이처럼 음절머리의 세 자음을 $C_1C_2C_3$라 할 때, 각각의 위치에 올 수 있는 자음은 다음과 같다.

(29) a. C_1 : s
b. C_2 : p, t, k,
c. C_3 : l, r, w, y

따라서 string은 가능한 음절이지만 s-t-r의 순서를 뒤바꾼 *tsring, *rsting 등은 가능한 영어음절이 아니며, s-t-r을 사용하지 않은 *sdring, *lmsing도 가능한 영어음절이 아니다. (29)의 음절구조제약에서 중요한 것은 C_2에 올 수 있는 /p, t, k/가 서로 아무런 연관이 없는 자음이 아니라, 무성음임과 동시에 폐쇄음이라는 음성적 공통점을 가지고 있으며, 마찬가지로, C_3에 올 수 있는 /l, r, w, y/ 역시 유성음임과 동시에 모음과 같이 조음기관에 접근하여 발음하는 개방 접근음이라는 사실이다. 즉 자음과 모음의 성격을 공유하고 있는 공명음이라는 음성적 공통점을 가지고 있다. 또 폐쇄음, 마찰음과 같이 장애를 많이 받는 자음일수록 음절 가장자리에 오고, /l, r, w, y/처럼 음성적 특성이 모음에 가까운 자음일수록 음절의 내부에 위치한다는 점도 발견할 수 있다. 이처럼 음절머리에 올 수 있는 자음과 그 외에 모음 및 음절꼬리에 올 수 있는 자음간의 배열 관계를 음절구조제약, 또는 음소간의 배열 관계를 정해 놓았다는 의미로 음소배열제약(phonotactics)이라고 한다.

(2) 영어 음절꼬리의 자음군과 음소배열제약

음절꼬리(coda)인 어말에 자음이 한 개가 오는 경우는 /h/를 뺀 모든 자음이 가능하다. 음절머리인 어두에 오지 못하는 /ŋ/과 체계적인 대립을 보인다. 다음으로 음절꼬리에 자음군이 두 개인 경우인데 음절머리에서보다는 훨씬 더 많은 자음군이 나타난다.

먼저 유음 /r, l/ 다음에 다른 자음이 온 경우를 보자.

(30) a. warp, cart, bark, verb, board, burg
b. turf, fourth, curse, harsh, -*/rh/, curve,
-/rð/ cars, spurge
c. gulp, belt, milk, bulb, gold,
d. wolf, health, false, belch, -*/lh/, solve,
-/lð/, bells, belge
e. harm, carn, -/rŋ/, film, kiln, -/lŋ/

(30a)는 음절꼬리로 모음성이 강해 공명음이라고도 하는 유음 /r/ 다음에 순수 자음으로 폐쇄음 /p, t, k, b, d, g/ 등이 온 자음군 형태이다. (30b)는 유음 /r/ 다음에 마찰음 /v, ɵ, s, z ʃ/과 파찰음 /ʤ/ 등이 온 자음군 형태이다. (30c)는 공명도가 높은 유음 /l/ 다음에 폐쇄음 /p, b, t, d, k/ 등이 온 자음군이다. (30d)는 유음 /l/ 다음에 마찰음 /f, v, ɵ, s/ 등과 파찰음 /tʃ, ʤ/ 등이 온 자음군이다. (30e)는 유음 /r, l/ 다음에 비교적 공명도가 높은 비음 /m, n/ 등이 온 자음군이다.

다음은 공명도가 높은 비음 /m, n, ŋ/ 다음에 폐쇄음, 마찰음, 파찰음 등의 장애음이 온 경우이다.

(31) a. tent, lend, lenth, lense, lens, branch, change
b. pump, nymph
c. think,

(31a)처럼 /n/ 다음에는 비교적 자유스럽게 다른 장애음이 오지만, (31b)처럼 /m/ 다음에는 /p, f/만이 가능하고, (31c)처럼 /ŋ/ 다음에는 /k/만이 가능하다.

다음은 마찰음과 폐쇄음 등의 장애음이 온 경우이다.

(32) a. lift, fifth, leaves, wasp, mist, risk
b. apt, lapse depth, width, box

(32a)처럼 마찰음 /f, s/ 다음에 폐쇄음 /p, t, k/가 가능하고, 마찰음 /f, v/ 다음에 같은 마찰음 /ɵ, z/ 등이 가능하다. 또 (32b)처럼 폐쇄음 다음에 같은 폐쇄음이나 마찰음이 가능하다.

음절꼬리에 자음이 세 개 오는 경우는 다음 (33)처럼 음절머리에서보다는 아주 많은 예가 발견된다.

(33) a. world, warmth, prince
b. burst, excerpt, corpse
c. twelfth, waltz
d. tempt, glimps, amongst, instinct, length
e. midst, text, sixth

(33a)는 모음성이 강한 유음 /r/ 다음에 같은 유음 /l/이나 비음 /m, n/ 등이 온 다음에, 장애음인 폐쇄음이나 마찰음이 온 자음군의 형태이다. (33b)는 유음 /r/ 다음에 폐쇄음과 마찰음 등의 장애음이 2개 나온 자음군의 경우이다. (33c)는 유음 /l/ 다음에 폐쇄음과 마찰음 등의 장애음이 2개 나온 자음군의 경우이다. (33d)는 모음성이 강한 비음 /m, n, ŋ/ 다음에 폐쇄음과 마찰음 등의 장애음이 2개 나온 경우이다. (33e)는 폐쇄음과 마찰음 등의 장애음이 연속해서 3개 나온 자음군의 경우이다.

다음은 음절꼬리의 자음군이 4개인 경우이다.

(34) a. Ernst Harpst
b. texts prompts glimpsed
c. sixths twelfths thousandths
d. warmth months lengths

(34a)는 사람 이름과 같은 고유명사에서 모음성이 강한 유음이나 비음이 연속해서 나온 다음에 마찰음, 폐쇄음 등의 장애음이 연속 2개 나오거나, 유음 다음에 장애음이 연속 3개 나온 자음군의 형태이다. (34b)는 text와 같이 연속된 3개의 자음군 다음에 복수형 어미 /s/가 붙거나, prompt와 같이 연속된 3개의 자음군 다음에 3인칭 단수 현재시제동사 어미 /s/가 붙거나, glimpse와 같이 연속된 3개의 자음군 다음에 과거형 어미 /t/가 붙어 연속 4개의 자음군이 나온 형태이다. 특히 (34c)는 six, twelve, thousand와 같이 연속된 2개의 자음군 다음에 서수굴절어미 -th/θ/와 복수어미 /s/가 붙어 4개의 자음군이 된 경우이다. (34d)는 중간에 삽입자음 /p, t, k/ 등이 들어가 4개의 자음이 된 경우이다.

(3) 음절핵인 모음에 대한 음소배열제약과 성절자음

다음으로 음절핵(nucleus)인 모음도 음절 내에서 자음과 결합할 때 어떤 제약이 있다. 물론 모든 모음은 음절의 핵음으로 사용되지만, 모음이 단독으로 음절을 구성하는 경우에는 /ɛ, æ, ɒ, ʌ/는 사용되지 않는다.

다음은 음절핵인 모음 /u/ 앞에 전설 전이음 /j/가 삽입되어 /ju/가 오는 경우이다.

(35) a. /ju/: pure, beauty, cure, view, music
b. /jə/: yearn, /jɔ/: yacht
c. */spru_ / */sprɔɪ_ /

(35a)처럼 음절핵인 모음 /u/ 앞에 /p, b, f, v, m/ 등 여러 자음들이 나온 경우 전설 전이음 /j/가 삽입되어 음절 머리의 2개의 자음군을 형성하나, 연속된 두 개의 자음으로 보지 않고 상향 이중모음 /ju/로 보기도 한다. (35b)처럼 /u/가 아닌 모음 앞에 /j/가 오면 그 앞에는 다른 자음들이 올 수 없다. 더욱이 (35c)처럼 어두에 자음이 세 개가 올 경우 그 뒤에 나타나지 못하는 모음은 /u/와 /ɔɪ/이다.

한편 이러한 핵음의 자리에 반드시 모음만이 오는 것은 아니다. 소위 성절자음(syllabic consonants)이 핵음 자리를 차지할 수 있다. bottle이란 단어는 사전에는 [bátl]로 명기되어 있는데, 일반인들에게는 그 단어에 모음이 한 개밖에 없어 1음절인 것처럼 생각하기 쉽지만, /l/이 성절자음이 되기 때문에 bottle은 2음절어로 분류한다. 이때 /t/는 두 번째 음절의 두음이고, /l/은 음절 핵인 핵음이 된다. sudden이라는 단어 역시 /d/와 /n/ 사이에 모음이 들어가지 않고 [sʌ́dn]으로 발음이 되는데, 이 경우에도 /n/이 성절자음으로 핵음의 역할을 담당하는 경우다. 이처럼 모음이 음절핵이 되는 것은 당연하나, 영어의 자음중에서 /m, n, ŋ, l, r/도 공명성이 높으므로 음절핵이 될 수 있다. 즉 음절꼬리에서 앞의 자음을 음절머리로 하여 음절을 이룰 수 있다.

특히 빠른 발음에서는 다음과 같이 약모음 /ə/ 다음에 공명성이 높은 /m, n, ŋ, l, r/이 올 경우, 약모음을 탈락시켜 새로운 음절핵을 이루기도 하고, 그 뒤에 굴절접사와 불완전형태소를 음절꼬리 자음으로 거느릴 수도 있다. 이처럼 재분절된 음절구조에서 음절핵 역할을 할 수 있는 자음을 성절자음이라고 한다.

(36) a. elm, elms [élm], [élmz]

b. bottle, bottled [bátl], [bátld]
c. cotton, cottons [kátən] 〉 [kátn], [kátənz] 〉 [kátnz]
d. back and forth [bǽk-ən-fɔɵ] 〉 [bǽk-n-fɔɵ] 〉 [bǽkŋfɔɵ]

예를 들어 (36b)의 bottle:[bátl]은 모음이 한 개밖에 없어 한 음절인 것처럼 생각하기 쉽지만, /l/이 성절자음이 되기 때문에 2음절어로 분류한다. 이때 /t/는 두 번째 음절의 음절머리 자음이고, /l/은 음절핵인 핵음이 된다. (36c)의 cotton:[kátən]이라는 단어 역시 /t/와 /n/ 사이에 약모음 /ə/가 생략되어 [kátn]으로 발음이 되는데, 이 경우에도 /n/이 성절자음으로 핵음의 역할을 담당한다.

3.3 다음절어에서 음절의 분절

많은 형태의 음절조직 중에서 어느 나라말에도 나타나고, 가장 빈번하게 보이는 음절조직은 CV형태이다. 그러므로 CV는 가장 자연스러운 음절조직이라고 할 수 있다. 한편 poet와 giant과 같은 2음절어에서 중간에 자음이 없이 모음만 있을 경우 po-et, gi-ant처럼 분절한다. 편의상 중간의 각운 단계를 생략하고 이를 수형도로 나타내면 다음과 같다.

(37)

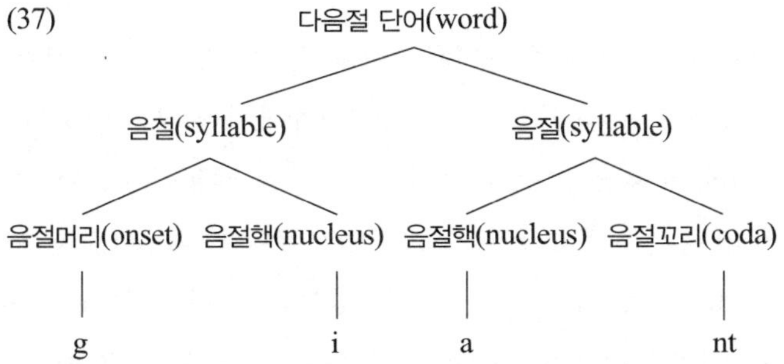

한편 ba-tón, a-báut처럼 중간에 t, b와 같은 자음이 있는데, 뒤 음절에 강세가 있으면, 중간 자음 t, b는 강세음절의 음절머리로만 분절된다. 그러나 réady, rígid, mánifest, órigin처럼 중간에 d, g, n, r 등의 자음이 있으면서 앞 음절에 강세가 있을 경우, 중간 자음 d, g, n, r는 앞 음절의 음절꼬리 réad-y, ríg-id, mán-i-fest, ór-i-gin으로 분절할 수

도 있고, 뒤 음절의 음절머리 réa-dy, rí-gid, má-ni-fest, ó-ri-gin으로 분절할 수도 있다. 이때 중간에 있는 d, g, n, r 등의 자음은 두 음절에 걸치는(ambisyllabic) 자음이라고 한다. 그러나 mémber처럼 중간에 자음 두 개 m, b가 겹쳐 나온 경우, mém-ber로만 분절이 가능하지 *mémb-er나 *mé-mber로는 분절이 불가능하다. 이는 조음학상 비음과 폐쇄음을 연속해서 발음하기 어렵기 때문에 한 음절내에 -mb와 같은 음절꼬리의 자음군도 mb-와 같은 음절머리의 자음군도 불가능하기 때문이다.

한편 3음절의 mánifest, órigin처럼 강세가 없는 모음사이의 자음 f, g도 두 음절에 걸치는 자음으로, mán-i-fest나 mán-if-est로, ór-i-gin나 ór-ig-in으로 분절할 수 있으나, 보통 mán-i-fest, ór-i-gin으로 분절한다. 이를 편의상 중간의 각운을 생략하고 수형도로 분석하면 다음과 같다.

(38)

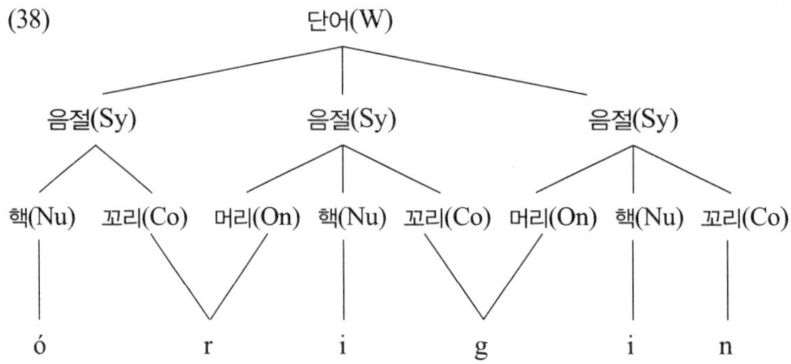

한편 sublíme, restráin 등과 같이 모음사이에 자음이 두 개 내지 세 개 겹쳐 나오는 경우, 두 번째 음절의 강세모음 앞에 자음을 최대로 3개까지 많이 배열하여, 강세음절의 음절머리로 su-blíme, re-stráin으로 분절한다. 이때 *subl-ime은 불가능하다. 왜냐하면 음절꼬리로 -bl과 같은 자음군은 불가능하기 때문이다. 또 sub를 접두어로 보고 일반사전에서는 sub-lime으로 분절하는 경우도 있으나, 음운론적으로는 su-blíme이 더 적절하다. 마찬가지로 *rest-ráin, *res-tráin으로는 분절하지는 않는다. 이는 강세있는 음절에서 음절머리의 자음군을 최대로 하여 발음하려는 경향이 있기 때문이다. 이를 수형도로 나타내면 다음과 같다.

(39)

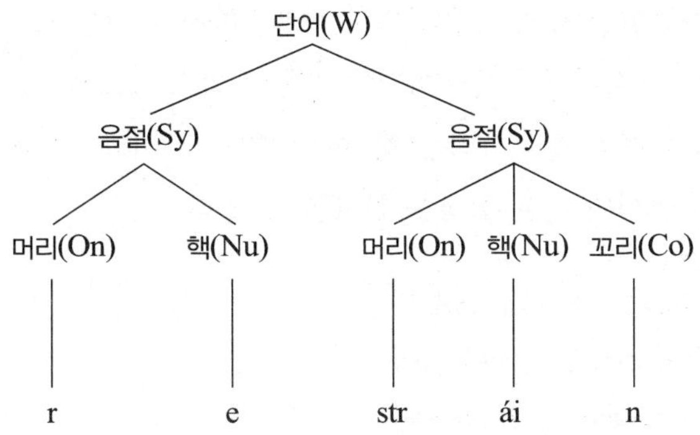

한편 영어에는 다음과 같은 음절머리 원칙이 있다.

(40) 음절머리 원칙

모음으로 시작하는 음절은 피하라

이 원칙은 가능한 경우 언제나 음절은 음절머리인 자음이 배열된다는 주장이다. 모음과 모음 사이에 많은 자음이 배열되는 언어에서 자음은 최대한 모음의 앞에 배열시켜야 한다는 결론이 나온다. abstráct를 보면 다음과 같이 음절을 나눌 수 있다.

(41)

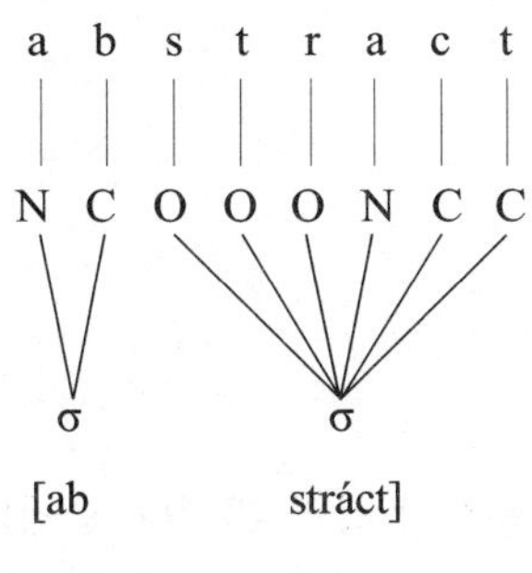

(41)의 단어 ab-stráct에서 첫음절 ab의 자음 b까지 뒤음절 stráct에 추가하여 'bstráct' 라는 음절을 만들 수는 없다. 음절머리에 자음을 많이 배열하라는 원칙이 있다고 해도, 모든 자음을 모두 음절머리에 배열해서는 안 된다. 영어에서 음절머리에 나타날 수 있는 최대의 음절머리(onset)의 자음 수는 3개이기 때문이다. 한편 이를 일종의 음절머리최대화(Onset Maximalization) 현상으로 보고, 영어의 자연스러운 발음을 위한 재분절과정으로 설명하기도 한다. 예를 들어 원래 2음절 단어 mother는 moth-er:[mʌ́ð-ɚ]로 분절되었는데, 자연스러운 영어 발화시에는 mo-ther:[mʌ́-ðɚ]로 재분절

된다. 즉 음절머리에 가능한 최대의 자음군으로 재분절하려는 현상으로 mother의 두 번째 음절 -er은 비강세 음절이지만 음절머리에 자음이 없으므로 앞 음절의 자음 /ð/를 이동시켜 음절머리를 채워 발음하려는 경향이 있기 때문이다. 이외에 다음과 같은 단어나 구의 발음에서 이와 같은 현상을 찾아볼 수 있다.

(42) a. expéct: [iks-pékt] 〉 [ik-spékt]
b. whísper: [hwís-pɚ] 〉 [hwí-spɚ]
c. sublíme: [səb-láim] 〉 [sə-bláim]

(43) a. ca-tás-tro-phe: [kə-tǽs-trə-fi] 〉 [ktǽ-strə-fi]
b. pho-tóg-ra-phy: [fə-tάg-rə-fi] 〉 [ftά-grə-fi]
c. fixed úp: [fikst-ʌ́p] 〉 [fik-stʌ́p]

특히 (43a,b)의 경우 약모음 /ə/를 탈락시켜 음절머리에 자음을 최대한 배치시켜 빠른 발음으로 자연스럽게 발음하며, (43c)처럼 두 단어를 연속해서 발음할 경우에도 재분절하여 빠른 발음으로 자연스럽게 발음하려는 경향이 있다.

4. 강세와 리듬

4.1 강세박자 리듬

문장 단위에서 주기적으로 일어나는 단어나 음절의 강약 관계나 강세의 패턴을 리듬(rhythm)이라 한다. 영어는 대표적인 강세박자 리듬(stress-timed rhythm)을 지닌 언어이다. 즉 강세 규칙에 따라 어떤 음절을 인접 음절보다 강하거나 약하게 발음한다. 반면 국어는 음절 박자 리듬(syllable-timed rhythm)을 지닌 언어로 음절의 강형이나 약형 차이가 매우 미미해서 각 음절을 또박 또박 스타카토(staccato)식으로 발음하는 리듬을 지녔다. 이를 이해하기 쉽게 나타낸 것이 다음 그림이다.

〈(그림-1) 영어의 강세박자언어〉

〈(그림-2) 한국어/불어의 음절박자언어〉

음절박자 리듬에 익숙한 한국 사람들이 강세박자 리듬의 영어 문장을 말하거나 들을 때 매우 어려움을 겪게 된다. 따라서 강세음절과 비강세음절에 따른 강세박자리듬에 익숙해져야 한다. 다음 예를 비교해 보도록 하자.

(44) a. Thánk you. [θǽŋk ju:]

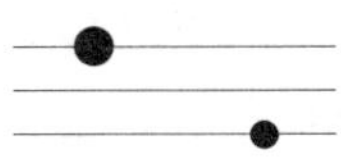

b. 감 사 합 니 다

(44a)의 영어 thank you에서는 [θæŋk]에 강세가 있다. 강세음절의 모음 /æ/는 강세가 없는 음절의 /ju:/와 뚜렷한 대조를 이룬다. 강세 음절은 크게, 높게, 길게 발음하고, 비강세음절은 상대적으로 작게, 낮게, 짧게 발음하므로 강세음절에 흡수 통합되어 마치 하나의 덩어리처럼 되어 강에서 약으로 미끄러지듯 발음한다. 반면 (44b) 국어의 '감사합니다'는 첫째 음절 '감'에만 약간의 강세가 느껴질 뿐, 나머지 네 개의 음절들은 비교적 거의 같은 크기, 높이, 길이로 들리며 경계가 뚜렷하다. 영어의 이와 같은 강세박자 리듬에 익숙치 못한 우리나라 사람은 발음뿐만 아니라 청취에도 매우 어려움을 겪게 된다.

한편 강세는 그것이 부여되는 언어 단위의 유형에 따라 단어 강세(word stress), 구강세(phrase stress), 문장 강세(sentence stress)로 구분한다. 단어 강세란 문장에서 단어를 떼어서 단독으로 발음할 때 단어가 갖는 강세형을 말하며, 구강세는 구 속에서 단어가 부여받는 강세형을 말한다. 문장 강세란 문장 속에서 단어가 갖는 강세형이다.

4.2 단어 강세

영어는 한국어와 달리 강세박자 언어의 리듬 있는 언어로 1음절 단어도 공명도에 따라 미끄럼형 리듬으로 발음되듯이, 2음절 이상의 단어에서도 반드시 강약이나 약강과 같은 리듬이 있다. 1음절 단어는 심장박동이 한번 있는 것으로 생각할 때, 심장이 한번 [쿵]하고 뛰면서 강세표시만 없다 뿐이지, 음절의 핵인 모음에 강세가 있다. 즉 강하고 높은 음에 잘 들리는 공명음인 모음에서 공명도가 떨어지는 자음으로 미끄러지는 리듬으로 발음한다. 이때 2음절이상의 단어는 반드시 강세음절과 약강세 음절이 있다. 예를 들어 국어의 [김치]와 같은 2음절 단어를 한국 사람은 [김][치]하고 또박 또박 음절단위로 [김]과 [치]가 똑같은 강세로 발음하나, 미국사람들은 우리말 김치를 [기$_{임}$ 치]와 같은 강약의 리듬이거나, [김 치$_{이}$]와 같은 약강의 리듬으로 발음한다.

(45)	음절박자 리듬	강세박자 리듬
a. **SAD**[sǽd]	[새드]	[sǽd]
b. **HAP**pen[hǽpən]	[해픈]	[hǽpən]
c. ar**RIVE**[əráiv]	[어라이브]	[əráiv]

(45)의 예에서도 한국사람은 일반적으로 습관성 /으/부착증과 함께 음절수를 늘려 [새드], [해픈], [어라이브]와 같이 음절박자 리듬으로 발음하기 쉽다. 그러나 영어는 강한 곳은 강하게, 약한 곳은 약하게 발음하는 리듬 있는 언어로 1음절 단어는 미끄럼형 리듬으로 발음해야 하고, 2음절 단어는 강세박자 리듬에 맞추어 강약(● ○)이나 약강(○ ●)의 리듬으로 발음해야 한다. 한편 강음절(strong syllable)은 강하게 발음할 뿐만 아니라, 높은 음에 길게 발음하고, 약음절(weak syllable)은 약하게 발음할 뿐만 아니라, 낮은 음에 짧게 발음함으로 이를 피치곡선으로 나타내면, 강약은 ‾‾|__ 으로 약강은 __/‾‾\으로 나타낼 수 있다. 이 둘의 특징을 합쳐 강약은 ▬• 로 약강은 •▬ 로 나타낼 수 있다. 이때 비강세인 약음절은 영어의 대표적인 이완모음인 /i, u, ə/가 쓰이지만, 그 중에서도 /ə/ 모음이 90%이상 쓰인다. 즉 비강세 음절은 철자에 상관없이 모두 공명도가 낮아 잘 들리지 않은 약모음(weak vowel)인 /ə/로 약할 뿐만 아니라 낮고, 짧게 발음하여 강약의 리듬이 있는 부드러운 발음을 해야 한다. 영어의 모음은 장모음과 단모음으로 구분할 수 있고, 이들은 혀가 올라가는 부분과 정

도 및 입술의 모양에 따라 구별되는데, 약모음 /ə/는 단모음이면서 중앙모음이다. 따라서 영어의 모음 중에서 발성기관이 이완되었을 때 가장 자연스럽게 발음되는 모음으로 가장 약하고 애매모호한 모음인 이 /ə/가 약음절에 쓰이는 것은 자연스러운 현상이다.

다음은 3음절 단어의 네 가지 강세유형이다.

(46)	음절박자 리듬	강세박자 리듬
a. **BÁ**chelor :	[배챌러]	[bǽʧələ]
b. Vir**GÍN**ia :	[버지니아]	[vərdʒíniə]
c. ÌNtro**DÚCE** :	[인트러듀스]	[ìntrədjú:s]
d. **DÉ**coRÀTE :	[데커레이트]	[dékərèit]

우리나라 사람은 음절박자 리듬, 철자식 발음, 습관성 [으] 부착증으로, [배챌러], [버지니아], [인트러듀스], [데커레이트]로 3음절뿐만 아니라 4-5음절로 발음하는 경향이 있다. 특히 bachelor는 [ㄹ] 발음을 겹쳐 발음하기도 한다. 그러나 (46a)의 **BÁ**chelor : [bǽʧələ]는 강약약(● ○ ○) 리듬을 갖고 있다. 이때 강음절인 첫째 음절은 강할 뿐만 아니라 높고 길고 명확한 모음으로 발음하고, 비강세의 약음절은 약할 뿐만 아니라 낮고 짧고 불분명한 모음으로 철자에 상관없이 이완모음인 /ə/로 약화되어 약모음으로 발음한다. (46b)의 Vir**GÍN**ia : [vərdʒíniə]는 약강약(○ ● ○) 리듬을 갖고 있다. (46c)의 ÌNtro**DÚCE** : [ìntrədjú:s]는 중약강(◯ ○ ●) 리듬을 갖고 있다. 영어 발음은 약이 반복되는 약약강 리듬보다는 첫음절에 제2강세를 두어 중약강 강세리듬으로 발음하는 경향이 있다. (46d)의 **DÉ**coRÀTE : [dékərèit]는 강약중(● ○ ◯) 리듬을 갖고 있다. 제1강세의 첫 음절은 높고 길고 강하게 발음하고, 비강세의 둘째음절은 철자에 상관없이 주로 이완모음인 /ə/로 낮고 짧고, 약하게 발음하고, 제 2강세의 셋째 음절은 이중모음나 약간 강한 모음발음으로 리듬 있는 부드러운 발음을 해야 한다. 이때 3음절어의 강세는 대체로 장모음이나 이중 모음 또는 자음이 둘 이상 있는 중음절(heavy syllable)에 온다.

다음은 4음절 단어의 여섯 가지 강세유형이다.

(47)	음절박자 리듬	강세박자 리듬
a. **MÉ**lancholy :	[멜란코리]	[mélənkəli] / [mélənkɑ̀li]
b. E**LÍ**zabeth :	[엘리자베쓰]	[əlízəbeɵ]
c. ne**GÓ**tiÀTE :	[니고시에이트]	[nigóuʃièit]
d. DÈcla**RÁ**tion :	[데크러레이션]	[dèkləréiʃən]
e. SÙperim**PÓSE** :	[슈퍼임포즈]	[sjùpɚimpóuz]
f. **CÁ**pitaLÌZE :	[캐피탈라이즈]	[kǽpitəlàiz] 〉[kǽpiřəlàiz]

4음절 단어의 경우도 [멜란코리], [엘리자베쓰], [니고시에이트], [데크러레이션], [슈퍼임포즈], [캐피탈라이즈]로 음절박자 리듬에 맞춰, 습관적으로 [으]모음 부착하여 4-6음절로 발음하는 경향이 있다. 그러나 영어발음은 강세박자의 리듬있는 발음으로 (47a)의 **MÉ**lancholy: [mélənkəli]는 강약약약(● ○ ○ ○) 리듬으로 발음한다. 이때 약음절이 3번 계속되므로 리듬이 맞지 않는다고 생각하여 3음절에 제2강세를 두어 강약중약(● ○ ◯ ○)의 리듬인 **MÉ**lanCHOly: [mélənkɑ̀li]로 발음하기도 한다. (47b)의 E**LÍ**zabeth: [əlízəbeɵ]는 약강약약(○ ● ○ ○) 리듬이다. 비강세의 약음절은 철자와 상관없이 모두 약하고 낮고 짧게 발음되는 /ə/로 발음한다. (47c)의 ne**GÓ**tiÀTE: [nigóuʃièit]는 약강약중(○ ● ○ ◯)의 리듬이다. 즉 (47b)의 약강약약의 강세리듬은 약이 뒤에서 두 번 반복되므로 4음절에 제2강세를 두어 약강약중의 리듬있는 부드러운 발음이 되는 경우이다. (47d)의 DÈcla**RÁ**tion: [dèkləréiʃən]는 중약강약(◯ ○ ● ○)의 리듬이다. 제1강세의 세째 음절은 본래 철자에 가까운 강모음 발음으로 높고 길고 강하게 발음하고, 제2강세의 첫째 음절은 긴장모음으로 중강세의 발음이 된다. (47e)의 SÙperim**PÓSE**: [sjùpɚimpóuz]는 중약약강(◯ ○ ○ ●)의 리듬이다. (47f)의 **CÁ**pitaLÌZE: [kǽpiřəlàiz]는 강약약중(● ○ ○ ◯)의 리듬이다. 비강세의 약음절은 철자에 상관없이 주로 이완모음인 /ə/나 /i/ 발음으로 낮고 짧고, 약하게 발음한다.

4.3 구강세와 복합어 강세

형용사 + 명사로 이루어진 명사구의 구강세와 형용사 + 명사로 이루어진 합성명사의 복합어 강세형은 다르다.

(48) a. a greên hóuse / a blâck boóard
b. a gréenhòuse / a bláckbòard

(48a)처럼 형용사가 명사를 수식하여 명사구를 이루어 하나의 의미단락을 구성하는 경우, 내용어가 두 개 존재하지만, 구강세 부여원칙에 따라 맨 끝 내용어인 명사가 제 1강세를 받고, 앞의 내용어인 형용사는 부강세인 제2강세를 가진다. 즉 중강(/ ˆ ´/)의 강세유형이다.[2)] 이러한 명사구는 tâll bóys, swêet dréam, wîndy dáy, sêveral tímes, distînctive vóices 등 그 예가 많다. 그러나 (48b)처럼 형용사와 명사가 결합하여 새로운 합성명사를 이룰 경우, 앞의 내용어인 형용사에 제1강세가 주어지고 뒤의 내용어인 명사에 제3강세가 주어진다. 즉 강중(/ ´ `/)의 강세유형을 지닌다. green house와 black board에서 뒤의 내용어인 house와 board에 제1강세가 주어지면 '초록색 집, 검은 판자'라는 보통의 명사구로 해석되지만, green과 black에 제1강세가 주어지면 '온실, 칠판'이라는 새로운 합성명사로 해석된다. 이와 같은 예는 다음과 같다.

(49) a. shôrt stóry(짧은 이야기), a bîg héad(큰 머리)
b. a shórt stòry(단편소설), a bíg hèad(자랑거리 뽐냄)

한편 다음과 같이 동사와 목적어인 명사가 결합한 동사구의 강세도 구강세 원칙에 따라 뒤의 명사에 제1강세가 오고 앞의 동사에 제2강세가 온다. 다음의 경우를 비교해 보자.

(50) a. They are vîsiting proféssors.
b. They are vísiting profèssors.

(50a)는 동사와 목적어인 명사가 결합된 중강(/ ˆ ´/)의 동사구 강세유형이다. 즉 '그들은 교수님을 방문 중이다.'란 의미이다. 반면에 (50b)는 '그들은 교환교수들이다.'로 복합명사구의 강세유형이다.

동사와 전치사가 결합한 전치사 동사(prepositional verb)는 내용어인 동사에 제1강

---

2) 앞 단어강세에서는 강약중의 3단계로 보고 중강세의 / ` /를 제2강세로 보았으나, 음성학자는 4단계로 엄밀하게 구별하여 구강세나 문장강세에서 제1강세에서 한 단계 떨어진 강세를 제2강세로 / ˆ /로 표시하고, / ` /는 제2강세보다 약한 제3강세로 보고 있다.

세가 주어지고, 기능어인 전치사에는 강세가 주어지지 않는다. 반면에 동사와 전치사성 부사와 결합하여 구동사(phrasal verb)를 이루는 경우, 뒤에 오는 전치사성 부사에 제1 강세가 주어지고 앞의 동사에 제 3강세가 주어진다.

(51) a. The children were **rún**ning about the house.
b. The children were rûnning a**bóut** in the garden.

(51a)는 '아이들은 집 주위를 마음대로 뛰놀고 있었다.'로 about이 전치사로 쓰였기 때문에 running에 제1강세가 주어진다. 이처럼 동사 + 전치사와 결합하여 전치사 동사를 이루는 경우에는 전치사가 기능어이기 때문에 내용어인 동사에 제 1강세가 온다. 이와 같은 전치사 동사는 agrée with, láugh at, lóng for, díe of, persíst in, belíeve in 등의 예를 들 수 있다. (51b)는 '아이들은 정원에서 마음대로 이리저리 뛰놀고 있었다.'로 about이 부사로 쓰인 경우이다. 이처럼 동사와 부사가 연결되어 부사가 동사를 수식하는 구조로 하나의 의미단락이 될 때에는 의미강세의 일반 규칙에 따라 끝에 있는 내용어인 부사에 제1강세가 오고, 그 앞에 있는 내용어인 동사는 부강세인 제2강세를 받게 된다. 이와 같은 구동사로는 rûn awáy, gô ahéad, lôok óut, mîx úp, pût ón, wâlk óut 등의 예를 들 수 있다.

한편 구동사가 아니라 복합명사가 된 경우에는 강세유형이 또 다르다.

(52) a. pîck úp, hôld úp, fâll óut
b. píckùp, hóldùp, fállòut

(52a)는 중강(/ˆ ˊ/)의 강세유형을 지닌 구동사로 '집어 들다, 치켜들다, 밖으로 떨어지다'의 의미이다. 그러나 (52b)는 강중(/ˊ ˋ/)의 강세유형을 지닌 복합명사로 '소형트럭, 강탈, 낙하물'이란 의미이다.

부사+형용사가 결합한 경우와 부사+부사가 결합한 구강세의 경우에도 뒤의 단어에 제1강세가 온다.

(53) a. âll ríght, môst políte, mûch bétter
b. jûst befóre, nôt enóugh, sô fár

(53a)의 âll ríght처럼 부사와 형용사가 결합한 경우에, 뒤에 오는 내용어 right에 제1

강세가 주어지고, 앞에 오는 내용어 âll은 부강세인 제2강세가 주어진다. 마찬가지로 (53b)의 jûst befóre처럼 부사와 부사가 결합한 경우에도 뒤에 오는 내용어 befóre에 제1강세가 주어지고, 앞에 오는 내용어 jûst는 부강세인 제2 강세가 주어진다.

4.4 숫자 강세

2음절 이상의 숫자를 나타내는 표현에서도 일반적인 강세 원칙이 있다. -ty와 -teen으로 끝나는 단어는 다른 강세유형을 갖는데, -ty는 그 앞 음절에 강세가 있어 강약의 리듬을 지니나, -teen은 바로 그 음절에 강세가 있어 약강의 리듬을 지닌다.

(54) fórty and fourtéen

그러나 구강세나 문장강세에 있어 리듬을 맞추기 위해서나, 대조강세 때문에 강세가 이동하는 경우가 있다.

(55) a. It's ten-fiftéen.
b. Fífteen míles an hóur.
c. ...thírteen, fóurteen, fífteen, síxteen,...
d. I said fífteen, not síxteen.

(55a)의 경우는 정상적으로 -teen에 강세가 온 경우이나, (55b)의 경우는 miles에 강세가 오기 때문에 바로 앞 음절인 -teen에 강세를 주면 강세 충돌이 생긴다. 따라서 강세가 그 앞 음절로 이동하여 Fífteen으로 강약강약강 리듬이 된다. 이와 같이 약강의 리듬을 맞추기 위해 들어간 강세를 리듬강세라고 한다. (55c)의 경우는 숫자를 열거할 경우로 -teen보다는 13, 14, 15, 16인지를 구별시켜주는 앞 음절에 강세가 오는 경우이다. (55d)도 같은 경우로 서로 대조를 이루는 부분에 강세가 주어지므로 특별히 대조강세라고 한다.

한편 두 자리 이상의 숫자나 여러 숫자를 읽을 때에는 리듬을 맞추기 위해 다음과 같은 휴지와 강세를 두어 구별하기도 한다.[3)]

3) 휴지를 하나의 의사단락으로 보고, 한 의사단락내의 마지막 숫자에 제1강세를 두어 발음한다.

(56) a. 723′, 236′ : seven hundred twenty three thóusand, (pause)
two hundred thirty síx.
b. Year 1995′ : nineteen ninety fíve. Year 2000 : two thóusand
c. 1/3′ : one thírd, 2/3′ : two thírds

(57) a. 95′, 6161′: nine fíve,(pause) six one six óne
b. 956′, 161′: nine five síx (pause) one six one
c. 9′, 561′, 61′: níne (pause) five six óne (pause) six óne

4.5 강세규칙

(1) 앵글로 색슨 계통의 고유어 강세규칙

모든 영어 단어의 강세를 예측할 수는 없지만 일반적인 원칙에 적용되는 많은 단어들이 있다. 먼저 앵글로 색슨 계통의 고유어들은 강세가 첫 음절에 있으며, 뒤에 파생 접사가 붙더라도 강세의 위치가 변하지 않고 고정된다.

(58) lóve, lóvely, lóvable, lóveliness

위의 예에서 보듯 강세는 항상 어근인 love에 와있다. 강세가 첫 음절에 오는 것은 영어나 독일어 등이 속하는 게르만 계통 언어들의 공통된 특징이다. 앵글로 색슨 계의 단어들은 대개 단음절어들이고, 이들은 간결하며 남성적이고, 소박하고 힘 있는 것을 그 특징으로 한다. 단음절어가 많으므로 그것이 곧 어간이 되며, 그 뒤에 오는 것은 대개 굴절 어미이거나 파생접사이다. 따라서 가장 중요한 음절에 강세가 온다는 강세 원칙에 의해 첫 음절에 강세가 오는 것은 당연하다. 다음처럼 다양한 접미어가 붙을 때에도 어간에 강세가 온다.

(59)

kíndly	hármful	bóokish	fríendship
réader	gódlike	bóyhood	mánly
lónger	hóuses	ádded	cóming

다음 어두에 접두어가 붙을 때에도 어간에 강세가 온다.

(60) abóard, asíde, aríse, asléep, behóld, besét, forgíve, forbéar, foretéll, misléad

또 -teen이나 -self로 끝나는 단어는 첫 음절에 제 3강세가 오고 -teen과 -self에 제 1강세가 온다. 또 re-, pre-, mis-, sub- 등의 접두사를 갖는 2음절어는 접두사인 첫 음절에 제 3강세가 오고 어간인 둘째 음절에 제 1강세가 온다.

(61) a. thìrteén, yòursélf
b. rèjóin, prèpaíd, mìstéll, sùbjóin

(2) 라틴어 계통의 차용어 강세규칙

라틴어 계통의 차용어 강세는 가변강세이다. (앵글로 색슨 계통의 고유어들은 일반적으로 고정강세인데 비하여) 이들 차용어들은 대개 단어 끝에서 세 번째 음절에 강세가 오며, 뒤에 파생접사가 붙으면 그 어미의 음절수만큼 강세의 위치가 뒤로 물러난다. 그러한 이유 때문에 진행강세라고 불리기도 한다.

(62) a. phótogràph: [fóutəgræ̀f] 〉 [fóuřəgræ̀f]
b. photógraphy: [fətɑ́grəfi]
c. photógrapher: [fətɑ́grəfər]
d. phòtográphic: [fòutəgrǽfik] 〉 [fòuřəgrǽfik]
e. phòtográphical: [fòutəgrǽfikəl] 〉 [fòuřəgrǽfikəl]

phótogràph는 첫 음절에, photógraphy와 photógrapher는 두 번째 음절에, phòtográphic와 phòtográphical는 세 번째 음절에 제1강세가 와 강세위치가 뒤로 물러난다. 그러나 단어 끝에서 보면, 끝에서 세 번째 음절에 강세가 온 경우이다. phòtográphic은 끝에서 두 번째 인 것 같지만, 이는 본래 photographical에서 어미 -al이 탈락하면서 강세가 뒤에서 두 번째로 놓이게 된 경우이다. 이처럼 라틴계 계통의 차용어 강세는 단어의 앞보다는 뒤에서 예측하는 것이 효과적이다. 그 이유는 대부분의 접미사(예를 들어 -ity, -ic, -ical)가 강세의 위치를 결정해 주기 때문이다. 다음 세 단어의 강세 위치를 앞에서 세었을 경우와 뒤에서 세었을 경우를 비교해 보자:

		음절 수	강세 (앞에서)	강세 (뒤에서)
(63)	a. gráduate:	3	첫 번째 음절	세 번째 음절
	b. partícipate:	4	두 번째 음절	세 번째 음절
	c. recapítuate:	5	세 번째 음절	세 번째 음절

위의 세 단어의 강세의 위치를 앞에서부터 세어 보면 다르다. 이는 음절수가 각각 다르기 때문이고, -ate로 끝난다는 공통점에 착안하여 뒤에서부터 세어보면, 강세의 위치가 동일함을 알 수 있다. 위의 세 단어와 같이 -ate로 끝나는 라틴계 계통의 단어들은 예외 없이 끝에서 세 번째 음절에 강세가 온다.

라틴계 계통의 단어 강세는 접미사의 종료 또는 단어 끝 부분의 형태에 따라 효과적인 예측이 가능하며, 단어의 강세는 다음과 같은 세 종류로 크게 나눌 수 있다:

(64)	a. Ultimate 강세:	끝에서 첫 번째 음절
	b. Penultimate 강세:	끝에서 두 번째 음절
	c. Antepenultimate 강세:	끝에서 세 번째 음절

이러한 강세의 분류가 시사하는 바는 라틴계 계통의 영어 단어의 강세는 뒤에서부터 예측하는 것이 효과적일 뿐만 아니라, 단어의 길이에 상관없이 대부분 끝에서 세 번째 음절에 제 1강세가 오는 것이 일반적이라는 점이다.

끝에서 첫 번째 음절(Ultimate) 강세를 받는 단어로는 다음과 같이 두 개의 자음으로 끝나거나, 이중모음이나 장모음으로 구성된 중음절(heavy syllable)의 동사를 들 수 있다.

(65) a. devíde, annóy, inclíne, exclúde, cantéen
b. arrést, colléct, invént
c. interrúpt, represént, understánd
d. assígn, enróll, resígn

2음절어인 (65a)의 devíde경우 마지막 음절의 모음이 이중모음이고, exclúde의 경우 장모음으로 중음절을 이루기 때문에 강세가 온다. (65b)의 2음절어와 (65c)의 3음절어를 비교해 보면, 음절수에 상관없이 두 개의 자음으로 끝나고 있는 마지막 음절에 강세가 오는 것을 알 수 있다. (65d)의 경우에는 마지막 음절이 발음상으로는 하나의 자음이지만, 철자 상으로는 두 개의 자음임에 주목해야 한다. 이처럼 중(重)자음으로 끝나는 음절도 중음절로 강세를 받는 경우가 흔하다. 그러나, -ish로 끝나는 distínguish, fínish등은 예외이다. 이외에도 cómment, ínterest, expériment 같은 예외가 있다.

끝에서 두 번째 음절(Penultimate)에 강세를 받는 대표적인 경우로는 -ion 으로 끝나는 단어들을 들 수 있다

	Ultimate 강세 /	Penultimate강세
(66)	a. proféss	proféssion
	b. ìntrodúce	ìntrodúction

위의 단어들은 마지막 음절에 강세가 오는 Ultimate 강세의 동사에서 파생한 명사로, 명사형 접미사 -ion의 바로 앞 음절 즉 뒤에서 두 번째인 Penultimate강세를 보여준다. 이와 같은 강세 유형은 télevìsion을 제외하고는 거의 예외 없이 적용된다. 또 다음과 같이 -ate로 끝나는 동사에서 파생한 명사들에게도 적용되는데, 매우 규칙적으로 끝에서 세 번째 음절(Antepenultimate) 강세와 강세 교체 현상을 볼 수 있다.

	Antepenultimate강세 /	Penultimate강세
(67)	a. cálculate	càlculátion
	b. décorate	dècorátion
	c. gráduate	gràduátion
	d. íllustrate	ìllustrátion
	e. óperate	òperátion

Penultimate강세의 단어들은 네 개의 음절로 구성된 단어에서 뒤에서 두 번째 즉 제3음절에 강세가 오기 때문에, 강세가 상대적이라는 점을 감안하면 인접하지 않은 첫 음절에도 또 다른 강세가 올 수 있음을 예상할 수 있다. 위 단어에 표시한 à, è 등은 제 1강세(primary stress)에 비해 강세의 정도가 상대적으로 약한 제3강세를 나타낸다. 이러한 중약강약의 패턴은 다음과 같은 4음절 고유명사에도 규칙적으로 나타나는 것으로 보아 대단히 일반적인 단어 강세의 패턴임을 알 수 있다.

(68) Càlifórnia, Còlorádo, Mìnnesóta, Mìssissíppi

한편 끝에서 세 번째 음절(Antepenultimate) 강세유형은 접미사 -ate외에도 다음과 같은 라틴계 접미사 -ial, -ian, -ity, -ical과 같이 쓰인 단어에서도 엿볼 수 있다.

(69) a. tutórial (tútor), colónial (cólony), provérbial (próverb)
b. civílian (cívil), comédian(cómedy), grammárian (grámmar)
c. finálity (fínal), captívity (cáptive), curiósity (cúrious)
d. músical (músic), médical (médicine), polítical (políce)

이때 강세가 변함에 따라 모음의 음질(quality)도 변하는 것에 주의를 해야 한다. 즉 강세음절일 경우 모음이 높은 음에 길게 강하게 날 뿐만 아니라 모음의 음질도 긴장모음 등의 강모음으로 발음되나, 비강세 음절로 바뀔 경우 낮은 음에 짧게 약하게 날 뿐만 아니라 모음의 음질도 /ə/와 같은 약모음으로 약화되어 발음된다.

(3) 품사와 관련된 강세규칙의 원칙

통사적인 품사와 관련된 원칙으로, 다음과 같이 2음절어의 첫 음절에 제1강세가 오면 명사나 형용사가 되고, 둘째 음절에 제 1강세가 오면 동사가 되며, 의미에도 차이가 생긴다.

	(N)	(V)
(70)	a. áttribute (속성)	attribúte (~의 탓으로 돌리다)
	b. cónduct (행위)	condúct (이끌다, 행동하다)
	c. cónflict (투쟁)	conflíct (다투다)
	d. cóntest (경쟁)	contést (경쟁하다)

	(A)	(V)
(71)	a. présent (현재의)	presént (선물하다)
	b. pérfect (완전한)	perféct (완결하다)
	c. fréquent (흔한)	frequént (자주 가다)

4.6 문장 강세와 기능어의 약형 발음

영어문장을 발음할 때에 영어다운 영어로 바르게 발음하려면 문장을 구성하고 있는 모든 단어를 동일한 강세로 발음하는 것이 아니라, 특정한 단어들만 강하게 발음하고 나머지들은 보다 약하게 발음해야 한다. 이와 같이 문장 속에서 단어가 가지는 강세를 문장 강세라고 하며, 이것은 곧 의미강세(sense stress)를 나타낸다. 일반적으로 문장 안에서 내용어(content word)는 강세를 가지나, 기능어(function word)는 강세를 갖지 못한다. 내용어란 명사, 동사, 형용사, 부사, 지시사, 의문사 등과 같은 단어로써 그 자체가 고유의 의미를 가지는 있는 단어들이다. 따라서 의사소통과정에서 의미전달에 중요한 역할을 하므로 주로 강세를 주어 발음한다.

(1) 문장내의 강세음절 수와 등시성

음절 박자 언어인 한국어에서는 음절이 거의 같은 크기로 규칙적으로 반복되기 때문에 문장을 발음하는데 걸리는 시간은 음절수에 비례한다. 그러나 강세박자 언어인 영어는 음절이 아니라 강세 음절이 일정한 시간 간격을 두고 규칙적으로 반복되기 때문에 문장을 발음하는 데 걸리는 시간은 음절의 수에 의해서가 아니라 강세 음절의 수에 의해서 결정된다. 따라서 두 강세 음절 사이에 약강세 음절이 많으면 많을수록 약강세 음절은 더 약하고, 또 더 빨리 발음한다.

다음 문장은 강세수는 같지만 음절수가 늘어나는 경우이다.

● ● ● •

(72) a. **Dógs** **féed** **púp**pies.

• ● ● ● •

b. The **dógs** **féed** **púp**pies.

• ● • ● ● •

c. The **dógs** will **féed** **púp**pies.

• ● • ● • ● •

d. The **dógs** will **féed** the **púp**pies.

(72)의 각 문장에서 문장 강세가 표시되어 있다. 강세의 수는 각 문장마다 세 개로서 모두 동일하지만, 음절의 수는 하나씩 증가하고 있다. 그러나 강세의 수가 같기 때문에 각 문장을 발음하는 데 소요되는 시간은 모두 같다. 이러한 현상을 등시성(isochrosism)이라고 한다. (72a) 문장은 내용어로만 구성된 문장으로 강 강 강약의 4음절 단어로 생각하고 발음하면 된다. 이때 puppies는 강약의 2음절로 발음하는 데 걸리는 시간은 1음절 dog이나 feed를 발음하는 데 걸리는 시간과 같다. (72b) 문장은 주어 명사에 관사 the가 붙어 (72a) 문장보다 1음절이 늘어났다. 그러나 the dogs는 약강의 2음절로 생각하고 1음절 feed 발음시간과 같아야 한다. (72c) 문장은 조동사 will이 붙어 (72b) 문장보다 1음절이 늘어났지만, 이때도 will feed는 약강의 2음절로 생각하고 (72b) 문장의 1음절 feed 발음시간과 같아야 한다. (72d) 문장은 목적어 명사에 관사 the가 붙어 (72c)문장보다 1음절이 늘어났지만, the puppies는 약강약의 3음절로 생각하고 발음시간을 같게 해야 한다. 이를 이해를 돕기 위해 대략적인 악보로 표시하면 다음과 같다.

(73)

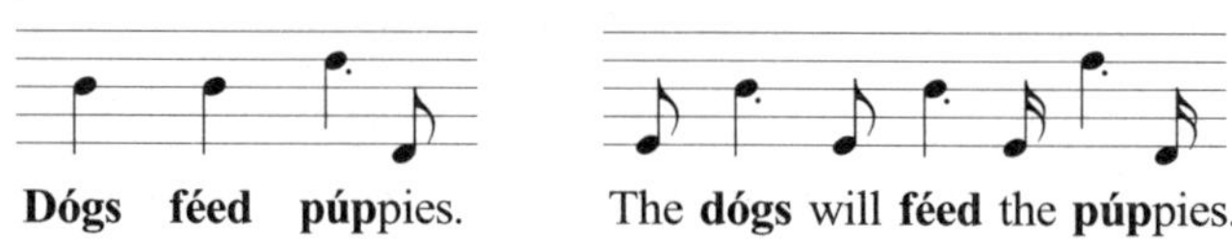

(73)의 악보에서와 같이 (72a)의 문장은 강세음절을 높은 음으로 길고 강하게 발음하여, 전체 문장을 발음하는데 걸리는 시간이 정해진다. (72d)의 문장은 음절의 수가 늘어났지만 발음시간을 동일하게 하기 위해서 약음절의 모음을 약화시켜 약형으로 낮은 음에 짧고 약하게 발음하고, 강음절도 그만큼 상대적으로 짧아져 약강의 리듬으로 발음하게 된다.

(2) 문장 강세 리듬

문장 안에서 내용어(content word)는 강세를 가지나, 기능어(function word)는 강세를 갖지 못한다. 즉 내용어란 명사, 동사, 형용사, 부사, 지시사, 의문사 등과 같은 단어로 의사소통과정에서 의미전달에 매우 중요한 역할을 하므로 강세를 주어 발음하게 된다. 다음 문장을 보자.

● ○ ○ ●
(74) a. **Hów** do you **dó**?

○ ● ○ ● ○
b. It's **níce** to **méet** you

(74)의 문장은 "어떻게 지내?와 "만나서 반갑다."의 의미이므로 '어떻게'의 how, '지내다'의 do 및 '만나다'의 meet와 '반갑다'의 nice에 강세를 주어 발음하면 충분히 의사전달을 할 수 있다. 따라서 전체적으로 (74a)는 강약약강의 4음절 단어와 같은 리듬으로, (74b)는 약강약강약의 5음절 단어와 같은 리듬으로 발음한다. 다음 문장에서 강하게 발음되는 내용어만 청취해도 의미가 통한다.

● ○ ○ ● ○
(75) a. **Whére** are you **gó**ing?

○ ○ ● ○ ○ ○ ◯ ○ ●
b. It is **dí**fficult to ùnder**stánd**.

내용어란 문장의 의미전달에 있어 단어 자체의 고유한 의미를 가지고 있으므로 의사소통과정에서 중요한 역할을 한다. 위 문장에서 고딕체로 된 내용어만 알아들어도 무슨 내용을 전달하고자 하는 지 알 수 있다. 즉 (75a) 문장은 강약약강약 리듬으로 강하게 발음되는 where와 go만 알아들어도 "어디 가니?"란 의미를 짐작할 수 있다. (75b) 문장은 약약강약약약중약강 리듬으로 강하게 발음되는 diffficult와 understand만 알아들어도 "이해하기 어려워"란 의미를 짐작할 수 있다.

따라서 내용어만으로 전보문을 만들 수 있다.

○ ● ○ ● ○ ○ ● ○ ○
(76) We **néed** the **ré**port on **Sá**turday.

위 문장에서 고딕체로 된 부분이 내용어이다. 만약에 이 문장을 전보로 치려면 need report Saturday로 칠 수 있다. 반면에 기능어인 대명사 we, 관사 the, 전치사 on 등은 전보문에서는 보이지 않는다. 따라서 발음할 때도 잘 들리지 않는 약모음 /ə/나 /ɪ/ 또는 /ʊ/로 약화시켜 발음해도 이해하는 데는 아무 문제가 없는 것과 같은 이치이다.

(3) 1음절 기능어의 발음

내용어는 의사소통과정에서 의미전달에 중요한 역할을 하므로 일반적으로 강세를 받는다. 그러나 기능어는 모국어 화자들이 이미 묵시적으로 알고 있는 구조적 문법적 기능을 담당하고 있으므로 특별히 강조를 해야 할 때를 제외하고는 일반적으로 강세를 받지 않는다. 따라서 약모음으로 약화되어 빠르게 발음한다. 다음절어에서 강세를 받지 않는 음절의 모음이 /ə/나 /ɪ/ 또는 /ʊ/로 약화되는 것과 마찬가지로, 구나 문장에서도 강세를 받지 않는 1음절 기능어도 /ə/, /ɪ/, /ʊ/로 약화되는 경향이 강하다. 예를 들면 a를 단독으로 발음하면 /ei/이지만, book과 결합하여 a book으로 발음하면 a에는 강세가 없고 book에는 강세가 있다. 이때 a book의 a는 /ə/로 약화되어 두 음절로 된 하나의 단어같이 [əbúk]으로 발음한다. that도 강형 [ðæt]과 약형 [ðət]이 있다. "I like that."에서는 that이 지시사로 내용어이기 때문에 강세를 받아 [ðæt]으로 발음되나, "I hope that she will do it."에서는 that은 접속사로 기능어이기 때문에 약형의 [ðət]으로 발음된다. 이와 같이 강형과 약형의 두 발음을 가진 단어는 영어에 대략 40여 개가 된다. 다음은 강형과 약형을 가진 기능어들과 그들이 쓰이는 예이다.

(77)

단어	강형	약형	보기
a	[eɪ]	[ə]	Read a book.
an	[æ]	[ə]	Eat an apple.
the	[ðɪ]	[ðə]	Shut the door.
and	[ænd]	[ən, n]	Fish and chips.
that	[ðæt]	[ðət]	The house that I like.
or	[ɔr]	[ər]	One or two.
than	[ðæn]	[ðən]	Better than ever.
but	[bʌt]	[bət]	It's good but expensive.
he	[hɪ]	[ɪ]	What did he do?
at	[æt]	[ət]	I'll see you at lunch.
to	[tu]	[tə]	Try to do it.
am	[æm]	[əm]	Why am I here?
do	[du]	[də]	Why do they like it?
can	[kæn]	[kən]	I can wait.
must	[mʌst]	[məst]	She must eat more.

보통 대화에서는 강형만을 사용할 수 있고, 또 한국 사람은 그렇게 발음하는 사람도 많고, 영어 모국어 화자가 그 발음을 이해할 수는 있다. 그러나 자연스러운 대화를 위해서는 약형과 강형을 맥락에 맞게 사용하는 것이 중요하다. 그 이유는 첫째로 대부분 영어 모국어 화자는 모든 단어를 강형으로만 발음하는 영어가 부자연스럽고, 외국인의 냄새가 난다고 생각한다. 둘째는 더 중요한 것인데, 약형을 익숙하게 사용하지 못하는 화자는 약형을 쓰는 모국어 화자의 말을 잘 알아듣지 못한다. 실제로 모든 모국어 화자는 약형을 쓰는데 영어를 배우는 사람이 강형만 알고 있으면 모국어 화자의 영어를 이해하기가 매우 어렵게 된다. 따라서 청취에 어려움을 겪게 된다. 특히 기능어는 1음절이 대부분이기 때문에 인접한 단어와 함께 많은 음운현상을 일으켜 철자와는 전혀 다른 소리처럼 들리기 때문에 음절박자에 익숙한 한국 사람에게는 매우 알아듣기 어렵다.

다음은 문장 중에서 전치사의 약형발음이다.

○ ●○●○●

(78) a. You'd **bét**ter **gó** to **béd**. : [góu-tə-béd] 〉 [góu-řə-béd]

○ ● ○ ● ○●○

b. I **wánt** a **cúp** of **cóf**fee. : [kʌ́p-əv] 〉 [kʌ́pə]

○ ● ○ ● ○ ○ ●

c. Whàt **sórt** of **bóok** do you **háve**? : [sɔ́:t-əv] 〉 [sɔ́:řə]

(78a)에서 내용전달 상 중요한 내용어인 형용사 bétter, 동사 gó, 명사 béd는 강세를 주어, 강하고 높은 음에 길고 명확하게 발음한다. 기타 기능어는 약하고 낮은 음에 짧게 애매 모음인 /ə/로 약화시켜 발음하여 약강약강약강의 리듬있는 발음을 한다. (78b) 문장도 내용어인 동사 wánt와 명사 cúp, cóffee에 강세를 주어 강하고 높은 음에 길고 명확하게 발음하고, 기타 기능어는 약하고 낮은 음에 짧게 애매 모음인 /ə/로 발음하여 약강약강약강약의 리듬있는 발음을 한다. 이때 전치사 of[əv]의 약형발음도 뒤의 강하게 발음되는 coffee 발음이 자음으로 시작하므로 빠른 발음에서는 /v/ 마저 생략되어 /ə/로 발음하는 데, 앞의 cúp의 발음과 합쳐 [kʌ́pə]와 같이 강약의 리듬으로 한 단어처럼 들린다. 또 (78c) 문장도 전체적으로는 중강약강약약강의 리듬있는 발음을 한다. 전치사 of는 약형의 발음 /ə/로 약하고 짧게 하는데, 앞 단어 sort의 어말 폐쇄음 /t/가 약모음 앞에 단타음 [ř]로 변하여, 최종적으로 [sɔ́:řə]처럼 빠르게 발음한다.

다음은 대명사 you의 약형 발음이다.

○ ○ ● ○

(79) a. Will you **téll** them? : [wiljə]

○ ○ ● ○ ● ○

b. You can **léave** your **thíngs** here. : [lí:vjər]

○ ○ ● ○

c. Would you **stáy** here? : [wʊʤə]

대명사 you, your도 듣는 청자이기 때문에 대화상 특별히 강조할 경우를 제외하고는 상대방에게 말하는 상황이므로 구태여 강하게 발음할 필요가 없다. 따라서 약형의 발음 [jə], [jər]로 짧고 낮고 약하게 속으로 중얼거리듯 발음한다.

다음은 대명사 he, his, him, her과 them, us의 약형 발음이다.

(80) a. Is he your **bro**ther?: [iz-hi] 〉 [iz-i] 〉 [izi]

b. **Where** is his **book**?: [iz-həz] 〉 [iz-əz] 〉 [izəz]

c. Did you **tell** him it?: [tél-həm] 〉 [tél-əm] [télm]

d. He **made** her **ang**ry.: [méid-hər] 〉 [méid-ər] [méiřər]

(81) a. Did you **tell** them. [ðəm] / [əm]

b. They **told** us **a**bout. [əs]

다음은 조동사 do, does, did도 약형의 발음이다.

(82) a. **When** do you **leave**? [də]

b. **What** does that **mean**? [dəz]

c. **When** did they **find out**? [did]

조동사 do, does, did는 부정문이나 의문문을 만들 때 쓰이는 기능적 역할을 하므로 문법적으로는 중요하지만 모국어 화자는 이미 알고 있는 사실이다. 따라서 특별히 강조할 경우를 제외하고는 [də], [dəz]. [did]로 중얼거리듯 약하게 발음한다. 조동사 have는 [həv] / [v]로 더 많이 발음한다.

(83) a. Have you ever **been** to **Ame**rica? [həv]

b. **Yes**, I **have**. [hæv]

c. **No**, I've **never** **been** to **Ame**rica. [v]

일반적으로 조동사 have는 약형인 [həv]로 더 많이 발음한다. 즉 (43a)에서 내용적으로 '미국에 가본 적이 있느냐?'를 묻는 의미이므로 '가본 적'에 해당하는 내용어 'been'과 '미국'에 해당하는 'America'를 제외한 다른 말은 문장구조상 필요하여 쓰인 기능어이다. 따라서 특별히 강조해야 필요가 없기 때문에 [həv]로 중얼거리듯이 발음한다.

다음 문장에서 does, is, has는 모두 [əz]로 발음나기 때문에, 발음상으로는 구별하기 어렵게 된다.

(84) a. **What** does the **sign mean**?:[wάt-dəz] 〉[wά-dəz] 〉[wά-řəz]

b. **What** is the **man do**ing? : [wάt-əz] 〉[wάř-əz] 〉[wά-řəz]

c. **What** has the **wea**ther been **like** lately?: [wάt-həz] 〉[wάt-əz] 〉[wά-řəz]

(84a)에서 what과 sign, mean 등의 내용어는 강하고 분명하게 발음되나, does, the 등의 기능어는 약하게 중얼거리듯 발음한다. 이때 강하게 발음하는 what과 약하게 발음하는 does가 결합하여 발음하면 /t/와 /d/는 동일 계통의 발음이기 때문에 앞의 /t/ 발음이 탈락되어 [wά-dəz]가 되고, 이어 모음과 모음사이에 있는 치경음 /d/는 단타음 [ř]이 되어 [wά-řəz]가 된다. 마찬가지 원리에서 (84b)에서 강하게 발음하는 what과 약하게 발음하는 is가 결합하여 발음하면 [wάt-əz]가 모음사이의 /t/가 단타음이 되면 [wά-řəz]가 된다. 또 (84c)에서 강하게 발음하는 what과 약하게 발음하는 has가 결합하여 발음하면 [wάt-həz]가 되고, [həz]의 /h/ 음이 생략되어 [wάt-əz]가 된 다음, 다시 [wά-řəz]가 된다. 즉 모두 똑 같이 [wά-řəz]로 발음하게 되어 발음상으로는 구별이 안 되지만, 문법적 지식으로 구별을 하게 된다.

조동사 can은 약형 [kən] / [kn]으로 더 많이 발음한다.

(85) a. Can you **drive** a **car**? [kən]

b. **Yes**, I **can**. [kæn]

일반적으로 'I can see it.'과 같은 긍정문에 쓰인 조동사 can이나, (45a)처럼 의문에 쓰인 can은 약형 [kən]이나, 약모음 /ə/까지 생략된 [kn]으로 발음한다. 반면 특별히 대동사로 쓰인 can은 생략된 동사가 있다는 내용정보와 문장 끝을 올렸다 내리는 억양 때문에 강형 [kæn]으로 발음한다.

다음은 접속사 and, or, but, that 등의 약형 발음이다.

○ ○ ● ○ ● ○ ● ○

(86) a. Will you **have** some **bread** and **but**ter?

● ○ ● ○ ● ○

b. **John** or **Tom** is **co**ming.

○ ○ ● ○ ● ○

c. It was **small** but **hea**vy.

○ ● ○ ○ ●

d. I'm **glad** that you're **here**.

접속사 and or, but, that 등은 단어나 구 및 문장을 연결시켜 주는 기능을 한다. 따라서 문법적으로는 중요한 역할을 하나, 일반적으로 모국어 화자들은 문맥이나 상황에 의해 어떠한 접속사가 쓰이는지 직관적으로 알고 있다. 따라서 특별히 강조하거나 문맥적으로 중요한 경우를 제외하고는 일반적으로 약형의 발음을 하여 위의 (86)처럼 리듬 있는 발음을 하게 된다. 대등접속사 and는 다음 (87a)처럼 약모음 /ə/의 [ənd]로, (87b)처럼 어말 자음 /d/까지 생략하여 [ən] 정도로 발음하기도 하지만, (86a)의 'bread and butter'는 거의 상투적으로 묶여 쓰이는 말일 경우 더욱 약화되어 약모음까지 생략되어 (87d)처럼 [n]정도의 발음을 한다.

(87) a. [ənd]: 모음약화

b. [ən] : 모음약화 + 자음생략

c. [nd] : 모음생략

d. [n] : 모음생략 + 자음생략

일반적으로 발화의 속도와 생략의 정도는 비례하므로 상황이나 문맥에 따라 달라질 수 있으나, 생략의 정도가 가장 심한 (87d)의 약형 [n]이 가장 빠른 문장에서 쓰이는 것으로 예측할 수 있다. 이와 같은 and의 발음 [n]은 다음과 같이 드물기는 하지만 영어 철자에 반영되기도 한다.

(88) a. fish'n chips

b. bacon'n eggs

c. salt'n pepper

4.7 강세 및 리듬 변화

(1) 리듬강세에 의한 강세 및 리듬변화

리듬강세란 리듬을 부드럽게 하기 위하여 강세가 연속해서 올 때 그 중 하나를 비강세로 바꾸고, 비강세가 연속해 왔을 때는 그 중 하나를 강세로 바꾸어주는 경우를 말한다. 즉 단어강세의 강세음절이 구나 문장에서 리듬을 맞추기 위해 강세가 이동하거나 탈락하는 경우이다.

○ ● ● ○ ●

(89) a. Fourt**éen** / **Fóur**teèn **mén**

○ ○ ● ● ○ ● ○

b. He's Jàpa**nése**, but He's a **Já**panese **dóc**tor.

fourteen을 단독으로 발음하거나 또는 "How many people were there?"의 대답으로 fourteen이라고 말할 때에는 (89a)의 Fourtéen처럼 둘째 음절에 강세를 두어 발음한다.(혹은 fóurtéen처럼 두 음절에 모두 강세가 오기도 한다.) 그러나 men과 같이 쓰일 때에는 fourteen의 둘째 음절 다음에 바로 강세 음절 men이 오기 때문에 -téen과 mén의 강세음절이 연속되어서 강세충돌 현상이 일어난다. 이럴 때에는 fourteen의 둘째 음절의 강세는 약화되고, 대신 제1강세가 첫째 음절로 이동하여 Fóurteèn mén처럼 강약강의 리듬으로 발음한다. (89b)의 Jàpanése의 단어강세는 제1강세가 3음절에 있어 중약강의 리듬으로 발음하는데, Jápanese dóctor로 쓰일 때는 강세충돌을 피하기 위해 제1강세가 1음절로 이동하여 전체적으로 강약약강약과 같은 리듬으로 발음한다.[4)]

---

4) 의사단락내의 문장 강세 원칙에 따르면 맨 끝에 있는 내용어만 제1강세로 남고 나머지 제1강세는 제2

이와 같이 율동적인 리듬을 유지하기 위한 방법은 두 가지 과정이 있는 데, 그 하나는 앞에서 설명한 강세의 이동이다. 즉 강세를 앞이나 뒤의 음절로 이동시킴으로서 구나 문장의 리듬을 유지하는 방법이다.

	(A)		(B)
(90)	a. an**tí**gue	→	**án**tigue **cháir**
	b. thir**téen**	→	**thír**teen **bóys**
	c. after**nóon**	→	**áf**ternoon **wórk**

(A)항에 있는 단어가 단독형일 때는 강세가 맨 끝음절에 있다. 그러나 (B)처럼 구나 문장 안에서 사용되는 경우 강세가 앞 음절로 이동한다. 만일 강세가 앞 음절로 이동되지 않으면 "antígue cháir"처럼 강세가 연속되어서 율동감이 없을 뿐 아니라 발음하기에도 불편하다. 이처럼 강세가 연속되어 겹쳐 강세충돌이 일어날 경우 구나 문장의 리듬을 유지하기 위해 겹치는 강세음절을 이동시켜는 방법이다.

또 하나의 방법은 강세의 탈락이다.

(91) a. He **wân**ted a **prê**tty **pár**rot.
b. His **bôy** wanted **sîx** pretty **pár**rots.

(91a)에서 'wanted'와 'pretty'는 둘 다 내용어로 강세를 가진다. 그러나 (91b)에서는 문장의 기본적 리듬이 약(약)강격인데 이 리듬을 유지하기 위하여 'boy'와 'six'에 강세가 주어지면서, 대신 두 단어 'wanted'와 'pretty'의 강세가 탈락된다. 이처럼 리듬을 맞추기 위하여 강세를 탈락시키는 방법도 있다.

구희산(1998)은 이와 같은 율동적 리듬을 조화리듬(eurythmy)이라 하여 다음과 같이 더 자세히 설명하고 있다.

(92)	a. She **éats thrée fúll méals éach dáy**.	(문장강세규칙)
	b. She ‖ eats **thrée** ‖ full **méals** ‖ each **dáy**.‖	(2음절규칙)
	c. ‖ Shê eats **thrée** ‖ full mêals each **dáy**. ‖	(4음절규칙)

강세로 한 단계 떨어져 Fôurteèn mén, Jâpanese dóctor가 되어야 한다. 여기서는 리듬강세를 설명하기위한 것이기 때문에 제1강세와 제2강세를 구별하지 않고 강세음절로 보고 설명한 것이다.

(92a)는 대명사인 she는 기능어로 강세가 없어 제외하고, 그 다음부터 내용어가 연속적으로 나와 문장 강세규칙에 따라 제1강세를 부여한 경우이다. 이러한 경우 강세가 연속적으로 나와 강세 충돌이 일어나므로 매우 부자연스럽다. 따라서 (92b)처럼 강세충돌을 맞기 위해 2음절규칙에 따라 2음절 간격으로 강세를 부여하여 앞에 나온 강세는 약화되어 약강의 리듬을 맞추게 된다.[5] (92c)는 먼저 2음절규칙이 적용되고 나서 그 다음에 4음절규칙이 적용된 경우로, 4음절 간격을 두고 thrée와 dáy에 제1강세를 부여한 경우이다. 따라서 2음절 규칙에 따라 제1강세를 부여받은 meal는 제2강세로 약화되고, 약강세였던 기능어 she는 오히려 리듬을 맞추기 위해 제2강세를 새로이 부여받는다. 이때 처음에는 4음절 간격이 안 되므로 문장 첫머리에 약강세의 휴지를 두어 약중약강의 4음절 단위를 맞춘 경우이다. Hayes(1984:46)에 따르면, 영어는 매 4음절에 가까운 간격으로 강세가 올 때 가장 이상적인 조화리듬을 이루고, 다음으로 선호되는 간격이 2음절이라고 한다.

(2) 강조강세와 대조강세에 의한 강세 및 리듬변화

다음 (93)의 문장은 화자의 의도에 따라 (94)와 같이 여러 가지의 강조강세형으로 발음할 수 있다.

(93) Will you drive to the office tomorrow?

(94) a. Will you drîve to the ôffice **tomórrow**?
b. Will you drîve to the **óffice** tomôrrow?
c. Will you **dríve** to the ôffice tomôrrow?
d. Will **yóu** drîve to the ôffice tomôrrow?

(94a)의 강세형이 가장 일반적인 강조강세형이다. 그러나 꼭 정보구조상의 초점을 찾으려면 문장 끝에 있는 tomorrow가 가장 중요한 부분으로, 오늘이나 다른 날이 아니라 내일이라는 의미를 전달하고자 하는 경우이다. 한편 다른 곳이 아니라 사무실이라고 office를 강조하고 싶을 때에는 office에 제1강세를 주어 (94b)와 같은 강조강

5) 그러나 모든 문장이 이처럼 1음절어나 2음절어로만 구성되어 있지는 않기 때문에, 경우에 따라서는 3음절 간격으로 강세를 부여하여 약약강의 리듬형을 형성하기도 한다.

세형으로 발음할 수 있다. 마찬가지로 걸어가거나 자전거를 타고 가지 않고 차를 몰고 갈 것이냐는 뜻으로 (94c)처럼 drive에 강세를 주어 발음할 수도 있다. 심지어 당신의 부인이나 또는 어떤 다른 사람이 아니라 어제 운전 면허증을 딴 당신이 운전을 할 것이냐의 뜻으로 (94d)처럼 기능어인 you에 강세를 주어 발음할 수도 있다.

한편 다음처럼 의문문의 답에 따라 강조강세가 정해지기도 한다.

(95) A: **Where** are you going?
B: I'm going to **school**.

(96) A: Where are **you** going?
B: **I'm** going to school.

질문의 강조강세에 따라 대답의 강조강세도 틀려지고, 전달하고자 하는 내용도 달라진다. (95)의 문장은 where에 강조강세가 있으므로 그 답도 장소인 school에 강조강세가 오게 된다. 반면 (96)의 문장은 you에 강조강세가 있으므로 그 답도 I'm에 강조강세가 오게 된다. 즉 "(다른 사람들은 영화관에 가는 데), 너는 어딜 갈 것이니?"라는 내용의 질문이므로, 그 대답도 "(다른 사람이야 어떻든) 나는 학교에 간다."라는 의미이므로 I'm에 강조강세가 온다.

한편 다음 문장은 대조강세에 따라 다음과 같은 리듬으로 발음한다.

(97) a. **Bétty** dânces bêtter than **Máry**.
b. **Thése** gîrls are wîser than **thóse** gîrls.
c. She said "**ón**" the table, not "**únder**" the table.
d. I don't imâgine **yóu** can succeed in a bûsiness venture.

대조강세란 문장 안에서 두 개의 낱말이 서로 대비를 이루어서 강조될 때 강세를 부여하는 경우이다. 위에 있는 각각의 문장 안에는 서로 대조되는 낱말이 있어서 그것에 강세가 부여되고 있다. 즉 (97a)에서 Mary는 가장 끝에 있는 내용어이기 때문에 당연히 제1강세를 받고, 다른 내용어는 제2강세를 받는다. 그러나 Betty와 Mary가 대비되어 있기 때문에 Betty에도 제1강세를 부여할 수 있다. (97b)에서도 these와 those가 대조가 되고 있으므로 대조강세에 따라 발음한다. (97c)에서는 전치사 on과 under가 서로 대조를 이루고 있으므로 강세를 주어 발음하게 된다. (97d)는 대조가 되는 말이 그 문장 속에 나타나 있지 않은(someone else와 대조) 경우이다. 즉 다른 사람이라면 몰라도 너라면 투기사업에서 성공할 수 없다는 의미이다. 이와 같이 하나의 리듬단락인 한 문장 속에서 대조나 대비되는 내용이 있을 때에는 이 두 내용에 모두 제 1강세를 부여할 수 있다. 아울러 대조강세의 특징은 의사단락내에 제 1강세가 둘이 존재할 수 있다는 점이다.

다음 문맥상 대조를 이룬다고 볼 수 있을 때, 대조강세를 주어 발음할 수 있다.

(98) A: **How** did you get **sunburned**?
B: I **went** to the **beach** <u>yesterday</u>.

(99) A: Do you **want** to **go** to the **beach** <u>today</u>?
B: **Not really**. I **went** to the beach <u>**yésterday**</u>.

일반적으로 시간을 나타내는 표현인 yesterday, today, tomorrow, soon, now, this morning, last night 등은 내용어이지만 대화상의 배경지식으로 간주되어, 특별히 강세를 주어 발음하지 않는다. 예를 들어 (98)의 대화에서 (98A)는 '어떻게 햇볕에 탔느냐?'는 질문으로 시제가 과거이므로 시간을 나타내는 표현 yesterday는 질문의 초점이 아니라 배경지식으로 간주하여 (98B)처럼 특별히 강세를 두어 발음하지 않는다. 그러나 (99)의 대화에서는 (99A)의 질문내용이 '오늘 해변을 가고 싶으냐?'이므로(이때도 today는 배경지식으로 강세를 받지 않음) '오늘이 아니라 이미 어제 갔었다.'란 의미이다. beach는 이미 앞에서 언급한 말이므로 내용어이지만 대명사처럼 강세가 들어가지 않고, today와 yesterday가 대조를 이루므로 (99B)처럼 강세를 두어 발음한다.

(3) 담화의 정보구조에 따른 강조강세

일반적인 영어 문장의 정보구조(information structure)는 문장의 앞부분은 화제(topic)로 화자와 청자가 같이 공유하여 알고 있는 구정보(old information)를 나타내고, 끝 부분은 논평(comment)으로 화자가 청자에게 강조하여 알리려는 신정보(new information)를 나타낸다. 그런데 담화상의 정보전달은 문맥과 상황에 따라 구정보와 강조하여 전달하고자 하는 신정보가 달라질 수 있다.

(100) A: I want some **shoes**. : new information(→ old information)
B: What **kind** of shoes?: new information(→ old information)
A: **Casual** shoes. : new information

담화상에 화자는 청자에게 새로운 정보를 전달하려고 한다. (100)의 첫 발화 A에서 신정보가 될 수 있는 내용어는 동사 want와 명사 shoes이다. 그러나 손님과 점원 사이라면 원한다(want)는 것은 이미 두 사람이 배경지식으로 다 알고 있는 구정보일 것이다. 따라서 원하는 것이 무엇이냐 인데, 이 경우 shoes가 신정보이므로 강조강세로 발화하게 된다. 다음 발화 B에서는 shoes라는 것은 한번 언급되었으므로 두 사람이 이미 다 알고 있는 구정보가 되고, 어떤 종류 즉 kind가 신정보가 된다. 그 다음 발화 A에서는 그 대답인 casual이 신정보가 될 것이다. 이처럼 담화상에서는 정보전달이 우선이기 때문에 신정보에 강조강세를 두어 발음하기 마련이다. 즉 화자가 발화하는 시점에서 새로운 정보가 결정되지만, 담화상의 대화가 진행될수록 이미 언급된 된 말은 구정보가 되고, 새로이 신정보가 등장하므로 그것을 강조하게 된다.

다음 대화의 경우를 보자.

(101) A: **What** would you **like**?
B: I **think** I'll have **ènchiládas**. **Chícken** enchiladas.
A: And for **you**, **sir**?
C: I'd like **cúrry**. **Végetable** curry.
A: And **how** about **dessért**?
B: I'll **have** some **pie**. **Ápple** pie.

(101)의 대화는 식당에서 음식을 주문하는 상황이다. A의 발화는 식당 점원이 '무엇을 주문하시겠습니까?'하고 묻는 발화이다. 신정보가 될 수 있는 내용어는 의문사 what과 동사 like이다. 따라서 이 내용어 둘 다에 강조강세로 발화하게 된다. 다음 발화 B에서는 내용어는 동사 think, have와 명사 enchilades이다. 그러나 이미 음식점에서 무엇을 먹을 것인지 주문하는 상황이므로 배경지식으로 먹는다는 의미의 동사 have는 구정보라고 할 수 있다. 따라서 강조강세를 받는 말은 think와 enchilades이다. 그 다음 엔칠라더 요리중에서 Chicken을 주문한다는 발화이므로 이미 언급된 enchilades는 구정보로 강세가 없어지고, 신정보인 Chicken만 강조강세를 받아 발화하게 된다.

그 다음은 다른 사람에게 묻는 발화이므로 기능어인 대명사이지만 you에 강조강세를 주어 발음하게 된다. 이에 대한 대답으로 C의 발화에서는 좋아서 주문한다는 의미의 동사 like는 배경지식인 구정보로 강세가 없고, 신정보인 curry만 강조강세를 주어 발음하게 된다. 또 커리 중에 vegetable이므로 다시 강조강세를 주어 발음한다. 다음 후식을 묻는 발화이므로 내용어인 how와 dessert가 강조강세를 받아 발음한다. 이어 이에 대한 대답으로 마실 것이 아니라 먹겠다는 의미가 있으므로 동사 have와 명사 pie가 신정보가 되어 강조강세를 주어 발음하게 된다. 또 같은 이유로 apple에 강조강세를 주어 발음한다. 이처럼 담화상에서 모든 내용어가 다 강세를 받아 발음되는 것이 아니라, 담화상의 대화가 진행될수록 배경지식과 신정보로 등장했던 말은 구정보가 되어 강세를 받지 못하고, 새로이 신정보가 등장하여 강조강세를 받아 발음한다.

다음 담화의 경우를 더 보자.

(102) A: **Let's** go see a **<u>movie</u>**.
B : I **went** to the movies on **Thursday**.
A : Well, **let's** go to a **restaurant**.
B : I **went** out to eat last **night**.

(102)의 대화는 외출을 제안하는 상황이다. A의 발화에서 내용어인 동사 let, go, see와 명사 movie에 다 강세가 들어가는 것은 아니다. 영화를 보러 가자는 제안이므로 하자는 제안동사 let과 어디에 해당되는 movie만 강조강세를 주어 발음한다. 다음 발화 B에서는 이미 언급된 movie는 구정보로 강세가 없어지고, 현재 가자는 말과 (언급되어 있지 않지만 현제시제로 now나 today가 배경지식으로 있다고 가정하여) 대조되는 과거에 보았다는 의미의 과거 동사 went가 대조강세를 받는다. 또 시간표현은 보통 배경지식으로 강조강세를 받지 않지만, A에서 암시적인 today와 대조가 되는 Thursday이라는 시간 표현이 신정보가 되어 강조강세를 받아 발음하게 된다. 이어 다시 제안한다는 내용의 동사 let과 영화가 아닌 음식점이라는 restaurant이 신정보가 되어 강조강세를 받는다. 다음 발화 B에서는 밖에 나가 먹는다는 out과 eat는 내용어이지만, 이미 언급된 restaurant으로 알 수 있는 배경지식인 구정보로 강세를 받지 못하고, 현재 가자는 말과 대조되는 과거 동사 went가 또 대조강세를 받고, 그것도 지난밤이라는 시간 표현 night이 신정보가 되어 강조강세를 받는다.

5. 영어의 성조와 억양

정상적으로 우리가 말할 때 목소리의 높이는 끊임없이 변한다. 소리의 높이는 고(high), 저(low)로 기술되는데 이는 상대적이고 인위적인 개념이다. 음성학에서 음높이(pitch)의 다양한 변화를 성조(tone)라 하고, 음높이와 성조가 함께 말소리에 연결되어 작용하는 것을 억양(intonation)이라고 한다. 문장에서 특정 음높이의 변화형이 미치는 부분을 성조군(tone group), 성조단락(tone unit) 또는 억양단락(intonation unit)이라고 한다.

모든 언어에는 음악과 비슷한 멜로디가 내재한다. 그러나 음악은 고정된 멜로디대로 연주하지만, 말은 이와 달라서 언제나 일정한 음조로 진행되는 것이 아니다. 화자의 의도에 따라 특정부분을 더 높은 음으로 혹은 낮은 음으로 발음하면서 높낮이의 리듬을 조절한다. 이와 같은 음의 높낮이의 리듬을 성조라 하는데, 특히 문장 단위의 성조를 억양이라고 한다. 이와 같은 억양의 기능에는 여러 가지가 있을 수 있으나, 대충 화제나 정보에 대한 화자나 청자의 태도적 기능(attitudinal function), 서술문, 명령문, 의문문과 긍정과 부정문이나 억양구 등에 대한 문법적 기능(grammatical function), 성조음절 등으로 나타내는 화자의 강조적 기능(accentual function)으로 나누어 볼 수 있다.[6)]

먼저 화제나 정보에 대한 태도적 기능에 대해 살펴보자. 영어에서 서술문, 명령문, wh-의문문은 모두 하강조의 억양을 가진다. 그렇다면 이런 문장에서의 하강조의 기능 및 의미는 무엇일까. 일반적으로 서술문은 화자가 확신(certainty)을 갖고, 새로운 정보(new information)을 전달하면서 끝맺음(completeness)을 하기 때문에 하강조의 억양으로 발음한다. 이때 wh-의문문도 확신을 갖고 새로운 정보를 요구하는 것으로 끝맺음을 하기 때문에 하강조의 억양으로 발음한다. 반면에 yes-no 의문문은 상승조의 억양을 가진다. 상승조 억양은 화자가 이미 알고 있는 구 정보(old information)에 대해 확인하는 불확신(incertainty)의 의미가 있으며, 대화를 완전히 끝맺지를 못하고(incompleteness) 대답을 요구하는 의미가 있기 때문에, 상승조의 억양으로 발음한다. 일반적으로 '상승조', '하강조'. 그리고 '지속조'의 억양을 각각 /↗/, /↘/, /→/로 표기하

6) 이외에도 흥분, 지루함, 놀람, 친근함, 빈정됨, 겸손, 성급함, 충격, 분노 등 여러 가지 감정의 나태내는 정서적 기능, 개인적 또는 사회적 신분을 식별시켜주는 식별기능 등이 더 있다.

기도 한다.

먼저 하강조의 억양에 대해 좀 더 살펴보자.[7]

(103) A: **Whát's** your **fávorite** **cólor**↘?
B: **Réd**↘. **Whát's** **yóurs**↘?
A: **Mý** favorite's **blúe**↘

(103)의 대화에서 서술문뿐만 아니라 wh-의문문도 하강조의 억양으로 발음하고 있다. 즉 A의 wh-의문문도 확신을 갖고, 새로운 정보를 요구하는 것으로 끝맺음을 하기 때문에 하강조의 억양으로 발음하는 경우이다. B의 대답과 A의 대답의 서술문은 이런 질문에 대해 화자가 확신을 갖고, 새로운 정보을 청자에게 전달하면서 끝맺음을 하기 때문에 하강조의 억양으로 발음하는 경우이다.

다음 상승조의 억양에 대해 살펴보자.

(104) A: Are you **tíred**?↗
B: Do I **lóok**↗ tired?

상승조의 억양은 (104)의 예문처럼 주로 yes-no 의문문에서 쓰인다. 즉 상승조 억양은 화자나 청자가 이미 알고 있는 구 정보에 대해 확인하는 불확신의 의미로, 화자의 말로 대화가 완전히 끝맺지 못하고 청자로 계속 이어진다는 의미가 있다.

다음 문장에서 억양에 따라 의미가 어떻게 달라지는지 알아보자.

(105) A: I'm **húngry**.↘
B: There's some **cáke**↘ left.
A: In the **kítchen**?↗
B: On the **táble**.↘

(105)의 대화에서 화자는 확신을 갖고, hungry하다는 새로운 정보, 먹을 것으로 cake이 남아있다는 새로운 정보, 또 table에 케익이 있다는 새로운 정보를 청자에게 전달하면서 끝맺음을 하기 때문에 하강조의 억양으로 발음한다. 그러나 두 번째 A의

7) 고딕체로 된 부분은 강세를 받는 음절이고, 밑줄치고 고딕체로 된 부분은 성조변화가 있는 성조음절을 나타낸다.

In the kítchen?↗는 같은 전치사구인 마지막 B의 On the táble.↘과 달리 상승조의 억양을 하고 있다. 이는 화자가 케익이 남아있다는 구정보에 대해 그 장소가 부엌인지를 확인하는 불확신으로, 자신의 말로 대화가 완전히 끝맺지 못하고 청자에게 계속 이어질 것을 기대하고 있기 때문에 상승조의 억양으로 하고 있는 경우이다.

다음은 같은 문장을 다른 억양으로 발음하는 경우이다.

(106) a. She is a **stúdent**. ↘
b. She is a **stúdent** ? ↗
c. Is she a **stúdent** ? ↗

(106a)는 정상적인 하강조의 서술문이다. 반면 (106b)는 어순은 서술문이지만 억양형을 상승조로 발음함으로써 의문문이 된 경우이다. 그러나 이 의문문은 (106c)의 의문문과 그 의미가 다르다. (106c)의 의문문은 화자가 어떤 사실 즉 '그녀가 학생이다'라는 정보에 대해 전혀 알지 못하고 있기 때문에, 청자에게 묻는 불확실과 대화가 완전히 끝맺지 못하고 계속 이어진다는 의미가 있다. 따라서 일반적인 상승조의 억양으로 발음한 경우이다. 그러나 (106b)는 서술문 형태로 그녀가 학생이라는 정보가 있는데, 상승조의 억양을 취함으로써 그 구정보에 대해 확인하는 의미가 있어 '믿기가 어렵다'는 함축적인 의미를 내포하게 된다. 즉 "그 여자가 학생이라니, 그럴 리가? 그게 정말인가?"라는 의미이다.

(107) A: I'm going to **China** in the **fall**.↘
B: **When** are you **going**?↘ (asks for new information)
A: In **October**.↘

(108) A: I'm going **China** in the **fall**.↘
B: **When**↗ are you going? (asks for repetition)
A: In the **fall**.↘

(107)의 대화는 보통의 서술문과 Wh-의문문으로 정상적인 하강조의 억양이다. 즉 B의 Wh-의문문은 가을 중에서도 언제인지 청자에게 새로운 정보를 요구하는 의문문으로 정상적인 하강조의 억양으로 발음하는 경우이다. 반면 (108)의 대화에서 B의 Wh-의문문은 화자가 이미 들은 구정보인 가을에 대해 청자에게 다시 확인하는 경우

이기 때문에 같은 Wh-의문문이지만 상승조의 억양으로 발음한다. 이처럼 같은 의문문이래도 어떤 억양으로 발음하느냐에 따라 의미가 달라진다.

한편 상승조는 화자의 말이 완전히 끝나지 않았다(incompleteness)는 정보를 주므로, 다음과 같이 중문이나 복문에서 문장의 전반부에 사용되기도 한다. 이때 단순 상승조가 아니라 다음과 같이 지속형으로 하강-상승조를 더 많이 사용한다.

(109) a. Turn left **here**↗ and then go straight.
b. After we **eat,** we could go and see Alison.
c. If I have to work **late,** I'll call you.

(109a)는 대등접속사 and로 연결된 중문으로, 전반부 명령문의 문장을 하강조의 억양으로 끝내지 않고 상승조의 억양으로 끝내고 있다. 그 이유는 명령문의 문장이 이것으로 끝나지 않고 계속 이어진다는 것을 암시하기 때문이다. (109b, c)는 종속접속사 after, if 등으로 연결된 복문으로 전반부의 문장을 하강-상승조의 억양으로 발음하고 있다. 그 이유는 하강-상승조는 문장이 완전히 끝나지 않고 계속 이어진다는 화자의 태도를 전달하는 의미가 있기 때문이다.

(110) A: Do you play the **piano**?↗
B: I **used**↘ to play. / I **used** to play.

(110A)의 질문에 대하여 (110B)의 대답은 일반적으로 하강조의 억양으로 발음한다. 즉 하강조는 문장을 마감한다(final, or closed)는 의미가 있으므로 과거에는 피아노를 치곤했지만 지금은 안친다는 확신을 전달한다. 그러나 하강-상승조의 억양으로 발음했다면, 아직 말할 것이 남아 있다(leaves the situation open)는 의미가 있으므로, 과거에는 치곤했지만 지금은 안친다고 할 수도 없고, 친다고도 할 수 없는 애매한 입장이라는 뉘앙스의 의미를 내포하게 된다.

이와 같이 억양 또는 성조는 화자의 태도나 감정을 나타내므로, 같은 말이라도 성조에 따라 화자가 나타내는 의미가 달라질 수 있다, Ladefoged(2001)는 yes를 예를 들어 각각 다른 성조로 말하게 되면 의미가 다음과 같이 달라진다고 설명한다.

(111)	a. Yes	falling	=	"The answer is yes."
	b. Yes	high-rising	=	"Did you say 'yes'?"
	c. Yes	low-rising	=	"Please go on, I'm listening."
	d. Yes	falling-rising	=	"I'm doubtful."
	e. Yes	rising-falling	=	"I'm certain."

(111a)처럼 일반적인 하강조로 말하게 되면 보통 새로운 정보에 대해 확신있게 끝맺음을 하는 것으로 '네'라고 대답을 하는 경우이다. (111b)처럼 높은 상승조로 말하게 되면 이미 알고 있는 사실에 대해 의심하여 끝맺지 못하고 되묻는 의미로 "네라고 했습니까?"라고 묻는 경우가 된다. (111c)처럼 낮은 상승조로 말하게 되면 "말을 계속하십시오. 듣고 있으니"라는 의미이다. (111d)처럼 하강-상승조로 말하게 되면 확신이 없고 "의심스럽다"라는 의미이다. (111e)처럼 상승-하강조로 말하게 되면 강한 확신으로 "정말 그렀습니다."라는 의미이다.

연 습 문 제

1. 다음 영어 /t/와 /d/는 별개의 음소(phoneme)이고 [t^{h}] [t'] [t˺]은 변이음(allophone)인데 비하여, 국어의 /ㄷ/에 대해 [t]와 [d]는 변이음이고, [t^{h}]와 비슷한 /ㅌ/, [t']와 비슷한 /ㄸ/, [t˺]와 비슷한 받침 /ㄷ/은 별개의 음소이다. 구조주의 입장에서 음소발견수순에 근거하여 논하시오.

a. tall / doll, feet / feed ↔ 다도 [tado],
b. tip [t^{h}] / stem [t'] / hat [t˺] ↔ 타다[t^{h}ada] / 따다[t'ada] / 닫[tat˺]

2. 영어의 무성 폐쇄음 /p/, /t/, /k/의 유기음화(aspiration) 현상을 구조주의 입장에서 변이음으로 설명하는 것보다 생성음운론 입장에서 기저구조에서 표면구조 발음으로 생성하여 발음하는 입장의 음운규칙을 만들어 보고, 변별자질(distinctive feature) 사용의 장점을 논하시오.

pull / preposterous, ten / attract, caught / occur

3. 다음 단어의 밑줄 친 부분의 /n/ 음소의 변이음에 대해 ① 구조주의 음운론에 입각하여 /n/음소의 변이음을 정밀 표기하여 구별하고, ② 왜 이렇게 변이음으로 발음이 나는지 설명하고, ③ 생성음운론에 입각하여 음운 규칙을 설정하여 기술하시오.

infamous, month, incongruous, leaden, noise

4. 다음 /l/ 음소의 변이음에 대해 ① 다음 발음기호에 해당하는 단어와 /l/의 변이음을 적고, ② 각각의 변이음으로 발음하게 되는 환경과 원인 및 실제 발음을 설명하고, ③ 각각의 변이음으로 변하는 음운변화 과정을 설명하고 음운규칙으로 기술하시오.

[pl̥eɪs hɑɫoʊ fl̥eɪm l^{w}ɔ: tʌnl̩ mɛlən l^{w}unər tɛɫ
l^{w}oun leɪm kərɫ tɛlɪŋ mɪdl̩ šʌvl̩ əlaɪv lɪtl̩
laʊd staɪɫ læf kl̥aɪm sl̥æp pɪkl̩ lɛs hɛɫp]

5. 다음절어 giant, about, rigid, origin, restrain, nasty, emblem을 음절분석원칙에 따라 수형도로 분석해 보시오

6. 다음 음절을 수형도로 분절해 보시고, 불가능한 분절분석에 대해 왜 불가능한지 설명하시오

a. obstinate　　b. altitude　　c. temperate

7. 약음절과 강음절의 특징과 함께 다음 단어강세에 대해 설명하시오

a. believe / dinner
b. Manila / bachelor / seventeen / appetite
c. America / independent

8. 다음을 강세표시와 함께 발음을 표시하고, 강세가 변함에 따라 ① 모음의 음가가 어떻게 달라지며, ② 밑줄 친 자음 /t/와 /p/의 발음이 어떻게 변하는지 설명하시오

a. catastrophe / catastrophic
b. synonym / synonymous,
c. repeat / repetitive / repetition

9. 지명 이름과 라틴 계통의 접미사가 있는 단어에서 강세를 예측할 수 있는 방법에 대해 설명하고, 실제 발음해 보시오.

a. Moscow,　Madrid,　Jakarta,　Bogota
b. economics,　biology,　photographer
c. examination,　opportunity,　practical

10. 다음 문장의 문장강세와 강세박자리듬 및 밑줄 친 기능어의 약형 발음에 대해 설명하시오

a. Dogs feed puppies. / The dogs will feed the puppies.

b. It nice to meet you. / Howe do you do?

c. You'd better go to bed. / What sort of book do you have?

d. Will you tel them? / You can leave your things here.

e. Is he your brother? / He made her angry.

f. You should have gone there.

11. 다음 문장을 억양의 성조에 따라 몇 개의 성조군(the tone group) = 정보군(the information group)으로 나눌 수 있는지 나누어 보고, 그 성조군에서 성조음절(the tonic syllable)은 어디인지, 또 어떤 억양형(the intonation pattern)인지 실제 문장에 표시해 보고, 그 이유를 설명해 보시오.

a. You will help, won't you?

b. Do you want a doughnut or a muffin?

c. She turned off the radio when he called.

d. She sat by the window in the late afternoon, reading a letter.

12. 다음 문장의 억양과 그 의미를 설명해 보고 왜 초점을 받아 성조변화가 일어나는 단어가 보통은 문장 끝에 오는 내용어인데 바뀌었는지도 설명해 보시오.

a. A: Do you have the **tickets**?↗ B: I thought **you**↘ took them.

b. A: Maybe we should **call**↘ her. B: I asked **Migul**↘ to call her.

c. A: Do you play the **piano**?↗ B: I **used**↘↗ to play.

제 3 장

단어의 내부구조와 형태론

우리는 영어를 생각할 때 먼저 영어단어 즉 영어 어휘를 생각한다. 또 영어를 정복하는 지름길은 영어어휘를 정복하는 길이라 생각한다. 이처럼 영어어휘를 많이 알아야 영어를 자유자재로 구사할 수 있다. 실제로 기본적인 문장구조 즉 어순과 문법적 기능을 하는 기능어 즉 전치사, 접속사, 관사, 대명사 등에 대한 문법적 지식을 갖추었다면 그 다음은 어휘나 숙어 실력에 의해 영어 실력이 좌우된다고 할 수 있다. 예를 들어 영어로 쓰인 문장이나 문단, 글(article)을 읽고 이해하는 데 물론 문법 지식이 필요하지만, 그보다는 그 문장이나 글에 쓰인 영어 어휘나 숙어의 뜻을 아는 것이 더 중요하다고 할 수 있다.

1. 단어와 어휘소

1.1 단어와 형태소 및 구

영어에서 소리의 최소단위라고 하는 음소(phoneme)는 자음과 모음과 같은 분절음(segments)을 말한다. 이 분절음인 자음과 모음이 모여 음절(syllable)을 이루고, 다시 음절들이 모여 의미의 최소단위라고 하는 형태소(morpheme)를 이룬다. 이 형태소가 모여 단어(word)가 되며, 다시 단어가 모여 구(phrase)를 이루며, 구가 모여 문장(sentence)을 이룬다. 이번 장에서는 의미의 최소단위라고 하는 형태소로 구성된 단어의 내부구조에 대해 살펴보고자 한다.

단어는 또 내용어와 기능어로 분류한다. 내용어는 자신의 고유한 의미를 지닌 단어로 명사, 동사, 형용사, 부사 등을 말하며, 기능어는 문장 중에서 문법적 기능을 담당하는 전치사, 관사, 조동사, 접속사, 대명사 등을 말한다. 기능어들은 일반적으로 하나의 형태소로 이루어진 것이 많지만, 내용어는 반드시 하나의 형태소로 이루어진 것은 아니다.

(1) a. happy, unhappy, unhappiness
b. grapefruit, son-in-law, look-over,
c. bread fruit, travel agency, look over

(1a)의 happy는 의미적으로 더 이상 나눌 수 없는 의미의 최소단위로 형태소이면서 바로 한 단어이다. unhappy는 un-과 happy라는 두 개의 의미단위인 형태소로 구성된 한 단어이다. unhappiness는 un-, happy, -ness라는 세 개의 형태소로 구성된 한 단어이다. 따라서 단어를 의미의 최소 단위라고 할 수 없다. (1b)의 grapefruit(자몽과 같은 과실나무)는 두 개의 단어 grape와 fruit가 결합된 복합명사로서 한 단어이다. son-in-law도 두 개의 내용어인 명사 son과 law가 기능어인 전치사 in에 의해 문법적으로 연결되어 결합된 구와 비슷한 한 단어이다. look-over(음미, 조사, 점검)도 동사 look과 전치사성 부사 over가 결합된 복합명사로서의 한 단어이다. 반면 (1c)의 bread fruit(폴리네시아 원산인 빵나무(의 열매))는 두 개의 단어가 모여 구를 이룬 경우이다. 또 travel agency(여행사)도 두 개의 단어가 모여 구를 이룬 경우이다. look over도 두 개의 단어가 결합하여 구동사를 이룬 경우이다. 이처럼 형태소, 단어, 구의 경계가 애매한 점이 있어 먼저 단어에 대한 정의를 살펴보고자 한다.

단어를 정의할 때 여섯 가지 기준이 있는데, 철자법상(orthographic), 의미론적(semantic), 음운론적(phonological), 형태론적(morphological), 문법적(grammatical) 및 통사론적(syntactic) 기준이 있다.

철자법상의 기준에 따르면 (1b)의 grapefruit, son-in-law, look-over는 비록 두 개의 단어가 결합한 경우이지만, 철자법상 중간에 공간적 여백이 없이 하나로 결합되었거나 하이픈-으로 결합되어 있으므로 한 단어로 취급된다. (1c)의 bread fruit, travel agency, look over는 중간에 여백이 있으므로 두 개의 단어로 구성된 구로 취급하게 된다. 그러나 '단어는 통합된 의미적 개념을 나타내는 의미적 일관성을 가진다.'는 의미적 기준에 따르면 (1b)와 (1c)는 모두 의미적으로 이 기준을 만족함으로 그 구별이 모호해진다.

(2) a. good-for-nothing, good-for-nothing's, two good-for-nothings,
b. son-in-law, son-in-law's, two sons-in-law

(2a)의 good-for-nothing은 철자법상으로 하이픈으로 연결되어 있고, 통사적으로 하나의 단위로 움직인다는 통사론적 기준도 만족시키며, 외부적으로 접미사나 접두사 등이 첨가될 수 있지만, 내부적으로는 어떤 것에 의해서도 나누어질 수 없는 응집력이 있다는 형태론적 기준도 만족시킨다. 그러나 (2b)의 son-in-law는 하이픈으로 연결되어 있는 철자법상의 기준과, 하나의 단위로 움직인다는 통사론적 기준은 만족시키지만, 내부적으로는 어떤 것에 의해서도 나누어질 수 없는 응집력이 있다는 형태론적 기준은 어기고 있다.(two sons-in-law)

(3) a. móney-hùngry, lóok-òver
b. lôok óver the information / lôok the information óver

(3b)의 lôok óver는 두 개의 별도의 강세를 지닌다는 점에서 음운론적 기준을 어기고 있고, look과 over가 하나의 단위가 아니라 별도로 분포하거나 움직일 수 있다는 점에서 통사론적 기준을 어기고 있으므로 단어가 아니라 구라고 할 수 있다. 그러나 (3a)의 복합명사 móney-hùngry, lóok-òver는 비록 제1강세와 제 3강세이지만 별도의 강세를 지니고 있다는 점에서 음운론적 기준을 어기고 있는데도 불구하고 하나의 단어로 취급하고 있다. 따라서 단어를 정의하는 기준이 완벽하다고는 할 수 없다.

1.2 어휘소

한 단어는 다음과 같이 여러 어휘형태(word form)로 나타날 수 있다.

(4) a. WALK - walk, walks, walked, walking
b. RUN - run, runs, ran, running
c. SING - sing, sings, sang, sung, singing

(4)의 동사 walk, run, sing은 기본형 외에도, 3인칭 단수형으로 walks, runs, sings, 현재분사형 walking, running, singing이 있으며, 과거형 및 과거분사형으로 규칙 동사의 walked외에 불규칙 동사의 ran-run, sang- sung이 있다. 이처럼 문맥과 문법적 상황에 따라 다르게 표현되는 여러 어휘형(태)를 대표하여 기본형이라는 추상적인 개념으로 WALK, RUN, SING처럼 대문자로 표현된 어휘소(lexeme)를 정의하게 된다. 즉 음운론에서 여러 변이형을 대표하는 추상적인 개념인 음소가 있듯이, 여러 어휘형을 대표하는 기본형으로 어휘소가 있다.

한편 표면적으로는 똑 같은 어휘형(태)를 지녔다고 해도 별도의 어휘소로 취급해야 하는 경우가 있다.

(5) a. bear(N), bear(V)
b. lead (N:[lɛd]), lead (V:[li:d])
c. bear (N:[bɛə]), bare (A:[bɛə])

(5a)는 철자도 같고, 발음도 같은 어휘형으로 명사일 경우 '곰'의 의미이나, 동사일 경우 '참다'란 의미로 쓰인 동음이의어(homonym)이다. (5b)는 철자는 같은 어휘형이나, 발음은 다른 어휘형으로 [lɛd]로 발음될 경우 '납'이란 명사이고, [li:d]로 발음될 경우 '안내하다'란 동사이다. 이를 동철이의어(homograph)라고 한다. (5c)는 철자는 다른 어휘형이나, 발음이 같은 어휘형으로 bear는 '곰'이란 명사이고, bare는 '벌거벗은'이란 의미의 형용사이다. 이를 동음이철어(homophone)라고 한다.

한편 같은 어휘소인데 다른 어휘형(태)으로 나타나는 경우가 있다.

(6) a. the: [ði] / [ðə]
b. a: [ei] / [ə], an : [æn] / [ən]

(6)의 정관사 the와 부정관사 a, an은 각각 한 단어이면서 동시에 하나의 기능적 의미를 담당하는 형태소이다. 따라서 이들은 하나의 형태소에 대한 이형태(allomorph)로 취급하여 다음절에서 자세히 다루고자 한다.

한편 하나의 어휘형이 여러 문법적 단어형으로 쓰이기도 한다. 예를 들어 다음 동사 put은 세 가지 문법적 단어형으로 쓰인다.

(7) a. I *put* the garbage out every week. (PUT + present)

b. I *put* the garbage out yesterday. (PUT + past)

c. I have *put* the garbage out already. (PUT + past participle)

(7a)는 동사 put이 현재형으로 쓰인 경우이고, (7b)는 과거형으로, (7c)는 과거분사형으로 쓰인 경우이다. (4c)의 경우 하나의 어휘소 SING이 문법적으로 현재형 sing, 과거형 sang, 과거분사형 sung의 다른 어휘형으로 나타난다. 그러나 (7)의 경우 하나의 어휘소 PUT이 문법적으로 현재형, 과거형, 과거분사형이 똑같은 어휘형 put으로 나타난 경우이다. 따라서 이와 같이 한 단어에서도 기본형인 어휘소와 분리하여 현재, 과거, 과거분사와 같은 문법적인 의미를 나타내는 문법형태소란 개념이 필요하게 되었다. 즉 walked란 한 단어는 WALK란 어휘형태소와 과거형(past)이란 문법형태소 -ed(굴절형태)로 구성된다. (7b)의 단어 put은 PUT이란 어휘형태소와 과거형(past)이란 문법형태소 -ø(제로 형태)로 구성되었다고 볼 수 있다. 따라서 어휘형태소와 문법형태소로 구성된 형태문법적 단어(morphosyntactic word)란 개념이 나오게 되었다. 이와 같은 형태소에 대해서는 다음절에서 자세히 다루고자 한다.

2. 형태소와 형태론

2.1 형태소의 종류

우리는 앞에서 의미의 최소 단위는 단어가 아니라 형태소(morpheme)임을 밝혔다. 이때 형태소는 의미를 나타내는 최소의 단위라는 정의에서 보듯 의미적으로 더 이상 나눌 수 없다. 또 의미를 나타낸다는 추상적인 개념으로 음소와 마찬가지로 실제 구체적으로 나타날 때 같은 의미를 나타내는 여러 가지 다른 이형태(allomorph)가 있을 수 있다. 또 어휘소와 같이 기본적인 어휘의 의미를 나타내는 어휘형태소(lexical morpheme)가 있고, 문법적인 의미를 나타내는 문법형태소(grammatical morpheme)가 있음을 살폈다.

(8) a. fruit(N), avoid(V), happy(A), fast(AD)

b. fruits, avoided, happier, fastest

c. fruitful, avoidable, unhappiness

d. father-in-law, good-for-nothing

(8a)의 fruit, avoid, happy, fast는 하나의 단어이면서 기본적인 어휘소를 나타내는 어휘형태소이다. 문법적으로는 명사, 동사, 형용사, 부사에 해당하며, 자신의 고유한 의미가 있는 내용어이다. (8b)의 fruits, avoided, happier, fastest는 하나의 단어이지만, 기본형인 어휘형태소에 문법형태소로 복수형어미 -s, 과거형어미 -ed, 비교급형어미 -er, 최상급형어미 -est가 결합한 형태문법적 단어들이다. 이때 쓰인 문법형태소를 기능어와 구별하여 특별히 굴절접사(inflectional affix)라고 한다. (8c)의 fruitful, avoidable, unhappiness는 어휘형태소 fruit, avoid, happy에 형용사형 어미 -ful, -able, 명사형 어미 -ness, 부정의 접두사 un-이 붙어 만들어진 단어들이다. 이들 접사를 특별히 파생접사(derivational affix)라고 한다. 이들 파생접사는 기본 의미를 나타내는 어휘소인 내용어와 마찬가지로 의미와 관계가 있으므로 어휘형태소에 속한다. (8d)의 father-in-law는 기본 어휘소인 내용어 father, law에 기능어인 전치사 in이 결합한 복합어이고, good-for-nothing도 내용어 good, nothing에 기능어인 전치사 for가 결합한 복합어이다. 이때 기능어는 어휘적인 의미가 아니라 문법적인 의미를 나타내는 문법형태소에 속한다. 따라서 이를 다음과 같이 종합적으로 분류할 수 있다.

(9)

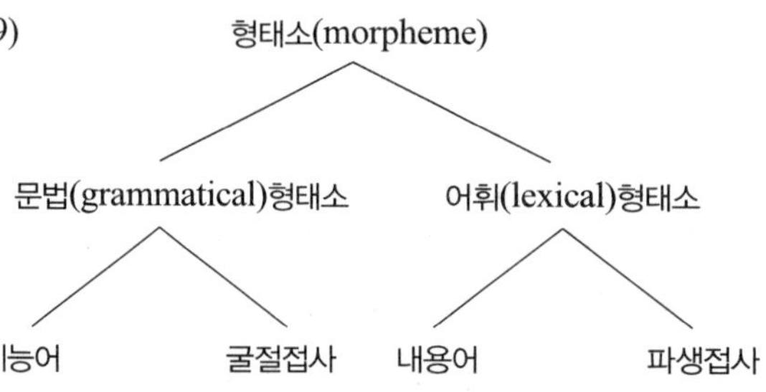

형태소는 먼저 문법적 의미를 나타내는 문법형태소와 어휘적 의미를 나타내는 어휘형태소로 나눌 수 있다. 문법형태소는 문법적 기능을 나타내는 전치사, 접속사, 관사, 대명사, 조동사 등의 기능어와 동사의 과거형, 과거분사, 현재분사형, 명사의 복수형, 소유격형, 형용사와 부사의 비교급형, 최상급형 등의 문법적 의미를 나타내는 굴절접사가 있다. 어휘형태소는 어휘의 기본적인 의미를 나타내는 명사, 동사, 형용사, 부사 등과 같은 내용어와 의미를 바꾸어 파생시키는 파생접사가 있다.

2.2 형태소와 형태

형태소는 의미를 나타내는 최소 단위로 추상적인 개념이라고 했다. 실제 구체적인 단어로 나타날 때 우리는 이것을 형태소와 구별하여 형태(morph)라고 한다. 형태소에도 여러 유형이 있었듯이, 구체적으로 실현되는 형태에도 여러 유형이 있다.

(10) a. unavoidably, overgrown, disheartened, reclassify
b. convert, revert, subvert, intravert, pervert
c. transmit, commit, remit, admit, omit, submit
d. conceive, perceive, receive, deceive

(10a)의 단어에서 밑줄 친 avoid, grow, heart, class는 더 이상 내부적으로 분리할 수 없는 의미의 최소 단위인 형태소이다. 또 위 단어들을 구성하는 가장 중심이며 뿌리가 되는 어근(root)이다. 또 그 자체로도 자립하여 독립적으로 쓰일 수 있는 자립형태(free morph)이다. 이처럼 홀로 독립적으로 쓰이는 자립형태에는 앞에서 이야기 한 어휘형태소로서의 내용어가 있다. 또 문법형태소인 기능어도 홀로 자립적으로 쓰이는 자립형태이다. (10b-d)의 밑줄 친 -vert(=turn), -mit(=send), -ceive(=seize)도 더 이상 내부적으로 분리할 수 없는 의미의 최소 단위인 형태소로 그 단어들의 중심 뿌리인 어근이다. 그러나 자립하여 독립적으로 홀로 쓰이지 못하고 반드시 다른 형태소에 묶여 구속되어 쓰이는 구속형태(bound morph)이기 때문에 구속어근(bound root)이라고 한다. 당연히 접사(affix)는 항상 어근에 묶여서 구속되어 쓰이는 구속형태이다. 접사는 중심의미인 어근이 아니므로 어근의 어느 위치에 묶여 결합되느냐에 따라 접두사(prefix)와 접미사(suffix)로 나눈다. 접미사에는 -s, -ed, -ing, -er, -est와 같이 문법적인 굴절접미사(inflectional suffix)와 unavoidably의 -able, -ly와 reclassify의 -ify와 같이 새로운 단어를 파생시켜주는 파생접미사(derivational suffix)가 있다. 반면 접두사에는 위 (10)의 예에서 보듯 un-, over-, dis-, re-, con-, sub-, in-, per-, trans-, com-, ad-, de- 등과 같은 파생접두사만 있다. 한편 농담으로 재미있게 말할 때 쓰는 im-bloody-possible(피날 정도로 불가능한), abso-blooming-lutely(매우 절대적인)라는 단어처럼 impossible, absolutely 중간에 들어간 bloody와 blooming이 단어 중간에 위치한 일종의 접요사(infix)라고 하는데, 현대 영어 단어에는 거의 사라지고 없다. 단 어원적으로

동사 stand에서 -n-이 현재시제를 나타내는 접요사의 일종으로 보고 있다. 또 불규칙 명사 man-men, 불규칙 동사 sing-sang의 모음교체(vowel alternation)도 일종의 접요사의 흔적으로 보고 있다. 한편 I'll, you've, they'd 등의 조동사 축약형과 I can't, they couldn't, you won't 등의 부정어 축약형을 접어(enclitic)라고 하는데, 이도 구속형태에 속한다. 이를 종합하여 도표로 나타내면 다음과 같다.

(11)

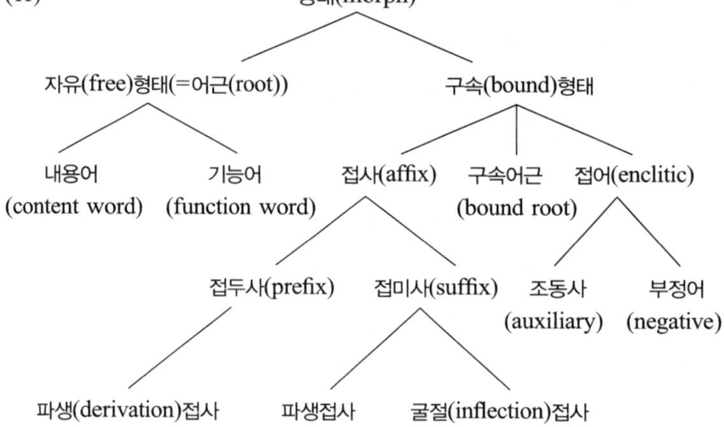

2.3 단어의 내부구조와 어근, 어기, 어간

영어단어는 그 나름의 내부구조를 가지고 있다. 예를 들어 happy, stand, hide, jump, park, go, write, bring, bird, free, mat, cat, make 등은 의미상 더 이상 내부적으로 분리할 수 없고, 그 자체가 독립적으로 홀로 쓰이는 자립형태소이다. 그러나 unhappiness처럼 자립형태소인 happy 앞에 un-이 붙고, 뒤에 -ness가 붙어 몸집이 불어난 단어도 많이 있다. un-과 같이 앞에 붙는 접사를 접두사라고 하고, -ness와 같이 뒤에 붙는 접사를 접미사라고 하였다. happy는 다른 형태소에 붙여 쓰는 접사와 구별하여 말 그대로 단어의 뿌리라는 의미에서 어근이라고 하였다. 또 respect, spectator에서 spect처럼 홀로 쓰지 못하고 반드시 다른 접사와 같이 쓰이는 구속 어근(bound root)도 있었다. 또 접사 중 굴절접사란 동사의 3인칭 단수현재형에 붙는 -s나, 과거형어미 -ed와 명사의 복수형에 붙는 -s 등을 말하였다. 다음 단어 engagements의 내부구조를 살펴보자.

(12) [[[en + **[gage]**] + ment] + s]

어근(root)

어기(base)

어간(stem)

먼저 gage는 이 단어의 중심 뿌리인 어근(root)이다. 어근에 동사를 만드는 파생접두사 en-에 첨가되어 engage라는 동사가 만들어진다. 다시 명사를 만드는 파생접미사 -ment가 첨가되어 engagement라는 명사가 만들어지는데, 이때 engage는 어근이라고 할 수 없다. 따라서 어근과 구별하여 파생접사와 결합하는 어기(base)라고 한다. gage는 어근이면서 동시에 파생접사 en-의 어기도 된다. 다시 engagement가 명사의 복수형을 만드는 굴절접미사 -s와 결합하여 복수형 명사 engagements를 만든다. 이때 engagement를 어기라고 할 수 없다. 따라서 어기와 구별하여 굴절접사와 결합하는 어간(stem)이라고 한다. 이처럼 단어의 내부구조는 자립형태인 어근(구속어근 포함)에 구속형태인 접두사, 접미사로 구성된다.

2.4 형태 분석과 형태소 분석

형태는 구체적으로 겉으로 들어나 표현된 의미의 형태이고, 형태소는 의미의 최소단위를 나타내는 추상적인 개념이다. 따라서 단어 형태를 분석하는 형태(론) 분석(morphological analysis)과 단어의 내부구조로 의미적인 형태소를 분석하는 형태소 분석(morphemic analysis)은 반드시 일치하지 않고 다를 수가 있다.

		형태 분석	형태소 분석
(13)	a. writers:	*writ* + *er* + *s* (3)	{WRITE} + {-ER} + {pl} (3)
	b. mice:	*mice* (1)	{MOUSE} + {pl} (2)
	c. children:	*child* + *ren* (2)	{CHILD} + {pl} (2)
	d. man's:	*man* + *s* (2)	{MAN} + {poss} (2)
	e. men's:	*men* + *s* (2)	{MAN} + {pl} + {poss} (3)

(13a)의 writers란 단어는 겉으로 들어난 형태만 보면 어근 write과 파생접미사 -er

과 복수형 굴절어미 -s의 3개의 형태로 분석할 수 있다. 한편 의미의 최소 단위인 형태소로 보면 어휘형태소로 내용어인 어휘소 {WRITE}과 파생접미사 {-ER}이 있으며, 문법형태소로 복수형(plural)을 나타내는 굴절접사 {pl}이 있다. 즉 3개의 형태소로 분석할 수 있다. 겉으로 들어난 구체적인 형태와 의미적인 추상적 개념의 형태소가 일치하는 전형적인 경우이다. 그러나 (13b)의 불규칙 복수형 명사 mice란 단어는 겉으로 들어난 형태로만 보면 mice란 1개의 형태로 분석할 수밖에 없다. 그러나 의미단위인 형태소로 보면 원형의 어휘소 {MOUSE}와 문법형태소 복수형 굴절접사 {pl}의 2개의 형태소로 분석한다. 즉 겉으로 들어난 구체적인 형태와 의미적인 추상적 개념의 형태소가 일치하지 않는 경우이다. (13c)의 불규칙 복수형 명사 children은 겉으로 들어난 형태로 어간 child와 불규칙 복수형 굴절어미 -ren의 2개의 형태로 분석할 수 있다. 의미단위인 형태소로 보면 원형의 어휘소 {CHILD}와 문법형태소 복수형 굴절접사 {pl}의 2개의 형태소로 분석한다. 즉 같은 불규칙 명사인데도 (13b)와 달리 형태와 형태소 분석이 일치한다. (13d)의 man's는 겉으로 들어난 형태로 어간 man과 소유격 굴절어미 -s 2개의 형태로 분석할 수 있다. 의미단위인 형태소로 보면 원형 어휘소 {MAN}과 소유격(possessive)이란 개념의 굴절접사 형태소 {poss} 2개로 분석한다. 즉 형태와 형태소 분석이 일치한다. 그러나 (13e)의 men's는 겉으로 들어난 형태로 어간 men과 소유격 굴절어미 -s 2개의 형태로 분석할 수 있다. 의미단위인 형태소로 보면 어휘소 {MAN}과 복수형 굴절접사 {pl}과 소유격 굴절접사 {poss}의 3개의 형태소로 분석한다. 즉 형태와 형태소 분석이 일치하지 않는다. 한편 단수 명사의 경우 추상적인 개념인 형태소 분석에서 보면 어휘소 어간과 단수라는 개념의 형태소로 제로(zero)형태의 굴절어미 -ø가 있는 것으로 보아야 한다. 특별히 단복수 동형인 다음과 같은 단어 sheep의 경우 겉으로는 들어나 있지 않지만, 의미적으로 단수라는 개념과 복수라는 개념의 형태소가 있는데, 굴절접사가 다 제로형태인 것으로 본다.

		형태 분석	형태소 분석
(14)	a. sheep:	*sheep* (1)	{SHEEP} + {sg} (2)
	b. sheep:	*sheep* (1)	{SHEEP} + {pl} (2)

(14a)의 단수명사 sheep은 형태는 하나이지만, 의미적인 개념의 형태소로 보면 원형 어휘소 {SHEEP}과 제로 형태의 단수(singular)라는 개념 {sg}의 문법형태소 두 개로

구성된 것으로 분석한다. (14b)의 복수명사 sheep도 형태는 하나이지만, 의미적인 개념의 형태소로 보면 어휘소 {SHEEP}과 제로 형태의 복수라는 개념 {pl}의 문법형태소 두 개로 구성된 것으로 분석한다. 즉 규칙변화의 경우 형태 분석과 형태소 분석이 일치하지만, 불규칙변화의 경우 반드시 일치하지는 않는다. 동사나 형용사의 불규칙변화 경우도 마찬가지다.

		형태 분석	형태소 분석
(15)	a. wrote:	*wrote* (1)	{WRITE} + {past} (2)
	b. written:	*written* (1)	{WRITE} + {pstprt} (2)
	c. working:	*work+ing* (2)	{WORK} + {prsprt} (2)
			{WORK} + {gerund} + {sg} (3)
	d. put:	*put* (1)	{PUT} + {past} (2)
			{PUT} + {prsprt} (2)

(15a)의 불규칙변화 동사 과거형 wrote는 형태는 하나이지만, 의미적인 개념의 형태소로 보면 원형 어휘소 {WRITE}과 과거(past)란 개념 {past}의 굴절 문법형태소 두 개로 구성된 것으로 분석한다. (15b)의 과거분사 written은 형태는 하나이지만, 의미적인 개념의 형태소로 보면 원형 어휘소 {WRITE}과 과거분사(past participle)란 개념 {pstprt}의 굴절 문법형태소 두 개로 분석한다. (15c)의 현재분사 working은 어근 work과 현재분사형 문법굴절어미 -ing의 2개의 형태이다. 의미적인 개념의 형태소로 보면 원형 어휘소 {WORK}과 현재분사(present participle)란 개념 {prsprt}의 굴절 문법형태소 두 개로 분석한다. 또 working은 동명사로도 쓰이는데, 이때도 형태는 둘이지만, 의미적인 개념의 형태소로 보면 원형 어휘소 {WORK}과 동명사(gerund)라는 개념 {gerund}의 파생 형태소와 제로 형태의 단수라는 개념 {sg}의 굴절 문법형태소 세 개로 분석한다. (15d)의 과거형 동사 put은 형태는 하나이지만, 의미적인 개념의 형태소로 보면 원형 어휘소 {PUT}과 제로 형태의 과거란 개념 {past}의 굴절 문법형태소 두 개로 분석한다. 또 과거분사로도 쓰이는데, 이때도 형태는 하나이지만, 원형 어휘소 {PUT}과 제로 형태의 과거분사란 개념 {prsprt}의 굴절 문법형태소 두 개로 분석한다.

다음은 불규칙변화 형용사 good의 비급급과 최상급 형태이다.

(16) a. better: *better* (1) {GOOD} + {compr} (2)

b. best: *best* (1) {GOOD} + {supl} (2)

(16a)의 불규칙변화 형용사의 비교급형 better는 형태는 하나이지만, 의미적인 개념의 형태소로 보면 원형 어휘소 {GOOD}과 비교급(comparative)이란 개념 {compr}의 굴절 문법형태소 두 개로 구성된 것으로 분석한다. (16b)의 형용사 최상급형 best도 형태는 하나이지만, 의미적인 개념의 형태소로 보면 원형 어휘소 {GOOD}과 최상급(superlative)이란 개념 {supl}의 굴절 문법형태소 두 개로 구성된 것으로 분석한다.

한편 문법 형태소로서 기능어인 대명사도 형태 분석과 형태소 분석이 일치하지 않는 대표적인 경우이다.

형태 분석 형태소 분석

(17) a. we: we (1) {1st p} + {pl} + {nomn} (3)

b. him: him (1) {3rd p} + {sg} + {m} + {obj} (4)

c. its: its (1) {3rd p} + {sg} + {n} + {poss} (4)

(17a)의 1인칭 복수 주격 대명사 we는 형태는 하나이지만, 의미적인 개념의 형태소로 보면 1인칭(1st person)이란 개념의 {1st p} 형태소와 복수(plural)란 개념의 {pl} 형태소, 주격(nominative)이란 개념의 {nomn} 형태소, 세 개로 구성된 것으로 분석한다. (17b)의 3인칭 단수 남성 목적격 대명사 him은 형태는 하나이지만, 의미적인 개념의 형태소로 보면 3인칭(3rd person)이란 개념의 {3rd p} 형태소와 단수(singular)란 개념의 {sg} 형태소, 남성(male)이란 개념의 {m} 형태소와 목적격(objective)이란 개념의 {obj} 형태소, 네 개로 구성된 것으로 분석한다. (17c)의 3인칭 단수 중성 소유격 대명사 its는 형태는 하나이지만, 의미적인 개념의 형태소로 보면 3인칭(3rd person)이란 개념의 {3rd p} 형태소와 단수(singular)란 개념의 {sg} 형태소, 중성(neutral)이란 개념의 {n} 형태소와 소유격(possessive)이란 개념의 {poss} 형태소, 네 개로 구성된 것으로 분석한다.

한편 추상적인 개념인 형태소들은 다음과 같은 형태실현 규칙(morphological realization rule)에 따라 구체적인 형태로 실현된다.

(18) a. {WRITER} + {pl} 〉 writers,

b. {TOOTH} + {pl} 〉 teeth

c. {BOOK} + {sg} 〉book
d. {SHEEP} + {pl} 〉sheep

(18a) 규칙변화 복수명사의 경우 어휘 형태소 {WRITER}와 문법형태소 {pl}이 원래의 구분된 모습을 유지하면서 서로 결합하여 교착하는 교착규칙(agglutinative rule)이 적용되어 구체적인 형태 writers로 실현된다. (18b) 모음교체의 불규칙 복수 명사의 경우 어휘 형태소 {TOOTH}와 문법 형태소 {pl}이 원래의 모습을 상실하고 서로 융합하는 융합규칙(fusional rule)이 적용되어 구체적인 형태 teeth로 실현된다. (18c) 단수명사의 경우 문법 형태소 {sg}가 절대로 구체적인 형태로 실현되는 않는 무위실현규칙(null realization rule)이 적용되어 어휘 형태소 {BOOK}만이 구체적인 형태 book으로 실현된다. 또 문법 형태소 {pl}은 규칙변화 복수명사의 경우 보통 -s로 실현되지만, (18d)처럼 단-복수 동형의 복수명사의 경우 제로형태로 실현되는 영 규칙(zero rule)이 적용되어 구체적인 형태 sheep으로 실현된다. 동사의 예를 더 들면 다음과 같다.

(19) a. 교착규칙: {WORK} + {past} 〉worked
b. 융합규칙: {WRITE } + {past} 〉wrote
c. 무위실현규칙: {WORK} + {pres} 〉work
d. 영 규칙: {PUT} + {past} 〉put, {PUT} + {pstprt} 〉put

한편 다음과 같이 한 단어에 두 개 이상의 형태론적 실현 규칙이 적용되는 경우도 있다.

(20) {MAN} + {pl} + {poss} 〉men's

융합규칙에 따라 man의 복수형은 men이 되고, 다시 교착규칙에 따라 복수명사의 소유격은 men's가 된다.

2.5 이형태와 형태소 규칙

규칙변화의 명사에서 복수 형태소 {pl}이 반드시 [z] 형태로 실현되는 것이 아니다. 다음과 같이 [s], [əz]의 이형태로도 실현된다.

(21) a. [əz]: buses, bushes, mazes, garages, matches, judges
b. [s]: maps, cats, racks, laughs, paths
c. [z]: knobs, rods, logs, seals, mirrors, pans, tombs, rings, rays, sofas, toys, keys, news, lathes, coves

추상적인 개념의 음소에 구체적인 여러 개의 변이음이 있듯이, 추상적 개념의 형태소 역시 구체적인 여러 개의 변이형인 이형태(allomorph)가 있다. 변이음이 상보적 분포(complementary distribution)를 하고 예측 가능하듯이, 이형태 역시 상보적 분포를 하고 예측 가능하다. 예를 들어 명사의 복수 형태소 {pl}은 (21a)의 경우 /s, z, ʃ, ʒ, ʧ, ʤ/와 같은 치찰음(sibilants) 다음에 약모음 /ə/가 삽입되어 [əz]로 실현된다. (21b)의 경우 무성음 /p, t, k, f, Θ/ 다음에 무성음으로 동화되어 무성음 [s]로 실현된다. (21c)처럼 그 밖의 환경 즉 유성자음과 유성음인 모음 다음에서는 유성음 [z]로 실현된다. 이와 같이 음운적 환경에 따라 예측 가능한 이형태를 음운적 조건에 따른 (phonologically conditioned) 이형태라고 한다. 이를 다음과 같이 형태소 규칙(morphemic rule)으로 나타낼 수 있다.

(22) {pl} → [əz] /sibilants_____
[s] /voiceless consonants_____
[z] /elsewhere

한편 생성 음운론에서는 변이음을 기저형(underlying form)에 음운규칙이 적용되어 표면형(surface form)으로 생성되는 것으로 보았듯이, 이형태도 기저형에 음운규칙이 적용되어 표면형으로 생성되는 것으로 본다. 예를 들면 (22)의 경우 [z]를 기저형으로 보고 다음과 같은 음운규칙이 적용되는 것으로 본다.

(23) a. /z/ → [əz] /sibilants_____
b. /z/ → [s] /voiceless consonants_____

(23a)는 '쉬'소리와 같은 이빨 근처에서 나는 시끄러운 소리 치찰음 /s, z, ʃ, ʒ, ʧ, ʤ/ 다음에 같은 치찰음 /z/를 연속해서 발음하기 어려우므로 중간에 약모음 [ə]를 삽입하여 부드럽게 발음을 이어 주기위한 약모음 삽입규칙이다. 이는 연속된 자음군을 분리해 주는 일종의 자음군 분리규칙(declustering rule)이라고 할 수 있다. (23b)는 무

성음 다음에는 같은 무성음 [s]로 동화된다는 무성음화규칙(devoicing rule)이라고 할 수 있다.

한편 다음과 같은 불규칙 명사 복수형 형태소의 이형태들은 음운론적으로 예측할 수 없고, 문법에 의해 결정되는(grammatically conditioned) 이형태라고 할 수 있다.

(24) a. ø: fish, sheep, deer

b. 모음교체: mouse-mice, louse-lice, goose-geese

c. -en: children, brethren, oxen

d. 외래어 복수형

-a : phenomena, data, criteria

-i : stimuli, alumni

-ae : alumnae, formulae

-ices : indices, appendices

-es : bases, axes

-im : kibbutzim, cherubim

한편 명사 복수형 형태소 규칙에서 단수형이 [f]로 끝나는 단어들의 경우에 다음과 같은 문제점이 있다.

(25)	belief — beliefs	chief — chiefs
	proof — proofs	safe — safes

(26)	wolf — wolves	leaf — leaves
	knife — knives	loaf — loaves
	sheaf — sheaves	wife — wives
	elf — elves	life — lives
	shelf — shelves	calf — calves
	thief — thieves	self — selves

형태소 규칙 (22b)에 따라 (25)처럼 어근의 마지막 자음 [f]가 무성자음(voiceless consonants)이기 때문에 복수 이형태로 [s]를 예상하게 된다. 그러나 (25)가 오히려 수가 적어 예외적이고, 대부분 (26)처럼 [f]는 유성음 [v]가 되고 철자상 -es로 실현되나 발음상 [z]로 실현된다. 그러나 소유격 형태소의 경우 (27)처럼 규칙적으로 음운론적

이형태로 실현된다.

(27) wolf's, knife's, life's, elf's

또 다음 (28)처럼 (25)와 같은 음운론적 이형태와 (26)과 같은 이형태가 같이 쓰이는 경우도 있다.

(28) wharf — wharfs / wharves　　dwarf — dwarfs / dwarves
hoof — hoofs / hooves　　scarf — scarfs / scarves

(28)처럼 이형태들이 특정한 환경에서 호환적으로 사용되는 경우 이를 문맥적(contextually conditioned) 이형태라고 한다. 음소의 변이음에도 자유변이(free variation)가 가능하였듯이, 형태소의 이형태에서도 (28)과 같은 경우가 자유변이에 해당된다.

또 다음과 같은 예외적 현상이 있다.

(29) a. house: [haus] — houses: [hauz̠əz]
b. blouse: [blaus] — blouses:[blauz̠əz]

형태소 규칙 (22a)에 따라 (29)의 복수형 형태는 [əz]가 된다. 그러나 어근의 마지막 자음 [s]가 유성음화되어 [z]로 나타난다.

문법학자들은 이와 같은 예외적 현상도 설명해 보려고 한다. 먼저 (26)과 같이 어근의 [f]가 유성음화 되어 [v]가 되는 현상을 어근 이형태(root allomorph)라 하여 일종의 문법적 이형태로 보고자 하였다.

(30) {lif} → [liv]/___ {pl}
[lif]/ elsewhere

어근 형태소 {lif}는 복수형 형태소 {pl}앞에서 [liv]와 같은 이형태로 나타나고, 단수 형태소 {sg}나 (27)과 같은 소유격 형태소 {poss} 등에서는 [lif]와 같은 이형태로 나타난다는 어근 이형태 현상(root allomorphy)이다. 이와 같은 설명은 다음과 같은 명사의 동사형에서도 엿 볼 수 있다.

(31) a. to shelve, to calve, to halve
b. to believe, to prove, to grieve

특히 (31b)의 경우 명사형 복수형 형태(beliefs)에서는 (25)처럼 음운론적 이형태였다. 이와 유사한 어근 이형태가 명사에서 동사로 전환되는 경우에도 발견된다. 명사형 어근 [s]와 [θ]가, 유성음화 되어 각각 동사형 어근 [z]와 [ð]로 나타난다.

(32) 어근 이형태 : [s - z] [θ - ð]

	N	V		N	V
(a)	house	to house	(b)	bath	to bathe
	blouse	to blouse		cloth	to clothe
	use	to use		breath	to breathe
	excuse	to excuse		mouth	to mouthe
	advice	to advise		teeth	to teethe
	abuse	to abuse		wreath	to wreathe

무성음을 기본형으로 가정한다면, 이들의 교체를 위한 형태소 규칙은 다음과 같다.

(33) {haʊs} → [haʊz] / [$_{v}$____] {bæθ} → [beið] / [$_{v}$____]
[haʊs] / elsewhere [bæθ] / elsewhere

어근 형태소 {haʊs}와 {bæθ}가 동사로 쓰일 때([$_{v}$____]) 각각 [haʊz]와 [beið]의 이형태로 실현되고, 그 외의 환경에서는 [haʊs]와 [bæθ]로 실현된다는 어근 이형태소 규칙이다.

마지막으로 구속어근도 어근 이형태를 보일 수 있다.

(34) a. V: conceive, perceive, deceive
b. N: conception, perception, deception

(34a)의 구속어근 ceive가 명사형 파생접미사 -ion 앞에서 cept라는 이형태를 갖는다.

3. 어형성 과정

영어의 어형성 과정에는 자유 형태인 어근에 파생접사가 붙어 새로운 단어를 파생시키는 파생법(derivation)과 파생접사 없이 자유롭게 품사 전환하여 쓰는 품사전환법(conversion)이 있다. 또 두 개의 자유 형태가 결합하여 새로운 단어를 만드는 복합어법(compounding), 두 단어를 융합하여 혼성시키는 혼성어법(blending)이 있다. 이외에도 한 단어를 축약하여 쓰는 축약법(clipping), 단어의 첫 글자를 모아 새로운 어휘를 만들어 쓰는 두문자어법(acronyms), 새로운 신조어를 만들어 쓰는 신조어법(coinage) 등 여러 가지 어형성 과정(processes of word formation)의 조어법이 있다.

3.1 파생법

파생법은 가장 대표적인 어형성 과정으로 어근(root)에 파생접사를 붙여 새로운 단어를 만드는 방법이다. 파생접사에는 접두사(prefix), 접미사(suffix), 접요사(infix)가 있는데, 영어의 파생접사는 주로 접두사와 접미사이다. 또 접사에 의한 파생법은 다음과 같이 어근의 변화를 가져오는 경우도 있다. 먼저 다음은 강세를 포함하여 음운론적 변화(phonological change)가 일어난 경우이다.

(35) a. reduce [ridjú:s] 〉reduction [ridʌ́kʃn],
b. relate [riléit] 〉relation [riléiʃn]

(36) a. impress [imprés] 〉impression[impréʃn]
b. fuse [fjú:z] 〉fusion [fjú:ʒn]

(37) a. permit [pərmít] 〉permissive [pərmísiv]
b. include [inklú:d] 〉inclusive [inklú:siv]

(38) a. clear [klíər] 〉clarity [klǽrəti]
b. electric [iléktrik] 〉electricity [ìlektrísəti]
c. photograph [fóʊřəgræ̀f] 〉photography [fətɑ́:grəfi]

(35)는 명사형 파생접사 -(t)ion이 붙으면서 (35a)는 어근의 모음발음 [ju]가 [ʌ]로 바뀌었을 뿐만 아니라, 자음발음 [s]도 [k]로 바뀐 경우이고, (35b)는 어근의 자음발음 [t]만 [ʃ]로 바뀐 경우이다. (36)은 파생접사 -ion이 붙으면서 어근의 자음발음 [s, z]가 각각 [ʃ, ʒ]로 바뀐 경우이다. (37)은 형용사형 파생접사 –ive가 붙으면서 어근의 자음발음 [t, d]가 [s]로 바뀌면서 철자도 바뀐 경우이다. (38a)는 파생접사 –ity가 붙으면서 어근의 모음발음 [iə]가 [æ]로 바뀐 경우이고, (38b)는 강세도 바뀌면서 자음발음 [k]가 [s]로 바뀐 경우이다. 또 (38c)는 파생접사 –y가 붙으면서 강세가 바뀌면서 어근의 모음발음 [óʊ, ə, æ̀]가 각각 [ə, ɑ, ə]로 바뀐 경우이다. 물론 강세변화와 함께 중간의 자음발음 /t/도 단타음 [ř]에서 유기음 [tʰ]로 바뀐다.

다음은 철자변화(orthographic change)와 의미변화(semantic change)가 일어난 경우이다.

(39) a. pity > pitiful, deny > denial, happy > happiness
b. husband > husbandry, event > eventual, post > postage, recite > recital

(39a)는 파생접사 -ful, -al, -ness 등이 붙으면서 어근의 철자 y가 i로 변한 경우이다. (39b)는 파생접사 -ry, -ual, -age, -al 등이 붙으면서 품사가 변했을 뿐만 아니라, 의미도 상당히 변하여 husband(n.남편 v.절약하다)에서 husbandry(n.농업)으로, event(n.사건)에서 eventual(a.최종적인)으로, post(n.우편)에서 postage(n.우편요금)으로, recite(v.암송하다)에서 recital(n.연주회)로 바뀐 경우이다.

한편 접사에 의해 단어를 파생시키는 파생법에는 (40a)의 -able처럼 매우 규칙적으로 많은 단어를 파생시키는 생산적인 접미사(productive suffix)가 있는가 하면, (40b)의 -th처럼 극소수의 단어만을 파생시키는 비생산적인 접미사(unproductive suffix)도 있다.

(40) a. -able: available, unthinkable, admirable, honorable
b. -th: warmth, width, depth, wealth

3.1.1 접두사에 의한 파생법

(1) 접두사의 유래와 특징

접두사들은 대부분은 외래어에서 차용된 것으로서, 주로 라틴어, 그리스어에서 유래된 것이 많다.

(41) a. pre-, inter-, super-, mini-
b. tri-, a-, micro-, anti-
c. be-, fore-, mis-, over-, un-, under-, with-

(41a)는 라틴어에서 온 접두사이고, (41b)는 그리스어에서 온 접두사이다. 이외에도 그 수를 헤아릴 수 없을 정도로 많다. 반면 (41c)처럼 원래 고유어인 앵글로색슨 영어에서부터 유래된 접두사는 그 수를 셀 수 있을 정도로 매우 적다.

접두사는 의미변화를 시키는 파생접사가 대부분이지만, 품사전환과 관련된 접두사가 전혀 없는 것은 아니다. 예를 들어 다음 3개의 접두사가 품사전환에 관여하는 것으로 알려져 있다.

(42) a. a-: ablaze, asleep, astir (N/V 〉A)
b. be-: betoken, befriend, bedeck (N 〉V)
c. en-: enlarge, ensure, encircle, encase, entrap (A/N 〉V)

(42a)의 접두사 a-는 blaze(불꽃, 화염)와 같은 명사에서 ablaze(불타올라서, 흥분하여)와 같은 형용사로 전환시켜준다. 또 동사 sleep(잠자다), stir(휘젓다, 뒤섞다)에서 asleep(잠들은), astir(웅성거리는, (…으로) 흥분한)과 같은 형용사로 전환시켜준다. (42b)의 접두사 be-는 명사 token(표시), friend(친구), deck(갑판, 지붕, 치장)에서 동사 betoken(표시하다), befriend(친구로 사귀다), bedeck(꾸미다)로 전환시켜준다. (42c)의 접두사 en-은 형용사 large(큰)와 sure(확실한)에서 동사 enlarge(확대하다), ensure(확실하게 하다, 보증하다)로 전환시켜준다. 또 명사 circle, case, trap에서 동사 encircle(둥글게 두르다, 둘러싸다), encase(케이스, 상자, 곽 (등)에 집어넣다), entrap(덫에 걸다, 덫으로 잡다)으로 전환시켜준다. 이외의 대부분은 다음에서 다룰 의미와 관련된 접두사이다.

(2) 의미와 관련된 접두사

의미와 관련된 접두사의 경우 대표적인 경우가 '반대'의 의미를 갖는 경우로, 다음 in-, im- ir-, il- 등이 있다.

(43) a. in-: in + convenient, in + capable, in + appropriate, in + ability
b. im-: im + possible, im + practical, im + personal
c. ir-: ir + rational, ir + recognizable
d. il-: il + logical, il + legal, il + liberal

부정 접두사의 경우 (43a)의 inconvenient(불편한), incapable(…을 할 수 없는), inappropriate(…에 부적절한), inability(할 수 없음, 불능), inanimate(무생물의, 생기가 없는), inalienable(양도할 수 없는, 빼앗을 수 없는), inattentive(부주의한, 태만한) 등과 같이 일반적으로 in-의 형태로 많이 쓰이는 생산적인 접두사이다. 그러나 (43b)의 impossible(불가능한), impractical(실용적이 아닌, 비현실적인), impersonal(비개인적인, 비인격적인), immovable(움직일 수 없는, 부동의), immortal(불멸의)처럼 다음에 양순음 /p, b, m/이 오면 im-의 형태로 쓰인다. 이는 뒷소리가 앞소리에 영향을 미쳐서 앞소리가 뒷소리와 조음점이 같아지는 조음점 동화로 역행동화 현상이다. (43c)의 irrational(이성이 없는, 분별없는), irrecognizable(인식할 수 없는)처럼 다음에 /r/이 오면, ir-형태로도 쓰이는데, 일종의 조음점뿐만 아니라 완전히 똑 같은 소리로 동화되는 완전동화 현상이다. (43d)의 illogical(불합리한, 비논리적인), illegal(불법의), illiberal(교양이 없는, 배우지 못한), illicit(무면허의), illiterate(문맹의)처럼 다음에 /l/이 오면 il-의 형태로 쓰이는데 이도 완전동화 현상이다. 이와 같은 부정 접두사 in-의 이형태는 음운적론 이형태에 해당된다.

한편 접두사를 의미범주별로 더 세분하여 구별하면 다음과 같이 시간(time), 수(number), 장소(place) 등과 관련된 접두사를 찾아볼 수 있다.

(44) a. pre-: prearrange, presuppose, preheat
b. after-: aftershock, afterthought, afterglow

(45) a. tri-: tricycle, triangle, tridimensional
b. multi-: multinational, multilingual, multimillionaire

(46) a. in-: infield, inpatient, ingrown

b. inter-: interconnect, interbreed, interlace

(44)는 시간과 관련된 접두사이다. pre-는 '앞(before), 전, 미리'라는 의미의 접두사로 prearrange는 '미리 갖추다, 미리 준비해 놓다, 미리 조절[협의]하다'란 의미로, presuppose는 '미리 가정하다, …을 예상하다, 전제로 하다'란 의미로, preheat는 '미리 가열하다, 예열하다'란 의미로 쓰인다. after-는 '후, 나중'이란 의미의 접두사로 aftershock는 '여진(餘震), (사건 등의) 뒤에 일어나는 충격'이란 의미로, afterthought는 '다시 생각함, 재고(second thought), 뒷 궁리'란 의미로, afterglow는 '저녁 노을, 잔광, 여광, (과거의 경험영광 등의) 즐거운 추억'이란 의미로 쓰인다. (45)는 수와 관련된 접두사이다. tri-는 '셋(three)'이라는 의미의 접두사로, tricycle은 '세 발 자전거, 삼륜 오토바이'라는 의미이고, triangle은 '삼각형'이라는 의미이고, tridimensional은 '삼차원의, 입체의'란 의미이다. multi-는 '다수(many)'라는 의미의 접두사로, multinational은 '다국적 기업, 다국적(기업)의'란 의미이고, multilingual은 '여러 언어를 사용할 수 있는, 여러 언어를 말할 수 있는 사람'이란 의미이고, multimillionaire는 '억만 장자, 대부호'란 의미이다. (46)은 장소와 관련된 접두사이다. in-은 '안에, 사이에(between)'라는 의미의 접두사로, infield는 '내야, 내야의 수비 위치, 내야수'란 의미이고, inpatient는 '입원 환자'란 의미이고, ingrown은 '살속으로 자란, 손[발]톱이 살속으로 파고든, 속[안]으로 성장한'이란 의미이다.

다음은 정도(degree), 결핍(privation), 부정(negation), 크기(size) 등의 의미범주와 관련된 접두사이다.

(47) a. super-: supersensitive, supersaturated, superheat

b. over-: overanxious, overconfident, overdue

(48) a. a-: amoral, apolitical, asymmetric

b. un-: unlock, untie, unfold

(49) a. un-: unafraid, unsafe, unwise

b. anti-: antisocial, antitrust, antiwar

(50) a. micro-: microcosm, microchemistry, microfilm

b. mini-: miniskirt, minivacuum, minimal

(47)은 정도와 관련된 접두사이다. super-는 '이상, 과도, 극도, 초과(over)'라는 의미의 접두사로, supersensitive는 '극도로 예민한, 과민한'이란 의미이고, supersaturated는 '과포화상태의'란 의미이며, superheat는 '과열, 과열하다'란 의미이다. over-는 '한도를 넘어서는(too much)'이란 의미의 접두사로, overanxious는 '지나치게 걱정하는'이란 의미이고, overconfident는 '지나치게 자신을 가지는, 자부심이 강한'이란 의미이며, overdue는 '연착한(delayed), 지체된'이란 의미이다. (48)은 결핍과 관련된 접두사이다. a-는 '부족, 결핍(without)'이란 의미의 접두사로, amoral은 '도덕 관념이 없는'이란 의미이고(immoral은 '부도덕한'의 뜻임), apolitical은 '정치에 무관심한, 정치를 싫어하는'이란 의미이며, asymmetric은 '비대칭의, 불균형의'란 의미이다. un-은 동사에 붙여 어떤 행위상태의 반대(opposite)를 나타내거나 제거, 탈취, 해방 등의 뜻을 나타내는 접두사로, unlock은 '자물쇠로 잠겨있는 것을 열다, 밝히다, 누설하다'란 의미이고, untie는 '풀다, 끄르다'란 의미이며, unfold는 '펴다, 펼치다, 밝히다'란 의미이다. (49)는 부정을 나타내는 접두사이다. un-은 '부정(not)을 나타내는 접두사로, afraid, safe, wise 등과 같은 형용사와 결합하여 반대말인 '무서워하지 않는, 위험한, 어리석은'과 같은 부정의 의미를 나타낸다. anti-는 '반대, 금지(against)'를 나타내는 접두사로, social, trust, war 등과 결합하여 '반사회적인, 독점금지의, 전쟁반대의'와 같은 의미를 나타낸다. (50)은 크기와 관련된 접두사이다. micro-는 '미소(very small), 현미경의, 100만분의 1'이란 의미의 접두사로, microcosm은 '작은 세계, 소우주'란 의미이고, microchemistry는 '미량(微量) 화학'이란 의미이며, microfilm은 '마이크로필름, 축소복사 필름'이란 의미이다, mini-도 '소형의(smaller), 아주 작은, 짧은'이란 의미의 접두사로, miniskirt는 '무릎 위 10cm 이상의 짧은 스커트'를 의미하고, minivacuum은 '소형 진공청소기'를 의미하며, minimal은 '가능한 한 적은, 미세한'이란 의미이다.

이 외에도 다음과 같이 완료(completeness), 역전(reversal), 종속(subordination) 등의 의미범주에 속하는 접두사도 있다.

(51) a. ful- : fulfill(완료하다)
b. counter- : counterattack(반격)
c. vice- : vicechair(부회장)

또 두 개 이상의 범주에 속하여 쓰이는 경우도 있다. 앞의 un-은 박탈과 부정의 두 가지 범주에 속하여 쓰이고 있었고, 다음 under-의 경우도 정도와 장소의 두 가지 범주에 속하여 쓰인다.

(52) a. 정도(degree): underpayment(저임금 지불)
b. 장소(place): underwater(물속)

또 다음 mis-는 다른 품사와 결합하여 쓰이기도 한다.

(53) a. mislead (v) 잘못 인도하다
b. misfortune (n) 불행

3.1.2 접미사에 의한 파생법

(1) 접미사의 유래와 특징

앵글로색슨 고유어에서부터 유래된 접미사도 -hood, -dom, -ful, -ly -ness, -some, -ship 밖에 없을 정도로 그 수가 적다.

(54) a. -hood: childhood
b. -dom: kingdom, dukedom
c. -ful: hopeful, useful, colorful, wonderful
d. -ly: friendly, homely, lovely, likely
e. -ness: kindness, nobleness
f. -ish: foolish, boyish
g. -less: aimless, useless, penniless
h. -some: troublesome

접미사 -hood는 childhood(어린 시절), -dom은 kingdom(왕국), dukedom(공국) 등이, -ful은 hopeful, useful, colorful, wonderful, beautiful, plentiful 등이, -ly는 friendly, homely, lovely, likely, brotherly, motherly, kingly 등이, -ness는 kindness, nobleness 등이, -ish는 foolish, boyish 등이, -less는 aimless, useless, penniless 등이, -some은 troublesome 등이, -ship은 friendship 등이 있다.

한편 라틴어나 그리스어 등에서 차용된 접두사, 접미사는 이루 헤아릴 수 없을 정도로 그 수가 많다. 또 차용된 접미사는 그 접미사에 따라 어근의 강세가 달라지는 것이 특징이다.

(55) a. eléctric, eléctrical
b. -ian, -ity: electrícian, electrícity
c. -ation: electrificátion

예를 들면 (55a)의 eléctric(전기의), eléctrical(전기에 관한)은 2음절에 강세가 있는 데, 접미사 -ian, -ity가 붙은 (55b)의 electrícian(전기 기사), electrícity(전기)는 3음절에 강세가 온다든지, 접미사 -ation이 붙은 (58c)의 electrificátion(충전, 감전)은 4음절에 강세가 오기도 한다.

또 접두사는 일반적으로 어근에 하나만 첨가되는 데, 접미사는 다음과 같이 여러 개가 첨가 될 수 있다.

(56) a. sleep + less + ness → sleeplessness (잠 못 이룸; 불면)
b. select + ion + al → selectional (선택의)

또 접미사는 품사를 변화시키는데 항상 마지막에 첨가된 접미사에 의하여 품사가 결정된다. (56a)에서 어근 sleep은 동사인데 -less를 붙이면 형용사가 되고, 거기에 -ness를 더 붙여 sleeplessness가 되면 명사가 된다. (56b)에서 어근 select는 동사인데, -ion을 붙이면 명사가 되고, 거기에 -al을 더 붙여 selectional이 되면 형용사가 된다.

한편 대부분의 접두사가 어근의 의미를 바꾸어 주는 기능을 하고, 단 세 개의 접두사만 어근의 품사를 바꾸어 주는 기능을 하였다. 반대로 접미사는 대부분 어근의 품사를 바꾸어 주는 기능을 하고, 소수의 접미사만이 어근의 의미를 바꾸어 주는 기능을 한다. 이처럼 의미변화의 기능을 하는 접미사로는 작은 것을 나타내는 지소적 접미사(diminutive suffixes)와 여성을 나타내는 여성 접미사(feminine suffixes)와 구체명사를 추상명사화 하는 추상화 접미사(abstract suffixes)가 있다.

(57) a. prince<u>ling</u>, pig<u>let</u>, dad<u>dy</u>
b. act<u>ress</u>, usher<u>ette</u>, aviat<u>rix</u>, hero<u>ine</u>
c. friend<u>ship</u>, man<u>hood</u>, hoodlum<u>ism</u>

(57a)의 -ling, -let, -y는 대표적인 지소적 접미사로 어근 prince, pig, dad 등과 결합하여 '약소국가의 군주, 새끼돼지, 아버지 애칭' 등의 의미로 바꾸어 준다. (57b)의 -ess, -ette, -rix, -ine은 여성 접미사로 남성을 나타내는 어근 actor, usher, aviator, hero 등과 결합하여 '여배우, 여자 안내원, 여류비행사, 여장부' 등의 의미로 바꾸어 준다. (57c)의 -ship, -hood, -ism은 추상화 접미사로 구체 명사인 어근 friend, man, hoodlum 등과 결합하여 '우정, 성년, 폭력행위(깡패기질)' 등의 의미로 바꾸어 준다.

한편 어근의 품사를 바꾸어 주는 기능의 접미사로는 동사나 형용사에서 명사로 파생시켜 주는 명사화 접미사(nominalizer), 명사나 형용사에 붙어서 동사로 파생시켜 주는 동사화 접미사(verbalizer), 명사, 동사 또는 다른 형용사에 붙어서 형용사로 파생시켜 주는 형용사화 접미사(adjectivalizer), 부사로 파생시켜 주는 부사화 접미사(adverbializer)가 있다. 부사화 접미사는 가장 적은 수의 비생산적인 접미사인데, -ward, -ly ways 외에 고대 영어의 소유격 굴절 어미 -s에서 유래된 다음과 같은 특수한 경우도 있다.

(58) nowaday<u>s</u>, night<u>s</u>, on<u>ce</u>, thereabout<u>s</u>

명사 nowaday, night, one, thereabout에 소유격 굴절어미 -s가 붙어 '오늘날에, 밤마다, 한 때에, 그 근처에(그 무렵에)'란 의미의 부사가 된 특수한 경우이다.

한편 명사화 접미사는 가장 많이 쓰이는 생산적인 접미사로 동사에 붙어 그 행위를 하는 행위자를 나타내는 접미사(agentive suffix)로 -er이 가장 많이 쓰이고 있다. 이외에 명사화 접미사로 -ist가 있는데, 그 용법이 다양하고 복잡하다.

(59) a. cycle-ist 〉 cyclist, Platon-ist 〉 Platonist
b. public-ist 〉 publicist historic-ist 〉 historicist

(59a)의 cyclist(자전거 타는 사람)는 보통명사인 어근 cycle과 결합한 경우이지만, Platonist(플라톤 학파 사람)은 고유명사인 어근 Platon과 결합한 경우이다. (59b)의 publicist와 historicist는 어근 public과 historic의 어말 자음 발음이 [k]인데, [s]로 변화한 경우이다.

또 어근과의 의미관계도 다양하다.

(60) a. anarchist, realist, hedonist
b. linguist, dentist, psychiatrist, botanist
c. perfectionist, extremist, nationalist, realist
d. racist, sexist, lookist, ageist

(60a)는 '무정부주의자, 현실주의자, 쾌락주의자'와 같이 어떤 이론에 집착하는 사람을 나타내고 있지만, (60b)는 '언어학자, 치과의사, 정신과 의사, 식물학자'와 같이 과학 직종을 가진 사람을 나타내고 있다. (60c)는 '완벽주의자, 극단주의자, 민족주의자, 파시즘 신봉자'와 같이 어떤 이데올로기에 탐닉한 사람을 나타내고 있고, (60d)는 '인종차별주의자, 성차별주의자, 외모로 사람을 판단하는 사람, 노인차별주의자'와 같이 속성에 탐닉한 사람들을 나타낼 뿐 아니라, 이런 속성들을 바탕으로 차별을 하거나 편견을 가진 사람들도 나타낸다.

-ist를 포함한 단어의 형태론도 완전히 규칙적인 것은 아니다.

(61) a. botany 〉 botanist, psychiatry 〉 psychiatrist
b. realism 〉 realist, fascism 〉 realist
c. hedonistic, *dentistic
d. balloonist, cyclist, *boatist, *skatist

(61a)에서는 -y로 끝나는 추상명사 botany(식물학), psychiatry(정신의학)와 관련이 있고, (61b)에서는 -ism으로 끝나는 단어 realism(현실주의), fascism(독재적 국가 사회주의, 파시즘)들과 관련이 되기도 한다. 또 (61c)에서는 형용사화접미사 -ic를 취하기도 하지만 *dentistic처럼 그렇지 않은 단어들도 있다. (61d)에서는 어근 balloon, cycle과 결합하지만, 어근 boat, skate와는 결합하지 못한다.

또 접미사 -ist는 비슷한 의미의 접미사 -(i)an, -ite와 종종 경쟁관계에 있기도 한다.

(62) a. -(i)an: pedestrian, grammarian, barbarian
b. -ite: suburbanite, socialite, Trotskyite
c. Darwin: Darwinian, Darvinist, Darvinite

(62a)처럼 접미사 -(i)an은 pedestrian(보행자), grammarian(문법학자), barbarian(야만인) 등에서 엿볼 수 있고, (62b)처럼 접미사 -ite는 suburbanite(교외 거주자),

socialite(사교계 명사), Trotskyite(트로츠키즘의 지지자) 등에서 엿볼 수 있다. 그런데 특이한 것은 (62c)처럼 Darwin의 추종자를 나타내는 어휘는 Darwinian, Darvinist, Darvinite 세 단어 모두 다 사용된다.

(2) 품사(전환)와 관련된 접미사

a) 명사화접미사

명사와 관련된 접미사로 다음의 -hood, -ship, -ism은 품사전환 없이 구체적인 보통명사의 의미를 추상명사화 하는 추상화 접미사이다.

(63) a. -hood: neighborhood, brotherhood, girlhood
b. -ship: championship, membership, kinship
c. -ism: idealism, patriotism, fanaticism

(63a)의 -hood는 성질, 상태, 신분, 환경 또는 특정한 사람들의 집단을 나타내는 명사를 만들어준다. neighbor는 '이웃사람'이란 의미의 구체적인 보통명사이지만 neighborhood는 '근처, 이웃, 인근, 부근' 등의 의미로 집단을 나타내는 추상명사가 된다. brotherhood는 '형제'가 아니라 '형제지간, 형제의 인연, 동포애, 성직자단, 승려회'와 같은 추상명사나 집단을 의미한다. girlhood도 '소녀'가 아니라, '소녀 시절/시대, 집합적으로 소녀들'과 같은 추상명사나 집단을 의미한다. (63b)의 -ship은 상태, 성질의 뜻으로 friendship(우정), 자격, 지위, 직위의 뜻으로 professorship(교구 직/지위), 능력, 기능의 뜻으로 leadership(지도자로서의 자질, 지도력, 통솔력), 관계의 뜻으로 cousinship(사촌관계), 집단 층의 뜻으로 readership(독자층, 독자의 질), 성질 상태를 구체화한 뜻으로 fellowship(동료 의식(companionship), 교제, 친교), 지위 자격을 가진 사람의 뜻으로 his Lordship(군주, 귀족이나 재판관에 대한 존칭으로 각하)으로 쓰인다. 즉 championship은 선수권, 우승자의 지위나 명예, 또는 집단으로 선수권 대회, 결승전을 의미한다. membership은 회원의 지위나 신분, 자격, 또는 총회원 수, 집합적으로 회원을 의미한다. kinship은 친척 혈연관계를 의미한다. (63c)의 -ism은 행동, 행위, 상태, 상황, 주의, 교리학설, 관례, 특성, 이상(異常) 등을 나타내는 추상 명사를 만드는 접미사이다. idealism은 이상주의, patriotism은 애국심, 애국적 행위, fanaticism은

광신, 열광, 또는 광신적 행위를 의미한다.

-ment, -er, -(c)ation은 동사를 명사로 전환시키는 명사화접미사이다.

(64) a. -ment: arrangement, judgement, advancement
b. -er: worker, helper, leader
c. -(c)ation: legalization. simplification, taxation

(64a)의 -ment는 동사 arrange(배열하다), judge(재판하다, 판정하다), advance(전진하다)에서 명사 arrangement(배열, 정리 협정, 타협, 해결)로, judgement(재판 판정), advancement(전진, 승진)로 전환시켜주는 접미사이다. (64b)의 -er은 동사에서 그 일을 하는 사람으로 worker, helper, leader 등 그 예이다. (64c)의 -(c)ation은 동사 legalize(적법화하다 합법화하다, 공인하다), simplify(단순하게 하다, 간소화하다), tax(세금을 부과하다, 과세하다)에서 명사 legalization (합법, 공인), simplification(단순화, 간소화), taxation(과세, 과세액)로 전환시켜주는 접미사이다.

-dom, -ness, -ity는 형용사를 명사로 전환시키는 명사화 접미사이다.

(65) a. -dom: freedom, officialdom, Christendom
b. -ness: happiness, cleverness, bitterness
c. -ity: legality, purity, equality

(65a)의 -dom은 형용사를 상태, 관념 등의 뜻인 freedom(자유(로운 상태)), 집단(의 기질) 등의 뜻인 officialdom(공무원의 지위, 공무원, 관료, 관료주의)로 바꾸어 주는 접미사이다. 이외에 명사 king을 지위, 계급, 세력 범위, 영지(領地) 등의 뜻인 추상명사 kingdom(왕국, 왕령(王領), 왕정)로 확대시키기도 한다. (65b)의 -ness는 형용사 happy, clever, bitter를 성질, 상태를 뜻하는 추상 명사 happiness, cleverness(영리함, 빈틈없음; 솜씨 있음, 능숙함), bitterness(쓴맛; 괴로움, 쓰라림; 비꼼, 풍자)로 바꾸어 주는 명사화 접미사이다. 또 (65c)의 -ity도 형용사 legal, pure, equal을 상태, 성질, 정도의 뜻의 추상 명사인 legality(적법성, 합법성), purity(깨끗함, 청결(cleanness)), equality(평등)로 바꾸어 주는 명사화 접미사이다.

b) 동사화접미사

다음은 형용사나 명사를 동사로 전환시켜주는 동사화접미사이다.

(66) a. -ify: simplify, purify, pacify
b. -ze: prioritize, publicize, centralize

(66a)의 -ify는 형용사 simple, pure, pacific을 동사 simplify(단순하게 하다), purify(정화하다), pacify(평온한 상태로 회복시키다, 진정시키다)로 전환시켜주는 동사화접미사이다. (66b)의 -ize도 형용사 prior(우선하는, 더 중요한), central(중앙의), public(공공의)나 명사 priority(우선, 상위), publicity(널리 알려져 있음, 광고, 선전), centrality(중심 위치, 집중성)를 동사 prioritize(에 우선순위를 매기다), publicize(공표하다, 광고하다), centralize(집중시키다, 중앙 집권화하다)로 전환시키는 동사화접미사이다.

c) 형용사화접미사

다음 (67)은 명사를 형용사로 전환시켜주는 형용사화접미사이다

(67) a. -y: flowery, thirsty, bloody
b. -ous: poisonous, famous, glamorous
c. -ful: delightful, sinful, pitiful

(67a)의 -y는 명사 flower, thirst, blood를 형용사 flowery(많은 꽃으로 뒤덮인, 꽃 같은, 화려한), thirsty(목마른, 건조한), bloody(피투성이의, 잔인한)로 전환시켜주는 형용사화접미사이다. 의미적으로 airy, cloudy처럼 '…이 가득 찬, …으로 이루어지는, …의 성질을 가지는'의 뜻을 지닌 형용사나, yellowy처럼 '약간 …인, …이 감도는'의 뜻을 지닌 형용사나, chatty(수다스러운)처럼 '…하는 경향이 있는'의 뜻을 지닌 형용사나, sugary(설탕의/같은, 감미로운)처럼 '…비슷한, …을 생각나게 하는'의 뜻을 지닌 형용사로 전환시켜준다. (67b)의 -ous는 명사 poison, fame, glamor를 형용사 poisonous(유독한, 독성의), famous, glamorous(매혹적인)로 전환시켜주는 형용사화접미사로, 의미적으로 '…이 많은, …이 풍부한, …의 특징이 있는'의 뜻을 지닌 형용사로 전환시켜준다. (67c)의 -ful은 명사 delight, sin, pity를 형용사 delightful(즐거운, 몹시 유쾌한), sinful(죄 많은, 사악한), pitiful(불쌍한, 비참한)로 전환시켜주는 형용사화접미사로, 의

미적으로 '…이 가득한, …이 많은, …의 성질을 가진'의 뜻을 지닌 형용사로 전환시켜준다.

다음 (68)은 동사를 형용사로 전환시켜주는 형용사화접미사이다.

(68) a. -ive: supportive, generative, assertive
b. -able: acceptable, livable, changeable
c. -ful: hopeful. thankful, useful

(68a)의 -ive는 동사 support, generate, assert를 형용사 supportive(지지하는, 유지하는, 부양하는), generative(생식력이 있는, 생성적인), assertive(단언적인, 단정적인)로 전환시켜주는 형용사화접미사이다. (68b)의 -able은 동사 accept, live, change를 형용사 acceptable(받아들일 만한, 만족스러운), livable(살기에 적합한, 살 가치가 있는), changeable(변하기 쉬운, 변경할 수 있는, 변덕스러운)로 전환시켜주는 형용사화접미사로, 의미적으로 '…할 수 있는'의 뜻을 지닌 형용사로 전환시켜준다. (68c)의 -ful는 명사에서 형용사로 전환시켜주기도 하지만, 동사 hope, thank, use를 형용사 hopeful(희망하고 있는, 희망적인, 장래가 기대되는, 유망한), thankful(고맙게 생각하는), useful(유용한, 도움이 되는)처럼 의미적으로 '…의 경향이 있는'의 뜻을 지닌 형용사로 전환시켜준다.

다음 (69)는 명사나 형용사를 형용사로 전환시켜 주는 접미사이다.

(69) a. -ish: greenish, fortyish, coldish
b. -ly: goodly, sickly, lonely

(69a)의 -ish는 명사나 형용사 green, cold, 또 명사 forty를 형용사 greenish(녹색을 띤, 푸르스름한), coldish(약간 추운, 쌀쌀한), fortyish(40세/개 정도의)로 전환시켜주는 접미사이다. 의미적으로 Swedish, Turkish처럼 국명이나 지역명의 명사에서 '…의, …에 속하는'의 뜻을 지닌 형용사나, girlish처럼 '…의 성질을 가진, …같은'의 뜻을 지닌 형용사나, fortyish, sixish처럼 '나이시각 등이 대략 …쯤인'의 뜻을 지닌 형용사로 전환시켜준다. 또 oldish, greenish처럼 같은 형용사에 붙여 '…의 경향이 있는, …의 기미를 띤'의 뜻을 지닌 형용사를 만든다. (69b)의 -ly도 manly, queenly, fatherly처럼 명사에 붙어 '…같은, 다운'과 같이 좋은 뜻을 의미하는 형용사를 만들기도 하지만,

goodly(양질의, 고급의, 아름다운, 매력적인), sickly(병에 잘 걸리는, 병약한), lonely(혼자뿐인, 고독한, 쓸쓸한, 외로운)처럼 같은 형용사에 붙어 의미를 확대해 주기도 한다.

d) 부사화접미사

다음은 형용사나 명사를 부사로 전환시켜주는 부사화접미사이다.

(70) a. -ward: homeward, eastward, downward
b. -ly: quickly, terribly, gradually
c. -way(s): sideway(s), anyway(s), someway

(70a)의 -ward는 명사 home, east, down에 붙어, homeward(집으로 향하여), eastward(동쪽에/으로), downward(아래쪽으로)처럼 공간적, 시간적 방향을 나타내는 부사를 만들어 준다. (70b)의 -ly는 거의 모든 형용사에 붙어 quickly, terribly, gradually처럼 '양태, 방법, 방향, 시간, 차례, 정도, 빈도'를 나타내는 부사를 만들어 준다. 또 (70c)의 -way(s)도 sideway(s), anyway(s), someway처럼 형용사나 명사에 붙여서 '방향, 위치, 양태'를 나타내는 부사를 만들어 준다.

(3) 파생과정과 어휘규칙

파생과정에는 어근에 접두사와 접미사가 같이 첨가되는 경우가 많다.

(71) a. un + touch + able → untouchable (a. 손대어서는 안 되는, 당할 수 없는, n. 사회에서 따돌림 받는 사람)
b. im + prison + ment → imprisonment (투옥, 수감)
c. dis + agree + ment → disagreement (불일치, 부조화, 싸움)
d. en + light + en → enlighten (계몽하다, 가르치다, 알리다)
e. dis + honest + y → dishonesty (부정직, 불성실, 사기(fraud))

한편 접두사와 접미사가 붙는 과정에는 어떤 원칙이 있다.

(72) a. enlargement: $[\ [en + [large]_A\ ]_V + ment\ ]_N$

b. gentlemanliness: $[\ [\ [gentle]_A + [man]_N\ ]_N + li\ ]_{A}$+ness $]_N$

c. uncomfortable: $[\ un\ +[\ [comfort]_V + able]_A\ ]_A$

예를 들어 (72a)의 enlargement(확대)는 먼저 어근 형용사 large에 접두사 en-이 먼저 결합하여 동사 enlarge(확대하다)가 되고, 나중에 접미사 -ment가 첨가되어 명사 enlargement가 된다. 이는 large에 -ment를 먼저 첨가해서 만들어진 *largement라는 단어는 없기 때문이다. 또 (72b)의 gentlemanliness(신사다움)는 먼저 어근 형용사 gentle과 명사 man이 결합하여 명사 gentleman이 된 다음, 접미사 -ly(li)가 첨가되어 형용사 gentlemanly(예의바른)가 되고, 그 다음에 접미사 -ness가 붙어 명사 gentlemanliness가 된다. 마찬가지로 (72c)의 uncomfortable (불쾌한, 불편한)은 어근 동사 comfort에 접미사 -able이 먼저 결합하여, 형용사 comfortable(쾌적한, 편안한)이 되고, 그 후 접두사 un-이 마지막으로 결합되어서 만들어졌다. 이는 *uncomfort라는 단어가 없기 때문이다. 이와 같이 어근에 접사가 붙어 새로운 단어가 파생되는 과정을 어형성규칙(lexical formation rules) 또는 줄여서 어휘규칙(lexical rules)이라고 한다. (72)는 이와 같이 어휘규칙에 의해 새로운 단어가 파생되는 과정을 각괄호를 사용하여 표시한 경우라면, 다음처럼 시각적으로 보기 쉽게 수형도(tree diagrams)로 나타내기도 한다.

(73) a. nonsmoker

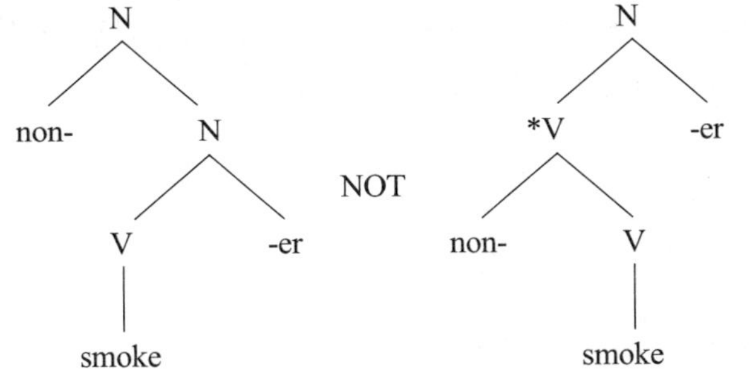

b. unimpressionable

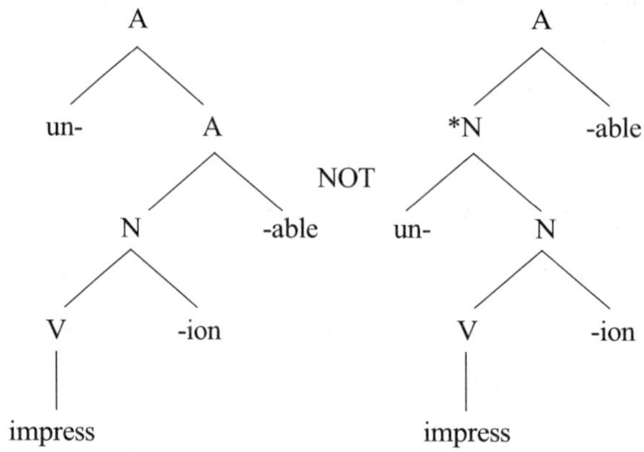

(73a)는 명사 nonsmoker에 대한 두 가지 수형도이다. 왼쪽 수형도와 오른쪽 수형도의 차이는 어떻게 연결되느냐에 따른 순서 문제이다. 먼저 왼쪽 수형도를 보면 어근 동사 smoke에 접미사 er을 붙여서 명사 smoker라는 단어를 파생했다. 그 다음에 접두사 non-을 붙여서 명사 nonsmoker가 파생됐다. smoke, smoker, nonsmoker 세 단어 모두 존재하는 단어인 반면에, 오른쪽 수형도를 보면 접두사 non-과 어근 동사 smoke로 만들어진 동사 *nonsmoke라는 단어는 존재하지 않는다. 따라서 오른쪽 수형도는 불가능한 수형도이다. 마찬가지로 (73b)는 unimpressionable에 대한 두 가지 수형도인데, 오른쪽 수형도에 접두사 un-과 어기 명사 impression으로 만들어진 명사 *unimpression이라는 단어는 존재하지 않기 때문에 불가능한 수형도이다.

다음은 informality(비격식, 약식행위)에 대한 파생과정을 공간적인 여백을 줄이기 위해 수형도가 아닌 각괄호 형식으로 분석한 경우이다.

(74) a. $?[\ [\ [in + [form]_V\ ]_V + al\ ]_A + ity\ ]_N$
b. $[\ in + [\ [\ [form]_V + al\ ]_A + ity\ ]_N\ ]_N$

겉으로 보기에 (73)과 달리 두 가지 분석이 다 가능한 것 같이 보인다. 그러나 (74a)에서 어근 동사 form에 접두사 in-이 먼저 결합하면 동사 inform(알리다)이 파생되는데, informality의 의미와는 전혀 상관이 없기 때문에 이런 분석은 불가능하다. (74b)처럼 어근 동사 form에 형용사화 접미사 -al이 먼저 붙어 형용사 fomal(형식적인)이 되고, 다시 명사화 접미사 -ity가 첨가되어 명사 formality(격식, 형식)가 되고, 다시 부정접두사 in-과 결합하여 명사 informality(비격식, 약식행위)가 되어야 의미적으로 올바른 파생과정이 된다. 이는 information(정보, 지식)의 파생과정과 비교해 보면 확실해 진다.

(75) a. $[\,[\,[in + [form]_V\,]_V + ation\,]_N$

b. $?[\,in + [\,[form]_V + ation\,]_N\,]_N$

(75a)에서 어근 동사 form에 접두사 in-이 먼저 결합하면 동사 inform(알리다)이 파생되고, 다시 명사화 접미사 -ation과 결합하여 information(지식, 정보)이 되면 의미적으로 올바른 파생과정이 된다. 반면 (75b)처럼 어근 동사 form에 명사사화 접미사 -ation이 먼저 붙어 명사 formation(형성, 구성)이 되고, 다시 접두사 in-이 붙는다면 information(지식, 정보)의 의미가 만들어지지 않는다. 즉 informality와 information은 파생과정이 전혀 다른 단어이다.

한편 단어의 파생과정에서 형태론적으로 잘못 분석한 결과로 새로운 단어를 파생하는 경우도 있다.

(76) a. ham/burger 〉 cheeseburger, fishburger, mushroomburger

b. alc/oholic 〉 workaholic, chocaholic

c. mar/athon 〉 swimathon, walkathon, workathon, telathon

d. pano/rama 〉 motorama, autorama

e. caval/cade 〉 aquacade, motorcade

f. heli/copter 〉 heliport, helidrome, helistop

(76a)의 hamburger를 hamburg+er로 분석하지 않고, ham+burger로 잘못 분석하여 cheeseburger, fishburger, mushroomburger와 같은 단어를 파생시켰다. (76b)의 alcoholic(알콜성의)도 alcohol+ic으로 분석하지 않고, alc+oholic로 잘못 분석하여 workaholic, chocaholic과 같은 단어를 파생시켰다. (76c)의 marathon(마라톤 경주, 마라톤 평야)도 mar+athon으로 잘못 분석하여 swimathon(수영대회), walkathon(장거리 보행 걷기대회) workathon, telathon과 같은 단어를 파생시켰다. (76d)의 panorama(광경, 전경, 개관)도 pano+rama로 잘못 분석하여 motorama(자동차쇼), autorama와 같은 단어를 파생시켰다. (76e)의 cavalcade(기마대, 행렬)도 caval+cade로 잘못 분석하여 aquacade(수상 행렬(쇼), 수중쇼) motorcade(자동차 행렬)와 같은 단어를 파생

시켰다. (76f)의 helicopter도 heli+copter로 잘못 분석하여 heliport(헬리콥터 발착장), helidrome(헬리콥터용 발착장), helistop(헬리콥터 발착장)과 같은 단어를 파생시켰다. ham + burger와 같이 잘못 분석한 어근과 어미를 조각들(splinters)이라고 부른다.

3.2 품사전환

다음과 같이 파생 접미사의 첨가 없이 어근의 품사가 다른 품사로 바뀌어 쓰이는 경우를 품사전환(conversion), 또는 문법적인 기능전이(functional shift)라고도 한다.

(77) a. V〉N: (a) run, drive, walk, bruise, cut, break, look, call, dump, spy, bite, sneeze
b. N〉V: (to) man, head, shoulder, telephone, lust, contact, ship, sign, skin, mail
c. A〉V: (to) weary, better, empty, idle, dirty, bare, quiet, tame, lower
d. N〉A: blue-collar(worker), plant(supervisor), head(bookkeeper)
e. A〉N: (the) poor, rich, (a) daily, double, given, private
f. Prt〉V: (to) down, up, off, thwart

(77a)는 동사로 쓰이던 단어 run, drive, walk, bruise, cut, break, look, call, dump, spy, bite, sneeze 등이 파생접미사 없이 그대로 명사로도 쓰이는 경우이다. (77b)는 반대로 명사로 쓰이던 단어 man, head, shoulder, telephone, lust, contact, ship, sign, skin, mail 등의 단어가 그대로 동사로 쓰이는 경우이다. (77c)는 형용사로 쓰이던 단어 weary, better, empty, idle, dirty, bare, quiet, tame, lower 등의 단어가 그대로 동사로 쓰이는 경우이다. (77d)는 명사로 쓰이던 단어 blue-collar, plant, head 등의 단어가 그대로 형용사로 쓰이는 경우이다. (77e)는 형용사로 쓰이던 단어 poor, rich, daily, double, given, private 등의 단어가 그대로 명사로 쓰이는 경우이다. (77f)는 불변화사(particle)인 전치사성 부사 down, up, off, thwart(가로누운, 행단하는) 등의 단어가 그대로 동사로 쓰이는 경우이다. 파생접미사가 어근의 품사를 바꾸기 때문에 영(zero) 파생접미사가 첨가된 경우로 분석하기도 한다. 이때 실제로 일어나는 유일한 변화는 강세 변화뿐이다.

(78) condúct-cónduct, rebél-rébel, permít-pérmit
recórd-récord, objéct-óbject

2음절에 강세가 있던 동사 condúct가 명사 cónduct로 쓰이면 1음절 강세로 변한다. 강세변화와 함께 비강세 모음은 약모음 /ə/로 약화된다.

다음은 흔하지 않은 품사전환의 예이다.

(79) a. 전치사에서 명사로의 전환: ins and outs
b. 부사에서 명사로의 전환: whys and wherefores, the hereafter
c. 접두사에서 명사로의 전환: pros and cons

일단 품사가 전환되고 나면, two runs, telephoned/telephoning, dirtied처럼 새로운 품사로서의 굴절어미들을 취한다.

또 품사전환과 함께 의미적 상관관계를 엿볼 수 있다. 다음은 동사에서 명사로 전환되어 쓰이는 경우이다.

(80) a. an attack, a fight, a kiss, a kick, a groan
b. an award, a find, a break, a bruise, a crease
c. a cook, a spy
d. the spring, the fall
e. a sink, a drain, a speak-easy
f. an overlap

(80a)는 명사로 쓰일 경우 '공격, 싸움, 키스, 발길질, 신음'처럼 비록 행동이 강조되긴 하지만, 행동을 하나의 사물(thing)이나 대상(object)으로 취급하는 경우이다. (80b)의 경우 '보상(품), 발견(물), 갈라진 틈, 상처, 주름살'처럼 행동의 결과(result)를 나타내기도 한다. (80c)의 경우 '요리사, 스파이'처럼 행동을 하는 사람(person)을 지칭하기도 한다. (80d)의 경우 '봄, 가을'처럼 행동의 시간(time)을 지칭하기도 한다. (80e)의 경우 '싱크대, 배수관, 자유발언대'처럼 행동의 장소(place)를 지칭하기도 한다. (80f)의 경우 '중복(되는 부분) 오버랩'처럼 행동의 범위(range)를 지칭하기도 한다.

다음은 명사에서 동사로 전환되어 쓰이는 경우이다.

(81) a. to paint, to water
b. to milk, to skin
c. to bottle, to box
d. to mine

e. to lock, to comb, to nail, to whistle, to rattle

(81a)는 동사로 쓰일 경우 '페인트칠 하다, 물을 주다'처럼 명사가 나타내는 개체(theme)인 페인트, 물 등을 장소(location)로 이동시키는 의미를 나타낸다. (81b)의 경우 '젖을 짜다, 가죽을 벗기다'처럼 명사인 개체 젖, 가죽 등을 어떤 장소로부터 이동시켜 빼 내오는 의미를 나타낸다. (81c)의 경우 '병에 집어넣다, 상자에 넣다'처럼 명사가 나타내는 목표장소(goal)인 병, 상자 등에 어떤 개체를 집어넣는 의미를 나타낸다. (81d)의 경우 '광산에서 채굴하다'처럼 명사가 나타내는 출처장소(source) 광산 등에서 어떤 개체를 빼 내오는 의미를 나타낸다. (81e)의 경우 '열쇠로 잠그다. 빗질하다, 못질하다, 휘슬을 불다, 덜거덩 소리를 내다'처럼 명사가 나타내는 도구(instrument) 등을 사용하여 어떤 행동을 하는 의미를 나타내기도 한다. 따라서 다음과 같은 표현은 의미적으로 서로 모순이 될 수도 있고, 관용화되어 모순 없이 쓰이기도 한다.

(82) a. ?to butter toast with margarine
b. ?to garage the car in the shed
c. to anchor the ship with a rock
d. to comb one's hair with one's fingers

(82a)의 동사 butter는 명사가 나타내는 개체인 대상(theme)을 어떤 장소로 이동시켜 '버터를 바르다'란 의미인데, 이동물질인 '마아가린'을 더 덧붙여 서로 모순이 되는 표현이다. (82b)의 동사 garage는 명사가 나타내는 목표장소로 이동시켜 '차고에 집어넣다'란 의미인데, 이동 장소인 '헛간'을 더 첨가하였으므로 서로 모순이 되는 표현이다. 반면 (82c)의 동사 anchor와 (82d)의 동사 comb는 명사가 나타내는 도구를 이용하여 행위를 하는 '닻을 내려 정박하다', '빗질하다'란 의미인데, 도구인 바위를 사용하여 정박할 수 있고, 손가락으로 빗질할 수 있기 때문에 모순이 되지 않고 자연스럽게 쓰이는 표현이다.

한편 구동사도 명사나 형용사로 전환되어 쓰이기도 하는데 강세변화를 수반한다.

(83) a. V+Prt 〉 N: comeback, runoff, takeover, makeup, rundown, standby, showoff, runaway
b. V+Prt 〉 A: throw-away, tow-away, see-through, run-down, built-in, run-on

(83)의 표현들이 구동사로 쓰일 경우 뒤에 오는 내용어에 제 1강세가 오므로 전치사성 부사인 불변화사(particle)에 제1강세가 온다. 즉 còme báck, rùn óff, tàke óver, màke úp, rùn dówn, stànd bý, shòw óff, rùn awáy, thròw áway, tòw áway, sèe thróugh, bùilt ín, rùn ón으로 발음된다. 그러나 명사나 형용사로 전환되어 쓰이면 복합어로 취급되어 첫음절에 강세가 있게 된다.

한편 다음과 같이 사람 이름, 장소, 종족, 그룹명 등을 나타내는 고유명사(proper noun)가 보통명사, 동사, 형용사 등의 보통 단어(common word)로 기능 전환되는 보통화(commonization)(혹은 환칭(antonomasia))의 경우도 있다.

(84) a. N : cashmere, china, sandwich, odyssey, valentine, bourbon
b. V : lynch, pander, canter, welsh
c. A : maudlin, zany, frank

(84a)의 cashmere는 인도의 지명이름인데, 그 지역에서 생산되는 옷을 나타내는 보통명사로 전환되었으며, china도 중국산 도자기를 나타내며, sandwich는 사람이름이었으나 이제는 빵 종류를 나타내고 있다. odyssey는 작품이름에서 장기간의 방랑과 모험을 나타내는 보통명사화 되었으며, valentine도 성인이름에서 발렌타인 날에 보내는 카드선물을, bourbon은 브르봉 왕가에서 보수적인 사람이나 버번 위스키를 나타내는 보통명사로 전환되어 쓰이고 있다. (84b)의 lynch는 원래 사람이름인데 '린치[사형(私刑)]를 가하여 죽이다'란 의미의 동사로 전환되었으며, pander도 사람이름에서 '매춘을 알선하다, 나쁜 짓을 하도록 도와주다'란 의미의 동사로 전환되었다. 또 canter는 지명 이름인 Canterbury의 단축형으로 Canterbury로 가는 순례자가 타고 가는 말의 속도가 느렸기 때문에 '말을 느린 구보로 달리게 하다'란 의미의 동사로 전환되었으며, welsh는 웨일즈인을 나타내는 말에서 '돈을 내지 않고 떼어먹다, (의무 등을) 회피하다'란 의미의 동사로 전환되었다. (84c)의 maudlin는 악기명에서 '감상적인, 눈물을 짜게 하는'이란 의미의 형용사로 전환되었으며, zany는 어릿광대에서 '익살스러운, 우스운'이란 의미의 형용사로 전환되었으며, frank는 사람이름에서 '솔직한'이란 의미의 형용사로 전환되었다.

이처럼 보통 단어로 기능 전환된 단어에 또 다음처럼 파생접사를 첨가하여 다른 단어를 파생시킬 수도 있다.

(85) a. N : sadism, chauvinism, marionette
b. V : tantalize, pasteurize
c. A : quixotic, platonic, spartan, machiavelian

(85a)의 sadism은 프랑스 작가 Sade에서 파생접미사 -ism을 첨가하여 '가학애'란 의미의 파생어를 만들었고, chauvinism은 Napoleon을 숭배하여 애국주의를 부르짖은 프랑스 군인 Nicolas Chauvin의 이름에서 '열광적 애국주의'란 의미의 파생어를 만들었으며, marionette은 마리온이란 남자이름에서 여성접미사 -ette을 첨가하여 '꼭두각시'란 의미의 파생어를 만들었다. (85b)의 tantalize는 Tantalus라는 사람이름에서 동사화접미사 -ize를 첨가하여 '애타게 하여 괴롭히다, 감질나게 하다'란 의미의 파생 동사를 만들었으며, pasteurize는 과학자 Pasteur에서 '저온 살균을 하다, 파스퇴르 접종법(광견병 예방 접종)을 하다'란 의미의 파생 동사를 만들었다. (85c)의 quixotic는 돈키호테에서 형용사화접미사 -ic를 첨가하여 '기사연하는, 열광적인 공상(가)의, 비실제적인'이란 의미의 파생 형용사를 만들었으며, platonic는 Platon에서 '정신적인, 정신적 연애를 신봉하는, 이상적인'이란 의미의 파생 형용사를 만들었으며, spartan은 Sparta에서 '스파르타식의, 검소하고 엄격한'이란 의미의 파생 형용사를 만들었으며, machiavelian는 Machiavelli에서 '권모 술수적인, 교활한, 파렴치한'이란 의미의 파생 형용사를 만들었다.

3.3 복합어 합성법

(1) 복합어와 구의 구별

독립형태소인 어근과 파생접사와 결합이 파생법이라면, 두 개의 독립형태소인 어근이 결합하는 경우를 복합어 합성법이라고 한다. 이들 복합어는 독립형태소가 독립적으로 결합한 구와 구별해야 한다.

(86) a. doghouse, raincoat, shipyard
b. automobile assembly plant, kick the bucket, hit the ball, sit tight, run the gamut, under the weather

c. icecream, ice-cream, ice cream

d. forthcoming/come forth, offputting/put off

e. manholes/*menhole, *man-of-wars/men-of-war

(86a)의 doghouse는 두 개의 자유 어근 dog과 house가, raincoat는 rain과 coat가, shipyard(조선소)는 ship과 yard가 독립성을 잃고, 의미적으로 융합되어 결합한 복합어이이다. 자립형태소가 의미적으로 비슷하게 일관성 있게 결합한 (86b)의 automobile assembly plant(자동차 조립공장)는 단어가 아니라 구(phrase)라고 한다. 따라서 의미적인 면만 보면 복합어인 단어와 구를 구별하기가 쉽지 않다. 특히 구인 white house(하얀 집)은 문자적 의미(literal meaning)인데, 복합어인 White House(백악관)는 의미적으로 융합되어 비 문자적 의미의 결합인 융합으로 구별할 수도 있다. 그러나 kick the bucket(죽다), hit the ball(부지런히 일하다, 급히 여행하다), sit tight(사태를 정관하다, 때를 기다리다), run the gamut(갖은 (표현)을 다하다), under the weather(기분이 언짢아, 돈에 궁하여) 등의 구는 문자적 의미의 결합이 아니라 새로운 의미의 융합을 나타내는 숙어(idiom)이다. 한편 철자법상의 기준에 따르면 중간에 공간적 여백이 없이 결합된(하이픈-으로 결합된 경우 포함) shipyard는 단어이고, 공간적 여백을 두어 결합된 automobile assembly plant는 구가 된다. 그러나 (86c)의 복합어 ice cream은 여백을 둔 결합도 가능하기 때문에 이 철자법상의 기준도 완벽하다고 할 수 없다. 결합 순서로 (86d)의 복합어 forthcoming(출현, 접근), offputting(불쾌한, 당혹케하는)은 순서가 바뀌어 결합한 경우이고, 구동사 come forth(나오다), put off(연기하다)는 문법적 순서 그대로라고 구별할 수도 있으나, 복합어 putdown(혹평)도 문법적 순서 그대로 결합이 가능하므로 신빙성이 없다. 또 단어는 내부적으로는 어떤 것에 의해서도 나누어질 수 없다는 내부적 응집성(internal coherence)이라는 형태론적인 기준에 따라 (86e)의 복합어 manhole의 복수형은 *menhole이 아니라 복수형 굴절접사 -s를 붙인 manholes이고, 구로 생각되는 man-of-war의 복수형은 *man-of-wars가 아니라, men-of-war인 것으로 구별하려고 하지만, man-of-war가 하이픈으로 연결되어 있으므로 구라고하기도 어렵다. 복합어는 문장 속에서 각 부분으로서가 아닌 전체가 하나의 단위로 이동한다는 외부적 이동가능성(external mobility)의 통사적 기준이 그나마 믿을 만하다.

(87) a. The lawyer conducted the cross-examination. /
The cross-examination was conducted by the lawyer
b. He checked out the witness. / He checked the witness out.

(87a)의 복합어 cross-examination은 수동태가 되어도 하나의 단위로 이동하지만, (87b)의 구동사 check out은 전체가 아니라 그 일부가 이동하는 것이 가능하다. 또 다음과 같은 복합어 강세와 구강세에 따른 음운론적 구별도 어느 정도 적용되는 기준이다.

(88) a. stónewàll ↔ stòne wáll
b. sáfeguàrd ↔ sàfe guárd
c. bréakdòwn ↔ brèak dówn
d. dúty-frée, chíld-próof

(88)의 복합어 stónewàll(돌담의, 견고한), sáfeguàrd(보호), bréakdòwn(고장)은 복합어 강세에 따라 제1강세가 앞 자유어근에 있고, 구 stòne wáll(석벽, 돌담), sàfe guárd, brèak dówn(고장나다)는 구 강세에 따라 뒤의 자유어근에 있다. 그러나 (88d)의 복합형용사 dúty-frée(세금 없는, 면세의), chíld-próof(어린애에게 안전한)는 두 어근에 다 제1강세가 올 수 있다는 점에서 문제점이 있다.

(2) 복합어의 통사적 및 의미적 결합관계

복합어 의미는 문자적 의미보다는 비유적 의미로 결합되어 있어 예측하기가 쉽지 않다. 예를 들어 복합어 firearm(소화기), highball(하이볼, 열차신호), makeup(구성, 화장품), handout(배포자료, 보조금)의 의미는 구성성분인 두 어근의 의미를 안다고 해도 예측하기가 쉽지 않다. 이때 복합어의 의미는 다음과 같이 두 자유 어근사이의 통사적인 구조와 매우 관계가 깊다.

(89) a. homeland(고국) - land which is one's home
b. homemade(집에서 만든) - something which is made at home
c. homebody(가정적인 사람) - someone who stays at home

d. homestead(주택) - a place which is a home

e. homework(숙제) - work which is done at home

f. homerun(홈런) - a run to home

h. homemaker(주부) - a person who makes (cares for) the home

(89)는 자유어근 home과 관련된 복합어로 뒤의 오는 자유어근이 복합어의 핵어(head of the compound)로 home이 수식하는 관계에 있다. 이때 앞의 어근 home이 뒤의 핵어를 수식하는 문법적 관계에 따라 의미가 달라지므로 앞의 어근에 제1강세가 온다.

통사적인 관계에서 좀 더 자세히 살펴보면 가장 대표적인 복합어인 다음 복합명사(compound nouns)의 경우 두 자유어근의 문법적인 결합관계가 매우 다양하다.

(90) a. N + N : horse + power, table + ware, looking + glass, post + card

b. V + N(O) : break + fast, cut + throat, pick + pocket

c. N(S) + V : heart + breaking, sun + rise, sun + set

d. N(O) + V : law + abiding, time + saving, time + consuming

e. N(O) + V + er : hairdresser, nutcracker, landowner, peacemaker

f. A + N : noble + man, hot + bed

g. Prt + N : back + ground, in + crowd, after + noon

h. Prt + V : by + pass, down + fall, out + cast, off + spring

i. V + Prt : put + down, drop + out, lock + out, sit + in, fall + out,

(90a)는 명사 + 명사의 결합관계의 복합명사인데, 그 결합관계가 다양하다. horsepower는 말의 힘이라는 의미에서 '마력', tableware는 식탁에서 쓰는 도구라는 의미에서 '식기', lookingglass는 바라보는 유리라는 의미에서 '거울', postcard는 우편용 카드라는 의미에서 '그림엽서'가 되었다. (90b)는 타동사 + 명사(목적어)의 결합관계의 복합명사인데, breakfast는 단식(fast)을 깬다는 의미에서 '아침식사', cutthroat는 목을 베는 사람이라는 의미에서 '살인자, 도살자', pickpocket은 호주머니를 슬쩍한다는 의미에서 '소매치기'가 되었다. (90c)는 주어명사 + 자동사의 결합관계인데, heartbreaking은 가슴이 찢어진다는 의미에서 '실연', sunrise는 해가 떠오른다는 의미에서 '일출', sunset은 해가 진다는 의미에서 '일몰이 되었다. (90d)는 목적어 명사 + 타

동사(동명사어미 -ing포함)의 결합관계인데, lawabiding은 법을 지킨다는 의미에서 '준법, 준법의', timesaving은 시간을 절약한다는 의미에서 '시간 절약', timeconsuming은 시간을 소비한다는 의미에서 '시간 낭비'가 되었다. (90e)는 목적어 명사 + 타동사에 접미사 -er이 붙는 결합인데, hairdresser는 머리를 다듬는 사람이란 의미에서 '미용사', nutcracker는 호두를 부수는 것이라는 의미에서 '호두 까는 기구', landowner는 토지를 소유한 사람이란 의미에서 '지주', peacemaker는 평화를 만드는 사람이란 의미에서 '중재자'가 되었다. (90f)는 형용사 + 명사의 결합관계인데, nobleman은 귀한 사람이란 의미에서 '귀족', hotbed는 뜨거운 침상이란 의미에서 '온상'이 되었다. (90g)는 전치사성 부사인 불변화사 + 명사의 결합관계인데, background는 '배경', incrowd는 내부적인 군중집단이란 의미에서 '내부 사정이나 유행에 환한 사람, 배타적 집단', afternoon은 '오후'가 되었다. (90h)는 불변화사 + 동사의 결합인데, bypass는 옆으로 지나간다는 의미에서 '우회하다, 우회로', downfall은 밑으로 떨어진다는 의미에서 '몰락, 강우, 폭설', outcast는 밖으로 쫓겨난다는 의미에서 '추방자', offspring은 떨어져 나온다는 의미에서 '후손, 자식'이 되었다. (90i)는 동사 + 불변화사의 결합인데, putdown은 내려놓는다는 의미에서 '착륙, 혹평', dropout은 밖으로 떨어져 나간다는 의미에서 '탈락(자)', lockout는 잠가 내쫓는다는 의미에서 '공장 폐쇄', sitin은 안에서 앉아 농성한다는 의미에서 '연좌 항의', fallout은 떨어져 나온다는 의미에서 '방사성 낙진, 부산물'이 되었다.

이외에도 복합어로 다음과 같은 복합동사(compound verbs)가 있다.

(91) a. N + V : babysit, carbon-date, head-hunt, skydive
b. A + V : free-associate, double-book, fine-tune
c. Prt + V : outdo, overcook, underrate, overeducate
d. A + N : strong-arm, blacklist, brownbag, mainstream

(91a)는 명사 + 동사의 결합인 복합동사인데, babysit은 애들을 앉혀 돌본다는 의미, carbon-date는 탄소를 사용하여 연대를 측정한다는 의미, head-hunt는 사람 사냥을 한다는 의미, skydive는 스카이 다이빙한다는 의미의 동사로 쓰인다. (91b)는 형용사 + 동사의 결합인 복합동사인데, free-associate은 자유롭게 연상한다는 의미, double-book은 이중으로 예약한다는 의미, fine-tune는 잘 조율한다는 의미의 동

사로 쓰인다. (91c)는 불변화사 + 동사의 결합인 복합동사인데, outdo는 능가한다는 의미, overcook은 너무 익힌다는 의미, underrate는 과소평가한다, 얕본다는 의미, overeducate는 과잉교육을 한다는 의미의 동사로 쓰인다. (91d)는 형용사 + 동사의 결합인 복합동사인데, strong-arm은 폭력을 휘두른다는 의미, blacklist는 블랙리스트를 작성한다는 의미, brownbag은 누런 봉투에 도시락을 넣어 갖고 간다, (술 등을) 누런 봉투에 넣어 음식점에 갖고 들어간다는 의미, mainstream은 보통 학급에 넣는다, 차별교육을 하지 않는다는 의미의 동사로 쓰인다. 이들은 대부분 명사에서 품사 전환하여 동사로도 쓰이는 경우이다.

이외에도 headstrong(고집불통의), childproof(아이들이 열 수 없게 만든), duty-free(면세의), lifelong(평생 동안의), carsick(차멀미 하는)와 같은 명사 + 형용사 결합, bittersweet(씁쓸하면서 달콤한), icy-cold(얼음처럼 차디찬), red-hot(작열하는), social-economic(사회 경제의)과 같은 형용사 + 형용사 결합, seaside(해안의), back-street(은밀한)과 같은 명사 + 명사 결합, tow-away(강제 견인의), see-through(속이 다 비치는), wrap-around(끝부분이 굽은)와 같은 동사 + 불변화사 결합의 복합형용사도 있다.

(3) 구동사와의 관계

전치사성 부사인 불변화사와 동사의 결합인 (91c)의 복합동사 outdo, overcook, underrate, overeducate는 고대영어에서는 접두어와 어근의 결합인 파생동사(prefixed verbs)로 보았다. 그러나 현대영어에 와서는 out, over을 제외하고는 접두어 파생동사를 잘 쓰지 않고, run over(넘어가다), lead on(안내하다), use up(다 써버리다), stretch out(수족을 뻗치다), put down(내려놓다, 기록하다, 착륙하다)과 같이 동사와 전차사성 부사의 결합인 구동사(phrasal verbs)를 더 선호한다. 이들 구동사는 복합어와 마찬가지로 의미적으로 융합되어 숙어와 같은 응집력이 있다. 또 다음처럼 한 단어로 대치하여 쓸 수 있다.

(92) a. break out - erupt, escape count out - exclude
b. egg on - incite put off - delay, postpone
c. put out - extinguish take off - depart, remove
d. think up - imagine work out - solve

(92a)의 break out(발발하다, 분출하다, 탈출하다)은 erupt, escape로, count out(빼다, 배제하다)는 exclude로 대치할 수 있고, (92b)의 egg on(고무하다, 선동하다)는 incite로, put off(연기하다, 미루다)는 delay, postpone으로 대치할 수 있다. (92c)의 put out(내쫓다, 끄다)는 extinguish로, take off(이륙하다, 떠나다, 내보내다)는 depart, remove로 대치할 수 있다. (92d)의 think up(생각해내다)는 imagine으로, work out(잘 풀리다, 해결하다)는 solve로 대치할 수 있다. 이들은 의미적으로 융합되어 거의 숙어적으로 쓰이고 있다. 그러나 이들 구동사는 동작의 완결성을 나타낸다는 점에서 한 단어의 단순동사와는 의미차이가 있다. 또 구동사는 다음과 같이 구성요소인 불변화사가 목적어 뒤에 오거나, 동사와 불변화사 사이에 부사가 삽입될 수 있다는 점에서 복합어가 아닌 독립적인 단어의 결합인 구로 보아야 한다.

(93) a. He burned <u>down</u> the house.
b. He burned the house <u>down</u>.
c. He burned the house *right* <u>down</u>.

(4) 구 복합어와 융합 복합어

다음과 같은 구 복합어(phrase compound)는 일반적으로 한 단어인 복합어로 취급되며, 의미적으로 융합된 통합성(unit)을 가진다.

(94) lady-in-waiting, dog-in-the-manger, forget-me-not
has-been, whiskey-and-soda, bubble and squeak, son-in-law

lady-in-waiting은 3개의 자유어근이 하이픈으로 연결되어 '여왕의 시녀'라는 의미의 구 복합어가 된다. dog-in-the-manger도 '이기적이고 심술 있는 사람', forget-me-not은 '물망초' has-been은 '전성기가 지난', whiskey-and-soda는 말 그대로 '위스키와 소다', bubble and squeak는 '야채와 감자가 든 고기 프라이, 종잡을 수 없는 허풍', son-in-law는 '사위'라는 의미의 구 복합어를 만든다. 이들은 단순 복합어처럼 한 단어로 취급하지만 다음 (95a)처럼 내부 조정이 가능하다는 점에서 구의 특성이 남아 있다.

(95) a. ladi<u>es</u>-in-waiting

b. son-in-law's new car

c. king's crown of England(='king of England's crown)

d. my neighbor next door's dog,

e. a woman I know's niece

(95a)처럼 lady-in-waiting의 복수형은 ladies-in-waiting으로 쓸 수 있다는 점에서 구의 특성이 남아 있다. 그러나 (95b)의 son-in-law's new car처럼 소유격 표시를 위해 굴절될 때, 외부조정도 가능하여 한 단어의 복합어의 특성도 있다. 이때 역사적으로 보면 (95c)의 king's crown of England(영국왕의 왕관)처럼 16세기에는 내부조정의 소유격도 허용되었다는 점에서 구의 특성을 무시할 수 없다. 또 (95d)의 my neighbor next door's dog나 (95e)의 a woman I know's niece처럼 외부조정의 소유격 어미가 가능하다고 해서 my neighbor next door와 a woman I know를 한 단어로 볼 수는 없다. 따라서 구 복합어는 본질적으로 구로 보아야 한다고 주장하는 사람도 있다.

한편 다음과 같은 융합 복합어(amalgamated compound)는 원래는 두 자유 어근이 결합한 복합어인데, 시간이 흐르면서 단일 형태소로 융합되어 더 이상 두 부분으로 분해할 수 없는 하나의 단어로 취급하고 있다.

(96) a. barn 〈 bere 'barley' + ærn 'place'

b. halibut 〈 hālig 'holy' +butte 'flatfish'

c. garlic 〈 gar 'spear' + lēac 'leek'

d. orchard 〈 ort 'garden' + geard 'yard'

e. cobweb 〈 coppe 'kind of spider' + web

f. midriff 〈 mid + hrif 'belly'

g. midwife 〈 mid 'with' + wīf 'wife'

h. mildew 〈 mele 'honey' + dew

(96a)의 barn은 bere(보리)와 ærn(장소)의 두 어근이 결합한 복합어로 보리를 두는 곳이란 의미에서 '헛간'이란 의미로 합성된 단어이다. (96b)의 halibut은 불가침의 성스러운(holy) 넙치(flatfish)라는 의미에서 '북방 해양산의 큰 넙치'란 의미로 합성된 단어이다. (96c)의 garlic은 맛이 창(spear)처럼 꼭 찌르는 부추(leek)라는 의미에서 '마늘'이란 의미로 합성된 단어이다. (96d)의 orchard도 정원(garden)이 있는 마당(yard)이라

는 의미에서 '과수원'이란 의미로 합성된 단어이다. (96e)의 cobweb도 거미(spider)가 사는 망(web)이라는 의미에서 '거미집'이란 의미로 합성된 단어이다. (96f)의 midriff도 복부(belly) 중간(mid)이란 의미에서 '횡격막'이란 의미로 합성된 단어이다. (96g)의 midwife도 분만 시 아내(wife)와 같이(with) 있는 사람이란 의미에서 '산파'란 의미로 합성된 단어이다. (96h)의 mildew도 꿀(honey)에 낀 이슬(dew)이란 의미에서 '곰팡이 균'이란 의미로 합성된 단어이다. 이들은 어원적으로 두 개의 자유 어근이 결합한 복합어이나 오늘날 더 이상 복합어로 인식되지 않을 정도로 하나의 형태소로 융합된 한 단어로 취급되고 있다.

3.4 이외에 어휘 수를 풍부히 하는 방법

(1) 신조어법(coinage)

Aspirin, Nylon, Kodak 등처럼 발명에 의해 만들어낸 물품에 새로운 어휘를 사용하여 이름을 붙이는 경우 신조어법(coinage)이라고 한다. 또 새로운 어근을 창조한다는 의미에서 어근창조(root creation)라고도 한다. 이와 같은 새로운 어근창조는 다음 예처럼 문명이 발달해 가면서 새롭게 만들어낸 이름이나 발명품에 대해 사용하는 것을 볼 수 있다.

(97) a. granola (납작 귀리에 건포도나 누런 설탕을 섞은 아침 식사용 건강식품)
b. quark (물리학 용어로 양성자, 중성자와 같은 소립자를 구성하고 있다고 여겨지는 기본적인 입자)
c. googol (10의 100 제곱, 천문학적 숫자.)

한편 다음 의성어처럼 동물의 소리나 다른 자연의 소리를 그대로 새로운 어근으로 사용하는 경우도 신조어법에 해당한다.

(98) a. bow-wow, baa, cuckoo, moo, meow
b. twitter, gulp, hiss, sizzle, squeak, boom, blab

(98a)의 bow-wow는 멍-멍 하는 개 짖는 소리, baa는 매-하는 양 우는 소리, cuckoo는 구-구 하는 뻐꾸기 소리, moo는 음매하는 송아지 소리, meow는 야옹하는 고양이

소리를 나타내는 의성어이다. (98b)의 twitter는 새가 재잘거리다, gulp는 꿀꺽꿀꺽 마시다, hiss는 (뱀 등이) 쉿 소리를 내다, sizzle은 지글지글 타다, squeak는 (쥐 등이) 찍찍 울다, boom은 우루루-꿍 울리다, blab은 브라브라 지껄이다라는 자연의 소리를 나타내는 의성어 동사들이다. 이들 의성어를 처음 만들어 새로운 어휘로 사용하였다면 바로 새롭게 어근을 창조한 신조어법에 해당한다.

다음과 같은 유명 작가들의 작품에서 엿볼 수 있는 새로운 단어도 문학적인 신조어(literary coinages)에 해당된다.

(99) a. Shakespeare : multitudinous, dwindle
b. Milton : sensuous, oblivious
c. Spenser : blatant, askance

(99a)의 multitudinous(다수의, 거대한)와 dwindle(줄다, 작아지다)는 세익스피어의 작품에서, (99b)의 sensuous(심미적인), oblivious(알아차리지 못하는, 안중에 없는)는 밀튼의 작품에서, (99c)의 blatant(소란스러운, 야한, 심히 눈에 띄는), askance(곁눈질로, 흘기어, 의심하여)는 스펜서의 작품에 처음 찾아볼 수 있는데, 작가가 실제로 처음 이 단어를 만들어 쓴 것인지, 아니면 구전으로 전해 내려오는 것을 처음으로 작품에 적어 사용한 것인지는 알 수 없지만, 어째든 문학적으로 새로운 단어를 만들어 쓴 어근창조의 신조어법에 해당한다.

(2) 중첩(reduplication)

어린이들 말에서 boo-boo, putt-putt, choo-choo 등과 같이 단어의 첫 음절이나 단어 전체를 그대로 반복, 또는 중첩시켜 새로운 단어를 만들어 내는 과정을 중첩이라고 한다. goody-goody, rah-rah, pooh-pooh 등과 같이 유머스러운 표현에서도 엿볼 수 있다.

중첩에는 다음과 같이 세 가지 종류가 있다.

(100) a. papa, mama, goody-goody, so-so, hush-hush, never-never
b. criss-cross, zig-zag, ping-pong, tick-tock, flip-flop, mish-mash, wishy-washy, clip-clop, riff-raff
c. helter-skelter, hodge-podge, fuddy-duddy, razzle-dazzle, boogie-woogie, nitty-gritty, roly-poly

(101) flower-power, brain drain, culture vulture, heart smart

(100a)와 같은 똑같은 음절이나 단어가 중첩하는 경우를 완전 중첩(exact reduplication)이라고 한다. (100b)처럼 음절머리(onset)의 자음과 음절꼬리(coda)의 자음은 동일하고, 음절 핵인 모음이 전환되어 되풀이되는 경우는 모음전환중첩(ablaut reduplication)이라고 한다. (100c)처럼 음절머리 자음만 바뀌고 각운(rhyme)이 중첩하는 경우는 각운중첩(rhyme reduplication)이라고 한다. 최근에 (101)처럼 각운중첩에 의해 만들어져 사용되는 중첩어들이 있다. 이들은 두 개의 유의미한 자립형태소를 중첩시킨 경우이다.

(3) 혼성어법(blending)

혼성어 형태의 조어법은 Eurasia처럼 Europe + Asia에서 뒤와 앞을 조금씩 양보해서 만드는 방법이다. smog(연무)는 smoke + fog의 혼성이고, brunch는 breakfast + lunch의 혼성이고, flurry(황급히 움직이다, 돌풍)는 flutter(펄럭이다) + hurry로 구성된 혼성이며, motel은 motor + hotel의 혼성이다. 이외에도 다음과 같이 혼성의 예는 무궁무진하다.

(102) a. spr(ay) + (tw)ig 〉 sprig
b. tw(ist) + (wh)irl 〉 twirl
c. trans(fer) + (re)sistor 〉 transistor
d. sky + (hi)jacker 〉 skyjacker
e. motor + (caval)cade 〉 motorcade
f. perma(nent) + frost 〉 permafrost
g. docu(mentary) + drama 〉 docudrama
h. para(chutist) + trooper 〉 paratrooper
I. film + (bi)ography 〉 filmography

sprig는 '잔가지', twirl은 '빙빙 돌다', transistor는 '트랜지스터 라디오', skyjacker는 '비행기를 탈취하다', motorcade는 '자동차의 행렬', permafrost는 '영구 동토층', docudrama는 '사실을 바탕으로 한 텔레비전 드라마', paratrooper는 '낙하산 부대', filmography는 '영화 관계 문헌'이란 의미가 된 혼성어이다. 이때 -jacker, -cade, -ography는 자유어근에 붙은 파생 접미사로, perma-, docu-, para-는 자유어근에 붙은 파생접두사로 분석될 가능성도 있다.

(4) 축약어법(clipping)

단어의 일부분을 줄여서 쓰는 단축(shortening)에는 축약어(clipping), 두문자어(acronyms) 형태가 있다. 먼저 축약어 형태의 조어법은 dormitory를 dorm으로 줄여 사용하는 경우이다. 또 laboratory(실험실)을 lab, mathematics(수학)를 math, photography(사진 촬영)를 photo, advertisement(광고)를 ad, co-education(남녀 공학)을 co-ed, automobile(자동차)를 auto, preparatory school(사립 중등 학교)를 prep, bicycle를 bike 등이 있다. 또 condominium(공동 관리)을 condo, cooperative(협동 조합)를 coop, business를 biz, brasiere를 bra, refrigerator(냉장고)를 fridge, influenza를 flu, telephone을 phone, omnibus(합승 자동차)를 bus, pianoforte를 piano로 단축하여 쓰기도 한다. 이외에 veteran(고참병)를 vet, fanatic(광신자; 열광적인 애호자)을 fan, gasoline을 gas, taxicab를 taxi, Coca-Cola를 Coke, microphone을 mike, poliomyelitis(척수성 소아마비)를 polio, demonstration(실례, 실물설명)을 demo, homosexual(동성애)을 homo, information을 info로 단축한 예가 축약어 형태의 조어법이다.

축약어법은 단어의 일부를 의도적으로 잘라낸 것으로 그 의미나 품사는 변함이 없다. 보통 다음처럼 처음이나 끝부분을 생략하는데 드물게는 둘 다 생략하는 경우도 있다.

(103) a. 끝부분(end) 생략

mimeo 〈 mimeograph	hack 〈 hackney
deli 〈 delicatessen	porn 〈 pornography
mike 〈 microphone	whiskey 〈 whiskeybae
gin 〈 jenever("juniper")	condo 〈 condominium
rehab 〈 rehabilitation	fax 〈 facsimile
fan 〈 fanatic	mitt 〈 mitten (벙어리 장갑)

b. 앞부분(beginning) 생략

burger 〈 hamburger venture 〈 adventure
spite 〈 despite gin (cotton gin) 〈 engine
cello 〈 violoncello Cong 〈 Viet Cong

c. 앞부분과 끝부분 둘 다 생략

fridge 〈 refrigerator
flu 〈 influenza
shrink (움추리다) 〈 head-shrinker(정신과 의사)

때때로 다음과 같은 구에서 단어의 일부가 생략되기도 한다.

(104) women's lib 〈 women's liberation, high tech 〈 high technology
paper boy 〈 newspaper boy, movie 〈 moving picture
chauvinist 〈 male chauvinist, narc 〈 narcotics agent

어린이 언어에서 자주 찾아볼 수 있는 지소접사(diminutive affix) -ie가 movie, jammies(파자마), hankie(손수건), nightie(잠옷)처럼 생략된 축약어 형태 mov, jamm, hank에 붙여질 수도 있다. 특히 narc을 보면 narcotics에서 음절 단위의 nar가 아니라 음절 최대화하여 narc으로 축약되었다는 점에서 형태소 경계를 지키지 않고도 축약할 수 있다는 점을 알 수 있다. 또 다음처럼 어근을 생략하고 접두사나 접미사 형태로 쓰는 축약어도 가능하다.

(105) a. ex 〈 ex-husband
b. bi 〈 bi-sexual
c. bus 〈 omnibus

특히 (108c)의 bus는 모두(all)라는 의미의 라틴어 omnis의 여격복수 굴절어미 -ibus에서 유래된 축약어이다. 또 다음과 같은 축약어는 대학 캠퍼스에서 자주 듣는 구어체에서부터 시작되었으나, 현재 많은 축약어들이 표준영어에서 완전히 받아들여져서 더 이상 축약어로 인식되지 않을 정도로 널리 쓰이기도 한다.

(106) prof(〈professor), gym(〈gymnasium), chem(〈chemistry)
psych(〈psychology), lab(〈laboratory)

(5) 두문자어법

두문자어(acronym) 형태의 조어법은 다음처럼 단어의 첫 자를 모아서 하나의 단어처럼 사용하는 방법이다.

(107) a. NASA = National Aeronautics and Space Administration (미국 항공 우주국)
b. WASP = White Anglo Saxon Protestant (앵글로색슨계 백인 신교도)
c. SALT = Strategic Arms Limitation Talks (전략 무기 제한 협정)
d. NATO = North Atlantic Treaty Organization (북대서양 조약 기구)
e. AIDS = Acquired Immune Deficiency Syndrome (후천성 면역 결핍증)

(108) a. radar = radio detection and ranging (전파 탐지기)
b. laser = light amplification by stimulated emission of adiation (전자파를 방출하는 장치)
c. sonar = sound navigation ranging (수중 음파 탐지기)
d. katusa = Koreans attached to the U.S. army (미군 파견 한국 군인)

(107)은 각 단어의 첫 글자로만 구성되었으며 고유명사에서 유래되었다는 점에서 대문자로 표기하고 있다. (108)은 두 글자내지 중간의 기능어를 생략하기도 하고 보통명사로 취급하여 소문자로 표기하고 있다. 이들 두문자어는 하나의 단어처럼 발음한다는 점에서 다음의 두문자 약어(initialism)와 구별하기도 한다.

(109) a. UFO = Unidentified Flying Objects (미확인 비행 물체)
b. CIA = Central Intelligence Agency (중앙 정보부)
c. WTO = World Trade Organization (세계 무역 기구)
d. N.G. = No Good
e. G.O.P. = Grand Old Party (공화당)
f. P.T.A. = Parent-Teacher Association (사친회)
g. F.B.I. = Federal Bureau of Investigation (연방 수사국)
h. N.G.O. = non-government organization (무정부주의 조직)
i. P.F.C. = private first class (상등병)
j. R.O.T.C. = Reserve Officers' Training Corps (예비역 장교 훈련단)
k. B.C. = before Christ (기원전)

l. A.D. = Anno Domini ('그리스도의 해'를 뜻하는 라틴어의 약어. 서기, 기원후)

(110) a. r.s.v.p = répondez s'il vous plaît
('회답 주시기 바랍니다'라는 뜻의 프랑스어를 줄인 것)
b. a.m. = ante meridiem ('오전'을 뜻하는 라틴어의 약어)
c. p.m. = post meridiem ('오후'를 뜻하는 라틴어의 약어)
d. m.c. = master of ceremonies (사회자, 사회를 보다)

두문자 약어는 단어의 첫 글자를 딴다는 점에서 (107-8)의 두문자어와 비슷하지만, 하나의 단어로 읽지 않고, 한 글자씩 따로 발음된다는 차이점이 있다. (109)처럼 고유명사는 대문자로써 나타내어지고, okay / o.k.와 emcee / m.c. 등 몇몇을 제외하고는 일반적으로 글자 사이에 생략된 게 있다는 표시인 마침표가 쓰인다.

(6) 역형성(back formations)

역형성(back formation)은 행위자를 나타내는 파생접미사 -er을 동사에 붙여 singer, worker, buyer와 같이 명사를 만드는 단어들을 보고, 유추해서 sightseer, baby-sitter, typewriter와 같은 단어에서 반대로 실제 어원적으로 없는 단어인 sightsee, baby-sit, typewrite와 같은 동사를 만들어 쓰는 경우를 말한다. 이 경우에 명사가 동사보다 먼저 생겼기 때문에 동사가 "역형성"되었다고 말한다. 이와 비슷하게 행위자를 나타내는 파생접미사 -or, -ar, -er 등을 제거하여 동사를 역형성 시킨 예는 다음과 같다.

(111) orator 〉 orate(연설하다), lecher(호색가) 〉 lech(갈망하다)
peddler 〉 peddle(행상하다), escalator 〉 escalate(상승시키다)
editor 〉 edit(편집하다), swindler 〉 swindle(사취하다)
sculptor 〉 sculpt(조각하다), hawker 〉 hawk(매사냥하다)

기타 파생 접미사 -ion, -al, -ive, -ance/-ence, -asm 등을 제거하여 다음과 같이 동사나 명사를 역형성 시킨 예도 있다.

(112) a. self-destruction 〉 self-destruct (자폭하다, 자멸하다)
b. resurrection 〉 resurrect (소생(부활)하다, 시키다)

c. emotion 〉 emote (허풍떨다, 감정을 과장해서 나타내다)

d. transcription 〉 transcript (복사하다, 전사하다)

e. vivisection 〉 vivisect (산 채로 해부하다, 생체 해부를 하다)

f. connotation 〉 connote (내포하다, 의미하다)

g. intuition 〉 intuit (직관으로 알다)

(113) a. paramedical 〉 paramedic (낙하산 부대 위생병)

b. sedative 〉 sedate (진정제를 마시게 하다, 진정시키다)

c. surveillance 〉 surveille (감독, 감시하다)

d. reminiscence 〉 reminisce (추억에 잠기다)

e. enthusiasm 〉 enthuse (열광시키다, 감격시키다)

연 습 문 제

1. 단어를 정의할 때 쓰는 **6**가지 기준을 설명하고, 다음 예를 갖고 문제점에 대해 논하시오.

a. good-for-nothing, good-for-nothing's, two good-for-nothings
b. son-in-law, son-in-law's, two sons-in-law
c. móney-hùngry, lóok-òver
d. lôok óver the information / lôok the information óver

2. 다음 문장을 구성하고 있는 단어 수와 형태소 수 및 자립/구속, 어휘/문법, 굴절/파생 형태로 구분하여 분류하시오.

a. The children skipped rope and played games joyfully.
b. John's father hastily put it behind the book-case.

3. 다음 단어의 내부구조를 형태분석과 형태소분석을 하고, 형태실현 규칙(morphological realization rule)을 설명하시오.

a. least,	our,	set,	rings,	fish,	sayings
b. should,	broken,	hoped,	these	whose	women's
c. hearing,	were,	older,	elder	her,	taken

4. 다음 단어의 내부구조에 대해 수형도(tree diagram)나 각괄호로 분석하여 품사나 의미가 변하는 과정을 설명하시오.

enlargement, gentlemanliness, uncomfortable,
internationalization, intersubjectivity

5. 다음 의미와 관련된 접두사에 대해 설명하시오.

a. unnecessary/inconvenient/disadvantage/misunderstanding
b. irrational/illogical/impossible
c. recopy/exwife/maltreat/multilateral/semifinal/predict/postwar
d. tricycle/interconnect/supersensitive/overanxious/amoral

6. 다음 품사변화와 관련된 접미사에 대해 설명하시오.

a. neighborhood/championship/idealism
b. arrangement/worker/legalization
c. freedom/happiness/legality
d. simplify/prioritize
e. flowery/poisonous/delightful

7. 다음과 같은 복수형 어미(the plural inflection)를 나타내는 문법형태소의 이형태에 대한 형태소 규칙을 만들어 설명하시오.

/s/: taps, cats. books, cuffs, months
/z/: cubs, pods, dogs, moves, games, days
/əz/: bases, bruises, brushes, churches, judges

8. 다음 단어에서 ① 파생접두사의 기본형과 변이형태를 쓰고, ② 각각의 변이형태를 생성해 내는 형태소규칙을 기술하여 설명하고, ③ 파생접사의 의미와 어기(base)의 의미가 어떻게 결합하여 단어의 의미가 파생되었는지 단어의 의미를 설명하시오.

collect cohabit, correct connect, confess, commute, cohere, combat,
contend, coexist, compute consent coincide, compare condemn

9. 다음 단어의 뜻을 쓰고 어형성 과정을 설명하시오.

a. flightworthiness b. chatterbox c. owner-occupied
d. freedom-loving e. handicraft f. broken-hearted

10. 다음 복합어의 두 부분이 서로 어떤 관계인지 설명하시오.

greenhouse, takeaway, sunshine, income.

11. 다음 단어의 뜻을 쓰고 어떻게 단어가 형성되었는지 설명하시오.

a. sprig 〈 spray + twig
b. nostril 〈 nosu + thyrl 'hole' (in Old English))
c. bookie 〈 bookmaker
d. van 〈 caravan
e. CD 〈 compact disc
f. televise 〈 television

제 4 장

단어 및 구의 의미와 어휘의미론

1. 단어의 의미와 어휘 의미론

1.1 어휘 의미의 정의

의미론(semantics)은 문법이론의 한 분야로서 언어의 의미를 밝히는 학문이다. 언어란 말소리와 의미 사이의 대응관계를 맺어주는 규칙들의 체계라 생각할 때 문법분야에서 의미론의 차지하는 비중은 크다고 하지 않을 수 없다. 그러면 의미란 어떻게 정의해야 할까? 이 문제에 대해서는 옛 그리스시대부터 많은 학자들이 고찰해왔으나 명쾌한 해답은 얻지 못하고 있다. 의미의 개념을 어떻게 잡느냐에 따라 의미론의 분야는 언어학뿐만 아니라 논리학, 철학, 심리학, 컴퓨터와 인공지능의 연구대상이 되기도 한다.

고대로부터 의미의 문제를 다루는 데는 항상 어휘의 의미를 논하는 것이 중심과제였다. 전통적인 방법은 사전의 정의에 따르는 것이다. 그러나 언어학자들이 보기엔 이것이 문제가 많다. 사전 편찬자들의 단어에 대한 정의는 해당단어의 용법을 참조할 수밖에 없는데, 단어의 의미는 사회적 약속과 쓰임새 문제로서 시대에 따라 유동적이다. 또 개인적 편차까지 있다. 예를 들면 brother-in-law는 말하는 사람에 따라 one's sister's husband(여동생의 남편), husband's brother(남편의 남동생), wife's brother(아내의 남동생)의 의미이다. 또는 이들의 결합된 의미를 가진다. 또 단어의 의미는 사전 편찬자들이 아무리 노력해도, 사전에 등재할 수 있는 것보다 훨씬 더 빠르게 변한다. 다음 문장에 쓰인 단어 desultory(두서없는, 종잡을 수 없는)의 의미를 살펴보자.

(1) a. He walked along in a desultory manner.
 b. aimless, slow, casual
 c. skipping about, jumping, flitting

(1a)의 desultory는 (1b)의 'aimless(목적이 없는, 방향을 잃은), slow(느린, 더딘, 천천히 움직이는) casual(태평스러운, 무심한)'이란 의미로 쓰인 경우이다. 그러나 옥스퍼드영어사전을 비롯한 많은 사전들은 (1c)의 'skipping about(깡충깡충 뛰는 것, 뛰어다는 것), jumping(뛰는 것), flitting(돌아다니는 것, 스치는 것)'으로 기록하고 있다. 사전에 제시한 (1c)의 의미는 이 단어의 원래의 의미이지만, (1a)에 쓰인 이 단어의 현대적 의미는 아니다. 또 사전에서 내린 단어의 정의는 (1b-c)처럼 일종의 바꿔 쓰기(paraphrase)로, 한 단어의 정의를 내리기 위해 또 다른 단어를 사용하고 있다. 즉 한 단어의 정의를 내리기 위해 사용한 다른 단어의 의미를 또 찾아보아야 하는 순환논법의 오류를 범하게 된다.

따라서 의미의 개념은 다음 그림 (2)와 같이 Ogden & Richard(1923)의 의미삼각형으로 설명한다.

(2)

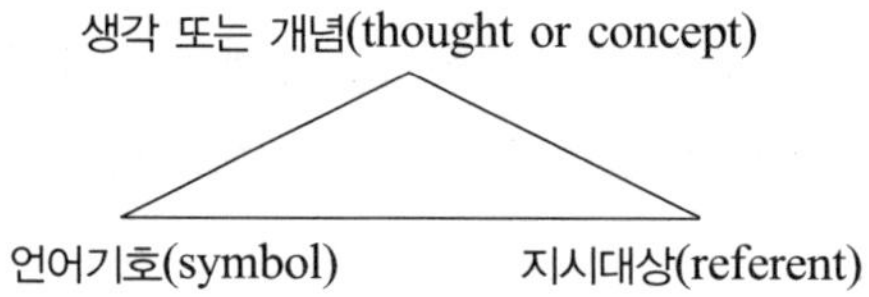

여기서 언어기호란 일종의 언어표현으로 어휘나 어휘로 구성된 문장 등을 말한다. 지시대상이란 그 어휘나 문장이 가리키는 지시물이나 대상을 말한다. 이때 언어기호와 지시대상 사이에는 직접적인 관계는 없고, 약속에 의해 정해진 약정(convention)으로 그 사이를 심리적인 개념인 생각이 연결시켜주는 것으로 보고 있다. 예를 들어 chair라는 단어의 의미는 언어기호(chair라는 문자나 소리)와 그 지시물 즉 실제 의자 사이에서 연상되는 생각 혹은 개념이라고 할 수 있다. 이와 같은 설명은 심리주의적인 입장인데, 사람마다 의자에 대해 연상되는 개념이 다를 수 있다는 점이 문제점으로 지적되고 있다.

또 학자에 따라 어휘가 지시하는 지시물은 외연(extension)으로, 개념과 생각은 내연(intension)으로 구별하기도 한다. 즉 외연은 해당 어휘가 실제세계에서 지칭하는 대상물이나 존재를 말하고, 내연는 어휘의 모든 지시물들이 공유하는 속성들의 집합, 즉 그 지시물들의 결정적 속성으로 그 어휘들이 가지는 개념과 같은 의미(sense)와 연관이 있다. 이러한 구분은 매우 중요하다. 외연은 동일할 수도 있지만 내연은 다를 수가 있기 때문이다. 예를 들면 동일한 사람을 Mr. Jones, my neighbor, that man moving the lawn, an accountant(회계사)와 같은 여러 가지 표현으로 나타낼 수 있다. 즉 어휘가 지시하는 대상물인 외연은 같지만 각 어휘에서 연상되는 개념과 생각인 내연은 전혀 다르기 때문이다. 또 내연적 의미는 그 어휘가 쓰이는 문맥에서 연상되는 개념과 생각으로 과거의 경험과 연관이 있다. 예를 들어 disappointment하면 이런 감정의 상태가 어떤 즐거운 것에 대한 희망이나 기대가 충족되지 못한 결과로 발생한다는 것을 알아야하며, 또 widow는 어떤 여자가 결혼했었고 남편이 죽었다는 사실을 알아야 한다. 한편 내연적 의미는 동일하나 외연적 의미가 다른 경우가 있다. 가령 대명사 I 는 언제나 화자의 속성을 지칭하지만, I의 외연은 화자가 바뀜에 따라 변한다. 또 the Prime Minister of England(영국의 수상)는 영국의 정부구조에서 언제나 동일한 자리를 가리키지만, 시간이 지나면서 이 표현의 외연은 바뀐다.

한편 어휘의 의미를 문자 그대로의 지시적 의미(denotation)와 감정, 태도, 의견을 불러일으키는 함축적 의미(connotation)로 구별하기도 한다. 다음 어휘들은 지시적 의미는 유사하지만 함축적 의미는 다른 경우이다.

(3) a. soldier/warrior, relax/loaf, insect/bug, hound/dog
b. illness - disease - ailment - condition
c. generous - extravagant
d. fat - obese - plump - stout - substantial

(3a)의 어휘에서 현대에서의 군인은 병사인 soldier라고 하지만, 중세, 고대 시대에서의 군인은 전사로 warrior라고 한다. 긴장을 푸는 행위는 relax라고 하지만, 놀며 빈둥거리는 행위는 loaf라고 한다. 과학자들의 표본인 곤충, 벌레 또는 벌레처럼 하찮은 사람은 insect라고 하지만, 징그러운 벌레 또는 잘난 체 하는 사람은 bug라고 한다.

사냥개나 잔인하고 비열한 사람은 hound라고 하지만, 개나 쓸모없는 인간은 dog이라고 한다. 이처럼 지시적 의미는 비슷할지 모르지만 함축적인 의미는 전혀 다르다. (3b)의 병을 지시하는 어휘도 함축적 의미가 조금씩 다르다. 보통의 병은 illness라고 하고, 질병은 disease, 고통스런 병은 ailment, 병과 같은 건강상태는 condition이라고 한다. (3c)의 형용사 generous는 관대한, 너그러운이란 의미로, extravagant는 낭비하는, 씀씀이가 헤픈이란 의미로 쓰인다. 또 (3d)의 형용사 fat은 살찐, obese는 뚱뚱한, plump는 통통하게 살찐, stout는 단단한, substantial는 견실한이란 의미로 의미로 쓰인다. 이들은 좋거나 나쁜 함축적 의미를 가진다. 또 함축이란 실제 말한 것은 아니나 그 말속에 암시되어 있는 내용을 말한다. 문맥에 따라 얼마든지 달라 질수 있다. 예를 들면, 창문을 통해 불어오는 공기는 차갑고 바라지 않는 것일 때 draft라 한다. 그러나 같은 공기인데도 그것이 시원하고 바라던 것일 때는 breeze라 한다. 또 plan이란 주도면밀하게 예상한 것이지만 scheme은 예외적이고 조작된 것임을 암시한다. 때로는 어휘의 함축적 의미는 그 어휘의 기원과 관련이 있다. 아래 예들은 각각 앵글로 색슨 고유어, 프랑스어, 라틴어에서 유래한 것들이다.

(4) a. fire - flame - conflagration
  b. fear - terror - trepidation
  c. rise - mount - ascend
  d. ask - question - interrogate

(4)의 앵글로 색슨 고유어 fire, fear, rise, ask는 주로 구어체에서 많이 사용한다면, 프랑스 어원인 flame(불꽃, 화염), terror(공포), mount(오르다, 언덕), question은 문어체나 화려한 문체에서, 라틴어 어원인 conflagration(큰 화재), trepidation(전율, 떨림), ascend(상승하다), interrogate(질문하다, 심문하다)는 학문적인 전문용어로 쓰인다.

이처럼 어휘의 의미는 다양하게 정의되는데, Pyles(1971)는 이를 종합하여 다음과 같이 다섯 가지로 정리하고 있다.

(5) a. 의미란 그 어휘가 표시하는 대상물이다.
  b. 의미란 그 어휘와 연관시켜 우리가 마음속에 가지고 있는 개념이다.
  c. 의미란 우리가 갖고 있는 과거의 경험에 의거하여 특정한 방식으로 반응하게 되는 성향 또는 우리의 기질이다.

d. 의미란 그 어휘가 표현하는 일련의 사물이 갖고 있는 특징이다.

e. 의미란 그 어휘가 쓰이는 문맥의 특징과 관련된 연관성이다.

이때 어휘의 의미를 정의할 때 (5a)처럼 어떤 어휘와 그 표현이 지시하는 대응물과의 관계를 꼭 포함시키게 된다. 플라톤은 자연론의 입장을 취하여 어휘의 형태나 소리와 그것이 지시하는 대응물 사이에는 자연적이고 필연적인 관련이 있다고 주장하였다. 반면에 아리스토텔레스는 그 관련은 해당 언어를 사용하는 사람들끼리의 약속에 의한 약정(convention)이라고 약정론을 주장하였다. 이러한 논쟁은 20세기까지 이어지는데, 소쉬르(Saussure 1916)는 기호(sign)의 자의성(arbitrariness)을 주장하여 약정론의 입장을 옹호하여, 어휘의 의미를 기호와 대상물 사이에서 연상되는 개념이나 생각으로 정의하고 있다.

한편 약정론에 따르면 어휘가 갖고 있는 의미는 약속에 의해 정한 것이기 때문에, 그 시대의 사람들의 생각, 관습, 문화에 따라 얼마든지 바뀔 수 있다. 의미론이 어느 정도 학문으로 정립되는 19세기와 20세기 초에는 이와 같은 어휘의 의미변화에 큰 관심을 가져 어원학적(etymological) 의미론이라 불릴 정도로 역사적으로 어휘의 의미적 변천과정을 밝히려고 노력하였다. Ullman(1962)은 어휘의 의미변화를 촉진시키는 언어적 요인으로 다음 여섯 가지를 들고 있다.

(6) a. 비연속성(discontinuity): 언어란 한 세대에서 다음 세대로 전수될 때 비연속적으로 전달된다.

b. 모호성(vagueness): 의미의 모호성이 의미변화의 원천이 된다.

c. 중의성(ambiguity): 의미의 중의성도 의미변화를 일으킨다.

d. 동기상실(loss of motivation): 어휘와 그것이 지시하는 사물과의 연관성이 사라질 때 그 연상되는 의미는 바뀐다.

e. 다의어(polysemy): 다의 현상은 의미변화의 요소가 된다.

f. 어휘구조: 동의어, 동음어, 다의어 등 어휘간의 관계인 어휘구조가 복잡하기 때문에 서로의 관계에서 쉽게 변하게 된다.

의미변화의 원인으로는 위에 든 언어적 원인 외에도 역사적 원인, 사회적 원인, 심리적 원인, 외국어의 영향 등이 있을 수 있다.

1.2 어휘구조와 장이론

어휘의 의미변화와 함께, 어휘의 의미를 체계적으로 나타내려고 한 의미론 학자들은 어휘의 개념구조를 밝히려고 하였다. 이는 일반적으로 장이론(Field Theory)으로 알려져 있다. 한 어휘의 언어적 구조는 일반적으로 계열관계(paradigmatic relation)와 결합관계(syntagmatic relation)로 분석된다. 예를 들어 the red rose, the white rose, the black rose를 보면, red는 white, black과는 같은 계열에 속하고, the, rose와는 결합관계를 이룬다. 이들 계열관계와 결합관계를 근거로 개념적 장이론을 발전시켰다.

먼저 계열관계의 경우를 보면, 영어의 형용사 red는 white, black 등과 함께 영어의 color를 나타내는 개념적 장을 구성하고 있다. 또 이 red가 나타내는 개념적 장은 그보다 더 작은 부분장으로 scarlet, crimson, vermilion 등이 나타내는 개념적 영역들로 구성되어 있다. 이처럼 장은 부분장들을 갖고 있으며, 부분장들은 그 단계에서 또 각각 하나의 독립된 장 역할을 하고, 그 장은 다시 자신이 거느리는 부분장들을 갖게 된다. 살아 있는 모든 대상물을 이와 같이 어휘장과 부분장의 개념으로 계층적으로 도식화하면 다음과 같다.

(7)

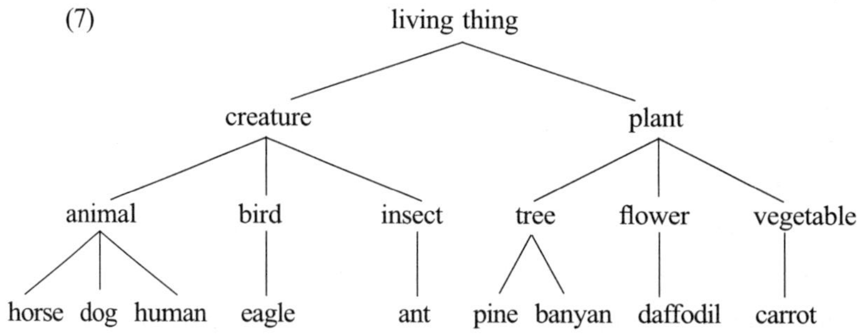

이것은 살아 있는 생물(living thing)이 나타내고 있는 어휘적 장을 나타낸 것이다. 어휘의 이러한 구조는 흔히 하의관계(hyponymy)로 표시한다. 예를 들어 animal은 dog의 상위어이고, dog은 animal의 하의어 관계에 있다. 이와 같은 방법으로 장과 부분장, 그리고 이를 바탕으로 세워질 수 있는 하의관계의 개념을 사용하여 한 언어의 어휘를 총 망라하여 결국 하나의 장으로 통합시킬 수 있다. 이렇게 함으로써 각 언어 어휘 전체의 구조를 밝히게 되는 것이다.

한편 결합관계에서 보면, 영어의 동사 bite는 명사 teeth와 관련이 있고, 동사 lick은 명사 tongue과 관련이 있다. 같은 방식으로 계열관계에 있는 동사 kick과 punch는 각각 foot, fist와 관련이 있다. 이는 본질적으로 연어적(collocational) 성격을 띠고 있는 의미관계이다. 즉 어휘의 장을 형성하는 어휘 사이의 근본적 의미가 된다. 예를 들면 blond는 hair와 결합관계를 이루어 a blond hair라고 하나, door나 dress와는 결합관계를 이루지 못해 a blond door나 a blond dress라고는 하지 않는다. 또 pretty는 girl과 결합하여 pretty girl이 되나, boy와는 결합관계를 이루지 못하고, 반대로 handsome은 boy와 결합하여 handsome boy가 된다. 이를 다른 예까지 확장해서 pretty와 handsome의 결합관계를 나타내면 다음과 같다.

(8) a. pretty + { girl, woman, flower, garden, color, village, ... }
b. handsome + { boy, man, car, vessel, airliner, typewriter, ... }

이와 같은 결합관계의 특성은 20세기 후반의 생성문법 학자들에 의해 선택제약(selectional restriction)이란 개념으로 발전하게 된다.

1.3 장이론의 계열관계와 성분분석이론

장이론이 주로 역사적 즉 통시적(diachronic)인 면에서 어휘의 의미변화에 관심을 갖고 어휘의 구조를 분석하였다면, 성분분석(componential analysis)이론은 그 시대에 쓰이는 모든 어휘 즉 공시적(synchronic)인 면에서 어휘의 본질적인 의미를 분석하려 하였다는 점에서 차이가 있다. 그러나 기본적으로 성분분석이론은 장이론을 기초로 하고 있다. 앞에서 예를 들었던 장이론의 어휘구조 human의 계열관계를 확장하여 설명하면 다음과 같다.

(9)

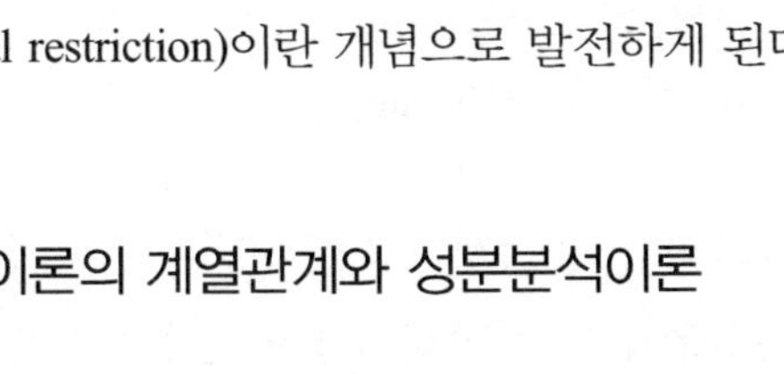

어휘의 계층적 구조를 보면, man은 직접적으로 adult의 하의어가 되며, 간접적으로 male과 human의 하의어가 된다. 이러한 하의관계를 근거로 하여 의미의 함의(entailment)관계를 정의할 수 있다. 즉 man의 속성은 반드시 adult의 속성을 함의하며, 또 male의 속성도, human의 속성도 함의한다. 이러한 하의관계를 근거로 하여 한 어휘를 그 의미적 성분을 구성체로 하여 분석하려는 것이 성분분석 방법이다. 이때 그 의미적 성분을 생성음운론에서 쓰고 있는 변질적 자질(distinctive feature)이론을 이용하여 의미자질(semantic feature)로 표현한 것이 성분분석이론이다. 예를 들어 앞에 쓴 어휘들의 성분분석은 다음과 같다.

(10)	a. man	[+Adult,	+Male,	+Human]
	b. woman	[+Adult,	-Male,	+Human]
	c. boy	[-Adult,	+Male,	+Human]
	d. girl	[-Adult,	-Male,	+Human]
	e. child	[-Adult,	±Male,	+Human]
	f. crowd	[+collective,		+Human]

man은 성인의 속성과 남성의 속성과 인간의 속성을 의미자질로 갖고 있다. woman은 man과 성인의 속성과 인간의 속성은 같지만 남성이냐 아니냐란 점에서 다르다. boy는 man과 남성의 속성과 인간의 속성은 같지만, 성인이냐 아니냐란 점에서 다르다. girl은 성인이냐 아니냐와 남성이냐 아니냐란 점에서 다르다. 또 child는 성인이 아닌 인간이란 속성과 남성과 여성의 구별이 없다는 점에서 다르다. 또 crowd는 성인과 남녀의 구별은 없고 집단적인 인간의 속성을 지닌다. 이처럼 의미자질은 있다(+)와 없다(-)처럼 이항적(binary)으로 표시된다. 즉 어떤 의미자질을 갖고 있으면 그 앞에 +기호를, 그렇지 않는 경우에는 -기호를 붙인다. 또 남녀의 성구별이 없을 때는 [±Male]처럼 ±기호를 붙여주거나, 인간 집단을 나타내는 [+collective, +Human]에서는 남녀의 성구별, 성년의 구별 등이 상관이 없으므로 의미자질 항목에서 제외하기도 한다. 이와 같이 이항적으로 표시함으로써 한 어휘의 의미 성분을 명시적으로 잘 나타낼 뿐만 아니라, 그와 같은 계열 관계에 있는 어휘와의 차이를 체계적으로 잘 나타낼 수 있는 장점이 있다.

한편 인간뿐만 아니라 다음과 같은 돼지, 소, 닭, 개, 말, 양 등의 가축에도 그대로 적용할 수 있다.

(11)	a. boar(수퇘지)	[+Adult,	+Male,	+Swine]
	b. sow(암퇘지)	[+Adult,	-Male,	+Swine]
	c. shoat(새끼수돼지)	[-Adult,	+Male,	+Swine]
	d. gilt(새끼암돼지)	[-Adult,	-Male,	+Swine]
	e. piglet(새끼돼지)	[-Adult,	±Male,	+Swine]
	f. drove(돼지떼)	[+collective,		+Swine]

(12)	a. bull(황소)	[+Adult,	+Male,	+Bovine]
	b. cow(암소)	[+Adult,	-Male,	+Bovine]
	c. bullock(수송아지)	[-Adult,	+Male,	+Bovine]
	d. heifer(암송아지)	[-Adult,	-Male,	+Bovine]
	e. calf(송아지)	[-Adult,	±Male,	+Bovine]
	f. herd(소떼)	[+collective,		+Bovine]

(10)은 인간을 나타내는 [+Human]의 속성의 지닌 계열을 나타낸다면, 인간이 아닌 [-Human]중에서 동물로 (11)의 돼지는 [+Swine] 의미자질을 지닌 것으로 (12)의 소는 [+Bovine] 의미자질을 지닌 것으로 나타낼 수 있다. 이외에도 닭은 [+Chicken], 개는 [+Canine], 말은 [+Equine], 양은 [+Sheep]의 의미자질로 구별할 수 있다. 닭 중에서 cock(수닭), hen(암닭), chick(병아리), flock(닭 등의 무리,떼)를 위처럼 성분 분석할 수 있다. 또 개중에서 dog(숫캐), bitch(암캐), puppy(강아지), dog puppy(숫 강아지), bitch puppy(암 강아지), pack(동물의 떼)를 위처럼 성분 분석할 수 있고, 말 중에서 stallion(종마), mare(암말), foal(망아지), colt(숫망아지), filly(암망아지), herd(소,말 떼)를 위처럼 성분 분석할 수 있으며, 양중에서 ram(숫양), ewe(암양), lamb(새끼양), ram lamb(숫새끼양), ewe lamb(암새끼양), flock(무리, 떼)를 위처럼 성분 분석할 수 있다. 한편 chick은 남녀의 성구별이 없이 쓰이며, herd는 소, 말 등의 구별이 없이 가축 떼를 나타내며, flock은 닭을 포함한 작은 새나 양떼를 나타낸다.

이때 명사류를 성분분석하기 위해서는 인간을 포함한 동물뿐만 아니라 생명체인가 무생물 명사인가를 구별을 위해서 [±Animate] 의미자질이 필요하다. 또 무생물중에서도 구체명사인가 추상명사인가 하는 [±Concrete] 의미자질이 필요하다. 구체명사라고 해도 셀 수 있는 가산명사인가 셀 수 없는 물질명사인가 하는 [±Count] 의미자질이, 또 보통명사인가 고유명사인가 하는 [±Common] 등과 같은 의미자질이 필요하게 된다.

(13) a. [±Male], [±Human], [±Adult], [±Collective]
b. [±Animate], [±Concrete], [±Count], [±Common]

이와 같은 이분적인 의미자질로 분류해 나가다 보면, 명사류를 계열별로 세분하여 잘 분류할 수 있다. 또 공통의 의미자질을 갖고 있는 것끼리 묶어 자연스럽게 자연부류를 분류해 낼 수 있는 장점이 있다. 여기서 [±Animate]란 자질의 정의는 다소 문제가 있다. 이 자질은 살아있는 생명체라는 부차적 의미와 함께 대개 식물이 아니라 동물을 지칭한다. 그러므로 tree와 beef는 [-Animate]로 분석되어야 한다. 전자는 동물이 아니고 후자는 살아있는 생명체가 아니기 때문이다. 또 [-Animate]하면 식물이나 무생물을 나타내므로 당연히 [-Human]이고 남녀의 성구별이 필요 없으므로 [±Male]의 의미자질도 필요 없게 된다. 또 [-Concrete]하면 추상명사를 나타내므로 [±Animate]의 의미자질도 상관없게 된다.

다음은 무생물인 의류를 나타내는 단어에 대한 성분분석이다.

(14) a. coat: [+Upper Body, ±Full Length, ±Male, +Over Garment]
b. jacket: [+Upper Body, -Full Length, ±Male, +Over Garment]
c. shirt: [+Upper Body, -Full Length, ±Male, -Over Garment]
d. blouse: [+Upper Body, -Full Length, -Male, -Over Garment]
e. skirt: [-Upper Body, ±Full Length, -Male, -Over Garment]
f. pants: [-Upper Body, ±Full Length, ±Male, -Over Garment]
g. shorts: [-Upper Body, -Full Length, ±Male, -Over Garment]

상의 옷인가 하의 옷인가를 구별하기 위한 [±Upper Body], 긴 옷인가 짧은 옷인가를 구별하기 위한 [±Full Length], 남, 녀용의 구별이 있는가 없는가의 [±Male], 겉옷인가 속옷인가의 [±Over Garment]를 이용하면 (14)에 나온 의류를 나타내는 단어들을 성분분석하여 구별해 줄 수 있다.

다음은 호수, 바다 강 등을 나타내는 단어에 대한 성분분석이다.

(15) a. lake: [-Flowing, -Saline, ±Large]
b. sea: [-Flowing, +Saline, ±Large]
c. ocean: [-Flowing, +Saline, +Large]

d. river: [+Flowing, -Saline, ±Large]
e. brook: [+Flowing, -Saline, -Large]
f. pond: [-Flowing, -Saline, -Large]
g. bay: [-Flowing, ±Saline, ±Large]
h. cove: [-Flowing, ±Saline, -Large]

흐르는 물인가 아닌가의 [±Flowing], 염류의 바닷물인가 아닌가의 [±Saline], 크기가 큰가 아닌가의 [±Large] 의미자질로 이들을 구별해 줄 수 있다. 호수는 크기와 상관없는 고여 있는 비염류의 물이고, 바다는 크기와 상관없이 고여 있는 염류의 물이고, 대양은 고여 있는 염류의 큰 물이다. 강은 크기와 상관없이 흐르는 비염류의 물이고, 시내는 작은 흐르는 비염류의 물이다. 연못은 작은 고여 있는 비염류의 물이고, 만은 크기와 염류에 상관없이 고여 있는 물이고, 작은 만은 염류와 상관없이 고여 있는 물을 나타낸다.

다음은 물질명사, 추상명사 등에 대한 성분분석이다.

(16) a. butter: [+Common, -Count, +Concrete, -Animate]
b. pencil: [+Common, +Count, +Concrete, -Animate]
c. commitment: [+Common, -Count, -Concrete, -Animate]
d. attack: [+Common, +Count, ±Concrete, -Animate]

(16a)의 butter와 같은 물질명사는 [+Concrete]의 구체적인 무생물로 [-Animate]의 의미자질과, 셀 수 없는 물질이므로 [-Count]와 보통명사라는 [+Common]의 의미자질로 분석된다. (16b)의 pencil과 같은 보통명사는 구체적인 무생물로 셀 수 있는 보통명사의 의미자질로 분석된다. (16c)의 commitment(위임, 위원회 회부)와 같은 추상명사는 추상적인 무생물로 셀 수 없는 보통명사라는 의미자질로 분석된다. (16d)의 attack(공격, 비난, 공격적인 행위)은 문맥에 따라 추상명사로도, 구체적인 행위의 보통명사로 쓰이는 동사에서 전성된 전성명사로 [±Concrete]라는 의미자질로 분석된다. 이러한 성분분석 방법은 어휘의 의미를 더 이상 분해할 수 없는 가장 기본적인 의미성분으로 분석하여, 좀 더 보편적인 의미의 표현을 가능하게 하려는데 그 의의가 있다. 그러나 어떤 의미자질이 가장 기본적이냐 하는데 대해서는 한 언어의 체계, 나아가서는 모든 언어들의 본질을 고려해서 논의해야 하는 문제점이 있다.

1.4 결합관계와 선택제약

의미자질에 의한 성분분석 방법은 장이론에서 분석한 것과 마찬가지로 의미상 같은 계열관계에 있는 어휘를 비교해서 서로 의미가 구별되는 요소를 뽑아냄으로써 변별적 자질을 기준으로 하고 있다. 다음은 동사를 중심으로 결합관계에 의한 주어와 목적어에 대한 선택제약(selectional restriction)에 대해 알아보자.

(1) 주어와 목적어에 대한 선택제약

결합관계에서 형용사 pretty는 girl과 결합하여 pretty girl이 되나, boy와는 결합관계를 이루지 못하고, 반대로 handsome은 boy와 결합하여 handsome boy가 됨을 살폈다. 다음은 형용사 pretty가 서술어로 쓰인 경우이다.

(17) a. The waitress is pretty.
b. *The waiter is pretty.
c. The neighbor is pretty.

형용사 pretty는 [-Male]의 의미자질을 지닌 (17a)의 여성명사 waitress와는 결합하여도, [+Male]의 의미자질을 지닌 (17b)의 남성명사 waiter와는 결합할 수 없다. 단 (17c)의 neighbor는 [±Male]의 의미자질을 지니고 있기 때문에 문맥적으로 여성 이웃을 추측할 수 있기 때문에 문법적으로 가능하다. 이처럼 의미자질로 성분분석 된 두 어휘가 결합하여 구나 문장으로 합성하여 갈 때 의미적으로 서로 모순이 없는 어휘끼리 선택하여 합성된다는 제약이 선택제약이다.

(18) a. *The boy may frighten sincerity.
b. Sincerity may frighten the boy.

같은 어휘로 구성된 문장이지만 (18a)의 문장보다는 (18b)의 문장이 더 자연스럽다는 것을 쉽게 알 수 있다. 이는 동사 frighten이 감정이 있는 유생물인 사람을 놀라게 하지, 무생물인 추상명사 진지성을 놀라게 할 수는 없기 때문이다. 즉 동사 frighten은 목적어로 [+Animate]의 의미자질을 지닌 유생물 명사와만 결합한다는 선택제약으로 표시할 수 있다. 다음은 동사와 주어 명사와의 결합에 대한 선택제약이다.

(19) a. {The horse / *the money / *the spider} trotted home.
b. {The airplane / the bird / *the goat} flew north.
c. {The woman / the bird / *the motor} sang sweetly
d. {The man / *the rock} is talking / thinking / dreaming.
e. {Judy / *the goldfish} admires Mozart.

(19a)의 동사 trot는 네발달린 짐승이라는 [+Quadruped]의 의미자질을 지닌 주어 명사구와만 결합한다는 선택제약이 있다. 따라서 horse와는 결합해도 무생물인 money와 네발이 아닌 여러 개의 다리가 달린 spider와는 결합할 수 없다. (19b)의 동사 fly는 날개달린 개체라는 [+Winged]의 의미자질을 지닌 주어 명사구와만 결합한다는 선택제약이 있다. 따라서 날개 달린 airplane과 the bird와는 결합해도 날개 없이 네발 달린 짐승 goat와는 결합할 수 없다. (19c)의 동사 sing은 인간의 속성인 [+Human]이나 조류의 속성 [+Avian]의 의미자질을 지닌 주어 명사구와만 결합한다. 따라서 woman이나 bird와는 결합해도 기계인 motor와는 결합할 수 없다. (19d)의 동사 talk, think, dream은 인간의 속성인 [+Human]이나 유생물인 [+Animate]의 의미자질을 지닌 주어 명사구와만 결합한다. 따라서 man과는 결합해도 무생물인 rock과는 결합할 수 없다. (19e)의 동사 admire는 인간의 속성인 [+Human]의 의미자질을 지닌 주어 명사구와만 결합한다. 따라서 Judy과는 결합해도 물고기인 goldfish와는 결합할 수 없다. 다음은 목적어에 대한 선택제약의 경우이다.

(20) a. The thunder terrified {the dog/the child/*the house}.
b. The sun melted {the candy/*the smoke/*the water}.
c. The hammer shattered {the rock/*the pudding}.
d. {The child/*the glass} drank {the milk/*the candy}.

(20a)의 동사 terrify는 감정이 있는 유생물이라는 [+Animate]의 의미자질을 지닌 목적어 명사구와만 결합한다. 따라서 dog과 child와는 결합해도 무생물인 house와는 결합할 수 없다. (20b)의 동사 melt는 고체라는 [+Solid]의 의미자질을 지닌 목적어 명사구와만 결합한다. 따라서 candy와는 결합해도 기체인 smoke와 액체인 water와는 결

합할 수 없다. (20c)의 동사 shatter도 고체라는 [+Solid]의 의미자질을 지닌 목적어 명사구와만 결합한다. 따라서 rock과는 결합해도 단단한 고체가 아닌 pudding과는 결합할 수 없다. 한편 (20d)의 동사 drink는 유생물이라는 [+Animate]의 의미자질을 지닌 주어 명사구와, 액체라는 [+Liquid]의 의미자질을 지닌 목적어 명사구와만 결합한다. 즉 주어명사와 목적어 명사에 대한 선택제약이 동시에 적용되어야 하는 동사이다.

(2) 선택제약을 어긴 비유적인 의미

다음 동사 attack은 주어로 유생물인 [+Animate]의 의미자질을 지닌 명사를 선택한다는 선택제약이 있다.

(21) a. An intruder attacked me.
b. #The rock attacked me.
c. Envy attacked me.

(21a) 문장의 주어 intruder는 유생물인 사람이기 때문에 문자적 의미 그대로 침입자가 나를 공격한 경우이다. (21b)의 주어 rock은 무생물인 바위로 사람이 바위를 사용하여 공격할 수는 있어도, 바위 자체가 스스로 사람을 공격할 수는 없다. 즉 의미가 통하지 않는 비문법적인 문장이다. 그러나 (21c)의 주어 envy는 무생물인 추상명사로 선택제약을 위반하고 있지만, 비문법적인 문장이 아니라 문법적인 문장이다. 즉 은유적으로 의미가 확대되어 질투가 나를 엄습하여 내가 오히려 질투의 화신이 되었다는 의미이다.

다음 문장도 선택제약을 어긴 문장인데도 불구하고 비유적으로 확대되어 문법적인 문장으로 받아들여지고 있다.

(22) a. Ralph is married to a gem.
b. Juliet is the sun.
c. Billboards are warts on the landscape.

(22a)의 서술어 be married to는 유생물인 사람과 사람사이의 결혼을 의미한다. 즉

주어와 목적어에 [+Human]의 선택제약이 있다. (동물사이에 결혼을 인정한다고 하면 적어도 [+Animate]의 선택제약이 있다) 그런데 무생물인 보석과 결혼한다고 하면 선택제약을 어긴 비문법적인 문장이 되어야 하는데, 문법적인 문장으로 받아들여지고 있다. 즉 문자 그대로의 의미가 아닌 보석과 같은 사람이라는 은유법이 적용된 것으로 해석한다. (22b)의 be 동사도 주어와 주격보어가 의미적으로 일치해야하는 동사이다. 즉 주어가 Juliet과 같은 사람이라면 주격보어로 [+Human]의 의미자질을 지닌 명사가 나와야 하는데, 무생물인 sun이 나왔다. 즉 은유적으로 태양과 같은 사람이란 의미로 확대된 경우이다. (22c)도 주어가 광고판이라는 무생물이라면 주격보어도 그와 비슷한 무생물이 나와야 하는데, 사마귀와 같은 유생물이 나왔다. 즉 사마귀나 혹과 같이 어울리지 않는 존재라는 의미로 확대된 경우이다. 다음은 주어나 목적어 명사의 선택제약에 어긋나는 동사가 나온 경우이다.

(23) a. My car drinks gasoline.
b. Craig ate up the compliments.
c. Kevin is married to his work.
d. The moonlight sleeps upon the bank.

(23a)의 주어 My car는 무생물로 drink라는 동사를 선택할 수 없다. 그런데 문법적인 문장으로 받아들여지고 있다. 즉 문자 그대로의 의미가 아닌 연료인 gas를 마시듯 소비한다는 의미로 확대되어 쓰인 경우이다. (23b)의 동사 eat up도 음식이 아닌 아부나 의례적인 인사말을 먹을 수는 없다. 즉 문자 그대로의 의미가 아닌 의례적인 인사말을 다 먹어버리듯이 믿는다는 의미로 확대되어 쓴 경우다. (23c)의 주어 Kevin도 무생물인 일과 결혼할 수는 없다. 즉 일과 결혼한 것처럼 몰두해서 일한다는 의미로 확대된 경우이다. (23d)의 주어 달빛은 잠을 잘 수 없는 무생물이다. 즉 잠자듯이 포근하게 내리비친다는 의미로 확대된 경우이다.

한편 문학적 표현에서의 은유(metaphor)는 단순히 비유적으로 의미가 확대되는 것 이상의 상징적 의미가 있다.

(24) a. The vending machine ate my money.
b. The yellow fog that rubs its back upon the window-panes…

(24a)에서 무생물인 자동판매기는 음식 등을 먹을 수 없는데도 동사 eat를 사용하여 마치 사람이 음식을 먹어버리듯이 돈을 먹어버렸다는 은유적 표현을 하고 있다. 이때 동사 eat의 의미가 단순히 게걸스럽게 먹어 치우다(devour), 다 소비하다(use up, consume)란 의미로만 쓰인 것이 아니라 그 이상의 상징적 의미를 나타낸다. 무생물인 자동판매기를 마치 음식만 먹고 아무 일도 하지 않고 빈둥대며 놀고먹는 사람에 비유하므로 더 생동감 있는 상징적 의미를 나타내고 있다. 즉 빈둥대며 놀고먹는 인간을 매개체(vehicle)로 하여 돈만 먹고 물건을 내 주지 않는 자동판매기의 비정함을 상징적으로 나타내고 있는 것이다. (24b)는 T. S. Eliot의 "The love song of J. Alfred Prufrock"의 한 구절이다. 표면적으로는(literally) 창유리에 안개가 누렇게 끼어 있는 모습을 강조한 의미(focus interpretation)이다. 그러나 무생물인 안개는 창틀에 등을 비벼댈 수 없다. 즉 초저녁 런던의 뒷골목의 한 창유리에 안개가 끼는 모습을 등을 비벼 때고 있는 고양이에 비유함으로써 은유적으로 고양이를 매개체(vehicle)인 객관적 상관물(objective correlative)로 하여 고양이에서 느낄 수 있는 몽롱함(fuzziness), 음침함(yellowness), 감각적임(sensuousness), 몰래 훔쳐봄(stealth) 등의 상징적인 의미를 생동감 있게 부여하고 있는 것이다.

2. 어휘간의 관계

2.1 기본적 의미관계

두 어휘나 두 문장 사이에는 어떤 의미관계가 성립하기도 한다. 이런 기본적인 의미관계(semantic relationships)를 살펴보자.

(1) 바꿔 쓰기(paraphrase)

한 어휘나 문장을 비슷한 의미의 다른 어휘나 문장으로 바뀌어 쓰는 것을 바꿔 쓰기라고 한다.

(25) a. Philip purchased an automobile. ↔ Philip bought a car.

b. I have to postpone the meeting. ↔ I want to reschedule the meeting.

(25a)의 문장에서 purchase는 buy로 automobile은 car로 바뀌어 문장을 다시 쓸 수 있다. 또 (25b)의 문장에서 postpone은 put off나 reschedule로 바뀌어 쓸 수 있다. 이때 반대 방향으로 바꿔 쓸 수도 있기 때문에 쌍방향적이라고 한다.

(2) 함의(entailment)

한 어휘나 문장의 의미가 맞는 말일 때, 다른 어휘나 문장의 의미가 논리적으로 반드시 성립하는 경우를 함의라고 한다.

(26) a. They killed the pig. ⊃ The pig died.

b. Mary forced John to kiss her. ⊃ John kissed Mary.

c. John is a bachelor. ⊃ John ia a male.(John is not married.)

돼지를 죽였다면 돼지가 죽었다는 말이 반드시 성립한다. 억지로 키스하게 했다면 키스한 것이 성립한다. 총각이라면 남자이며, 결혼하지 않았다는 말이 성립한다. 이런 의미적 관계를 논리적인 함의관계라고 한다. 함의는 바꿔 쓰기와 달리 일방향이다. 즉 반대로 돼지가 죽었다고 해서 반드시 그들이 죽였다는 것이 성립하지 않는다. 자연사했을 수도 있기 때문이다. 한편 부정문이나 의문문에서는 이러한 함의관계가 성립하지 않는다.

(27) a. They didn't kill the pig.

b. Did they kill the pig?

죽이지 않았거나, 죽였느냐고 묻는 경우에 논리상 죽었다는 의미가 함의되지 않는다.

한편 포함(inclusion)은 장이론의 상의어인 animal이 하의어인 human, dog 등을 포함하는 관계를 말한다. 함의와는 정반대의 개념으로 포함된 하의어인 human하면 반드시 상의어인 animal이 성립하지만, 상의어인 animal하면 human을 포함하기는 하지만 반드시 human이 성립하지는 않는다.

(3) 모순(contradiction)

두 어휘나 문장이 서로 논리적으로 맞지 않을 때 모순된다고 한다.

(28) a. A bachelor is married.
b. Jack is killed. Jack is alive.
c. He is an orphan. His parents are living

(28a)에서 총각이라고 하면 결혼하지 않는 성인 남성을 말하는데, 결혼했다고 하면 서로 논리적으로 모순이 되므로 항상 거짓이 된다. (28b)에서 살해당했다면 죽은 것을 함의하는데, 살아있다면 서로 논리적으로 모순된다. (28c)에서 고아라면 부모님이 돌아가신 어린아이를 함의하는데, 부모님이 살아있다고 하면 서로 논리적으로 모순된다.

(4) 전제(presupposition)

전제란 어떤 한 어휘나 문장이 사실이 되기 위해서 먼저 전제되는 내용이다. 예를 들어 다음 (29a)는 (29b)의 내용을 전제로 하고 있다.

(29) a. John stopped beating his wife.
b. John had been beating his wife.

(29a)의 동사 stop은 의미상 '어떤 일을 하던 것을 그만두었다.'로, '그 이전에 이미 그 일을 하였었다.'는 내용이 전제로 되어야만 한다. 한편 이와 같은 전제는 함의와 달리 그 문장이 부정이 되거나 의문이 되어도 그대로 사실로 남아 있다.

(30) a. John didn't stop beating his wife.
b. Did John stop beating his wife?

아내를 구타하는 짓을 그만두지 않았다고 부정을 해도, 또 아내를 구타하는 짓을 그만두었냐고 물어도 아내를 이전에 구타하고 있었다는 내용을 전제로 하고 있다. 따라서 함의와 달리, 부정문에서 부정되지도 않고, 의문문에서 의문의 대상이 되지도 않는 부분을 어떤 문장의 전제라고 한다. 이와 같은 전제관계를 보이는 특정 표현의 동사로는 stop, continue 등과 같이 시상과 관련된 동사가 있다. 또 regret, forget 등과 같이 목적절인 보문이 사실이라고 항상 전제로 하는 사실동사(factive verb) 등이 있다.

(31) a. John regrets that he failed in the exam.
b. John forgot that he went there.

(32) a. John believes that he failed in the exam.
b. John asserted that he went there.

(31)의 예문들은 항상 목적절인 보문의 내용이 사실임을 전제로 하여, 그 사실을 후회하거나 잊어버리는 경우이다. 따라서 부정문이 되거나 의문문이 되어도 그 보문이 사실임이 전제가 되어, 그 사실을 후회하지 않거나, 또는 후회하는지 잊었는지를 묻는 경우가 된다. 그러나 (32)의 예문들은 그런 전제가 없고, 단지 그 보문에 대한 믿음이나 주장을 하고 있을 뿐이다. 따라서 부정문이 되거나 의문문이 되면, 그런 보문에 대한 믿음이나 주장을 부정하거나 의문시하는 경우가 된다. 이런 동사들을 전자의 사실동사와 구별하기 위해 비사실 동사(non-factive verb)라고 한다. 이밖에도 전제를 포함하고 있는 어휘는 정관사 the, 부사 also, too, even 등이 있다.

(33) a. The king of France is bald. (There is a king of France.)
b. John also likes Mary. (There is other than John who likes Mary.)

(33a)의 프랑스 왕이 대머리라면(the king of France의 표현 속에는) 프랑스 왕이 있다(There is a king of France.)는 말이 전제되어야 성립한다. 또 (33b)의 John도(also) Mary를 좋아한다면 Mary를 좋아하는 사람으로 John 이외의 다른 사람이 있다(There is other than John who likes Mary.)는 말이 전제되어 있다.

(5) 함축(implication)

함축이란 실제 말한 것은 아니나, 그 말한 것 속에 암시되어 있는 내용을 의미한다.

(34) It's cold here.

(35) a. Close the window, will you?
b. May I close the window?
c. Please turn on the heater.
d. Shall I turn on the heater?

(34)의 문장은 춥다는 문자 그대로의 의미뿐만 아니라, 그때의 발화상황에 따라 청자에게는 (35)와 같은 여러 가지의 의미가 함축되어 있는 것으로 여겨질 수 있다. 즉 '추우니 창문을 닫아 달라.'는 의미도 될 수 있고, '추운데 창문을 닫아도 될까요.'하는 의미도 될 수 있고, '난로를 켜 달라.'는 의미, 혹은 난로를 켤까요.'라는 의미 등 여러 가지의 의미가 상황에 따라 함축되어 있다. 이처럼 함축은 상황과 문맥에 따라 얼마든지 달라질 수 있다는 점에서 그 논리적인 함의나 전제와는 다르다.

한편 다음과 같이 양의 척도에서 적은 것을 말할 때는 그보다 많은 것이 아니기 때문이라는 것을 함축할 수 있다.

(36) a. *Some* of the students were present.
b. Not *all* of the students were present.
c. But in fact all of the students were present.

일부 학생이 출석했다는 (36a)는 척도가 낮은 요소인 some을 사용했기 때문에, 그보다 높은 요소인 all은 아닐 것이라는, 즉 모든 학생이 출석한 것이 아닐 것이라는 (36b)를 함축하고 있다. 그러나 함축은 논리적 함의나 전제와 달리 (36c)처럼 부정을 해도 모순이 되지 않는다.

(6) 변칙(anomaly)

어떤 문장이 의미가 성립하지 않거나 이상한 말일 때 변칙적인 말이라고 한다. 즉 선택제약과 같은 의미규칙을 위반하여 이상하고 의미가 통하지 않는 변칙적인 말이 되는 경우이다.

(37) a. The rock giggled.
b. He swallowed a dream.

(37a)에서 킥킥 웃는다고 하면 인간과 같은 유생물이어야 하는데, 선택제약과 같은 의미규칙을 어기고 무생물인 돌이 주어로 나왔다. 즉 돌이 킥킥 웃는다고 하면 의미적으로 이상한 변칙적인 문장이 된다. 또 (37b)에서 삼킨다고 하면 알약, 음식 등과 같은 구체명사가 나와야 하는데, 추상명사인 꿈이 목적어로 나왔다. 즉 꿈을 삼킨다고 하는 이상한 문장이 되었다. 일반적으로 이와 같은 문장은 의미가 통하지 않는 비문법적인 문장으로 취급하고 있으나, 은유법 등과 같은 수사법에 의해 비유적으로 의미가 확대된 경우도 가능하다. 따라서 논리적인 모순과는 다르다.

2.2 동의어, 반의어, 다의어 관계

어휘와 어휘 사이의 의미관계를 고려하면 여러 가지 현상을 발견할 수 있다. 첫째로 둘 이상의 어휘형이 한 가지의 비슷한 의미를 지니는 경우인 동의어 혹은 유의어(synonym) 관계이다. 두 번째는 두 어휘가 서로 정반대의 의미를 지니는 경우로 반의어(antonym) 관계이다. 세 번째는 하나의 어휘형에 둘 이상 의미를 지니는 중의성의 경우로 다의어(polysemy)와 동음이의어(homonym) 관계이다. 이들을 차례로 살펴보자.

(1) 동의어(synonym) 관계

앞에서 한 어휘를 비슷한 의미의 다른 어휘로 바꿔 쓸 수 있다는 점을 살폈다. 이와 같이 비슷한 의미의 어휘를 동의어 혹은 유의어라고 한다. 먼저 영어는 동의어가 특히 많기로 유명하다. 역사적으로 앵글로-색슨 고유어와 불어나 라틴어에서 차용된 외래어가 공존하기 때문에 생긴 것이 많다.

(38)	buy-purchase (구매하다)	bodily-corporeal (신체상의, 형태상의)
	brotherly-fraternal (우애의)	heavenly-celestial (천상 천계의)
	learned-erudite (학구적인)	help-aid (조력하다)
	wire-telegram	world-universe

일반적으로 buy, bodily 등의 고유어는 단어의 길이가 짧고 의미가 소박하고 정감

이 있는 반면에, purchase, corporeal 등의 외래어는 길고 웅장하고 현학적이며 위압적인 감이 있는 것이 특징이다. 특히 다음 (39)처럼 불어와 라틴어에서 온 외래어와 짝을 이루는 경우도 있는 데, 두 번째의 불어에서 차용된 단어는 좀 더 사치스럽고 세련되고 현학적인 분위기를 갖고 있고, 세 번째의 라틴어에서 차용된 단어는 아주 심각하고 공식적이고 문서에 쓰이는 딱딱한 전문적인 어휘들이 많다.

(39)	kingly	-	royal(왕실의)	-	regal(제왕의)
	begin	-	commence	-	initiate(개시하다)
	rise	-	mount	-	ascend(상승하다)
	ask	-	question	-	interrogate
	goodness	-	virtue(미덕)	-	probity(정직, 성실)
	fast	-	firm(확고한)	-	secure(안전한, 확신하고 있는)
	fire	-	flame(화염)	-	conflagration(큰 화재)
	fear	-	terror	-	trepidation(전율, 공포)
	time	-	age	-	epoch(시대, 신기원)
	holy	-	sacred(거룩한)	-	consecrated(성스러운)
	weary	-	fatigued(피곤해진)	-	exhausted(기진맥진한)
	house	-	mansion(저택)	-	residence(거처, 거주)
	baldness	-	courage	-	fortitude(불굴의 정신)

한편 고유어와 외래어가 동의어로 공존하다 의미가 바뀐 경우도 있다. 예를 들어 노르만 정복이후 불어에서 들어온 외래어로 beef, pork, mutton, venison, veal은 소고기, 돼지고기, 양고기, 송아지 고기를 의미하는 데, 고유어인 ox, cow, swine, pig, sheep, calf는 살아있는 동물 소, 돼지, 양, 송아지를 의미한다. 이것은 피지배자인 앵글로-색슨족은 소작민이거나 농부 또는 농노로서 가축이나 돌보는 처지이고, 이 가축들을 고기로서 식육을 하는 사람은 지배자인 노르만프랑스인들이었기 때문이다.

이와 같은 동의어 관계는 두 개의 어휘가 같은 의미자질을 지니고 있는 것으로 볼 수 있는데, 예를 들어 adult와 grown-up은 [+Human, +Adult]의 의미자질을 지닌 어휘로 볼 수 있다. 그러나 엄밀하게 말해서 모든 면에서 의미가 같은 동의어는 있을 수 없다. big과 large는 동의 관계를 이루어 a big tree와 a large tree가 성립되나, 다음과 같이 그렇지 않은 경우도 있다.

(40) a. He spent a *large* sum of money.
b. *He spent a *big* sum of money.

이와 같은 동의어간의 용법상의 차이는 먼저 automobile(자동차)과 car(차)처럼 격식 있는(formal) 표현과 허물없는(informal) 표현상의 차이가 있다. 따라서 일상적인 대화나 편지와 같은 중립적이거나 허물없는 상황에서는 car가 많이 사용되지만, 회사의 자산명세서와 같은 공식적인 서류에서는 automobile이 주로 쓰인다. 격식의 차이는 명사와 같은 주요 품사에만 나타나는 것이 아니다. 심지어는 호격 표현에서도 나타난다. 예를 들어 어머니가 아들을 부를 때, 성은 빼고 이름만을 부르는 James가 가장 중립적인 표현이라면, 애칭(愛稱)인 Jimmy는 아주 허물없는 표현이고, 화가 나서 full name을 모두 부르는 James Altman Kimball은 아주 공식적이고 딱딱한 표현이다. 이러한 '격식'의 차이를 이해하지 못할 경우, 다음과 같은 표현들 사이에 존재하는 어감의 차이를 포착하지 못할 수 있고, 말을 할 때에 허물없는 말투에서 대단히 딱딱한 말투로 계속 왔다 갔다 하는 실수를 범할 수 있다.

(41) a. I have two *kids*. (저는 애가 둘 있어요)
b. I have two *children*. (저는 자식이 둘 있어요)

다음 elapse(경과하다)와 pass(지나가다)처럼 배움말(learned) 표현과 보통말 표현상의 차이가 있다. 배움말 표현은 보통 라틴어, 불어, 그리스어에서 유래한 (여러 음절) 단어이고, 보통말 표현은 영어 고유의 (짧은 음절) 단어인 경우가 많다. 예를 들어 우리말에서도 '옆으로'라는 쉬운 표현과 함께 '측면으로'라는 어려운 표현이 있듯이, 영어에서도 sideways(옆으로)와 함께 laterally(측면으로)라는 단어가 있다. 또한 초등학생도 사용하는 a lot of와 같은 쉬운 표현과, 교육을 받은 사람이 사용하는 a multiplicity of(다수의)와 같은 어려운 표현이 동시에 존재한다. 우리말에서 (세월이) '지나가다'라고 말할 수도 있고 '경과하다'라고 말할 수 있는 것처럼, 영어에서도 다음과 같이 표현이 가능하다.

(42) a. Ten years have *passed*.
b. Ten years have *elapsed*.

또한, 많은 문화권에서 쉬운 표현이다 못해 어린이들만이 쓰는–그리고 어린이들에게 말할 때만 쓰는–어휘가 별도로 있을 수 있다. 우리말에서도 두세 살 난 아기에게는 '소변보자, 대변보자'라는 표현보다는 '쉬하자, 응아하자'라는 표현을 사용하는데, 영어에서도 wee(wee)/pee (pee)와 poo(poo)와 같은 표현들을 사용하는 것이 좋은 예이다. 물론 우리말에서 화장실과 관련하여 '큰 것, 작은 것'이라는 표현을 사용하듯이 영어에서도 number one(작은 것), number two(큰 것)를 사용하는데, 이 두 표현은 어린이뿐만 아니라 어른들도 종종 사용한다. 또한, 할머니라는 표현과 더불어 '할미'라는 애칭 표현이 존재하듯이, 영어에서도 grandma 또는 grandmother와 함께 granny라는 표현이 존재한다(물론 granny는 '유모'라는 의미도 있음).

또 fall과 autumn처럼 미국영어 표현과 영국영어 표현상의 차이가 있다. 미국영어와 영국영어는 같은 뿌리에서 출발했고, 특히 20~30년 전부터는 제트기와 위성방송의 시대를 맞아 두 문화의 차이에 따른 언어의 상이점이 나날이 축소되어 가고 있지만, 아직도 두 언어 사이에는 적지 않은 어휘상의 상이점이 존재한다. 예를 들면, 미국영어에서는 보통 baby carriage, elevator, baggage라고 표현되는 물체들이 영국영어에서는 보통 perambulator, lift, luggage라고 표현된다. 또한, 미국에서는 감자튀김을 French fries라고 부르지만, 영국에서는 chips라고 부른다. 따라서 chips라는 단어를 들으면 potato chips나 corn chips를 연상시키는 미국인에게 영국영어의 chips는 혼란을 일으킬 수 있다. 우리는 대부분의 경우 미국영어 표현에만 익숙해도 되지만, 영국에서 나온 간행물이나 영화를 읽고 보아야 하는 사람들은 영국영어에 존재하는 동의어 중 필수어휘에 해당하는 것들은 알아 놓는 것이 좋다. 특히 영국과 수출입 업무를 관장하는 사람은 다음 (43a)라는 표현이 미국영어의 (43b)에 상응한다는 것쯤은 알고 있어야 한다.

(43) a. Can you give me a *lift*?
  b. Can you give me a *ride*?

다음 die와 pass away처럼 직설적 표현과 은유적 표현상의 차이가 있다. 우리는 때에 따라서 직설적인 표현보다는 우회적인 표현을 사용해야 할 필요성을 느낀다. 특히, 우리가 두려워하거나 숨기고 싶거나 그 밖의 다른 이유로 말하고 싶지 않은 것들에 대하여도 말해야 하는 경우가 있다. 이러한 필요성을 충족시켜 주는 표현들은 모든 언어에 존재하는데, 그 점에 있어서는 영어도 예외가 아니다. 우리말에서도 '죽었다'는 표현과 '돌아가셨다, 떠나셨다, 잠드셨다'는 표현은 구별하여 쓰듯이 영어에서도 die와 pass away / depart / fall asleep는 구별하여 사용하고, 남편이나 아내가 죽은 사람을 위로하면서 '사랑하는 분을 잃었다'고 표현할 수 있듯이 영어에서도 the loss of the loved one이라는 표현을 사용할 수 있다. 물론 문화적인 차이 때문에 영어의 은유표현에 상당하는 우리말 표현이 늘 존재하는 것은 아니다. 예를 들어 우리말에는 그저 '장의사'라는 표현이 일상적으로 쓰이지만 영어에는 undertaker라는 표현 외에 보다 품격있는－그래서 은유적인－funeral director, mortician과 같은 표현이 있다. 은유적 표현이 많이 쓰이는 다른 영역으로는 신체부위이다. 많은 사람들은 여자의 젖가슴을 직접 언급하는 것을 피하기 위하여 breast(s) 대신 bosom 또는 chest(가슴)를 선호하고, 상스럽게 들리는 ass(엉덩이) 대신 behind, bottom, 또는 rear를 사용하는 경우가 많다.

Palmer(1981)는 이러한 동의관계를 이루는 어휘 사이의 차이점을 다섯 가지로 설명하고 있다. 첫째, 방언적 차이(예: fall-autumn), 둘째, 문체사이의 차이(예: die-pass away), 셋째, 개념이나 감정상의 차이(예: policeman-stateman, hide-conceal), 넷째, 연어적인 제약상의 차이(예: rancid bacon-addled eggs), 다섯째, 의미의 유사성이나 중복상의 차이(예: govern-direct-control-determine-require)이다. 이와 같은 동의어의 관계를 찾는 가장 손쉬운 방법은 위의 (40)과 같이 여러 문맥에 넣어 교체해 보는 방법이다.

(2) 반의어 관계

반의어는 서로 다른 어휘가 의미상의 대립을 이루는 경우를 말한다. 이러한 대립의 관계를 성격상 대략 세 가지로 나누어 볼 수 있다. 첫째, 다음처럼 정도(grade)상의 대립을 이루는 경우이다.

(44) a. old-young, wide-narrow, big-small
b. John is *older* than Mary.
c. This road is *neither* wide *nor* narrow.
d. How *big* is this?

(44a)처럼 old-young, wide-narrow, big-small 등이 대표적인 경우이다. 또 (44b)처럼 비교급이 가능하고, 한 쪽을 부정하는 것이 바로 다른 한 쪽을 의미하는 것이 아니라는 점에서 (44c)와 같은 표현이 가능하다. 또 hot-warm-cool-cold처럼 중간 단계를 의미하는 말이 가능하며, (44d)처럼 그 정도를 묻는 말을 무표적(unmarked)인 대표어로 사용한다.

둘째, alive-dead, single-married, man-woman의 예에서 엿볼 수 있듯이 상보적(complementary) 또는 양분적 대립의 경우이다. 즉 한 쪽을 부정하는 것이 바로 다른 한 쪽을 의미한다. 이들은 서로 모순대조를 이루므로, 동시에 참이 되거나 동시에 거짓이 될 수 없다. 따라서 논리적인 면에서 이들을 모순어(contradictory word)라고도 한다.

셋째, 상대적(relative) 대립의 경우이다.

(45) a. John *bought* it from Bill. – Bill *sold* it to John.
b. John is Mary's *husband*. – Mary is John's *wife*.
c. John is *in front of* mary. – Mary is *behind* John.

동사의 예로는 buy-sell, lend-borrow, give-receive, rent-let, own-belong to 등이 있고, 명사의 예로는 husband-wife, parent-child, debtor-creditor 등이 있으며, 공간적 관계에서 above-below, in front of-behind, north of-south of 등이 있다. 이러한 반의어의 특징은 상대적이기 때문에 어휘선택에 따라 위 (45)처럼 다르게 표현할 수 있다.

이와 같은 반의어는 성분분석을 하여 의미자질로 표시하면 그 대립성이 극명하게 들어 난다. 예를 들어 결혼하지 않은 성인 남자와 여자를 뜻하는 영어 어휘 bachelor와 spinster를 보면 그 성분 분석은 다음과 같다.

(46) a. bachelor [+Adult, +Male, +Human, -Married]
b. spinster [+Adult, -Male, +Human, -Married]

이렇게 표현하면 그 모순적 반의 관계가 +와 -로 더욱 확실하게 들어 난다. 즉 성이라는 면에서 서로 대립을 보이고 있으나, 다른 면에서는 동일하다는 것을 알 수 있다. 이는 단순히 반의어로만 간주되던 어휘들이 부분적으로는 동의성을 지니고 있다는 사실을 동일한 의미자질의 값을 지니는 현상으로 명확하게 표현할 수 있다.

(3) 다의어(polysemy)와 동음이의어(homonymy)

다의어는 하나의 어휘가 둘 이상의 의미를 지니는 경우로, 예를 들어 conductor가 교통 분야에서는 차장을 뜻하고, 음악 분야에서는 지휘자를 뜻하는 경우가 해당된다. 반면 동음이의어는 meat-meet처럼 의미가 다른 둘 이상의 어휘가 발음이 같은 경우를 말한다. 그러나 fan(부채)-fan(운동경기나 연예인의 팬)처럼 발음뿐만 아니라 철자가 같은 경우가 있기 때문에 어디까지 다의어이고, 어디까지 동음이의어인지 구별하기가 그리 쉽지는 않다. 예를 들어 사전제작자들은 bank(강둑; 은행)나 fan(부채; 축구팬)을 동음이의어로 분류하여, 두 개의 어휘 항목 bank1(강둑) bank2(은행)와 fan1(부채) fan2(축구 팬)로 나누어 표기하여 구별한다. 반면에, mouth의 두 의미 '사람의 입'과 '강의 어구'는 밀접히 관련된 의미를 지니는 것으로 간주하여 다의어로 분류한다. 즉 동일 어원을 갖고 있는 mouth의 경우 같은 어휘가 시간의 흐름에 따라 의미적으로 확대되어 여러 가지 의미를 지니게 되었다고 봄으로써 다의어로 취급한다. 이와 같은 다의어와 동음이의어 구별은 일반적으로 어원에 의존하는 방법, 비유법 등에 의해 전의된 의미를 예측할 수 있느냐 하는 방법(예: the foot of a bed), 중심의미를 찾을 수 있느냐 하는 방법, 중의성을 조사하는 방법 등이 있다.

한편 이러한 다의성의 문제를, 어휘의 의미성분을 성분분석의 의미자질로 분석해 보면 조금 더 명확하게 구별할 수 있다.

(47) a A man is different from a woman.
b. Only man is rational.

(47a)의 man은 '남자'의 뜻으로 쓰였고, (47b)의 man은 '사람'의 뜻으로 쓰였다. 이를 의미자질로 표시하면 다음과 같다.

(48) a. man [+Adult, +Male, +Human]
b. man [±Adult, ±Male, +Human]

사람의 뜻으로 쓰인 (48b)는 남자의 뜻으로 쓰인 (48a)와 달리 Adult와 Male의 값이 ±로 표시되어 그 속성이 드러나지 않음을 보여주고 있다. 이와 같이 의미자질로 분석함으로써 man의 다의적 성격을 잘 나타낼 수 있다.

3. 다의어의 의미확대과정

다의어의 의미체계에 관한 연구는 여러 각도에서 접근되어 왔다. 먼저 Rosch(1973)의 원형이론에서는 다의어를 어휘의 원형적 의미를 기준으로 전형적인 것과 그렇지 않은 것 사이의 체계적 망상조직으로 분석하였다. Langacker(1991)의 인지문법에서는 원형이론을 보다 체계화하여 한 낱말의 원형의미와 주변의미가 서로 상징적으로 연계를 이루면서 망을 형성하고 있는 의미망모형 이론으로 발전시켰다. 여기에서는 원형이론과 의미망 모형이론을 살펴보고, 나아가 의미의 확대과정에서 많이 사용하고 있는 비유법으로 은유와 환유에 대해 살펴보고자 한다.

3.1 원형이론(prototypes)과 의미확대과정

Rosch(1973)는 심리적인 인지와 관련하여 원형이론을 개발하였다. 원형이론에 따르면 우리는 사람, 동물, 사물 등의 모든 범주에 대해 원형적인 개념을 가지고 있다. 예를 들어 개과의 동물을 보면 실제 다양한 모양의 동물들이 구성원으로 존재한다. 그러나 우리의 마음속에는 개의 범주에 관한 원형적 개념이 있고, 다른 모든 개들은 원형과의 관계를 통하여 이해하게 된다. 즉 원형적 핵심구성원(core member)은 세퍼드, 푸들, 허스키 등과 같은 원형과 가장 닮은 개들이고, 주변구성원(peripheral member)은 코요태, 여우, 늑대 등과 같은 금방 개로 식별되지 않는 구성원들이다. 원형적인 구성원이란 사람들과 자주 접하게 되고 가장 쉽게 배우며 가장 먼저 떠오르는 것이다. 이러한 원형적 범주에서 벗어나더라도 어느 정도 유사하다고 판단되면 그 범주의 구성원으로 간주된다. 즉, 범주의 구성원들로서 A, B, C, D가 있을 때 순서대로 관련 정도가 매겨진다면 A와 D는 거의 관련성이 없을 것이다. 하지만, C와 D가 관련이 있으므로 A와 D는 관련이 있다는 가족유사성을 지니는 것이다.

다음은 컵과 새에 대한 원형적인 구성원과 주변적인 구성원에 대한 그림이다. 원형적인 1번 컵에 비해 옆으로 넓어지고 있는 마지막 5번 컵과 위로 길어지는 마지막 9번 컵은 매우 다른 모양을 하고 있음을 알 수 있다. 마찬가지로 참새, 제비, 까치 등의 원형적인 새와 박쥐, 타조, 팽귄 등의 주변적인 새의 모양은 무척 다름을 알 수 있다.

(49) a. cup

b. bird

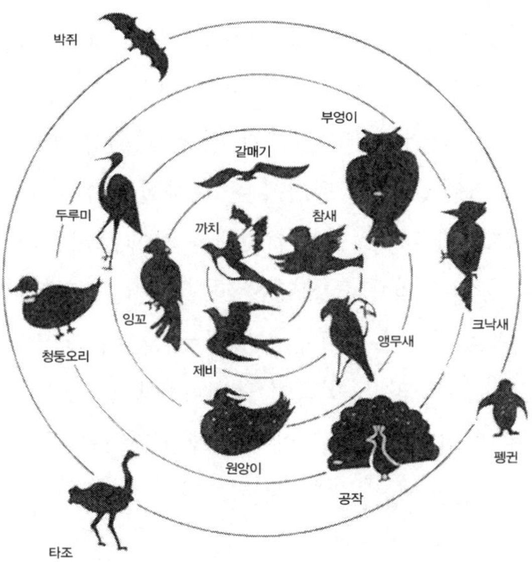

다음은 수송수단(vehicle)에 대한 원형적인 구성원과 주변적인 구성원의 예이다.

(50)	Core Members		Periphreral members	
a. Land:	car	truck,	bicycle	tricycle
b. Air:	airplane	helicopter	hot air balloon	glider
c. water:	ship	yacht	canoe	kayak

(50)은 수송수단을 육지 수송수단, 항공 수송수단, 해상 수송수단의 3가지 영역으로 구분하여 핵심구성원과 주변 구성원의 목록을 작성한 것이다. 어떤 사람들은 vehicle의 원형으로 육지 수송수단만을 포함하고, 항공 및 해상 수송수단은 vehicle로

간주하지 않거나 주변적인 것으로 파악하기도 한다. 이러한 반응은 개개인마다 다양한 원형개념을 가지고 있음을 암시한다.

한편 범주 경계에 대해 Labov(1973)는 한 어휘가 끝나고 다른 어휘가 시작되는 과정에 어떤 분명한 경계가 있는지 알아보기 위해 '모호한 가장자리 현상'(fuzzy edge phenomenon) 실험을 실시하였다. 이 실험에서 Labov는 학생들에게 19가지 형태로 넓이와 높이를 조절한 cup과 bowl을 구분하는 분명한 경계는 없으며, 한 범주는 점진적으로 다른 범주가 된다고 주장하였다. Labov의 실험에서 밝혀진 모호한 가장자리 현상은 그릇 모양에 국한된 것이 아니라, 어휘 의미에도 동일하게 나타난다. 예를 들어 day와 night의 경계를 생각하면 어디에서 밤이 끝나고 낮이 시작되는지 모호하다. 그 이유는 본질적으로 연속적인 대상 세계를 어휘의 단위로 분절하였기 때문이다.

다음은 원형이론이 어휘의 의미 분석에 어떻게 적용되었는지를 살펴보자. Fillmore(1982:31-34)는 영어 climb의 원형적 주요 자질을 두 손과 발을 이용하여 기어오르는 것으로 보았다. 예로써 원숭이가 깃대를 기어 내려오는 과정에는 두 손과 발을 이용하는 [기는 과정]은 있으나 [오르는 과정]은 없으므로 그만큼 원형에서 벗어난다. 또 달팽이가 벽을 타고 올라가는 과정에는 [오르는 과정]은 있으나 두 손과 발을 이용하여 [기는 과정]은 없다. 더욱이 달팽이가 벽을 타고 내려오는 과정에는 [기는 과정]도 [오르는 과정]도 없기 때문에 원형에서 벗어난 경우가 된다. 그러나 영어 climb으로 나타낼 수 있는 비전형적인 예는 그것이 전부가 아니라 다음과 같이 더 확대되어 쓰일 수 있다.

(51) a. It became hotter as the sun *climbed* in the sky.
b. The road *climbed* steeply.
c. The soldiers *climbed* into their uniforms at the sound of the warning bell.

(51a)에서 태양은 손도 발도, 어디에도 접하는 것이 없이 공중에서 움직인다. (51b)에서 길은 실제 움직이지 않는다. 그러나 관찰자가 길의 한 부분에서 다른 부분으로 관찰할 때 길이 높아짐을 보는 관계를 나타낸다. (51c)에서 장소 이동은 눈에 뜨이지 않으나 손과 발을 써서 옷 속으로 들어가기 때문에 climb이 쓰인 것으로 볼 수 있다.

Fillmore가 climb의 분석에 쓴 방법은 영어의 다른 동사의 분석에도 유용하게 쓰일 수 있을 것으로 본다. 왜냐하면, 대부분의 동사의 의미는 하나가 아니라 여러 가지가 있는데, 이들 가운데 어느 하나를 원형으로 설정하여 상세히 묘사하면 그 밖의 의미가 이 원형이론에서 어떤 방법으로 벗어날 수 있음을 보여줄 수 있고, 이것이 의미사이의 관련성을 보여줄 수 있기 때문이다.

3.2 의미망 모형과 의미확대과정

Langacker(1987)는 원형의미에서 주변의미로 확대해 가는 과정을 보다 체계적으로 의미망 모형으로 설명한다.

(1) 명사 ring의 의미확대과정

이기동(1994)은 의미망모형을 이용하여 다의어의 의미확대과정을 설명하고 있다. 먼저 영어 명사 ring은 ① 반지, 귀걸이, 코걸이, 팔찌 ② 고리, 바퀴 ③ 원, 원형, 빙 둘러앉은 사람들 ④ (식물의) 나이테 ⑤ 권투장, 씨름판 ⑥ 동물 전시장 ⑦ (장사, 정치상의) 한패, 도당, 동맹, (경마의) 도박꾼, 사설 마권업자 등의 의미가 있다. 이를 모두 둥근 모양으로 본다면 다음과 같은 대략적인 의미망 모형으로 설명할 수 있다.

(52)

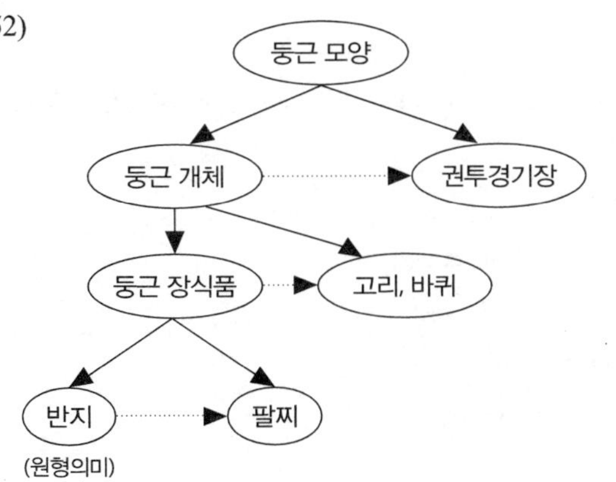

가장 기본적인 원형적 의미를 손가락에 끼는 반지라고 할 때, 귀걸이, 코걸이, 팔찌 등은 같은 점도 있지만 다른 점도 있다. 같은 점은 모두 둥근 물체이고, 장식품이라

는 점이다. 그러나 크기가 다르다. 따라서 귀걸이, 코걸이, 팔찌 등은 반지에서 의미가 확대된 경우로 볼 수 있다. 그러나 공통점은 둥근 모양의 장식품인데, 장식품 기능을 제외하고 둥근 모양만 생각하면 두 번째 의미인 고리, 바퀴의 의미와의 연관성을 쉽게 상상할 수 있다. 세 번째 둥근 모양의 원, 원형과 네 번째 식물의 나이테 등도 둥근 모양의 개체라는 것을 쉽게 이해할 수 있다. 다섯 번째 실선이 아닌 점선으로 사람들이 둘러앉아 경기를 지켜보는 모습의 권투 경기장, 씨름판 등은 둥근 모양의 개체에서 확대된 둥근 모양이라는 것을 알 수 있다. 심지어 원형 모습이 아니라도 둘러앉아 모여 있는 집단인 한패거리, 도당, 동맹의 의미로도 쓰일 수 있다.

위의 그림은 영어 명사 ring의 관습적 의미를 묘사하는 의미망의 일부이다. 직선 화살표는 부분관계를 나타내고, 점선 화살표는 확대 관계를 나타낸다. 즉 반지에서 귀걸이, 코걸이, 팔찌 등으로 확대되어 가는 과정을 점선으로 표시한 것이고, 또 반지와 팔찌 등은 둥근 장식품의 일부라는 도식을 직선 화살표로 나타낸 것이다. 이처럼 ring이 나타내는 여러 의미는 별개의 것이 아니라 서로 연관을 지으면서 일종의 망처럼 확대되어 감을 알 수 있다. 이때 어느 것을 가장 기본적인 원형적 의미인가 하는 문제는 시대와 관습에 따라 약간의 차이가 있겠지만, 인습적으로 많은 사람들이 가장 원형적이라고 생각하는 것으로 볼 수 있다. 즉 위의 ring의 경우 반지이다.

(2) 동사 run의 의미확대과정

다음 동사 run의 경우도 마찬가지로 확대되어 가는 과정을 의미망모형으로 설명할 수 있다.

(53) a. *He* ran through the hall upstairs.
b. *The dogs* are running to the hill.
c. *The car* ran down the hill.
d. *The ship* ran before the wind.

(53a)는 사람이 두 다리를 이용하여 목표지점으로 빠르게 장소 이동하는 과정을 나타낸다. 이러한 원형적 run의 의미는 (53b)에서는 사람이 아닌 네발 달린 동물로, (53c)에서는 다리가 아닌 바퀴로 움직이는 자동차로, (53d)에서는 프로펠러로 움직이는 배

등으로 확대되어 쓰일 수 있다. 다시 말하면 run은 무엇인가를 수단으로 하여 목표지점을 향하여 빠르게 이동한다는 의미가 기본적인 개념이라고 할 수 있다. 이외에도 자체 힘이 아닌 다음처럼 중력이나 다른 자연현상에 의해 이동하는 경우에도 쓰인다.

(54) a. *The ball* ran over the curb and into the street.
b. *The water* ran out of the pipe into the bucket.

(54a)의 경우는 둥근 개체인 공이, 외부의 압력을 받아서 빠르게 굴러 보도 턱을 넘어 거리로 이동함을 보여준다. 따라서 우리말로는 '뛰다'나 '달리다'라기보다는 '구르다'에 해당된다. 또 (54b)는 물이 파이프에서 통으로 흘러가고 있는 모습을 나타내고 있다. 즉 우리말로는 '흐르다'에 가깝다.

한편 다음처럼 제자리 운동하는 경우에도 run이 쓰인다.

(55) a. *The clock* runs a little slowly.
b. I can't make *the lawn mower* run properly.
c. *The mills* run day and night.

(55)는 주어가 시계, 잔디 깎는 기계, 방앗간 제분기 등 기계로, 장소 이동을 하지 않고 제자리 운동을 하고 있는 경우이다. 그러나 기계의 일부가 비록 제자리 움직임일지라도 그 움직임의 동작이 지속적으로 이루어지고 있으므로 목표지점으로 이동하고 있는 과정으로 비유할 수 있다.

한편 어느 한 방향으로 이동하는 것이 아니라, 마치 잔잔한 호수에 돌을 던지면 물결이 퍼지듯이 사방을 향해 움직일 때에도 run이 쓰인다.

(56) a. *The dyes* in this fabric are guaranteed not to run in washing.
b. The writing was blurred where *the ink* had run on wet pages.

(56)의 run은 물감, 잉크 등 액체가 번지는 과정을 나타낼 때에 쓰인 경우이다. 즉 우리말 '번지다'에 더 가깝다. 이처럼 번지는 의미가 추상적으로 확대되어 다음처럼 '소문 등이 알려지다'는 의미로도 쓰일 수 있다.

(57) a. *The news* of his promotion ran all over town.
b. *The song* ran about the village.

(57a)에서 승진 소식이 온 마을에 돌아다니는 것이 아니라, 승진 소식이 추상적인 개념으로 온 마을에 번져 알려진다는 의미로 확대된 것이다. (57b) '그 노래는 곧 온 마을에 알려졌다'도 화자가 추상적 개념화하여 표현한 것이다. 이와 같은 의미는 원래 run의 의미와는 상당히 달라진 경우이다. 그러나 빠르게 움직인다는 원형적인 의미에서 문맥에 따라 그 의미적 관련성을 알아낼 수 있으므로 다의적 관계이다.

이를 도식적으로 의미망을 이용하여 나타내면 다음과 같다.

(58)

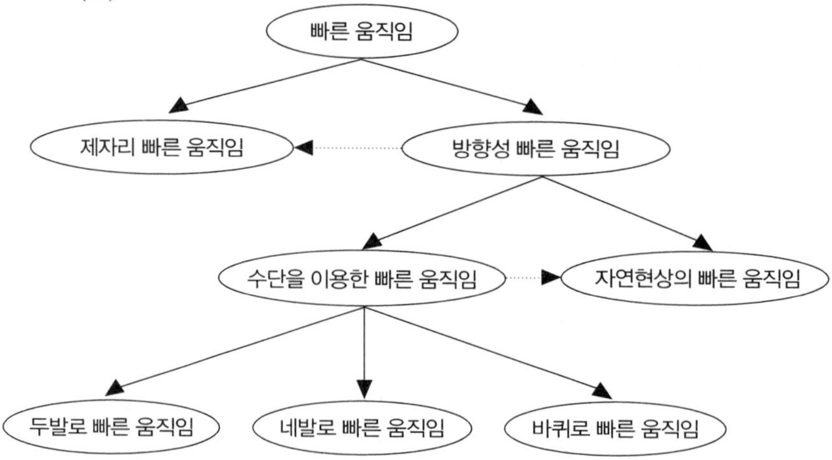

사람처럼 두발로 빠르게 움직임은 개나 다른 동물처럼 네발로 빠르게 움직임으로 확대될 수 있고, 또 자동차처럼 바퀴로 빠르게 움직임으로도 확대될 수 있다. 이들은 발이나 바퀴를 수단으로 빠르게 움직임의 실례로 이를 개념화하여 수단을 이용한 움직임으로 도식화하여 나타낼 수 있고, 이런 수단을 이용한 움직임은 다시 자연현상에 의해 공이나, 물 등이 구르거나 흐르는 경우로 확대될 수 있다. 또 이들 모두는 어떤 목표의 방향으로 빠르게 움직임을 나타내는 실례로 이를 개념화하여 방향성 움직임으로 도식화하여 나타낼 수 있고, 이런 방향성 움직임에서 제자리에서 빠르게 움직이는 경우로 확대할 수 있다.

(3) out의 의미확대과정

내용어인 명사, 동사뿐만 아니라 기능어인 전치사도 공간적인 구체적 의미에서 서로 관련을 지으면서 확대되어 가는 추상적인 많은 의미들을 설명할 수 있다. 예를 들어 out의 경우를 살펴보자.

(59) a. She went out.
b. She picked out two pieces of candy from the jar.
c. He ironed out the wrinkle in his shirt.

Lindner(1983)에 의하면 (59a)의 '그녀는 나갔다'의 out은 주어인 사람이 어떤 장소의 영역으로부터 벗어나가는 과정과 그 결과 밖에 있는 상태를 나타낸다. 즉 공간적인 위치나 이동과 같은 구체적인 의미라고 할 수 있다. (59b)의 '그녀는 항아리에서 사탕 두 개를 꺼냈다'의 out은 주어가 꺼내는 동작의 결과로 사탕 두 개가 어떤 영역(예로, 사탕이 들어 있는 항아리)으로부터 벗어나 꺼내져있는 관계를 나타낸다. 이 두 문장에 쓰인 out은 비슷한 것 같지만 엄격히 따지면 서로 다르다. (59a)에서 영역은 집, 학교, 나라와 같이 우리가 잘 알고 있는 곳이고, (59b)에서의 영역은 사탕과 같은 개체가 여러 개 들어 있는 항아리이다. 그러나 어떤 개체가 주어진 영역에서 벗어나가는 과정과 그 결과를 나타내고 있다는 점에서 공통점을 찾을 수 있다. (59c)의 '그는 셔츠의 주름을 다리미질로 폈다'의 out은 (59a-b)와는 사뭇 다름을 알 수 있다. 즉, 주름은 사람이나 사탕처럼 주어진 영역에서 분리될 수 있는 것이 아니라 셔츠에 잡혀있는 것이다. 그렇지만 우리는 어느 옷에 주름이 져 있다고 말할 수 있고, 또 펴지면 없어졌다고 말할 수 있다. 즉 주름이 옷에 있다가 옷에서 떠나는 것으로 '셔츠' 내에 존재하던 '주름'이 마지막 상태에서는 존재하지 않게 됨을 out으로 표현한 것이다. (59)의 예문에 쓰인 out은 모두 영역의 성질이야 어떠하든 어떤 영역 내에 존재했던 개체가 나중 상태에는 그것이 바깥쪽으로 벗어난다는 점에서 공통된 과정으로 볼 수 있다. 따라서 이 세 가지 의미의 out은 서로 관련을 지으면서 확대되거나 바깥쪽으로 벗어난다는 점으로 개념화하여 통합할 수 있다.

3.3 은유와 환유에 의한 의미확대과정

원형적 의미에서 의미가 확대되어 가는 과정에서 가장 많이 사용하는 비유법은 은유(metaphor)와 환유(metonymy)이다. 이에 대해 더 자세히 살펴보자.

(1) 은유

Lakoff & Johnson(1981)은 은유는 문학에 국한된 현상이 아니라, 우리의 사고, 말, 행동에 보편적으로 관련이 되어 있다고 한다. 은유는 한 인지영역의 경험을 다른 영역을 통해서 이해하는 과정이다. 가까운 예로 '그는 개 / 돼지 / 여우 / 늑대 / 소이다.'라고 사람을 동물을 통해 이해하려는 비유법이 은유이다. 즉 은유는 동물이라는 영역의 개념을 가지고 인간의 본성과 같은 추상적인 다른 영역의 개념을 이해하는 과정이다. 비교적 구체적이고 현저성을 띠는 것을 원천영역(source domain)이라고 하고, 보다 추상적인 것을 목표영역(target domain)이라고 하는데, 원천영역을 목표영역으로 영역 전환하여 표현하는 것, 즉 구체적인 것을 이용하여 추상적인 개념을 나타내는 것을 은유라고 한다.

은유는 두 영역의 차이점은 무시되고 공통된 속성만으로 부각시켜 나타내는데, 크게 세 가지 종류가 있다. 첫째 한 개념이 다른 개념의 관점에서 은유적으로 구조화되는 구조적 은유(structural metaphor)가 있다. 둘째 up / down, in / out, front / back, on / off, deep / shallow 등의 방위를 나타내는 단어들을 포함하는 방향적 은유(orientational metaphor)가 있다. 셋째 추상적인 생각이나 활동 등을 실제 존재하는 구체적인 개체에 비유하여 나타내는 존재론적 은유(ontological metaphor)가 있다.

먼저 구조적 은유를 살펴보자.

(60) ARGUMENT IS WAR

a. Your claims are *indefensible*.

b. He *attacked* every weak point in my argument.

c. His criticism were right on *target*.

d. I've never *won* an argument with him.

논쟁(argument)과 전쟁(war)의 개념은 서로 다른 영역에 속하는 것이 분명하다. 그러나 논쟁과 전쟁의 공통적 속성, 즉 논쟁이 전쟁에서처럼 타인의 의견을 공격(attack)하기도 하고 자기의 의견을 방어(defence)하기도 하는 점, 정곡(target)을 찌를 수도 있고, 논쟁에서 이길(win) 수도 있고 질 수 도 있다는 점에 초점을 맞춘다. 이것은 추상적인 개념으로 구조화된 논쟁보다는 구체적인 개념으로 구조화된 전쟁이 쉽게 이해되기 때문이다.

방향적 은유에서 방위에는 위/아래, 앞/뒤, 좌/우 등이 있다. 이러한 방위 개념은 어느 특정한 품사의 낱말로만 표현되는 것이 아니라 거의 모든 낱말로 표현된다. 가장 많이 사용하는 방위 은유의 예로 '즐겁거나 좋은 것은 위로(up) 올라가는 것이고 슬프거나 나쁜 것은 아래로(down) 내려가는 방위로 나타내는 은유이다.

(61) HAPPY IS UP: SAD IS DOWN
a. I'm feeling *down* today.
b. Cheer *up*!

(62) a. He rose *high* in his profession.
b. The Won hit a new *low* against the dollar.
c. The new dress gave her a real *lift*.
d. She came *bottom*.
e. He *rose* to power.
f. He *sank* into despair.
g. I have no control *over* the matter.
h. The school is *under* the direct control of the school board.

(61)에서 기분이 좋으면 위로 뛰어오르는 것처럼 기쁜 감정 상태를 up으로, 기분이 좋지 않으면 움츠러드는 것처럼 기분이 좋지 않은 감정을 down으로 표현한다. (62)에서도 높은 자리로 승진하는 것을 형용사 high로, 원화의 가치가 떨어지는 것을 low로 표현하고 있다. 또 새 옷을 입고 기분이 좋아진 것을 명사 lift로, 기분이 나빠진 것을 bottom으로 표현하고 있다. 권력의 자리에 올랐다고 동사 rise로, 절망으로 떨어졌다고 sink로 표현하고 있다. 문제에 대한 통제력을 전치사 over로, 직접적인 통제하에 있다고 under로 표현하여 방위에 비유하여 나타내는 은유법을 방향적 은유라고 한다. 즉 감정의 변화, 계급사회에서의 승진, 통제 등 추상적인 영역의 개념을 보다 구

체적인 공간적 영역의 방위개념을 이용하여 나타내는 비유법이다.

존재론적 은유는 우리 주위에 있는 추상적인 경험의 부분들을 실제 존재하고 있는 물체나 물질로 개념화하여 비유적으로 나타내는 경우이다. 따라서 개체은유라고도 한다.

(63) THE MIND IS A MACHINE
a. My mind just isn't *operating* today.
b. I'm a little *rusty* now.

추상적인 마음을 구체적인 기계로 표현하고 있다. (63)과 같이 정신도 기계처럼 작동 능력이 있어 제대로 작동이 안 되고 있거나, 또 녹슨 것처럼 표현하는 것이 개체은유 또는 존재론적 은유라고 한다. 즉 마음과 같은 추상적인 영역의 개념을 보다 구체적인 기계와 같은 존재론적 영역의 개체를 이용하여 나타내는 비유법이다.

이처럼 은유법이란 추상적인 목표영역의 개념을 구조적 은유에서는 구체적인 구조의 사건, 방향적 은유에서는 공간적 관계의 방향, 존재론적 은유에서는 실제 존재하는 개체에 비유하여 표현하는 비유법이다. 다음은 동사 have가 추상적인 다양한 목표영역의 의미를 구체적인 원천영역인 소유구조의 소유관계에 비유하여 나타낸 경우이다.

(64) a. I have a book.
b. He has blue eyes.
c. She has a very good temper.
d. We have a lot of rain in summer.
e. I have free time every Sunday.
f. I have a smoke after dinner.
g. He has an important test to perform.

동사 have의 원형적 의미를 소유영역에서 소유자와 소유물과의 구체적인 소유구조의 관계라면, (64a)는 원형적 의미로 쓰인 동사 have의 예이다. 그러나 (64b)는 '그의 눈은 푸르다'라는 신체의 특성을 나타내는 추상적인 개념으로 확대되었다. 즉 구체적인 신체 소유자와 신체의 일부인 푸른 눈과의 소유관계로 표현한 것이다. (64c)는 '그녀는 성격이 좋다'는 추상적인 품성을 나타낸다. 소유영역의 기질, 속성의 소유자와 속성과의 소유관계로 나타낸 것이다. (64d)는 '우리나라에서는 여름에 비가 많이 온다.'는 추상적인 생활환경의 개념을 나타낸 것이다. 마찬가지로 사람과 그 사람들이 생활하는 생활환경과의 소유관계로 표현한 것이다. (64e)는 자유롭게 쓸 시간이 많다는 추상적인 개념을 사람과 사람이 사용가능한 시간과의 소유관계로 표현한 것이다. (64f)는 저녁식사 후 담배를 핀다는 추상적인 생활 습관을 행위자와 행위자가 수행하는 행위와의 소유관계로 표현한 것이다. (64g)는 중요한 시험을 해야 한다는 책무 등의 추상적인 책임개념을 보다 구체적인 책임자와 책임자가 수행해야 할 책무와의 소유관계로 표현한 것이다. 이처럼 신체, 성격, 생활환경, 시간활용, 행위, 책임 등의 보다 추상적인 개념의 목표영역을 동사 have의 원형적 의미인 구체적인 소유구조를 원천영역으로 하여 은유적으로 나타내고 있다.

(2) 환유

한 어휘를 써서 그 어휘가 가리키는 개체를 가리키지 않고, 그 개체와 관련된 다른 개체를 가리키는 비유법을 환유라고 한다. 즉 직접 대상을 언급하지 않고, 그와 같은 영역 안에 있는 보다 현저한 개체를 언급하는 비유법이다. 가장 대표적인 환유가 전체(whole)를 언급해 부분(part)을 나타내거나, 부분을 언급해서 전체를 나타내는 경우이다.

(65) a. Hold up your *hands*.
b. *The whole town* welcomed him.

(65a)에서 손만 들어 올리는 것이 아니라 손을 포함한 팔 전체를 들어 올리는 것이다. 팔 전체를 나타내기 위해 보다 현저한 손을 언급하는 것으로 부분이 전체를 나타내고 있는 환유가 적용된 경우이다. (65b)에서 the whole town은 지역을 가리키는 것이 아니라 그 안에 살고 있는 사람을 가리킨다. 즉 마을에 살고 있는 부분인 개개인 사람보다 크고 현저한 전체인 마을을 언급함으로 전체가 부분을 나타내고 있는 환유가 적용된 경우이다.

환유는 일차적으로 지시기능을 갖지만 지시기능에만 국한되지는 않는다. 환유는 지시되는 개체의 특정한 부분에 초점이 주어지므로 지시되는 개체는 이 부분과 관련을 지어서 이해된다.

(66) a. We all heard *the piano.*
b. Don't believe *John.*
c. *She* finally blinked.

(66a)에서 우리가 귀로 들은 것은 피아노 자체가 아니라 피아노에서 나오는 소리이다. 마찬가지로, (66b)에서 우리가 믿을 수 있는 것은 John이라는 사람 자체가 아니라, 그 사람이 하는 말이나 그 내용이다. (66c)에서 blink하는 것은 그녀라는 사람의 신체 전부가 아니라, 그녀의 눈꺼풀과 그 주위의 힘살, 신경 등이다. 이처럼 실제 지시된 개체에서 초점을 받아 활성화 된 부분을 활성영역(active zone)이라 하고, 지시되어 표현된 것을 모습(profile)이라고 한다. 그러므로 (66a)에서 피아노가 지시되어 표현된 모습이라면, 활성 영역은 피아노에서 나오는 소리이다. 동사 hear는 목적어에 대한 선택제약으로 [+sound]라는 의미자질이 필요하기 때문이다. 또 (66b)에서 지시된 모습은 John이지만 활성영역은 그가 하는 말이나 내용이다. (66c)에서 지시된 모습은 그녀이지만 활성영역은 그녀의 눈이다.

한편 동사에 따라 활성영역이 달라지는데, 이는 다음 동사의 경우처럼 선택제약과도 관련이 있다.

(67) a. John *kicked* the ball.
b. John *threw* the ball.
c. John *looked at* the ball.
d. John *solved* the problem.

(67)에 쓰인 각 문장의 주어인 John이라는 사람이 모습으로 나타나 있지만, 활성영역은 동사의 의미자질인 선택제약에 따라 달라진다. (67a)의 동사 kick은 발과 관련이 있고, (67b)의 동사 throw는 손과 관련이 있다. (67c)의 동사 look at은 눈과 관련이 있고, (67d)의 동사 solve는 머리와 관련이 있다. 따라서 활성영역도 달라짐을 알 수 있다.

한편 다음 문장에서는 같은 동사인데도 불구하고 목적어가 무엇이냐에 따라 주어인 의사의 활성영역이 달라진다.

(68) a. The doctor felt *my pulse*.
b. The doctor felt *the truth of her word*s.
c. The doctor feels *that we should go*.

(68a)에서 내 맥박을 집어 본 것은 의사선생의 신체의 일부인 손이고, (68b)에서 그녀 말의 진실성을 느낀 것은 의사선생의 마음이고, (68c)에서 우리가 가야 된다고 생각한 것도 의사선생의 마음이다.

다음은 동사 cut이 환유적으로 의미가 확대되어 다의어로 쓰인 예이다.

(69) a. The butcher cut *the meat* with a knife.
b. He cut *his hand* with a knife.
c. I cut *myself* while shaving.
d. We cut *a branch* from the tree.
e. They cut *their fingernails* twice a week.
f. She cut *a suit*.
g. The hunters cut *their way* through the forest.

동사 cut의 원형적 의미는 행위자인 사람이 칼과 같은 도구를 사용하여 자르는 행위를 하여, 그 결과 고기와 같은 개체 전체가 잘려지는 상태변화가 일어난다는 의미이다. 즉 (69a)가 원형적인 의미로 쓰인 예이다. (69b)는 손 전체가 아니라 손의 일부분인 피부가 베인 경우로 손 전체를 모습으로 표현했지만, 실제 베인 활성영역은 손의 표면인 피부이다. (69c)도 사람의 몸 전체가 아니라 일부분인 얼굴의 피부 정도가 면도하다 베인 경우이다. 전체를 통해 부분을 나타내는 환유가 적용된 예이다. (69d)는 나뭇가지가 나무로부터 베어져 분리되는 것을 나타낸다. 즉 (69a)의 원형적 의미와 달리 활성영역인 실제 잘려지는 나무 전체는 전치사구로 표현되었고, 잘려져 나간 부분인 나뭇가지가 모습으로 동사 cut의 목적어로 표현된 경우이다.[8)] (69e)는 손

---

8) 활성화 문제는 인지의 문제와 관계가 있다. 인지의 정도에 따라 활성영역이 표현되지 않을 수도 있고, 다음처럼 표현되는 경우도 있다.

(i) a. The wombat bit the skunk on the tail *with its sharp teeth*.
b. Zelda blinked *her big blue eyes*.

(ia)에서 물었다면 활성영역은 당연히 이빨로 무는 경우이므로 묵시적으로 표현하지 않을 수도 있지만, 인지적으로 날카로운 이빨이라는 것을 나타내기 위해 전치사구 with its sharp teeth로 표현한 경우이다. 또 (ib)에서 깜박였다면 활성영역은 당연히 눈으로 생략해도 되지만, 크고 푸른 눈이라는 것을 나타내

톱을 잘라 손톱의 길이가 줄어드는 것을 나타낸다. 즉 손톱과 같은 전체를 모습으로 내세웠지만 활성영역은 손톱의 길이가 줄어든 결과상태이다. (69f)는 옷감 등의 재료를 자르는 행위를 하여 그 결과 양복을 재단해 냈다는 의미이다. 즉 실제 잘리는 행위의 대상인 활성영역은 옷감이지만, 대신 결과물인 양복을 모습으로 내세운 환유가 적용된 예이다. (69g)도 숲의 나무를 베어낸 결과로 길이 생겨나는 것을 나타낸다. 즉 어떤 것을 자르거나 분리시키는 의미인 동사 cut의 원형적 의미에서 실제 잘려나간 활성영역인 숲은 전치사구로 표현되었고, 행위의 결과인 '길'이 모습으로 표현된 환유법이 적용된 예이다. 이처럼 동사 cut의 목적어로 잘려진 전체대신 잘려진 부분, 분리되어 나간 개체, 잘려나간 결과상황, 잘려나간 결과물 등을 모습으로 표현하는 환유법이 적용되어 의미가 확대된 경우이다.

4. 구동사의 숙어적 의미

단어가 모여 구를 형성하며 다시 구가 모여 문장을 형성한다. 본장에서는 구동사를 중심으로 구의 의미를 살펴보고자 한다.

4.1 전치사 동사와 구동사

넓은 의미의 구동사(phrasal verbs)는 동사가 불변화사인 전치사나 전치사성 부사와 결합한 경우를 다 지칭하나, 좁은 의미의 구동사는 동사와 전치사성 부사와의 결합만을 의미한다. 따라서 동사와 전치사와의 결합은 전치사동사(prepositional verb)라 하여 별도로 구별하기도 한다.

(1) 전치사 동사

전치사동사는 동사와 전치사가 결합한 형태로 문자적 의미 그대로 쓰인 자유결합의 형태와 숙어적 결합의 형태가 있다.

기 위해 목적어 her big blue eyes로 표현한 경우이다.

(70) a. Mary *lived in* England.
b. He *got in* the car.

(71) a. *Look at* these pictures.
b. We must *go into* the problem.
c. Can you *cope with* the work?

(70)의 전치사구는 순수 장소의 의미로 쓰인 경우이다. 즉 동사와 장소의 부사구가 결합한 자유결합(free combination)의 자동사 구문이다. 그러나 (71a)의 look at(살펴보다), (71b)의 go into(검토하다, (71c)의 cope with'(처리하다)등은 숙어적인(idiomatic) 전치사 동사이다. 즉 동사와 전치사가 결합하여 숙어적인 새로운 의미로 확대된 경우로, 의미적으로 타동사에 가깝다. 장소적 의미와 가장 가까운 (71a)의 look at만 보더라도 다음 (72a)와 같이 examine으로 대치가 가능하며, (72b)와 같이 수동태가 가능하다.

(72) a. Many people looked at/*examined* the picture.
b. The picture *was looked at* by many people.

그러나 아직 전치사구의 성격이 남아 있다.

(73 a. Many people looked *disdainfully* at the picture.
b .*?Many people examined *disdainfully* the picture.

숙어적인 전치사 동사로 해석된다면 타동사 examine의 경우인 (73b)처럼 목적어 사이에 부사 disdainfully(오만하게)가 삽입될 수 없어야 하는 데, (73a)처럼 동사와 전치사 사이에 부사가 가능하다.

이들 전치사 동사는 문맥에 따라 달리 분석될 수 있다.

(74) a. We *arrived at* the conclusion/the station.
b. The conclusion/*The station was arrived at.

(75) a. They *went into* the problem/the tunnel.
b. The problem/*The tunnel was gone into.

(74a)의 arrive at의 경우, 장소의 명사구 the station과 결합하면 동사와 장소의 부사구가 자유스럽게 결합한 자동사 구문의 자유결합 형태이지만, 추상명사 the conclusion과 결합하면 비유적으로 의미가 확대된 숙어적 전치사 동사이다. 마찬가지로 (75a)의 go into의 경우도 장소의 명사구 the tunnel과 결합하면 장소이동의 자유결합 형태이지만, 추상명사구 the problem과 결합하면 숙어적 전치사 동사로 분석된다.

한편 목적어를 동반한 타동사와 전치사구가 결합한 복합적 전치사 동사의 경우도 있다. 이때 구조적으로나 의미적으로 크게 세 가지 종류로 대별해 볼 수 있다.

(76) a. He *deprived* the peasants *of* their land.
b. They have *made a (terrible) mess of* the house.
c. I have *lost touch with* most of the family.

(76a)의 deprive ... of는 동사와 목적어가 자유롭게 결합된 자유결합 형태이나, 동사와 전치사는 강하게 숙어적으로 결합된 전치사 동사이다. (76b)의 make a (terrible) mess of는 동사와 목적어 명사구와 전치사가 함께 결합되었으나 아직 동사 다음의 명사구가 형용사의 수식이 가능하고 독립적으로 목적어 역할을 하고 있어 자유결합의 여지가 남아 있는 숙어적 전치사 동사이다. (76c)의 lose touch with는 동사 다음의 목적어 명사구가 독립적인 역할을 못하고 전치사와 함께 동사에 강하게 결합되어 있는 숙어적 전치사 동사이다.

(2) 구동사

구동사(phrasal verbs)란 동사와 전치사성 부사[9]가 결합한 관계로 보통 숙어적으로

9) 전치사는 명사 앞에 놓인 말이라는 뜻에서 전치사(preposition)이다. 이때 전치사의 목적어인 명사구가 문맥에 따라 알 수 있거나 관습적으로 정해진 경우 생략되는 경우가 있다. 이 경우 전치사라고 할 수 없고 전치사성 부사라고 한다.

(i) a. He has knocked the glass off the table and broken it.
b. I had put the glass safely on the table but the cat jumped up and knocked it off.
c. She looked at us laughingly and walked off.

(ia)의 '잔을 쳐서 테이블에서 떨어뜨려 깨트렸다.'에서 off는 전치사로 쓰여, 그 목적어 the table이 명시되어 있다. 그러나 (ib)의 '잔을 테이블에 안전하게 놓았으나, 고양이가 뛰어올라 쳐 떨어뜨렸다.'에서 off의 목적어는 명시되어 있지 않으나 앞 문맥으로 봐서 목적어는 the table임을 알 수가 있다. 이와 같이 목적어가 생략되면 off는 통사적으로 부사가 된다. (ic)의 '그녀는 우리를 웃으며 바라보더니 걸어 나갔

많이 쓰인다.

(77) a. Did he *catch on*? (=understand)
b. She *turned up* unexpectedly. (=appear)
c. When will they *give in*? (=surrender)

(77)의 catch on(이해하다), turn up,(나타나다) give in(항복하다)은 전치사에서 전성된 전치사성 부사와 결합한 구동사의 예로 숙어적으로 쓰인다. 즉 그 구성성분인 동사와 전치사성 부사 각각의 의미로부터 전체의 의미를 알아내기 힘든 숙어적인 (idiomatic) 구동사이다. 한편 다음과 같은 경우 그 결합관계가 상대적으로 그렇게 강하지 않은 경우이다.

(78) a. He *walked past*.
b. I *waded across*.

(78)의 구동사 walk past(지나가다), wade across(걸어 건너가다)는 동사나 전치사성 부사가 따로 자체의 의미를 지니고 있어 전체의 의미를 쉽게 이해할 수 있는 자유결합(free combination)의 구동사이다. 이때 결속도가 높은 숙어적인 구동사와 비교적 결속도가 약한 자유결합 형태의 구동사는 다음처럼 분리가능성에 있어 차이가 있다.

(79) a. *Up blew the tank.
b. *Up it blew. / *Out he passed.

(80) a. Out came the sun.
b. Up you come. / On we drove into the night.

(79)의 blow up(폭발하다), pass out(정신을 잃다, 죽다)같이 동사와 전치사성 부사가 의미적으로 강하게 결합되어 있는 숙어적 구동사는 전치사성 부사가 분리되어 문두로 위치할 수가 없다. 그러나 (80)의 come out(나오다), come up(다가오다), drive on(운전해 나가다)과 같이 그 결합도가 떨어지는 자유결합형태의 구동사는 전치사성

다.'에서 off의 목적어는 화자가 있던 장소로 풀이될 수 있다. 이처럼 전치사성 부사는 전치사의 목적어를 (ib)과 같이 바로 앞 문맥이나, (ic)과 같이 전체적인 상황이나 세상지식 등을 고려하여 추론해 낼 수 있으므로 구태여 반복하여 쓰지 않고 생략한 경우이다.

부사 자체의 의미가 있으므로 강조하기 위해 문두로 옮길 수 있다. 이때 주어가 대명사가 아닌 명사인 경우에는 (80a)처럼 도치가 된다.[10)]

한편 다음처럼 타동사와 전치사성 부사가 결합한 구동사의 경우도 가능하다.

(81) a. They have *called off* the strike. (=cancel)
b. I can't *make out* what he means. (=understand)
c. I've *handed in* my registration. (=submit)

(81)의 call off(취소하다), make out(이해하다). hand in(제출하다)과 같은 구동사는 그 의미를 원래의 의미에서 추론하기 힘들 정도로 동사와 전치사성 부사의 결속력이 강한 숙어적인 타동사적 구동사이다.

이때 타동사적 구동사는 형태상으로 자동사적 전치사 동사와 유사하지만 의미적으로 다음과 같이 다르다.

(82 a. He ran *up the hill* from the station.
b. He *ran up* the list of the figures.

(82)의 두 문장에서 모두 ran up이 쓰였으나, (82a)는 up the hill이 장소의 전치사구로 전치사 동사이고, (82b)는 up이 전치사에서 전성된 부사로 '다 훑어보다'라는 의미의 숙어적 구동사이다. 따라서 the list of the figures가 전치사의 목적어가 아니라 동사나 구동사 전체의 목적어이다. 이와 같은 근본적인 차이 때문에 구동사와 전치사 동사는 다음과 같은 여러 문법적인 차이를 보인다.

첫째, 전치사 동사 call on의 on과 달리, 구동사 call up의 up은 전치사성 부사이기 때문에 다음과 같은 통사적 차이를 보인다.

(83) a. The man *on* whom they *called* went out.
b. *The man *up* whom they *called* went out.

---

10) 한편 다음 (i)처럼 의미가 비유적으로 확대된 경우(metaphorical case)도, (ii)처럼 그 부분의 의미에서 전체의 의미를 추론해 내기 힘든 숙어적인 구동사와 달리, 동사와 공간부사의 뜻에서 전체의 의미를 추론해 낼 수 있는 구동사이므로, 공간부사인 전치사성 부사를 강조하기 위해 문두로 옮길 수 있다.

(i) a. Down came the prices, and up went the sales.
b. There was a gust of wind, and out went the light.

(ii) a. ?Down splashed the module perfectly.
b. *Off took the pilot smoothly.

(84) a. *On* which man did they *call* ?
b. *Up* which man did they *call* ?

(83a)의 전치사동사 call on(방문하다)의 on은 전치사이기 때문에 관계절 앞에 올 수 있지만, (83b)의 call up(전화하다)의 up은 부사이기 때문에 관계절 앞에 올 수 없다. (84a)에서도 on은 전치사이기 때문에 의문사 앞에 올 수 있지만, (84b)에서 up은 부사이기 때문에 의문사 앞에 올 수 없다.

둘째, 전치사 동사의 경우는 전치사이기 때문에 다음 (85a)처럼 목적어 뒤에 쓰일 수 없지만, 구동사의 경우는 부사이므로 (85b)처럼 뒤에 쓰일 수 있다.[11)]

(85) a. *He *ran* the hill *up* from the station.
b. He *ran* the list of the figures *up*.

(86) a. She *called at* her friends.
b. *She *called* her friends *at*.

(87) a. George *tried on* some new shoes.
b. George *tried* some new shoes *on*.

(86a)의 call at의 전치사 at은 (86b)처럼 명사구 목적어를 넘어 이동할 수 없지만, (87a)의 구동사 try on(신어보다)의 부사 on은 (87b)처럼 명사구 목적어 뒤로 이동하여 쓰일 수 있다.

특히 목적어 명사구가 대명사일 때도, 전치사 동사는 전치사이므로 대명사 앞에 위치하나, 구동사는 부사로 항상 대명사 뒤에 위치해야 한다.

(88) a. He ran up *it*. (the hill)
b. He ran *it* up. (the list)

11) 그러나 타동사적 구동사 중에서 구동사와 목적어 사이에 강한 숙어적 결합관계가 있을 때 전체가 분리되지 않고 같이 쓰이는 경향이 있다. 특히 동명사가 목적어일 경우에는 거의 분리되지 않는다.

(i) a. They *laid down* their arms.
b. ? They *laid* their arms *down*.

(ii) a. She *gave up* trying.
b. * She *gave* trying *up*.

이는 전치사 동사는 대체로 내용어인 동사에 중점이 주어지고, 구동사는 뒤에 오는 내용어인 부사에 중점이 주어지는 것과 연관이 있다. 따라서 다음 (89a)처럼 문장 끝 부분에서 전치사는 강세를 받지 못하나, (89b)처럼 구동사의 전치사성 부사는 강세를 받는다.[12)]

(89) a. He's not the person I was **looking** at.
b. He's not the person I was looking **up**.

(89a)의 look at의 at은 전치사이므로 강세가 없지만, (89b)의 look up의 up은 부사이므로 강세를 주어 발음한다.[13)]

한편 구동사와 전치사 동사로 모두 해석될 수 있는 중의적인 경우도 있다.

(90) a. *Get* that parcel *off* right away.
b. *Get off* that parcel - it's just been painted.

(90a)의 get off가 remove의 뜻으로 구동사로 쓰였지만, (90b)에서는 '떨어져 있다'의 뜻인(자동차나 기차에서 '내리다'의 뜻도 있음) 전치사 동사로 쓰인 경우이다. (90b)의 경우 문맥상(it's just been painted) 전치사 동사로 쓰인 것을 알 수 있으나, 'Get off that parcel right away.'로만 쓰였을 경우 두 가지로 해석이 다 가능한 중의적인 경우가 된다. 따라서 전치사 동사는 (90b)와 같은 구조로만 쓰이므로, 구동사로 쓰일 경우는 혼동을 피하기 위해 일반적으로 (90a)와 같은 구조를 택하기 쉽다.

---

12) 다음과 같이 두 개의 전치사가 대조되는 경우에는 전치사도 강세를 받을 수 있다.
(i) This is the hill he ran **down**, not the hill he ran **up**.

13) 일반적으로 영어에서는 문장 끝에 강세가 오는 데, 이는 의미전달의 정보구조에 있어 문장 앞부분은 화자와 청자가 공통으로 알고 있는 공유정보(shared information)이거나 구정보(old information)로 주제(topic or theme)에 해당되고, 문장 뒷부분은 화자가 청자에게 전달하고자 하는 신정보(new information)로 논평(comment)에 해당되기 때문이다.
(i) a. I *waited on* the **guests.** / I waited *on* them.
b. We *called off* the **meeting**. / We *called* it off.
(ia)는 '나는 손님들의 시중을 들었다.'에서 문장 끝의 명사 guests가 신정보와 논평이 되어 강세를 주어 발음하는데, 대명사가 될 경우 이미 알고 있는 구정보가 되므로 문장 중간이라도 동사에 강세가 있다. (ib)의 '우리는 회의를 연기했다.'에서 문장 끝의 명사 meeting이 신정보와 논평이 되어 강세를 주어 발음하는 것이 일반적이지만, 구동사 call off의 off는 부사이므로 목적어가 강조의 대상이 될 수 없는 대명사일 때는 반드시 문장 뒤로 이동하여야 하며, 강세도 부사 off에 있다. 이처럼 구동사가 타동사로 쓰인 경우 전치사성 부사는 동사 뒤나 목적어 뒤에 올 수 있는 데, 이들 어순은 정보의 가치에 의해 결정됨을 알 수 있다.

4.2 전치사동사 및 구동사의 숙어적 의미

(1) 숙어적 의미의 추론

숙어적 형태로 쓰인 전치사 동사나 구동사는 구성성분인 동사나 전치사의 의미에서 전체의 의미를 예측하기 힘든 경우이다.

(91) a. He *went out* an hour ago.
b. He *came by* the money.

(91a)의 go out은 동사와 전치사성 부사의 의미가 그대로 투명하게 드러나 있는 자유결합 형태의 구동사라면, (91b)의 come by(얻다, 획득하다)는 동사와 전치사의 의미에서 좀처럼 예측하기 힘든 숙어적인 전치사 동사이다. 또 숙어적 결합은 그 전체 의미를 부분들로부터 알 수 없기 때문에 동사에 다른 전치사를 대치해 갈 수 없는 반면, 자유결합 형태는 의미가 투명하게 반영되어 있기 때문에 얼마든지 다른 전치사를 대치해 가면서 새로운 전치사 동사나 구동사를 만들 수 있다. 예를 들면 bring up(교육하다), come by(얻다)등은 의미변화 없이 그 속의 동사나 전치사성 부사를 다른 것으로 바꿀 수는 없다. 반면에 다음과 같은 단순한 자유결합 형태의 구동사는 동사와 전치사성 부사가 다른 것으로 바뀌어도 각각의 의미에는 변함이 없이 새로운 구동사를 만들 수 있다.

(92) a. bring ┐┌ in
take ┘└ out
b. walk ┐┌ up
run ┘└ down

(92a)에서 동사 bring은 전치사성 부사 in과 out을 대체해 가며 결합하여 bring in(가져오다), bring out(꺼내다)와 같은 새로운 구동사를 만들 수 있고, 동사도 take로 대체해 가며 새로운 구동사 take in(받아들이다), take out(나서다, 출발하다)를 만들 수 있다. 또 (92b)에서도 동사 walk는 전치사성 부사 up과 down과 대체해 가며 결합할 수 있고, 동사 run과도 대체할 수 있다. 그러나 숙어적 결합의 구동사는 그 구성원들

이 원래의 의미를 거의 잃고 하나의 합성적 의미를 얻기 때문에 새로운 단어로 대체했을 때는 또 새로운 의미의 구동사가 된다.[14)]

그러나 숙어적인 경우에도 다음과 같이 어느 정도 추론이 가능하다.

(93) a. Jane *ran across* the old friend.
b. He *came by* the money.

(93a)의 run across가 '우연히 만나다'(=meet by chance)의 의미로 즉각 파악하기는 어렵지만 run과 across의 의미를 살펴보면 어느 정도 추론이 가능하다. 즉 Jane이 가는 길과 친구가 가는 길이 다르지만 만날 수가 있다. 가는 길을 선으로 표현할 경우 두 선의 교차점이 만남의 뜻으로 풀이되므로 '우연히 만나다'의 뜻을 추론할 수 있다. (93b)의 come by에서 전치사 by는 영향력이 미치는 가까운 근처를 의미한다. 따라서 그가 돈 가까이에 오게 되었으므로 '돈을 얻다'는 의미를 추론할 수 있다.

(2) 불변화사 up의 의미확대과정과 숙어적 의미

불변화사 up의 원형적인 의미는 '위로, 위에'라는 공간적인 의미를 나타낸다.

(94) a. She *sailed up* the stairs very carefully .
b. He *sailed up* the river.
c. He *traveled up* the land.
d. He *went up* the north.

(94)의 up은 전치사로 쓰인 경우로 전치사의 목적어인 'X 위로, 위에'라는 원형적인 의미로 쓰인 경우이다. (94a)는 계단위로 올라갔다는 의미이다. 즉 원형적인 수직 공간관계에서 낮은 곳에서 높은 곳으로의 이동을 나타낸다. (94b)의 경우 강은 거의 수평이지만 사람들은 물이 높은 데서 낮은 데로 흐른다는 지식을 가지고 있기 때문에 주어인 그가 하류에서 상류 쪽으로 거슬러 올라갔음을 알 수 있다. (94c)의 경우에서

14) 예를 들어 숙어적 구동사로 쓰인 take in은 글자 그대로의 뜻은 없어지고, 새로운 의미의 '속이다'의 뜻이다. 이때 in대신 out으로 대체한 take out은 '꺼내다, 끄집어내다, 공제하다, 제외하다'의 전혀 새로운 뜻의 숙어가 된다.

도 땅과 바다를 비교하면 땅은 높은 곳이고, 바다가 낮은 곳이므로 낮은 곳인 바다 쪽에서 높은 곳인 내륙 쪽으로 움직인 것이다. (94d)에서 북쪽은 위로, 남쪽은 아래로 개념화되어 주어가 북쪽으로 이동했으므로 up을 사용한 것이다.

(95) a. She *stood up* when her friend came in.
b. She *lift up* her head.
c. The sun *came up* at 6:00 this morning.

(95)에 쓰인 up은 기준점인 전치사의 목적어 X가 생략되어 부사로 쓰인 경우로 문맥상 쉽게 알아낼 수 있다. (95a-b)에서는 신체 부위와 관련하여 사람이 의자에 앉아 있다가 일어나게 되면 몸이 아래에서 위로 움직이게 되고, 고개를 드는 것도 머리가 아래쪽에서 위쪽으로 움직이게 되므로 아래에서 위로의 이동을 나타내는 up을 사용했다. (95c)에서는 태양이 수평선 아래 있다 하늘로 올라와 보인다는 의미로, 위로의 이동의미뿐만 아니라 그 결과 시각적으로 보인다는 의미까지 나타내고 있다.

다음은 조금 의미가 확대된 경우이다.

(96) a. She *parceled up* the newspapers.
b. *Pump* the tire *up* before going out on the road.

(96a)의 parceled up은 '신문을 묶었다'는 의미로 up이 신문 다발을 묶어 그 높이가 증가하는 것을 나타내고 있다. 또 (96b)의 pump up은 '타이어에 바람을 넣다'라는 의미로 타이어와 같은 한 개체의 부피가 증가하면서 높이도 증가하는 것을 나타내고 있다. 즉 높이 및 부피의 증가 등의 의미로 확대된 경우이지만 아직도 공간적인 관계에서의 위로 이동하는 의미가 들어 있다.

한편 불변화사 up의 '위로'라는 공간영역에서의 원형적 의미는 기분이나 원기의 상승, 수량, 속도, 정도의 증가, 시각이나 지각, 인식의 영역에서의 상승, 움직임이나 활동의 증가, 한계점의 도달 또는 완성의 의미로 확대되어 쓰일 수 있다. 먼저 공간적 관계에서 기분이나 원기와 같은 정서적 영역으로 전환된 은유적 의미를 살펴보자.

(97) a. I'm *feeling up*.
b. His compliment *cheered* me *up*.

(97a)의 feel up은 기분이 좋다는 의미로, (97b)의 cheer up은 기분을 북돋아 주다는 의미이다. up이 가지고 있는 공간적 상승의 개념이 [GOOD IS UP]이라는 개념적 은유가 적용되어 사람의 기분이 좋아지거나 원기가 회복된다는 의미로 사용되었다. 슬프거나 우울할 때는 몸이 축 처지나, 자신감이 충만하고 기쁠 때는 몸이 똑바로 서게 되면서 활발해지고 힘이 나므로, 기쁘거나 좋은 것을 표현하는 정서적 영역에서 up을 쓸 수 있다.

둘째 수량영역에서 up의 은유적 의미를 살펴보자.

(98) a. Steel prices have recently *shot up*.
b. Please *turn* the heat *up* high.
c. *Turn* the radio *up* so that I can hear well.
d. Electronic systems have enabled us to *speed up* business transactions.

shot up(가격이 급등하다), turn up(온도를 올리다, 라디오 등의 소리를 높이다, speed up(속도를 가속시키다)에서의 up은 가격, 온도, 소리, 속도 등과 같은 수량영역에서의 증가의 의미로 쓰였다. 즉 up의 원형적인 의미인 수직 공간상의 높이의 증가라는 구체적인 공간영역에서 의미가 추상적인 수량영역에서의 증가 개념으로 [MORE IS UP]이라는 개념적 은유가 적용된 경우이다.

셋째 시각, 지각, 의식 등의 영역에서의 up의 은유적 의미를 살펴보자.

(99) a. The girl *walked up* to me and said hello.
b. He *is* already *up*.
c. The smell of the sea *called up* the memories of her childhood.

(99a)의 walk up(다가오다)은 멀리 있어서 보이지 않던 소녀가 가까이 다가옴에 따라 시각의 영역 안으로 들어와서 그녀를 지각할 수 있게 되었음을 up이 표현하고 있다. (99b)의 be up(일어나다)은 자거나 의식을 잃은 상태에서 깨어나서 의식이 돌아온 것을, (99c)의 call up(기억 등을 불러일으키다)은 잊고 있었던 기억이 후각을 통하여 정보가 의식의 인지영역 위로 떠오름을 up이 표현하고 있다. 이는 up의 수직공간영역상의 상승개념이 [CONSCIOUS IS UP]이라는 개념적 은유가 적용되어 시각, 지각, 인식의 영역에서의 상승을 의미하는 경우이다.

넷째 활동 영역에서 up의 은유적 의미를 살펴보자.

(100) a. He *started up* the engine.
b. The enemy *kept up* the attack all night.

(100a)의 start up(시동을 걸다)은 기계가 작동하는 상태를, (100b)의 keep up(계속해서 하다)은 적의 공격을 활동의 영역으로 보고 up이 활동을 나타내고 있다. 즉 누워있거나 앉아서 휴식을 취하거나 활동이 정지된 상태에서 움직이거나 활동을 하려면 위를 향해 일어나야 한다. 이는 up이 지니고 있는 공간적 상승의 개념이 활동의 개념과 상호 관련성을 맺으면서 [ACTIVITY IS UP]이라는 개념적 은유가 적용된 경우이다.

다섯째 어떤 행위나 과정이 완결된 과정영역에서 up의 은유적 의미를 살펴보자.

(101) a. *Fill up* the tank with oil.
b. I'm *stuffed up.*
c. Time *is up.*
d. *Drink up* and let's go.
e. The well has *dried up.*

(101a)의 fill up과 (101b)의 stuff up은 탱크나 뱃속을 다 채워서 더 이상 채울 수가 없는 한계점에 도달했다는 것을 up이 나타내고 있다. 반면 (101c)의 be up, (101d) drink up, (101e) dried up은 채워져 있던 상태에서 다 비워지거나 소비되어지는 것도 한계에 도달했다고 볼 수 있다. 한계가 있는 것을 다 채우는 것이나, 가득 차 있던 것을 끝까지 다 써버리는 것이나 결국은 방향성의 차이일 뿐 동일한 것이기 때문이다. 이처럼 up은 수직공간상의 위로 올라가는 이동의 의미와 그 결과 최상의 위치에 가 있다는 완결의 의미가 있다. 이와 같은 위치상의 결과의 개념이 활동과정개념과 상호 관련성을 맺으면 활동과정이 완결된 [COMPLETION IS UP]이라는 개념적 은유가 적용된 경우이다.

다음은 동사 get과 불변화사 up이 결합한 구동사 get up의 경우이다.

(102) a. Please don't *get up.*
b. What time did you *get up* this morning?
c. She *got up* in the world in her teens.

d. The wind started to *get up*.
e. They *got* nearly *up* to the fortress.
f. Go upstairs and see what the kids are *getting up* to.

(102a)는 get up이 일어서다(to stand up)란 뜻으로 쓰였다. 즉 get이 이동하다란 의미로, 부사 up이 위로란 의미로 쓰여, 공간적 영역에서의 이동인 원형적 의미로 쓰인 경우이다. (102b)는 get up이 잠자리에서 깨다, 일어나다, 기상하다란 의미로 쓰였다. 즉 get이 공간적 영역의 이동에서, 상태변화의 의미로 확대되어 은유적으로 쓰였고, up도 '의식이 있는, 잠에서 깬'이란 의식영역으로 확대되어 [CONSCIOUS IS UP]이라는 은유가 적용된 경우이다. (102c)는 get up이 출세하다란 뜻으로 쓰였다. 즉 get이 이동하다에서 상태로 변하다란 상태변화의 의미로 확대되어 은유적으로 쓰였고, up도 '신분이 높은, 출세한'이란 수량 신분 등이 상승한다는 신분영역으로 확대되어 [MORE IS UP]이라는 개념적 은유가 적용된 경우이다. (102d)는 get up이 바람, 바다가 사나워지다, 거세지다란 뜻으로 쓰였다. get이 상태변화의 의미로 확대되어 쓰였고, up도 '활발히 활동적인, 혼란스러운'이란 의미로 활동영역으로 확대되어 [ACTIVITY IS UP]이라는 개념적 은유가 적용된 경우이다. (102e)는 get up to가 어디로 다가가다, 이르다, 누구를 따라잡다(to begin to move or travel faster)란 뜻으로 쓰였다. up은 다가옴, 가까워짐, 간격이 좁아짐이란 의미로 시각적인 영역으로 확대되어 쓰인 경우이다. (102f)는 get up to가 무엇에 몰두/열중하다란 뜻으로 쓰였다. 즉 get이 상태변화의 의미로 확대되어 쓰였고, up도 올라 갈 때까지 다 올라간이란 의미에서 완전히란 의미로 과정영역으로 확대되어, [COMPLETION IS UP]이라는 개념적 은유가 적용된 경우이다.

(3) 구동사의 의미적 특징

구동사에 쓰이는 전치사성 부사는 앞에서 살펴 본대로 일반적으로 공간부사이나, 단순히 장소의 의미만을 나타내는 것이 아니라, 동사가 표현하는 동작의 방향과 그 이동의 결과 위치를 나타내는 의미특성이 있다. Palmer(1965)는 구동사에 쓰인 전치사성 부사의 두 가지 의미특성을 동작의 방향 지시와 최종 이동결과 위치의 점유라고 설명한다. 먼저 동작의 방향을 지시하는 특성은 구동사에 쓰이는 동사가 동작 동사이므로 자연스럽게 전치사성 부사가 가지게 되는 의미제약이다. 그리고 최종 결과 위치는 구동사가 하나의 전제로서 가지게 되는 의미제약이다.

(103) a. He *ran* the flag *up*.
b. The pilot *flew* the plane *in*.

(103a)의 '그는 기를 높이 올렸다'와 (103b)의 '비행사가 비행기를 착륙시켰다'에서 run과 fly가 가지는 동작이 up과 in이라는 전치사성 부사에 의해 그 방향을 나타내는 것은 당연하다고 할 수 있다. 동시에 ran up, flew in 전체는 이들 문장이 기술하는 행위가 완결되었다는 것을 나타낸다. 즉, 깃발이 (깃대에) 다 올려졌음과, 비행기가 (공항에) 완전히 착륙했다는 것을 나타내 준다. 이러한 특성은 다음 문장들의 문법성의 차이를 설명해 줄 수 있다.

(104) a. He *pulled up* the rope. / *He *pulled upwards* the rope.
b. **Leave up* the flag. / *Leave* the flag *up*.

(104a)는 '그는 로프를 위로 완전히 끌어올렸다'로 pull up은 꼭대기 위치까지 끌어올림을 뜻하여 동작의 방향과 최종 결과 위치까지 포함되어 있다. pull upwards는 단지 위쪽으로라는 방향만 지시하지 최종 위치를 나타내지 못한다. 따라서 비문이 된다. 다만 'He *pulled* the rope *upwards*.'처럼 일반 부사의 형태로 쓰일 수 있을 뿐이다. 한편 (104b)의 leave up(위에 나두다)은 최종 위치는 나타내나 동작이 없다. 따라서 이것 역시 구동사 형태로는 쓸 수 없고, 단순 부사형태인 '*Leave* the flag *up*.'처럼 쓸 수 있을 뿐이다. 이처럼 구동사는 일반적으로 동작의 방향과 그 방향으로 이동하여 동작이 완료된 결과의 의미까지 포함되어 있다.

연 습 문 제

1. 계열관계와 결합관계를 다음 예를 갖고 설명해 보시오.

a. the old man, the young man
b. the tall man, the tall woman

2. 장이론과 성분분석이론은 어떠한 관련성이 있는지 어휘구조 human의 man, boy, woman, girl의 경우를 갖고 설명하시오.

3. 다음 가축을 의미자질을 이용하여 성분분석해 보시오.

a. cock, hen, chick flock
b. dog, bitch, puppy, dog puppy, bitch puppy, pack
c. stallion, mare, foal, colt filly, herd
d. ram, ewe, lamb, ram lamb, ewe lamb, flock

4. 동사 study는 주어가 [+HUMAN]이어야 한다는 선택 제약이 있다. 다음동사에 대한 주어나 목적어에 대한 선택제약을 설명하시오.

a. 동사 slither의 주어에 대한 선택제약
b. 동사 surprise의 목적어에 대한 선택제약
c. 동사 invest의 주어와 목적어에 대한 선택제약

5. 다음 문장은 어떤 의미적 관계에 있는지 설명하시오.

a. I appreciate your help./You helped me.
b. My brother married a doctor./My male sibling joined in wedlock with a physician.
c. My husband is living./I am a widow.

d. Jane ate a piece of chicken./Jane ate a piece of poultry.

e. She stepped on an idea.

6. 다음 두 문장의 짝에서 어느 문장이 factive 문장인지 고르고, 그 이유를 설명하시오.

a. John criticized Mark for not working hard enough. /
John acknowledged that Mark was not working hard enough.

b. I was hoping that the game was cancelled. /
It turns out that the game was cancelled.

c. The student forgot that the assignment was due today. /
The student assumed that the assignment was due today.

d. It's nice that you could get away. / It's nice to get away.

e. I realized that he had stolen the money. / I suspected that he had stolen the money.

7. 다음 동사 run의 다의성을 인지문법의 의미망모형으로 설명하시오.

a. He ran through the hall upstairs. / The insect ran up my leg. /
The ship ran before the wind.

b. The ball ran over the curb and into the street. /
The dyes are guaranteed not to run in washing.

c. The road runs past the factory. /
The government ran a telephone cable from Boston to Buffalo.

d. The play ran for two months. / My blood ran cold.

e. The candle ran down. / He ran for mayor. / His office runs well.

8. 다음 문학 작품에서 표면적으로 강조하고 있는 의미와, 개관적 상관물의 매개체(vehicle)를 사용한 상징적 의미를 설명하시오.

a. "But ye lovers that <u>bathen</u> in gladnesse". (Chaucer)

b "My thoughts are <u>ripe</u> in mischief". (Shakespeare)

c. I have seen the mermaids <u>riding</u> seawards on the wave..(Eliot)

9. 구동사의 의미적 통사적 특성과 전치사동사와 어떻게 다른지 논하시오

a. He pulled up the rope. / *He pulled upwards the rope.

b. Go find your sister. / Go find out your sister.

c. They call up the man. / They call at the man.

d. She called the meeting off. / *She called her friend on.

e. Get off that parcel right away. / Get off that parcel - it's just been painted.

10. 다음 동사 get의 다의성과 구동사의 숙어적 의미를 설명하시오.

a. He managed to get away from the man and call the police.

b. You never get back what you have lost.

c. They are trying to get prices down.

d. They could hardly get out a dozen words to one another.

e. She's still trying to get over that bout of flu she had.

11. 다음 전치사성 부사 up의 의미확대과정을 설명하시오.

a. Wage increases have *pushed* up the prices of electricity.

b. He *caught* up with the rest of the class.

c. You will soon *pick* up after a day or two in bed.

d. The sight of all that blood quite *turns* me up.

e. Take the white of several eggs and *whisk* them up.

12. 다음 전치사성 부사 down의 의미확대과정을 설명하시오.

a. You'd better get the tree down.

b. Did they get the enemy plane down?

c. She got down every word he said.

d. This wet weather is getting me down.

e. I think the clock must have run down.

제5장

문장 구성요소와 문장구조의 분석

- Quirk(1985)의 전통문법을 중심으로 -

영어 문장을 이해하기 위해서는 단어와 숙어의 뜻을 알아야 하지만, 더 나아가 문장의 구조, 즉 주어와 술어동사(predicative verb), 목적어, 보어(complement) 등 문장의 4 요소(four elements)가 여러 가지 수식어구(modifiers)와 함께 문법적 관용적으로 쓰이는 기본 구조를 알아야 한다. 영어문장은 놀라움이나 감탄, 명령, 기원 등을 나타내는 경우를 제외하고는 크게 다섯 가지 형태로 분류할 수 있기 때문에, 이 다섯 가지 문형만 잘 이해하고 있으면 어떤 영어 문장구조도 분석해 낼 수 있다. 따라서 전통문법에서는 일반적으로 영어의 기본 문장 구조를 다음과 같이 문장 5형식으로 분류하고 있다.

(1) a. Dogs bark. (S + V)
b. John is a student. (S + V + C)
c. Cats catch mice. (S + V + O)
d. He called me a taxi. (S + V + O + O)
e. He called me a fool. (S + V + O + C)

이들을 영어의 기본 문형이라고 하지만 실제로 쓰이고 있는 다양하고 복잡한 영어 문장을 이 기본 5형식 중 하나로 분류하려면 굉장한 어려움을 겪게 된다. 먼저 이와 같은 분류에는 주어(S), 목적어(O), 보어(C)와 같이 절 구성성분(clause constituent) 간의 문법관계를 나타내는 기능적 용어와 동사(V)와 같이 절 구성성분의 종류를 나타내는 용어가 혼재하고 있다는 문제점이 있다. 또 전치사구를 포함한 부사어(adverbial) 중에는 수의적인(optional) 경우만 있는 것이 아니라 다음과 같이 어떤 동사의 경우에는 반드시 필수적인(obligatory) 경우도 있다.

(2) a. My office is *in the next building.*
 b. You can put the dish *on the table.*

(2a)는 주어와 관련된 부사상당어구가 필수적인 경우이고, (2b)는 목적어와 관련된 부사상당어구가 필수적인 경우이다. 본 장에서는 이와 같은 입장에서 Quirk, et al. (1985: 719-740)을 중심으로 절 구성요소와 이에 따른 절 구조를 분석해 보고, 이런 절 구성요소들의 통사적 기능을 알아보고자 한다.

1. 절 구성요소

Quirk, et al.(1983:719)은 영어의 절 유형(clause patterns)을 단순문장(simple sentence)과 복합문장(multiple sentence)으로 나누어, 단순문장은 하나의 독립적인 절로 이루어진 문장으로 보고, 복합문장은 둘 이상의 절로 이루어진 문장으로 보았다. 또 복합문장은 등위접속사인 and, or, but으로 연결된 중문(compound sentence)과, 명사절, 형용사절, 부사절 등의 종속절을 가진 복문(complex sentence)으로 보고 있다.

(3) a. You can borrow my car.
 b. You can borrow my car but I must.
 c. You can borrow my car if you need it.

(3a)는 단문이고, (3b)는 중문이고, (3c)는 복문이 되는데, 이들 문장을 구성하는 필수적인 성분요소로, 구성성분간의 기능적 및 문법적 관계를 나타내는 용어인 주어(S), 동사(V), 목적어(O), 보어(C), 부사어(A)를 들고 있다.

(4) a. The sun is shining. (SV)
 b. Your dinner seems ready. (SVC*s*)

c. My office is in the next building. (SVA*s*)
d. That lecture bored me. (SVO*d*)
e. I must send my parents an anniversary card. (SVO*i*O*d*)
f. They have found him reasonably helpful. (SVO*d*C*o*)
g. You can put the dish on the table. (SVO*d*A*o*)

(4c)에서 주어와 관련된 부사어(A_S)가 필수적인 절 구성요소이고, (4g)에서는 목적어와 관련된 부사어(A_O)가 필수적인 절 구성요소이다.

이때 하나의 동사가 단지 한 가지 문장 형식으로만 쓰이는 것이 아니라, 여러 가지 문장형식으로 쓰일 수 있다. 예를 들어 다음과 같이 동사 get은 6개의 형식으로 쓰일 수 있다.

(5) a. He'll get a surprise. (SVO)
b. He's getting angry. (SVC)
c. He got through the window. (SVA)
d. He got her a splendid present. (SVOO)
e. He got his shoes and socks wet. (SVOC)
f. He got himself into trouble. (SVOA)

동사는 그 동사의 어휘적인 의미적 특성에 따라 반드시 보어, 목적어 및 부사어와 함께 쓰여 동사구(verb phrase)를 형성하는데, 이와 같이 의미적으로 필요하여 반드시 동사를 보충해 주어야 하는 구성성분을 보충어(complement)라고 한다. 즉 다음처럼 동사의 보충어가 없으면 비문이 된다.

(6) a. *Your dinner seems.
b. *You can put the dish.

그러나 어떤 동사의 경우에는 이런 보충어가 생략되어도 비문이 되지 않는 경우가 있다.

(7) a. They are eating (lunch).
b. We elected her (our delegate).
c. He's teaching (them chemistry).

이와 같이 보충어가 생략된 경우 그 동사의 범주가 전환(conversion)된 것으로 분석할 수 있다. 즉 (7a)는 SVO형의 타동사에서 SV형의 자동사로, (7b)는 SVOC형의 불완전 타동사(또는 복합타동사)에서 SVO형의 완전타동사로 (7c)는 SVOO형의 수여동사(또는 이중타동사)에서 SV형의 자동사로 전환된 경우가 된다. 이처럼 어휘적 특성에 의한 동사의 범주전환으로 분석하는 이유는 다음과 같이 비슷한 의미의 동사도 어휘적 특성에 따라 전환이 되기도 하고 불가능하기도 하기 때문이다.

(8) a. They're hunting (deer).
b. They're chasing *(cats).

동사 hunt와 chase는 의미상으로 비슷하나, chase의 경우 목적어가 생략하면 비문이 된다. 이와 같은 생략의 문제는 의미상의 문제도 있지만 관용적인 화용상의 문제이다. 즉 다음과 같은 담화 문맥에서 생략된 부분을 쉽게 알 수 있거나, 화용적으로 보편화되어 있어서 생략해도 의미해석상 전혀 어려움이 없을 때 생략되기 때문이다.

(9) A : Show me your essay.
B : I'll show you later.

(10) a. Keep off. (sign on grass)
b. The tie doesn't fit.
c. Don't touch.

(11) a. I'm shaving.
b. They're dressing.

(12) a. Are you eating again?
b. Do you drink?
c. He teaches.
d. They can't spell.
e. I don't want to catch you smoking again.

예문 (9B)처럼, 목적어가 앞의 대화 문맥으로부터 알 수 있기 때문에 반복을 피하기 위해 생략되거나, (10)처럼 일반적인 상황 속의 문맥에서 이해될 수 있기 때문에 생략된다. 또 (11)처럼 shave와 dress같은 동사는 그 어휘의 의미상 뒤의 재귀 목적어가 오는 것은 너무 당연하기 때문에 생략될 수 있다. 마찬가지로 (12)처럼 일반적으로 일상생활에서 많이 쓰이는 동사의 경우 구태여 특정적인 목적어를 나타내는 경우가 아니라면 동사 어휘의 의미상 먹을 것이나 마실 것 등이라는 불특정적인 목적어가 함의되어 있으므로 생략이 가능하다.[15)]

2. 절 구성요소들의 기능과 의미

주어, 목적어, 보어, 부사어 등과 같은 절 구성요소는 형태, 위치, 통사적 기능, 의미역할(thematic role)에 근거를 두고 구별한다.

2.1. 주어의 기능과 의미

주어는 형태상으로 명사구이거나 명사 상당어구이며, 위치상으로 평서문에서 동사 앞에 위치한다. 이를 구성성분구조(constituent structure)로 다음과 같은 수형도로 나타낼 수 있다.

(13)

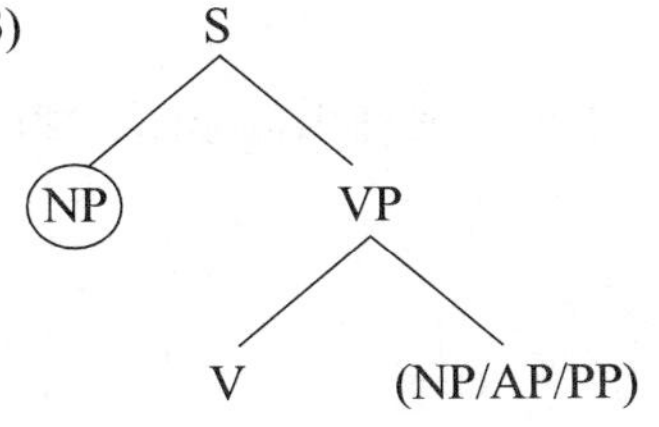

문장의 구성성분구조를 나타내는 (13)의 수형도처럼 주어는 형태상으로 문장의 핵

15) 이와는 달리 구성성분으로서 보충어가 생략되어 전혀 의미가 다른 동사로 전환되는 경우도 있다.

(i)	a. I have found her reasonably helpful.	[SVOC]
	b. I have found her.	[SVO]
(ii)	a. He is running a business.	[SVO]
	b. He is running.	[SV]

심요소인 동사 앞에 나온 명사구 또는 명사 상당어구가 된다. 또 담화상의 기능적인 면에서 주어는 주제어(topic, theme)가 되며, 정보구조면에서 화자와 청자가 이미 알고 있는 구 정보(old information)이며, 또 공유하고 있는 정보(shared information)이다.

이와 같은 문장의 주어는 통사적으로는 첫째, 다음 예문처럼 명령문을 제외한 모든 문장에서 필수적이다.

(14) a. *Caroline* is my sister.
b. *Caroline and Vanessa* are my sisters.

(15) a. *I* shaved myself with my own razor.
b. *He* shaved himself with his own razor.

(16) a. *Lunch* has been prepared (by my son) today.
b. *The milk* is sour, isn't it?
c. *Susan* telephoned before coming over.

둘째, 예문 (14)처럼 동사의 수와 인칭을 결정하며, 셋째, 주격보어의 수를 결정한다. 넷째, 예문 (15)처럼 재귀 대명사의 수, 인칭 그리고 성을 결정하며, 다섯째, 대명사에 대해 주격 형태를 요구한다. 여섯째, 예문 (16a)처럼 수동태가 되면 삭제되거나 전치사 by의 목적어로 나타나고, 일곱째, (16b)처럼 부가의문문에서 대명사 형태로 반복되고, 여덟째, (16c)처럼 주어가 없는 분사구문의 함축된 주어는 일반적으로 상위 절의 주어로 인식된다.

한편 주어의 의미역할은 주로 행위를 하는 사람인 행위자(agent)가 되나, 동사의 의미에 따라 다양한 의미역을 지닐 수 있다.

(17)	a. *John* killed the taipan.	(Agent)
	b. *The ball* rolled into the yard.	(Theme)
	c. *The rock* shattered the mirror.	(Instrument)
	d. *The dog* sensed the earthquake.	(Experiencer)
	e. *The lawyer* received a telegram.	(Goal/Recipient)
	f. *The sun* emits radiation.	(Source)
	g. *Los Angeles* is foggy.	(Location)
	h. *Yesterday* was a holiday.	(Time)

(17a) 문장에서는 살인행위를 한 행위자가, (17b)에서는 마당으로 이동한 물체인 대상이, (17c)에서는 행위자가 사용한 도구가, (17d)에서는 지진을 지각한 경험자가, (17e)에서는 전보가 이동해 간 목표내지 수령자가, (17f)에서는 광선이 나온 출처가, (4g)에서는 안개가 자욱한 장소인 처소가, (4h)에서는 휴일인 날인 시간이 주어로 표현되고 있다.

2.2. 목적어의 기능과 의미

목적어는 주어와 마찬가지로 형태상으로 명사구나 명사 상당어구이며, 위치상으로는 동사 뒤에 따라온다. 만약 직, 간접목적어 둘이 다 나타나면 간접목적어는 직접목적어 앞에 나타난다. 이를 구성성분구조의 수형도로 나타내면 다음과 같다.

(18)

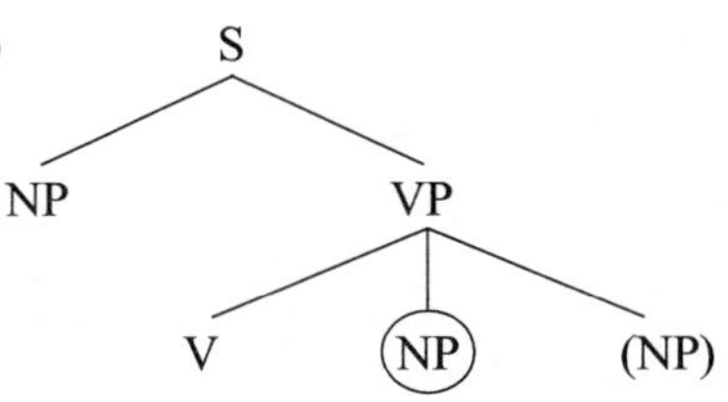

(18)의 수형도처럼 목적어는 형태상으로 명사구 또는 명사 상당어구로, 위치상으로는 동사 뒤에 나온다. 또 담화상의 기능적인 면에서 주어가 문장 앞에 놓이는 화제요 주제어(topic, theme)이며 또 정보상 이미 알고 있는 구정보(old information)라면, 목적어는 문장 뒤쪽에 놓이는 초점이요 논평(fucus, comment)이며, 또 정보상 화자가 청자에게 알려 주고자 하는 신정보(new information)이다.

이와 같은 목적어는 통사적으로는 첫째, 대명사의 경우 다음 예문 (19)처럼 목적격 형태를 취해야 한다. 둘째, 재귀대명사의 경우 예문 (20a)처럼 주어와 인칭, 수, 성이 일치해야 하며, (20b)처럼 재귀대명사가 아닌 강조적 소유격 형태에서도 주어와 인칭, 수, 성이 일치해야 한다.

(19) a. I gave *him*[O*i*] my address[O*d*].

b. They gave *me*[O*i*] some chocolate[O*d*].

(20) a. I have given *myself*[O*i*] a treat.
b. They type *their own* letters[O*d*].

셋째, 다음 예문 (21)처럼 수동태의 주어가 되는데, 직, 간접목적어 둘 다 수동태의 주어가 되기도 하나, 직접목적어가 주어가 된 수동태에서는 간접목적어가 전치사와 같이 쓰이는 것이 더 자연스럽다. 넷째, 간접목적어는 일반적으로 (22b)처럼 직접목적어 뒤에 위치하는 전치사구에 상응한다. 다섯째, 간접목적어는 (23a)처럼 동사의 특성에 따라[16] 의미해석상 어려움 없이 생략될 수 있으나 (23b)처럼 직접목적어가 생략된 경우에는 의미가 달라진다.

(21) a. *The work* has been finished.
b. *Jack* was sent a copy of the letter.
c. *A copy of the letter* was sent (to) Jack.

(22) a. I'll send *Charles* another copy.
b. I'll send another copy *to Charles*.

(23) a. David saved (me) *a seat*.
b. David saved *me*.

즉 (23)의 동사 save는 형태는 같지만, 문맥에 따라 수여동사인 '누구에게 무엇을 챙겨주다'란 의미로도, 단순 타동사인 '누구를 구하다'란 의미로도 쓰이는 다의동사이다.

한편 직접목적어와 간접목적어의 구별은, 형태와 위치보다는 주로 통사적 기능과 의미역할에 근거하고 있다.

(24) a. They told *the mayor*.
b. They told *his life story*.

(25) a. They admired *the mayor*.
b. They admired *his life story*.

16) 동사의 특성에 따라 이중목적어 구문에서 다음처럼 직접목적어가 생략되고 간접목적어가 남아 있는 경우도 있다.
(i) a. Bob is teaching *the old children*.
b. You can pay *me* instead.

(24-25)에서 보듯 형태나 위치상으로는 간접목적어와 직접목적어를 구별할 수 없다. 그러나 다음 (26)처럼 등위 접속사로 연결해 보면, 동사 admire와 tell의 통사적 차이를 알 수 있다.

(26) a. They admired *the mayor and his life story.*
b. *They told *the mayor and his life story.*

(27) a. *They admired the mayor his life story.
b. They told *the mayor* his life story.

즉 admire는 직접목적어만을 취하는 단순 타동사이나, tell은 직접목적어와 간접목적어를 다 취할 수 있는 수여동사인 이중타동사이다. 따라서 admire는 (27a)와 같은 이중목적어 구문이 불가능하나, tell은 (27b)와 같은 이중목적어 구문이 가능하다.

한편 직접목적어의 의미역할은 일반적으로 동사에 의해 영향을 받는 피영향자(patient)가 되고, 간접목적어의 의미역할은 대상을 받는 유생물인 수령자(recipient)이다. 그러나 이것도 주어의 경우와 마찬가지로 동사의 의미특성에 따라 다양한 의미역할을 지닐 수 있다.

(28) a. John broke *the window.* (Patient)
b. He threw *the ball.* (Theme)
c. They reached *the station.* (Location)
d. Baird invented *television.* (Resultant)
e. They are having *an argument.* (Event)
f. We employ *a computer* for our calculation. (Instrument)

(29) a. I gave *him* a book.(I gave a book *to him.*) (Recipient)
b. He made *her* a doll. (He made a doll *for her.*) (Beneficiary)
c. I paid *her* a visit. (I visited *her.*) (Patient)

(28a)의 목적어 window는 부서져 상태가 변한 피영향자이지만, (28b)의 목적어 ball은 멀리 던져 이동한 대상(theme)이다. (28c)의 목적어 station은 그들이 도착한 장소인 처소(location)이다. (28c)의 목적어 television은 새로 만들어진 결과물(resultant or effected)이다. (28d)의 목적어 argument은 논쟁을 하고 있는 사건(event)이다. (28e)의

목적어 computer는 행위자가 사용한 도구(instrument)이다. (29a)의 간접목적어 him은 책을 받은 수령자(recipient)이지만, (29b)의 간접목적어 her는 인형을 받게 될 수혜자(benefactive or beneficiary)이다. (29c)의 간접목적어 her는 방문을 받는 피영향자, 또는 처소이다.

2.3. 보어의 기능과 의미

보어는 형태상 일반적으로 형용사구나 명사구이나, 전치사구(경우에 따라서는 부사구)도 가능하다. 또 그 상당어구가 올 수도 있다. 위치상 주격보어는 동사 뒤에 따라오고, 목적격보어는 목적어 뒤에 따라온다. 이를 구성성분구조의 수형도로 나타내면 다음과 같다.

(30)

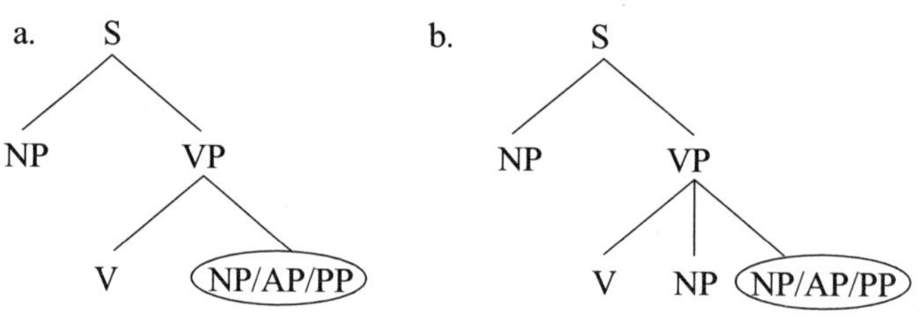

의미상 주격보어는 주어와 연결되어 있고, 목적격보어는 직접목적어와 연결되어 있다.

(31) a. My glass is *empty*.
b. Their daughter became *an accountant*.
c. My office is *in the next building*.

(32) a. We find them *very pleasant*.
b. Carol made John and Peter *her assistants*.
c. You can put the dish *on the table*.

이때 목적어와 목적격보어의 관계는 주어와 주격보어의 관계와 비슷하다. 따라서 예문 (32)을 다음 (33)처럼 의미상 현재의 상태나 속성을 나타내면 be 동사와 연결시키고, 결과의 상태나 속성을 나태내면 become 동사와 연결시킬 수 있다.

(33) a. They are *very pleasant*.
b. John and Peter became *her assistants*.
c. The dish is *on the table*.

보어의 통사적 기능으로는 첫째, 명사구인 주격보어는 일반적으로 주어와 함께 수의 일치를 가지고, 목적격보어는 직접목적어와 함께 수의 일치를 가진다. 둘째, 보어가 재귀대명사 일 때 (34a)처럼 주격보어는 주어와 관련하여 수, 인칭, 성에 일치한다. 셋째, 보어는 목적어와는 다르게 수동태의 주어가 될 수 없고, 단지 (34b)처럼 목적격보어는 수동태에서 주격보어가 된다. 넷째, 보어도 의문문화 될 수 있지만 일반적인 규칙은 없다. 다섯째, 주격보어가 대명사이면 (34c)처럼 주격과 목적격 형태가 다 쓰일 수 있으나, 주격형태는 형식적인 곳에 더 많이 쓰인다. 여섯째, 목적격보어는 (35)처럼 동사의 의미특성에 따라 생략될 수도 있다.

(34) a. She is not *herself* today.
b. He is called *Ted* by his friends.
c. This is *he*. (formal) / That's *him*. (informal)

(35) a. We appointed her (*our delegate to the convention*).
b. They have named their baby (*Roger*).

한편 보어의 의미역할은 그와 관련된 절 구성요소인 주어나 목적어의 특성(characterization)을 묘사하거나, 신분(identification)을 나타낸다. 또 전치사구가 보어인 경우 주어나 목적어의 위치(location)를 나타낸다.

(36) a. Kevin is *an honest man*. (characterization)
b. The teacher called John *a good student*.

(37) a. Kevin is *my brother*. (identification)
b. We made John *our representative*.

(38) a. My office is *in the next building*. (location)
b. You can put the dish *on the table*.

(36a)에서 주격보어 an honest man은 주어 Kevin의 특성을 나타내고, (36b)에서 목적격보어 a good student도 목적어 John의 특성을 나타낸다. 반면 (37a)의 주격보어 my brother는 주어 Kevin의 신분을 나타내고, (37b)의 목적격보어 our representative도 목적어 John의 신분을 나타낸다. (38a)의 주격보어 in the next building은 주어 my office의 위치를 나타내고, (38b)의 목적격보어 on the table도 목적어 the dish의 위치를 나타낸다.

이처럼 주격보어로 쓰인 전치사구는 보통 주어의 위치 상태인 처소를 나타내나, 다음처럼 비유적으로 의미가 확대되어 특성이나 신분 상태를 나타낼 수도 있다.

(39) a. They were *out of breath* (= breathless).
b. That is *of no importance* (= unimportant).
c. He is *under suspicion* (= a suspect).
d. She is *in good health* (= healthy).
e. They are *not at ease* (= relaxed).

(39)의 be 동사 다음에 나온 전치사구는 의미적으로 주어의 특성이나 신분 나타내며, 비슷한 의미의 명사구나 형용사구로 바꾸어 쓸 수 있다.[17] 더구나 다음 (40)처럼 통사적으로 다른 형용사 보어와 같이 등위접속을 할 수 있고,[18] (41)처럼 be동사 이외의 불완전 자동사 appear, seem, feel 등과도 같이 쓰일 수 있다.

(40) a. She is *young* and *in good health.*
b. They were *out of breath* and *extremely tired.*
c. They are not *at ease, ie not relaxed.*

(41) a. They appear *out of breath.*

17) 형용사구와 부사어가 의미적으로 완전히 일치하지는 않는다. 예를 들어 "She is healthy."는 "She is in good health." 보다는 건강한 상태가 더 영속적인 경우에 쓰인다.

18) 특히 장소의 의미에서 비유적으로 확대된 의미의 부사어인 경우 다음처럼 의문사 where의 답이 될 수 없다.

(i) A: Where are they?
B: They are out of town./*They are out of breath.

반면에 의문사 how에 대한 답으로는 부사어가 아닌 형용사구가 가능하다.

(ii) A: How does she feel?
B: She feels very good./ She feels in good health.

b. That seems *of no importance*.

c. She feels *in good health*.

마찬가지로 목적격 보어로 쓰인 전치사구도 비슷한 양상을 보인다.

(42) a. They put me *at my ease*. [I am at my ease.]

b. I don't consider myself *at risk*.

c. He didn't feel himself *at home*.

d. She didn't want me *in any danger*.

e. He imagined himself *on the point of death*.

f. I found him *in trouble*.

전치사구 이외에 불변화사인 전치사성 부사도 보어로 쓰일 수 있다.

(43) a. The milk seems *off*. (sour)

b. The performance is *over*.

c. In technology we are *ahead*.

(44) a. They let us *off*.

b. I declare this meeting *over*.

c. He imagined himself *ahead*.

(43)에서는 전치사성 부사 off, over, ahead가 동사를 보충해 주는 필수적인 부사어로 주격보어 역할을 하고 있다. (44)에서는 전치사성 부사 off, over, ahead가 필수적인 부사어로 목적격보어 역할을 하고 있다.

이밖에 시간 부사어도 일반적으로 다음과 같이 사건을 나타내는 주어와 함께 쓰여 주격보어 역할을 한다.

(45) a. Their holiday extended *through the summer*.

b. The next meeting is *on Monday*.

SVAs형의 절 구조에 쓰이는 부사어의 의미적 유형은 공간적 배경으로서 처소(locative)와 시간(temporal)외에도 다음과 같은 의미역할을 할 수 있다.

(46) a. The two eggs are *for you.* (Recipient or Beneficiary)
b. The drinks are *for the journey.* (Purpose)
c. If fruit prices are higher this year, it's *because of the bad harvest.* (Reason)
d. Transport to the mainland is *by ferry.* (Means)
e. Melvin's main interest is *in sport.* (Stimulus or Location)
f. Jack and Nora are *with me.* (Accompaniment)
g. The painting was *by an unknown artist.* (Agent)
h. How much is this jacket? It's *$60.* (Measure)

2.4. 부사어의 기능과 의미

부사어는 절의 요소들 중에서 가장 다양하다. 먼저 형태상으로도 부사구, 전치사구 혹은 부사절도 되고, 심지어 명사구도 될 수 있다. 위치상으로도 문두, 문중 및 문미에 위치할 수 있다. 그러나 형태나 유형에 따라 위치상의 제약이 있다. 즉 보어역할을 하는 부사어의 위치는 SVA형의 절 구조에서는 동사 뒤이고, SVOA형의 절 구조에는 직접목적어 뒤에 위치한다. 그 밖의 수의적인 부사어는 동사의 보충어가 아니라 동사구나 문장을 수식해 주는 부사어로 일반적으로 다음처럼 절의 끝에 위치하나, 수식하는 절의 요소에 따라 자유롭게 위치할 수 있다.

(47)

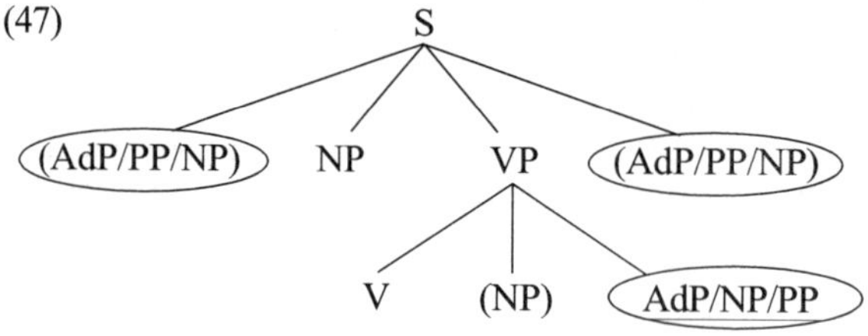

부사어의 통사적 기능은 SVA, SVOA형의 절 구조를 제외하고는 수의적이다. 따라서 위 수형도에서 괄호로 표시했다. 즉 다음처럼 의미적으로 주어가 행동을 한 장소, 시간, 방법, 이유 등을 나타내나, 문법적인 수용성에 상관없이 첨가되거나 삭제될 수 있다.

(48) a. John helped his father (*in many situations*).

b. Richard teaches Russian (*in the evening*).

c. The girls are studying French (*with enthusiasm*).

d. The Norwegians have invaded Burma (*for some reason*).

(49) a. *In many situations* John helped his father.

b. John *in many situation*s helped his father.

(48a)의 장소나 상황을 나타내는 부사어는 문장 끝뿐만 아니라. (49a)처럼 문두에도, (49b)처럼 조동사 다음 본동사 앞에 위치할 수 있다.

한편 부사어도 문장에서 하는 기능에 따라 다음과 같이 부가부사어, 이접부사어, 연접부사어 세 종류로 분류한다.

(50) a. Jonathan ran a race *for fun last weekend.*

b. *Strictly speaking,* nobody is allowed in here.

c. It was a difficult examination. *Nevertheless*, he passed it.

(50a)의 for fun과 last weekend는 이유와 시간을 나타내는 부사어로 문장에 첨가하여 덧붙인 부가부사어(adjunct adverbials)라고 한다. (50b)의 Strictly speaking처럼 독립적으로 문장 전체를 수식하는 부사어를 이접부사어(disjunct adverbials)라고 한다. (50c)의 부사 Nevertheless는 앞 문장과 뒤 문장을 연결해 주는 접속사 구실을 하는 연접부사어(conjunct adverbials)라고 한다.

(48)에 예를 든 부사어들은 모두 다 부가부사어이다. 이들은 보어역할을 하는 필수적인 부사어가 아니라 수의적인 부사어로 말 그대로 문장에 덧붙여 첨가한 부가어이므로, 생략해도 문장의 문법성에는 상관이 없다. 또 다음처럼 전치사구뿐만 아니라 부사구, 심지어 명사구까지 가능하며, 여러 개를 첨가하여 덧붙일 수 있다. 위치도 수식하는 말에 따라 다양하다.

(51) a. He left *[for town][quickly][a few minutes ago] [for help]*

b. *Yesterday*, I ran a marathon.

c. I ran a marathon y*esterday.*

d. I *always* run well in the heat.

e. I handed the baton *quickly* to the next runner.
f. I have *never* won a race.

(51a)의 부가부사어는 4개가 덧붙여 진 경우이다. for town은 방향을 나타내는 전치사구 부사어이고, for help는 이유를 나타내는 전치사구 부사어이다. quickly는 양태를 나타내는 부사구 부사어이며, a few minutes ago는 시간을 나타내는 명사구 부사어이다. (51b)에서는 문두에, (51c)에서는 문미에 (51d)에서는 동사구 앞에, (51e)에서는 동사구 뒤에 (51f)에서는 조동사 뒤에 위치하고 있다. 모든 부사어가 문미에 올 수 있지만, 시간 부사어는 문두나 동사 앞자리에 올 수 있고, 장소 부사어는 문장의 첫 자리에서는 어색하며, 양태 부사어는 종종 동사 앞자리에 오지만 문장의 첫 자리에서는 부자연스럽다. 부사어가 올 수 없는 유일한 자리는 동사와 직접목적어 사이이다.

(50b)의 Strictly speaking처럼 독립적으로 문장 전체를 수식하는 부사어를 이접부사어라고 한다. 문장의 내용에 대해 화자의 태도나 판단을 표현하는 경우로, 예를 들어 화자의 진실성의 정도나 말하는 방법 등을 나타내는 부사 seriously, frankly, oddly나 전치사구 in all frankness, to my surprise, to my regret 등이 이접부사어에 해당한다. 부가부사어와는 달리 이접부사어는 동사구가 아니라 문장 전체를 수식하므로 문장부사(sentence adverbs)라고도 하며, 문장의 시작자리에 오는 것이 가장 자연스럽다. 따라서 다음 부사 seriously는 위치에 따라 다르게 분석된다.

(52) a. Bonnie spoke *seriously* about her problems.
b. *Seriously*, that's the most shocking news I've heard.

(52a)의 부사 seriously는 동사 speak를 수식하는 부가부사어로, 'in a serious manner'를 의미하고, (52b)의 부사 seriously는 문장 전체를 수식하는 이접부사어로, 'I am being serious when I say'를 의미한다.

문장을 연결해 주는 접속사 구실을 하는 연접부사어는 (50c)의 Nevertheless 외에도 however, besides, hence 등과 같은 부사와 in addition, on the contrary, in the second place 등의 전치사구가 있다.

3. 절 구성요소의 다중적 분석

앞에서 설명한 절 구성요소로서의 주어, 목적어, 보어, 부사어는 절 구조를 분석할 때 분명하게 한 가지로만 분석되는 것이 아니라, 경우에 따라서 이중적으로 분석할 수 있다는 데 어려움이 있다.

3.1. 보어와 부사어

다음 예문에서처럼 완전자동사 다음에 나오는 형용사구는 주격보어로 동사에 반드시 필요한 보충어(complement)인 보어로도 볼 수 있지만, 분사구문에서 be동사가 생략된 비동사구절(verbless clause)로 분석할 수 있으므로 첨가한 부가어(adjunct)인 부가부사어로도 볼 수 있다.

(53) a. He waited, *anxious for a replay.*
b. He was *anxious for a replay.*
c. *Anxious for a replay*, he waited.

(53a)의 형용사구 anxious for a replay는 (53b)처럼 be동사로 바꾸어 쓸 수 있다는 점에서는 보충어인 주격보어로 분석할 수 있지만, (53c)처럼 문두에 놓이면, being이 생략된 분사구문으로 덧붙인 부가어인 문두부사어로도 분석할 수 있다. 이처럼 덧붙인 부가어인 전통문법에서의 부사어와 보충어인 주격보어의 구별이 그렇게 명확한 것만은 아니다.

또 다음과 같이 수령자가 이중목적어구문의 간접목적어가 아닌 to-전치사구로 표현된 경우, 간접목적어와 같은 보충어인지, 덧붙인 부가부사어인지 그 구별이 쉽지 않다.

(54) a. Adam gave *Debbie* a book. / Adam gave a book *to Debbie.*
b. Sam sent *Bill* a letter. / Sam sent a letter *to Bill.*
c. Sam kicked *Bill* a ball. / Sam kicked a ball *to Bill.*

전통문법에서는 이중목적어구문의 경우 수령자가 간접목적어로 표현된 경우 당연히 보충어인 목적어로 분석하여 4형식 구문으로 보고 있다. 그러나 to-전치사구로 표현된 경우 덧붙인 부가부사어로 취급하여 3형식 구문으로 보고 있다. 그러나 다음과 같이 동사에 따라 의미적, 통사적특성이 조금 다르다.

(55) a. *Adam gave a book *to Debbie* and Brian also *did so to Susan.*
b. Sam sent a letter *to Bill* and Mark *did (so) to Susan.*
c. Sam kicked a ball to Bill and Mark *did (so) to Susan.*

(56) a. *Adam gave a book in the library.
b. Sam sent a letter at the post office.
c. Sam kicked a ball in the park.

동사 give는 기본적으로 '누가 누구에게 무엇을 주다'라는 의미로 주어, 간접목적어(또는 여격의 to-전치사구), 직접목적어 3개의 논항이 필요한 동사이다. 따라서 (55a)처럼 대동사 do so가 'give a book to Debbie'전체를 가리켜야지, 'give a book'만 대신할 수는 없다. 또 (56a)를 보면 to-전치사구가 생략이 불가능하므로 여격의 to-전치사구는 의미적으로나 통사적으로나 동사에 꼭 필요한 간접목적어와 같은 보충어이다. 반면에 동사 send와 kick은 (55b,c)처럼 대동사 do so가 'sent a letter'나 'kicked a ball'만 대신할 수도 있고, 또 (56b,c)를 보면 to-전치사구가 생략이 가능하다. 즉 통사적으로 반드시 필요한 보충어가 아닌 덧붙인 부가어로 전통문법의 부사어처럼 보인다. 그러나 다른 부사어와 비교하면 모두 보충어적인 성격이 있다.

(57) a. *Adam gave a book *in the library* to Debbie.
b. *Adam sent a letter *at the post* office to Mary.
c. *Adam kicked a ball *in the park* to Mary.

모두 장소의 부사어보다는 앞에 나와야지 뒤에 나올 수 없다. 즉 동사 give의 경우 통사적으로도 의미적으로도 꼭 필요한 간접목적어와 같은 보충어인데, 동사 send, kick의 경우 의미적으로 간접목적어와 같은 보충어로 확대된 유사보충어라고 한다.[19]

19) 의미적인 함의 관계에 있어서 동사 상호간에 약간 차이가 있다.
(i) a. Sam sent a letter. $\models \exists x \mid$ Sam sent a letter to x.

다음 수혜자는 간접목적어로도 for-전치사구로도 표현된다.

(58) a. Adam baked *Sam* a cake.
b. Adam baked a cake *for Sam.*

이때 (58b)의 전치사구 for NP도 통사적으로 동사와 밀접한 간접목적어와 같은 보충어인지, 덧붙인 부가부사어인지 그 구별이 쉽지 않다.

(59) a. Adam baked a cake for *Sam*e and Brian *did so for Susan.*
b. Adam sang a song for *Sam* and Brian *did so for Susan.*

(60) a. Adam baked a cake (for Mary) in the kitchen.
b. Adam sang a song (for Mary) in the pub.

대동사 do so가 동사구 전체를 가리킬 수도 있지만 (59)처럼 bake a cake과 sing a song만 대신할 수도 있다. 또 (60)처럼 수혜자 for-전치사구가 생략이 가능하므로 for-전치사구는 통사적으로 동사에 꼭 필요한 보충어가 아닌 덧붙인 부가부사어처럼 보인다. 그러나 다음과 같이 다른 부사어와 비교하면 보충어적인 성격도 있다.

(61) a. ?Adam baked a cake *in the kitchen* for Mary.
b. ?Adam sang a song *in the pub* for Mary.

그러나 수혜자 전치사구가 생략된 경우에 수혜자를 의미적으로 함의하지 않는다.

(62) a. Adam baked a cake. $\not\models$ ∃x | Adam baked a cake for x.
b. Adam sang a song. $\not\models$ ∃x | Adam sang a song for x.

즉 케익을 구웠다고 해서 반드시 누구를 위해 케익을 구웠다는 의미를 함의하지는

---

b. Sam kicked a ball. $\not\models$ ∃x | Sam kicked a ball to x.
(i)에서 동사 send는 여격의 to-전치사구가 생략되어도 의미적으로 여격명사구가 있음을 함의하는 데 비하여, kick은 전혀 그런 의미를 함의하고 있지 않다. 즉 의미적으로 send의 경우 to-전치사구가 동사에 밀접한 내부논항인데 비하여, kick은 원래는 아니었지만 내부논항으로 확대된 경우이다. 한편 Verspoor(1997:72)는 give의 경우 여격명사구가 동사에 꼭 필요한 보충어인데 비하여, 의미적으로 send처럼 내부논항으로 쓰이건, kick처럼 확대된 경우이건, 통사적으로 생략이 가능한 여격명사구를 유사보충어(pseudo-complement)로 정의하여 구별하고 있다.

않는다. 마찬가지로 노래를 불렀다고 해서 반드시 다른 누구를 위해 노래를 불렀다고 할 수 없다. 따라서 의미적으로 수혜자 전치사구는 동사에 밀접한 내부논항으로 통사적으로 꼭 필요한 보충어는 아니다. 단 kick의 경우처럼 의미적으로 확대되어 유사보충어처럼 쓰인 경우로 볼 수 있다. 한편 다음을 비교해 보자.

(63) a. John baked a cake *for Mary*.
b. John sang a song *for Mary*.
c. John ran a marathon *for Mary*.

(63a)의 수혜자 전치사구 for Mary는 동사의 의미가 확대되어 간접목적어처럼 쓰일 수 있는 유사보충어인데 비하여, (63c)의 for Mary는 동사의 의미와는 상관없이 동사구를 수식하는 덧붙인 부가부사어이다. 반면 (63b)의 for Mary는 두 가지 의미로 다 해석될 수 있는 중의적인 경우이다. 즉 다음과 같이 중복하여 for NP가 나올 수 있다.

(64) John sang a song *for Mary* for Bill.

덧붙인 부가부사어는 다음처럼 이중목적어구문의 간접목적어로 쓰일 수 없다.

(65) a. John extinguished the light *for Mary*.
b. *John extinguished *Mary* the light.

3.2. 보어와 첨가보어

한편 의미적으로는 덧붙인 부가어인데 통사적으로 보충어인 보어처럼 쓰이는 경우도 있다.

(66) a. He died *a poor man*. (He was a poor man when he died.)
b. They married *young*.
c. They parted *good friends*.
d. She was standing, *a picture of innocence*.

(66)의 명사구나 형용사구 a poor man, young, good friends, a picture of innocence

는 동작이 이루어 질 때의 주어의 상태를 나타내는 보어로 전통문법에서는 일종의 완전자동사구문에 첨가된 첨가보어로 분석한다. 그러나 모두 완전자동사와 같이 쓰이고 있기 때문에 be동사가 생략된 형태의 분사구문으로 부가어로 분석이 가능하다. 일반적으로 이와 같은 형용사를 주어가 동작하고 있을 때의 상태를 묘사하는 주어 묘사서술어(subject depictive)로 분석하는데, 동사의 의미상 반드시 필요한 보충어가 아니라, 통사적으로 형태상 첨가한 부가어로 본다.

한편 다음의 예문을 비교해 보자.

(67) a. The fire is burning *low*.
　　b. The sun shone *bright*.

(68) a. He blushed *scarlet*.
　　b. The door banged *shut*.

(67)의 동사 burn, shine이나 (68)의 동사 blush, bang 등은 보어 없이 쓰일 수 있는 완전자동사이다. (67)의 형용사 low, bright는 주어가 동작할 때의 상태를 묘사하는 주어 묘사서술어이다. (66)보다는 동사의 의미와 어느 정도 관련이 있으나, 동사의 의미에 크게 영향을 미치지 않고 생략될 수도 있다. 즉 완전 자동사구문에 첨가된 첨가보어이다. 그러나 (68)의 형용사 scarlet, shut은 주어가 동작을 하고 난 후의 결과 상태를 나타내는 결과서술어 형용사이다. 따라서 결과서술어의 경우 의미상 예측 가능하여 생략할 수도 있지만, 형태상으로 첨가된 첨가보어가 아니라, 결과동사의 의미상 꼭 보충해 주어야 하는 보충어이다. 한편 다음과 비교해 보자.

(69) a. The weather is continuing *mild*.
　　b. They are pleading *innocent*.
　　c. This detergent washes *whiter*.

(67-68)은 보어가 생략이 되어도 비문이 되지 않지만, (69)는 보어가 생략할 수 없는 경우이다. 즉 의미상으로도 형태상으로도 꼭 필요한 보충어이다.

한편 목적격보어의 경우도 비슷한 양상을 보인다.

(70) a. John left the room *angry*.
　　b. John ate the meat *raw*.

(71) a. John fell down *unconscious*.
b. John hammered the metal *flat*.

(70a)의 형용사 angry는 비록 목적어 다음에 첨가한 첨가보어이지만 주어가 동작할 때의 주어의 상태를 묘사하는 주어 묘사서술어이다. 반면 (70b)의 형용사 raw는 동작이 일어났을 때의 목적어의 상태를 묘사하는 목적어 묘사서술어(object depictive)로 볼 수 있다. 그러나 둘 다 동사의 의미와 직접적인 상관이 없이 덧붙여 첨가한 첨가 보어이다. 한편 (71a)의 형용사 unconscious는 주어인 John이 넘어져서 그 결과 의식을 잃은 상태변화를 나타내는 주어 결과서술어(subject resultative)이다. 마찬가지로 (71b) 형용사 flat는 망치질해서 그 결과 목적어인 메달이 납작해진 상태변화를 나타내는 목적어 결과서술어(object resultative)이다. 따라서 주어 결과서술어나 목적어 결과서술어는 동사의 의미와 밀접하게 연관되어 있으므로 동사에 꼭 필요한 보충어이다.

3.3. 불변화사(particle)와 절 유형

동사만이 동사구를 형성한다고 보면 다음과 같은 구문을 주어+동사+부사어(SVA)형으로 분석하게 된다.

(72) The board *looked into* the recent complaints.

그러나 다음처럼 look into는 의미적으로 조사하다(investigate)에 해당되는 타동사이며, 수동태가 가능하고, 의문사 what으로 질문을 할 수 있다.

(73) a. The board *investigated* the recent complaints.
b. The recent complaints *were looked into* by the board.
c. *What* did the board look into?

look into를 동사와 전치사가 합쳐 하나의 복합동사, 즉 전치사동사(prepositional verb)가 되는 것으로 보고, 타동사(SVO)유형의 구문으로 분석할 수 있다.

마찬가지로 동사와 전치사성 부사가 합쳐 구동사(phrasal verb)가 되는 경우에도 다음과 같이 여러 유형의 구문으로 분석할 수 있다.

(74) a. The soldiers *gave in.* (SV)
b. It *turned out* a huge success. (SVC)
c. We are *putting up* at a motel. (SVA)
d. Randolph is *paying for* the meal. (SVO)
e. They *spoke to* us *about* the problem. (SVOO)
f. They *looked on* me *as* their role model. (SVOC)

(74a)의 구동사 give in은 항복하다(surrender)는 의미의 완전자동사(SV)유형의 구문으로, (74b)의 구동사 turn out은 무엇임이 입증되다(prove)는 의미의 불완전자동사(SVC)유형의 구문으로, (74c)의 구동사 put up은 어디에 투숙하다(stay)는 의미의 불완전자동사(SVA)유형의 구문으로, (74d)의 전치사동사 pay for는 지불하다는 의미의 타동사(SVO)유형의 구문으로, (74e)의 복합전치사동사 speak to A about B은 A에게 B에 대해 말하다는 의미의 이중타동사(SVOO)유형의 구문으로, (74f)의 복합전치사동사 look on A as B는 A를 B로 생각하다, 여기다는 의미의 복합타동사(SVOC)유형의 구문으로 쓰인 경우이다.

3.4 전치사구의 다중적 분석

장소의 의미를 나타내는 전치사구도 동사가 동작할 때의 위치를 나타내는 장소 수식어로 덧붙인 부가부사어(줄여서 부가어로도 표현함)도 있지만, 동사의 의미상 반드시 필요하여 같이 쓰여야만 하는 보어와 같은 보충어도 있다.

(75) a. John ran *in the park.*
b. John ran *to the store.*

(75a)의 전치사구 in the park는 완전자동사 run의 '뛰어 놀다'란 의미에 뛰어 노는 행위가 일어나고 있는 장소를 첨가하여 덧붙인 말에 지나지 않는다. 따라서 (75a)의 전치사구는 덧붙인 부가어라고 할 수 있다. 반면 (75b)의 전치사구 to the store는 이

동 결과동사 run의 '뛰어서 어디로 가다'란 의미상 반드시 필요하여 보충해주어야만 하는 결과의 목적지(goal)이다. 즉 (75b)의 전치사구는 덧붙인 부가어가 아니라 동사의 의미상 반드시 필요한 보충어이다. 즉 run to가 합쳐 전치사 동사로 쓰인 경우이다. 이와 같은 설명은 다음과 같이 목적어와 관련된 전치사구에도 마찬가지로 적용된다.

(76) a. John kicked the ball *in the ground*.
b. John kicked the dog *into the bathroom*.

(76a)의 전치사구 in the ground는 주어인 John이 목적어인 공을 찬 장소로 동사 kick이나 목적어 ball의 의미와 상관없이 행위가 이루어진 장소로 첨가한 부가부사어이다. 반면 (76b)의 경우 동사 kick의 의미가 단순 타동사의 의미에서 '발로 차 무엇을 어디로 보내다'란 사역이동의 의미인 복합타동사로 전환된 경우로, 전치사구 into the bathroom는 의미상 반드시 필요하여 보충해주어야만 하는 결과의 목적지를 나타낸다. 즉 kick A into B처럼 타동사적 전치사동사로 쓰여 (73b)의 전치사구는 부가어가 아니라 동사의 의미상 반드시 필요한 필수적인 전치사구로 보충어이다.

다음도 비슷한 경우이다.

(77) a. Wilma changed *into work clothes*.
b. Vancouver has changed *in the last two years*.

(77a)의 동사 change는 전치사 into와 같이 쓰여 '누가 무엇으로 갈아입다'는 의미의 상태변화 동사로 전치사구 into work clothes는 주어의 상태변화를 나타내는 주격보어의 필수적인 보충어이다. 즉 change into가 전치사동사로 쓰인 경우이다. (75b)의 전치사구 in the last two years는 동사구를 수식하는 시간부사어로 첨가하여 덧붙인 부가어이다. 이처럼 전치사구는 문맥에 따라 다르게 분석되는 어려움이 있다.

(78) a. They agreed *on the terms*.
b. They agreed *in an instant*.
c. They agreed *on the boat*.

(78a)의 전치사구 on the terms는 '누가 무엇에 동의하다'는 의미의 동사 agree의 대상으로서 반드시 있어야 할 목적어와 같은 보충어이다. 즉 agree on이 전치사동사로

쓰인 경우이다. (78b)의 전치사구 in an instant는 동사 agree를 수식하는 시간 부사어로 덧붙인 부가어이다. 그런데 (78c)의 전치사구 on the boat는 두 가지로 다 해석될 수 있는 중의적인 경우이다. 즉 보충어라면 보트에 대해 동의했다는 의미이고, 부가어라면 장소 부사어로 보트에서 동의했다는 의미가 된다.

다음은 전치사구가 동사에 의미적으로 꼭 필요한 보충어, 동사구를 수식하는 부가어로 쓰이는 경우 외에도, 명사를 수식하는 수식어로도 쓸 수 있는 경우이다.

(79) a. Isaac played the violin *with a new bow.*
b. Isaac played the violin *with great skill.*
c. Isaac played the violin *with the loose bridge.*

(79a)의 전치사구 with a new bow는 동사 play가 '누가 무엇으로 무엇을 연주하다'는 의미처럼 동사의 의미상 꼭 보충해 주어야 하는 도구 보충어이다. 즉 play A with B의 타동사적 전치사동사로 쓰인 경우로 행위자 주어와 대상 목적어와 도구 보충어를 필요로 하는 3항 술어로 쓰인 경우이다. (79b)의 전치사구 with great skill은 동사구 played the violin을 수식하는 양태 부사어로 덧붙인 부가어이다. (79c)의 전치사구 with the loose bridge(느슨한 기러기발을 지닌)는 명사구 the violin을 수식하는 수식어(modifier)이다.

다음은 동사 다음에 연속해서 전치사구가 두 개 나온 경우이다.

(80) a. Monica stepped on a bee *on Tuesday.*
b. Monica stepped on a bee *with a large stinger.*
c. Monica consulted with her doctor *about the bee sting.*

(80a-b) 전치사동사 step on은 '누가 무엇을 밟다'는 의미로 전치사구 on a bee는 동사 step의 보충어이다. 그러나 (80a)의 전치사구 on Tuesday은 시간을 나타내는 부가어이고, (80b)의 전치사구 with a large stinger(큰 침을 가진)은 그 앞의 명사 bee를 수식하는 수식어이다. 그러나 (80c)의 동사 consult는 consult with A about B로 쓰여 '누구와 무엇에 대해 상의하다'란 의미로 두 개의 전치사구가 모두 의미상 필요한 보충어이다.

3.5. 부사어와 목적어

정도와 수량을 나타내는 명사구는 부사어인지, 목적어인지 애매한 경우가 많다.

(81) a. He ran *a mile*. / She jumped *ten feet*.
b. It costs *ten dollars*. / It weighed almost *a ton*.

(81)의 정도와 수량을 나타내는 명사구 a mile, ten feet, ten dollars, almost a ton은 일반적으로 수동태가 불가능하고, 다음 (82)처럼 의문사 how far나 how much가 가능한 것으로 보아 부사어로 보는 것이 타당할 것처럼 보인다. 그러나 (83a)처럼 총칭적 문장(generic sentence)에서는 수동문이 가능하고, (83b)처럼 의문사 what이 가능한 것으로 보면 목적어로도 분석할 수 있다.

(82) a. How far did he run?
b. How much does it cost?

(83) a A mile can't be run in two minutes.
b. What does it cost?

4. 정형절과 비정형절

4.1 정형절

정형절(finite clause)이란 일반적인 문장형태의 절을 의미한다. 즉 주어와 동사가 시제, 주어의 인칭, 수의 일치현상에 따라 정해진 형태를 취하는 정형동사(finite verb)로 구성된 절을 의미한다.

(84) a. Richard teach<u>es</u> students English nowdays.
b. Richard <u>taught</u> students English last year.

(84a)에서 동사 teaches는 주어가 3인칭 단수이고 현재시제이기 때문에 일치현상에 따라 굴절어미 -es가 붙었다. (84b)에서 동사 taught는 과거시제이기 때문에 일치현상에 따라 과거형이 쓰였다. 이와 같이 주어와 시제, 인칭, 수의 일치현상에 따라 정해진 형태로 쓰이는 동사를 정형동사라 하고, 정형동사로 이루어진 절을 정형절이라고 한다. 이때 복문에서 종속절로 정형절이 오는 경우는 명사절로 that-절, wh-의문사절 등이 있다. 또 형용사절로 관계대명사 및 관계부사에 의한 관계절이 있다. 부사절에서도 시간, 장소, 양태, 이유 등 다양한 접속사와 함께 완전한 문장형태의 정형절이 쓰인다.

(1) that-절

명사절인 that-절은 문장에서 주어, 목적어, 보어 등의 역할을 한다.

(85) a. *That coffee grows in Brazil* is well known to all.
b. I know *that coffee grows in Brazil.*
c. He told mother *that coffee grows in Brazil.*
d. My understandings is *that coffee grows in Brazil.*
e. He is certain *that coffee grows in Brazil.*
f. His claim *that coffee grows in Brazil* is correct.
g. *It* is well known *that coffee grows in Brazil.*

(85a)는 that-절이 문장에서 주어역할을 하는 경우이고, (85b)는 문장에서 타동사의 목적어역할을 하는 경우이고, (85c)는 문장에서 이중타동사의 직접목적어역할을 하는 경우이다. (85d)는 문장에서 보어역할을 하는 경우이고, (85e)는 문장에서 형용사 술어의 목적어역할을 하는 경우이다. (85f)는 동격절로 전성명사의 목적어와 같은 역할을 하는 경우이다. (85g)는 it 가주어와 that-절 진주어 구문으로 (85a)의 주어역할을 하는 that-절이 외치변형(extraposition)에 의해 문장 뒤로 간 경우이다. 즉 주어가 너무 길어 이해하기 힘들기 때문에, 허사 주어인 it를 주어자리에 넣고 진주어인 that-절은 뒤로 보낸 경우이다. 그런데 동사에 따라 이와 같은 외치변형이 반드시 일어나야 하는 경우도 있다.

(86) a. **That the world is flat* seems.
b. *It* seems *that the world is flat.*

목적어 외치변형은 흔하지는 않지만 가능하다.

(87) a. I hear *it* said *that the world is flat.*
b. He think *it* likely *that the world is flat.*

(87)과 같은 복합타동사구문에서의 목적어 외치변형은 (86)과 마찬가지로 반드시 일어나야 하는 경우로 put it to me that....(…라는 말씀이지요), bring it about that....(…라는 일을 일으키다), see to it that...(…하도록 마음을 쓰다) 등의 고정된 표현에 쓰인다.

한편 외치변형된 문장과 형용사구 목적어구문과 또 동격절의 명사구 구문과는 구별해야 된다.

(88) a. It is regrettable *that the picnic had to be cancelled.*
b. Harry is regretful *that he forgot my birthday.*

(89) a. It is proven fact *that the world is flat.*
b. It contained a recommendation *that we cancel the program.*

(88a)와 (89a)의 that-절은 외치변형에 의한 진주어이지만, 비슷한 구조의 (88b)는 형용사 regretful의 목적어이고, (89b)는 전통문법에서 동격절로 본 경우로 명사 recommendation의 보충어이다(이 경우 생성문법에서는 목적어란 용어를 쓰지 않고 보어와 목적어를 합하여 모두 보충어(complement)라고 하는데, 특히 절인 경우 보문이라고도 한다. 즉 형용사나 명사의 보충어라고 한다).

외치변형과 비슷한 다음과 같은 우향이동(right movement)이 있다.

(90) a. He was certain *that the world was flat* when I saw him yesterday.
→ He was certain when I saw him yesterday *that the world was flat.*
b. His belief *that coffee grows in Brazil* is correct.
→ His belief is correct *that coffee grows in Brazil.*

(90)과 같은 우향이동은 외치변형과 달리 that-절 대신 허사 it를 적어놓지 않고, 문

장 끝인 우측으로 이동시키는 경우이다.

한편 that-절의 접속사 that은 다음과 같이 생략되기도 한다.

(91) a. I know ø coffee grows in Brazil.
b. He told his mother ø coffee grows in Brazil.
c. My understanding is ø coffee grows in Brazil.
d. He is certain ø coffee grows in Brazil.
e. His claim ø coffee grows in Brazil is correct.
f. It is well known to all ø coffee grows in Brazil.
g. *Coffee grows in Brazil is well known to all.

단 (91g)처럼 주어역할을 하는 that-절에서는 접속사(보문을 이끌어 준다는 의미에서 보문소(complementizer)라고도 함) that가 생략하면 혼란이 올 수 있으므로 생략하지 않는다.

(2) 의문사절

wh-의문사는 다음과 같이 wh-의문문에 쓰인다.

(92) a. What ___ happened to you last night?
b. What did you do ___ last night?
c. Who(m) did you give the money to ___?
d. Who(m) did you go to the movie with ___ last night?
e. What did you call me ___?

(93) a. Why did you leave early ___?
b. When did the movie let out ___?
c. Where did you park ___?
d. How did you get to the theater ___?

(94) a. Whose car did you take ___?
b. Which movie did you see ___?
c. What movie did you see ___?

(95) a. How expensive was the show ___?
b. How quickly can you get here ___?

(92)는 wh-의문사가 의문대명사역할을 하는 경우이고, (93)은 의문부사역할을 하는 경우이다. (94)는 명사를 수식하는 의문한정사(determiner)역할을 하는 경우이고, (95)는 형용사나 부사의 수식어역할을 하는 경우이다. 모두 wh-이동규칙에 따라 밑줄 친 원래의 위치에서 문두로 이동한다. 이때 (92c-d)에서 목적격 의문대명사 whom뿐만 아니라, 주격의 who도 같이 쓰일 수 있는데, 전치사의 목적어일 경우 전치사도 문두로 같이 이동하면 To whom, With whom과 같이 목적격으로만 쓰인다.

이와 같은 wh-의문문이 종속절에 나올 때 that-절과 마찬가지로 명사절 역할을 한다.

(96) a. *How he gets the money* is his own affair.
b. I asked *when he was going to do it.*
c. He asked his friend *when he was leaving on his holidays.*
d. The question is *how he will get the money.*
e. She is uncertain *whether he will lode his job.*
f. The question *wether he did it is troubling.*
g. *It* has often been asked *who did it.*

(96a)는 주어역할을 하는 경우이고, (96b)는 타동사의 목적어역할을 하는 경우이다. (96c)는 이중타동사의 직접목적어역할을 하는 경우이다.[20] (96d)는 보어역할을 하는 경우이고, (96e)는 형용사술어의 목적어역할을 하는 경우이고, (96f)는 동격절로 명사의 보충어역할을 하는 경우이다. (96g)는 it 가주어 wh-절 진주어 구문으로 (96a)의 주어역할을 하는 wh-절이 외치변형(extraposition)에 의해 문장 뒤로 간 경우이다.

---

20) 직접화법의 의문문은 간접화법에서 다음과 같이 종속절로 표현되는 간접의문문이 된다.
i) a. Rosie asked Paul, "Are you going to Toronto tomorrow?"
b. Rosie asked Paul whether he was going to Toronto tomorrow.
ii) a. Rosie asked Paul, "Why are you going to Toronto tomorrow?"
b. Rosie asked Paul why he was going to Toronto the next day."

(3) 관계절(Relative Clause)

명사를 수식하는 절을 형용사절이라고 하며[21], 보통 다음과 같이 접속사 역할을 하는 관계대명사로 wh-단어나 that가 쓰이는 관계대명사절과 시간, 이유, 장소 등을 수식하는 관계부사절이 있다.

(97) a. He paid the money to the man *who/that had done the work.*
who(m)/that he had hired.
to whom he owed it.
who(m)/(that) he owed it to.

b. The chair *which/that belongs to me* is being repaired.
which/that he broke
which he stood on
on which he stood

c. I gave the book to the woman *whose sister is my friend.*

d. I enjoy reading books *whose author I know.*
the author of which I know.

(98) a. This is the year *when the Olympic Games are held.*

b. Give the one good reason *why I should do it.*

c. I told the place *where I had hidden the gift.*

(97)은 사람, 사물 등의 보통명사를 수식하는 경우로 wh-단어나 that가 관계 접속사역할을 하는 관계형용사절이다. (98)은 시간, 이유, 장소를 나타내는 명사를 수식하는 경우로 when, why, where 등의 의문부사가 관계 접속사역할을 하는 관계부사절이다. 이때 관계부사 when, where 등을 전치사+관계대명사(in which)로 바꾸어 쓸 수 있다.

한편 관계절은 다음과 같이 제한적 용법과 비제한적 용법이 있다.

---

21) 한편 명사를 수식하는 전치사구 수식어를 다음과 같이 관계절로 바꾸어 쓸 수 있다.

i) a. The girl with red hair is my sister.

b. The girl who has red hair is my sister.

(99) a. I just bought a new recording of a Mozart symphony *which I enjoy listening to.*
b. I just bought a new recording of Mozart's 35th symphony, *which I enjoy listening to.* (= and I enjoy listening to it.)

(99a)는 제한적 용법으로 선행사인 a Mozart symphony가 정해져 있지 않은 (indefinite) 모짜르트 심포니 곡 중에서 내가 즐겨 듣는 곡으로 제한해 주는 제한적 (restrictive) 용법이다. (99b)는 Mozart's 35th symphony이라는 특정곡으로 정해져 있는데, 그에 대해 첨가적으로 부연 설명해 주는 비제한적(nonrestrictive)용법이다. 즉 ', and I enjoy listening to it.'처럼 접속사 and와 대명사 it로 바꾸어 쓸 수 있다. 따라서 선행사가 이미 정해져있는 고유명사일 경우 반드시 비제한 용법으로 쓰여야 한다. 반면에 비한정명사구(indefinite NP)나 총칭명사(generic NP)일 경우 비제한적 용법으로는 쓰이지 못하고, 제한적 용법으로만 쓰여야 한다.

(100) a. Janine, *whom I met years ago*, is returning.
b. **Janine*, that *I met years ago*, is returning.
c. **Janine*, ø *I met years ago*, is returning.
d. *?I ran into *Erica* on my way home from work, *who is a friend from my childhood.*

(100a)처럼 선행사가 고유명사일 경우 반드시 비제한적 용법으로 쓰여야 한다. (100b)처럼 비제한적 용법에는 관계대명사로 that이 쓰이지 않으며, (100c)처럼 관계대명사가 생략될 수 없다. (100d)처럼 우향이동을 하지 않는다.

한편 명사의 보충어역할을 하는 동격절과 관계절은 구별해야 한다.

(101) a. The suggestion *that he might fail* is disturbing.
b. The suggestion *that he made* is disturbing.

(101a)는 명사의 목적어와 같은 보충어역할을 하는 동격절이고, (101b)는 관계절이다. 한편 다음과 같은 경우 동격절과 관계절로 다 해석될 수 있는 중의성이 있다.

(102) a. The idea *that he propose* made her laugh.
b. The fact *that Bill forgot* was verified.

(102a)는 동격절로 해석될 경우 '그가 제안한다는 생각'이란 의미이고, 관계절로 해석될 경우 '그가 제안한 생각'이란 의미이다. (102b)는 동격절로 해석될 경우 '그가 망각했다는 사실'이란 의미이고, 관계절로 해석될 경우 '그가 망각한 사실'이란 의미이다.

다음은 선행사까지 포함한 관계절이다.

(103) a. I sold *what you gave me.*
b. I know *where/why/when/how he went.*
c. He announced *what room it was in.*

관계대명사가 선행사까지 포함하고 있기 때문에 (103a)의 what을 that which나 the thing(s) which로 바꾸어 쓸 수 있고, (103b)의 where는 the place where(in which)로 바꾸어 쓸 수 있다. 이들은 다음과 같이 명사절과 같은 역할을 한다.

(104) a. *What he did* disturbed me.
b. The question is *what he should do.*
c. We argued about *what he should do.*

(104a)처럼 주어역할을 할 수 있고, (104b)처럼 보어역할을 할 수 있으며, (104c)처럼 (전치사의) 목적어역할을 할 수 있다.

이들은 다음처럼 명사구나 동사구를 강조하는 유사강조구문(pseudocleft sentences)에도 쓰일 수 있다.

(105) a. *What Sam got for his birthday* is a computer.
b. *What Judith slammed* was the door.
c. *What Judith did* was slam the door.
d. *What surprised Frances* was your answer.

(106) a. *It* was a computer *that Sam got for his birthday.*
b. *It* was the door *that Judith slammed.*

(106)은 (105a-b)에 해당되는 it-that의 강조구문(cleft sentences)이다.

(4) 부사절

시간, 장소, 이유, 방법을 나타내는 부사어로 부사, 전치사구, 명사구가 쓰일 수 있다고 하였다. 이때 문장인 정형절이 이와 같은 부사어 역할을 할 때 부사절이라고 한다.

(107) a. The student left the room *before I had finished the lecture.*
b. She looked around the room *as if she knew people there.*
c. He lied *because he was afraid.*
d. We won't have our picnic *if it rains.*
e. I tried to finish it *although I was very tired.*
f. John spends his spare time reading, *while Bill watches television.*
g. It's *such* a hot day *that I'm going to the beach.*
h. She works hard*er than her sister works.*
i. We climbed higher *so that we could get a better view.*

(107a)는 시간을 나타내는 부사절로 전치사구 at noon이나 명사구 yesterday도 시간 부사어로 쓰일 수 있다. 이때 시간을 나타내는 접속사로는 before 외에도 after, when, as, since, until, as soon as, every time 등이 있다. (107b)는 양태를 나타내는 부사절로 부사 curiously나 전치사구 with a happy expression도 양태부사어로 쓰일 수 있다. 또 (107c)는 이유를 나타내는 부사절로 전치사구 out of fear도 이유를 나타내는 부사어로 쓰일 수 있다. (107d)는 조건을, (107e)는 양보를, (107f)는 대조를 (107g)는 결과를, (107h)는 비교를, (107i)는 목적을 나타내는 부사절이다.

다음은 when으로 시작하는 비슷한 구조의 절이 다른 용법으로 쓰인 경우이다.

(108) a. I asked *when the meeting would finish.*
b. I don't know the time *when the meeting will finish.*
c. I will leave *when the meeting is finished.*

(108a)는 동사 ask의 목적어 역할을 하고 있는 간접의문문의 명사절이고, (108b)는 명사 time을 수식하고 있는 관계부사절이고, (108c)는 시간을 나타내는 부사절이다.

4.2 비정형절

비정형절(nonfinite clause)이란 일반적으로 전통문법에서 구로 취급되어 왔던 부정사구문, 동명사구문, 분사구문 등을 말하나, 의미상으로는 사건과 같은 명제의 내용을 나타내기 때문에 절의 일종으로 본다. 즉 정형절과 달리 주어와 동사가 시제, 인칭, 수의 일치현상에 따라 정해지는 형태를 취하지 않고 to + 동사원형, 동사원형 + ing 등의 형태를 취하는 비정형동사(nonfinite verbs)로 구성되며, 다음 예문처럼 주어도 반드시 있을 필요가 없다. 즉 완전한 절의 형태로 정해져 있지 않았다는 의미에서 비정형절이라 한다.

(109) a. It is necessary *(for him) to go there.*
b. I am opposed to *(John's) going there.*
c. *Going down*, I met an old friend.

(1) 부정사구문

비정형절중 가장 대표적인 것이 부정사(infinitive)구문이다. 부정사구문은 명사적 용법과 형용사적 용법, 부사적 용법 등 다양한 용법으로 쓰이고 있기 때문에, 용법이 정해져 있지 않았다는 의미에서 부정사라고 한다.

(110) a. *For Sue to see a doctor* is important.
b. We are anxious *for John to do well.*
c. We issued a commend *for him to return.*
d. Here is a letter *for you to mail.*
e. *For him to do well*, he must try harder.

(110a)는 주어역할을 하는 경우이고, (110b)는 형용사의 목적어인 보충어역할을 하는 경우이고, (110c)는 명사의 보충어역할을 하는 경우로 모두 명사적 용법에 해당한다. (110d)는 명사를 수식하는 형용사적 용법이고, (110e)는 부사적용법으로 쓰인 경우이다. 이처럼 부정사구문은 다양한 용법으로 쓰인다. 또 의미적으로 주어와 동사구로 구성된 사건적 의미를 지니고 있기 때문에 절로 본다. 단 (110)처럼 의미상

의 주어가 표현될 수도 있지만 (109a)처럼 생략될 수도 있고, 시제, 성, 수 등에 의한 일치현상도 없기 때문에 비정형절이라고 한다. 이때 정형절이든, 비정형절이든 동사, 명사, 형용사, 전치사 등을 보충해 주는 문장이라는 의미에서 보문(complement)이라고 하며, that-절에서 that과 같이 for-to를 부정사구 보문을 이끌어 주는 보문소(complementizer)라고 한다.[22)]

한편 for-to 부정사구 보문 외에 다음과 같은 wh-부정사구 보문과 원형부정사구(bare infinitive) 보문도 있다.

(111) a. *Which sofa to buy* is his current concern.
b. I asked *where to put it.*
c. We are concern about *what to do.*
d. He agonized over the question *whether to report the fraud.*

(112) a. The teacher made me *do it.*
b. I saw him *leave.*

(111)의 wh-부정사구 보문은 wh-절과 마찬가지로 주어, 목적어, 보충어역할을 하는 명사적 용법으로 쓰인다. (112)의 원형부정사구 보문은 사역동사나 지각동사의 목적격보어역할을 할 때 쓰인다.

주어역할을 하는 부정사구 보문은 다음과 같은 외치변형이 가능하다.

(113) a. *To run a small business* is difficult.
→ *It* is difficult *to run a small business.*
b. *For him to be well prepared* is important.

22) 이기동(1992:184)은 부정사구 보문의 의미는 to의 의미와 밀접한 관련이 있다고 본다. 즉 부정사구 보문에 쓰이는 to는 다음과 같이 전치사로 쓰일 때의 의미를 그대로 갖는 것으로 설명한다.

$$(X) \xrightarrow{\text{to}} (Y)$$

전치사로 쓰일 때 to의 의미는 선행사(X)가 목적어(Y)를 바라보거나 이동하는 관계이다. to가 동사와 같이 쓰일 때도 위의 의미는 그대로 있다. 이때 X는 주어이고 Y는 과정이다. X가 Y를 바라본다는 의미는 주어(X)가 아직 시작되지 않은 과정(Y)을 앞으로 해야 하는 미래 지향적(future oriented) 의미가 들어 있다. to에 이러한 의미가 있기 때문에 부정사구 보문을 목적어로 취하는 동사는 의미상으로 정해진다. 말하는 사람의 강한 의지, 의도, 소원, 계획, 요구, 희망, 제안 등의 뜻을 내포하는 동사가 목적어로 to-부정사구 보문을 취한다.

→ *It* is important *for him to be well prepared.*

c. *What to do with her money* preoccupied her.

→ *It* preoccupied her *what to do with her money.*

한편 부정사구 보문의 의미상의 주어는 주절 주어와 공지시적인데, 다음과 같이 이지시적일 경우에 별도로 의미상의 주어를 표시해 준다.

(114) a. John wanted *to go home.*

b. John wanted (for) them *to go home.*

c. *John wanted *himself to go home.*

(114a)의 경우 부정사구 보문 to go home의 의미상의 주어는 주절주어 John이다. 주절주어와 다를 때에는 (114b)처럼 명시해 줄 수 있다. 즉 보문소 for가 가능하기 때문에 them은 주절동사의 목적어라기보다는 부정사구 보문에 속한 의미상의 주어로 해석한다.[23] 만약 목적어로 분석해야 한다면 주절 주어와 동일한 사람인 경우 재귀대명사로 표현된 (114c)가 가능해야 한다.

한편 that-절과 부정사구 보문은 밀접한 관계가 있다.

(115) a. It seems *that he is honest.* → *He* seems *to be honest.*

b. I believe *that he is honest.* → I believe *him to be honest.*

that-절 속의 주어 he가 (115a)에서는 주절 주어로 인상되었고, (115b)에서는 주절 목적어로 인상되어 부정사구 보문으로 표현되었다. 이를 변형생성문법의 표준이론에서는 주어인상(subject raising)규칙이라고 한다.

한편 for-to 부정사구 보문에서 의미상의 주어를 나타내는 보문소 for는 경우에 따라 생략되기 때문에 본동사의 목적어인지 부정사의 의미상의 주어인지 혼란을 야기할 수 있다.

---

23) 이기동(1992:252)은 전치사 for가 있을 때와 없을 때의 의미가 차이가 난다고 설명한다.

(i) a. I want him to come.

b. I want for him to come.

전치사 for가 있는 (ib)의 문장에서 주어의 의도나 욕구가 보문절에 미치는 영향이 (ia)보다는 훨씬 약하다. 즉 전치사 for가 없는 (ia)보다는 그 만큼 간접적이다.

(116) a. They like *the children to visit them.*
b. They expected *the children to win the game.*
c. They asked *the children to bring some food.*

(116a)의 children은 동사 like의 목적어라기보다는 부정사구 보문의 의미상의 주어로 'the children to visit them' 전체가 동사 like의 목적어가 된다. (116b)의 children은 의미상 부정사구 보문의 주어이기는 하지만 (115b)처럼 보문의 주어에서 주절 목적어로 주어 인상된 목적어가 된다. (116c)의 children은 동사 ask의 간접목적어로 의미상 부정사구 보문의 주어와 공지시 관계를 이룬다. 이처럼 (116a)의 children을 목적어로 보지 않고 부정사구 보문의 의미상의 주어로 보는 근거는 다음과 같다.

(117) a. They like *it/the children's visits.*
b. *What* do they like best?
c. *What they like best* is for the children to visit them.
d. *The children are liked to visit them.
e. They like the children.

(117a)처럼 부정사구 보문의 내용을 대명사 it나 명사구로 표현할 수 있고, (117b)처럼 의문사 what의 질문 대상이 될 수 있다. (117c)처럼 유사강조구문의 강조대상이 될 수도 있고 전치사 for가 수의적으로 가능하다. 또 (117d)처럼 the children을 주어로 하는 수동태가 불가능하며, (117e)의 의미와는 전혀 다르기 때문이다.

한편 (116b)는 다음과 같은 점에서 children을 목적어로 본다.

(118) a. What did they expect?
b. The children were expected to win the game.
c. They expected themselves to win the game.

(118a)처럼 의문사 what의 질문 대상이 될 수 있다는 점에서는 의미상 비슷하나, (118b)처럼 the children을 주어로 하는 수동태가 가능하다는 점은 다르다. 특히 (118c)를 보면 주절주어와 부정사구보문주어가 같을 경우에 생략되어야 하는데, 오히려 재귀대명사로 표현되는 점에서 문법적으로 목적어로 취급하고 있다. 즉 부정사구 보문주어가 주절 목적어로 주어 인상된 인상구문이 된다.

또 (116c)는 다음과 같은 점에서 간접목적어로 본다.

(119) a. They asked *the children* something/a question.
b. *What* did they asked the children ?
c. *What they asked the children* was to bring some food.
d. The children *were asked* to bring some food.

(119a)처럼 목적어는 그대로 있고 부정사구 보문의 내용을 something이나 a question과 같은 명사구로 표현할 수 있고, (119b)처럼 의문사 what의 질문 대상도 목적어 the children를 뺀 부정사구 보문만이 가능하다. (119c)처럼 유사강조구문의 강조대상도 목적어 the children를 뺀 부정사구 보문만이 될 수 있고, (119d)처럼 the children을 주어로 하는 수동태가 가능하다.

한편 서술 형용사의 목적어로 부정사보문을 택하는 서술 형용사는 다음처럼 8가지 유형이 있다.

(120) a. Bob is slow *to react.*
b. Bob is sorry *to hear it.*
c. Bob is anxious *to know the result.*
d. Bob is splendid *to wait.*
e. Bob is certain *to leave.*
f. Bob is hard *to convince.*
g. The food is ready *to eat.*
h. *It* is important *to be accurate.*

(120a-c)의 slow, sorry, anxious 등의 서술형용사는 주절 주어인 Bob이 주어이면서 동시에 부정사구의 의미상의 주어도 되는 경우이다. (120d-e)의 splendid, certain 등의 서술형용사는 주절주어인 Bob이 부정사구의 의미상의 주어로 일종의 주어 인상된 구문이다. (120f-g)의 hard, ready 등의 서술형용사는 주절 주어인 Bob이나 the food가 부정사구의 목적어로 해석되는 경우이다. (120h)의 important 등의 서술형용사는 사람이 주어가 될 수 없고, 사건이나 사실이 주어인 경우로, 가주어 it를 동반하는 구문이다.

다음 원형부정사의 용법을 살펴보자.[24)]

(121) a. John made/had Mary *pick* up her books.
b. John forced/caused Mary *to pick* up her books.

같은 사역동사인 데도 불구하고 (121a)의 make, have는 원형부정사구와 같이 쓰이고, (121b)의 force, cause는 to-부정사구와 같이 쓰인다.[25)] 이에 대해 원형부정사구 목적격보어인 (121a)의 경우 중간에 보문소 to가 생략되었기 때문에 주어인 John이 목적어인 Mary에게 시키는 행위와 Mary가 책을 줍는 행위가 시간적 간격이 없이 동시에 일어나는 특징이 있다. 반면에 (121b)의 force는 중간에 보문소 to가 있기 때문에 먼저 John이 Mary에게 강요를 하고난 후에 Mary가 어쩔 수 없이 책을 줍는 행위를 하게 되는 후행적인 특징이 있다. 또 cause도 주어인 John때문에 나중에 Mary가 책을 줍는 행위를 하게 되는 후행적인 특징이 있다. 즉 to-부정사구는 보문소 to 때문에 미래지향적인 후행적 사건을 나타내게 되고, 원형부정사구는 보문소 to가 생략되었기 때문에 직접적이요 동시적인 사역을 나타낸다. 한편 get도 사역적으로 후행적 사건을 하게 하는 경우이므로 to-부정사구와 같이 쓰인다.

---

24) 원형부정사구가 쓰이는 대표적인 동사는 make, have, let 등의 사역동사이다. 이때 make나 have가 쓰이면 목적어가 어떤 일을 억지로 하게 하는 사역관계를 나타내고, let이 쓰이면 목적어가 어떤 일을 하고 싶어하는 데 주어가 이것을 방해하지 않는다는 뜻이다. 또 주어가 목적어의 의지를 생각함이 없이 어떤 일을 하게 할 때에는 make가 쓰이고, 주어가 그의 사회적 지위나 관계로 목적어에게 어떤 행동을 당연히 요구할 수 있다고 생각할 때에는 have가 쓰인다.

(i) a. He made Mary type up the letter.
b. He had the secretary type up the letter.

(ia)에서는 사회적 관계와 상관없이 주어가 목적어의 의사를 고려함이 없이 강제로 목적어인 Mary로 하여금 타자를 치게 하는 관계를 나타낸다면, (ib)의 주어는 비서의 상급자인 관계에서 당연히 일을 시키는 경우이다.

25) 이에 대하여 이기동(1992: 226)은 주어가 하는 행동이 목적어에 강하게 영향을 주는 경우에는 to가 쓰이지 않고, 주어의 영향이 목적어에 약하게 미치면 to가 쓰인다고 설명한다. 그러나 반드시 그런 것만은 아니다.

(i) a. Oops! I'm sorry. I just made you miss your bus.
b. By transferring the DNA from a rough-coated bacterium to a smooth-coated one, he caused the latter to produce rough-coated offspring, and character bred true thereafter.

(ia)에서 make는 목적어에게 강하게 영향을 주는 의도적 사역 외에도, 비교적 영향이 약한 비의도적 사역으로 쓰일 수 있다. 반면에 (ib)의 cause는 영향이 약한 비의도적 의미가 아니라, 영향력이 강한 의도적인 의미로 쓰였다.

(122) a. He got us *to laugh.*
b. She got me *to look stupid.*

한편 let은 목적어가 어떤 일을 하고 싶어 하는데 주어가 이것을 방해하지 않는다는 뜻이므로 allow에 더 가깝다.

(123) a. We let him *do it.*
b. We allowed him *to do it.*

(123a)의 let은 목적어가 어떤 행동을 하려는 의도가 상당히 크고, 주어는 이 의도를 조금도 방해하지 않는 관계일 때 쓰인다. (123b)의 allow는 to-부정사구와 같이 쓰여 let보다 허용이 더 간접적이다.[26)]

help는 let의 경우보다 더 적극적으로 목적어가 하고자 하는 일을 도와주는 관계를 나타낸다. 도와주는 방법은 직접적일 수도 있고 간접적일 수도 있는데, 이것은 표현에도 반영된다. 도움이 직접적이고 동시적일 때에는 원형부정사가 쓰이고, 간접적일 때에 to-부정사가 쓰인다.

(124) a. We helped him *get on a taxi.*
b. We helped him *to get on a taxi.*

(124a)처럼 원형부정사가 쓰이면, 우리가 그를 부축해서 그가 택시를 타게 한 경우처럼 직접적으로 도와서 그가 택시를 타게 했다는 의미이다. (124b)처럼 to-부정사가 쓰이면 택시를 불러 주었다든지, 택시 문을 열어 주었다든지 하는 정도의 간접적인 도움을 준 경우에 쓰인다.

---

26) 사역동사라도 let은 let go나 let fall과 같이 동사들과 결합하여 조동사이거나 부분사와 같은 기능을 하며, 수동태에서도 원형부정사를 취하지만, make는 수동태에서 to부정사를 취한다는 점에서, have는 수동태를 취하지 못한다는 점에서 서로 약간의 차이가 있다.

(i) a. They let the prisoner go home.
b. ?The prisoner was let go there.

(ii) a. They made him understand.
b. He was made to understand.

(iii) a. They had me repeat the message.
b. *I was had (to) repeat the message.

한편 지각동사도 다음과 같이 원형부정사와 같이 쓰인다.[27)]

(125) a. I heard Tom *play the piano.*
b. I saw Mary *go out.*
c. We felt the house *shake.*
d. We notice someone *leave the house.*

이들 지각동사구문은 원형부정사가 나타내는 과정과 동시에 주어가 지각하는 동시성의 특성을 지닌다.

한편 부사적 용법의 부정사구문은 다음처럼 부가적 부사어, 이접적 부사어, 연접적 부사어로 쓰일 수 있다.

(126) a. *To get ahead*, you need to work hard.
b. The lecturer used slides *to make the talk more interesting.*
c. *For him to win the election*, his campaign workers will need to work very hard.
d. *To judge by her reaction*, she must be angry.
e. *To tell you the truth*, I haven't completed my assignment.
f. *To change the subject*, what are you doing tomorrow night?

(126a-c)는 목적, 결과, 조건 등을 나타내는 부가부사어로 쓰인 경우이다. (126d-e)

---

27) 한편 지각동사 가운데 to-부정사구와도 같이 쓰일 수 있는데, 이 구조에 쓰인 지각동사의 의미는 물리적 지각이 아니라 정신 활동에 의한 지각을 나타낸다.

(i) a. I see this to be the logical next step.
b. I felt it to be essential that we all participate.

이는 다음과 같이 that-절과 같이 쓰일 때의 지각동사가 물리적 지각이 아닌 정신적 지각을 의미하는 것과 같다.

(ii) a. I saw that he wasn't there.
b. I hear that he made a mistake.
c. I felt that the plan was unwise.

정신적 지각을 나타내는 (i)의 경우 (ii)과 같은 that-절 구조에서 주어인상 된 것으로 볼 수 있다.이 두 구조의 차이는 다음에서 분명히 드러난다.

(iii) a. I heard that Susan passed the exam.
b. * I heard Susan pass the exam.

누가 시험에 합격했다는 사실은 들을 수는 있어도 누가 시험에 합격하는 행동을 직접 소리로 들을 수는 없다. 그래서 (iiib)는 문법에 맞지 않는다.

는 문장전체를 이접적으로 수식하는 이접부사어로 쓰인 경우이다. (126f)는 앞 문장과 뒷 문장을 연결하는 연결사와 같은 연접부사어로 쓰인 경우이다.

(2) 동명사구문

동명사구문은 말 그대로 동사가 명사역할을 하는 경우이다. 따라서 다음처럼 주어, 목적어, 보어역할을 한다.

(127) a. *Jane's running five miles* is impressive.
b. He was happy about *Mary's being chosen*.
c. Her first job was *selling computers*.

(127a)는 주어역할을 하는 경우이고, (127b)는 형용사 및 전치사의 목적어역할을 하는 경우이고, (127c)는 보어역할을 하는 경우이다. 이처럼 동명사구문도 의미적으로 주어와 동사구로 구성된 사건적 의미를 지니고 있기 때문에 절로 본다. 단 (127c)처럼 주어가 생략될 수도 있고, 시제, 성, 수 등에 의한 일치현상도 없기 때문에 비정형절이라고 한다.

한편 같은 명사적 용법이라고 해도 부정사구 보문은 구체적인 사건으로 미래지향적인데 비하여, 동명사구 보문은 명사적인 성격으로 과거나 동시성이 강하다.

(128) a. She likes *swimming/to swim*.
b. She loves *having/to have breakfast in the garden*.

like, love, prefer, hate 등은 (128)처럼 동명사구 보문과 부정사구 보문을 다 목적어를 다 취할 수 있다. 이때 동명사구 보문을 택할 경우 명사적인 성격이 강하므로 일반적인 어떤 행위를 좋아하거나 싫어하는 의미로, 이미 경험해 본 근거로 좋고 싫다는 정서적인 반응을 보인 경우이다. 부정사구 보문을 택할 경우 동사적인 성격이 강하여 구체적인 어떤 행위를 하기 좋아하거나 앞으로 해보고 싶다는 의미가 된다.[28]

28) 정의동사는 that-절을 목적어로 취할 수 있는 데, 가목적어 it를 동반해야 하고, that-절의 내용은 어떤 일반적인 상황을 의미하므로 구체적인 행위를 의미하는 부정사구보다는 동명사구나 파생명사구적인 의미와 더 가깝다.

따라서 다음과 같이 문법성의 차이를 보인다.

(129) a. Brian loathed *living/?to live in the country.*
b. Would you like *?*seeing/to see my stamp collection.*

(129a)에서 과거에 시골에서 살아본 경험을 통해 몹시 싫어한다고 말하고 있으므로 동명사구 보문 living이 쓰여야 한다. (129b)에서 구체적인 행위로 하고 싶으냐의 의미이므로 동명사구 보문이 쓰일 수 없다.

한편 enjoy, mind, resent 등의 동사는 동명사구 보문만을 목적어로 택한다.

(130) a. I've enjoyed *talking with you about old times.*
b. Would you mind *opening the door*?
c. I resented *being ridiculed.*

이들 동사들은 과거의 경험에 비치어 동명사구 보문이 나타내는 일반적인 행위에 대한 감정표현으로, 그 행위를 선택하여 하더라도 앞으로 할 행위가 아니라, 동시에 하면서 느끼는 감정이므로 부정사구 보문과는 쓰일 수 없다.

(131) a. I don't like *(John) doing that.*
b. Would you mind *(my) opening the window*?
c. She enjoys *(*his) listening to music.*

(131a-b)의 like, mind 등은 동명사구 보문의 의미상의 주어가 반드시 주절 주어와 같은 사람인 공지시 관계에 있을 필요가 없다. 그러나 (131c)의 enjoy는 동명사구 보문의 의미상의 주어가 반드시 주절 주어와 같은 사람인 공지시 관계에 있어야 한다.

다음도 동명사구 보문과 부정사구 보문을 다 목적어로 택할 수 있지만 의미가 다른 경우이다.

(132) a. I remember *posting/to post the letter.*

(i) a. I just love it that you are here with us.
b. I just love your being here with us.
c. I just love your frequent visit

b. I forgot *posting / to post the letter*.

(133) a. When the bell rings, ignore it and continue *reading*.

b. Why don't you continue *to read* another five minutes?

(132)에서 동명사구 보문 목적어는 과거에 편지 부친 것을 기억하거나 잊어버린 경우라면, 부정사구 보문 목적어는 앞으로 편지 부친 것을 기억하거나 잊어버린 경우이다. 또 (133a)는 보문 상황이 계속 진행된다는 데 중점이 주어지므로, 종이 울리더라도 무시하고 읽고 있는 행위를 계속 진행하라는 의미이고, 부정사구 보문이 쓰인 (133b)는 계속한다는 행위에 중점이 주어지므로 쉬었다가 다시 계속하자는 의미이다.

한편 다음처럼 동명사구 보문은 형용사의 보충어역할을 할 수 있다.

(134) a. Mary is busy *writing letters*.

b. The cartoons are worth(while) *saving*.

(134a)와 같은 busy유형의 서술형용사 구문은 주어인 사람에 대한 서술로, 주어가 보충어인 동명사구가 나타내는 행위를 하느라 바쁘다라는 의미이다. 이때 다음과 같이 동명사구를 전치사의 목적어로 풀이할 수 있다.

(135) a. I'm busy (with) *getting the house redecorated*.

b. We're fortunate (in) *having Aunt Mary as a baby-sitter*.

한편 (134b)와 같은 worth(while)유형의 서술형용사 구문은 hard유형의 형용사 구문과 마찬가지로, 주절 주어는 동명사구의 의미상의 목적어이다. 또 다음 (136)과 같이 가주어 it를 내세운 상황에 대한 서술이 가능하다. 또 의미상의 주어는 (136a)처럼 일반적인 사람이지만, 구체적인 사람일 경우 (136b)처럼 명기할 수도 있다.

(136) a. *It* is worth(while) *saving the cartoons*.

b. *It* is scarcely worth(while) *(you/your) going home*.

(3) 분사구문

현재분사나 과거분사는 다음과 같이 부사어적 용법의 분사구문으로 쓰일 수 있다.

(137) a. *Arriving late*, We were not seated until the intermission.
b. *Disappointed by the result*, the scientist gave up the project.
c. *The plane arriving*, we missed our connection.
d. *Her fingers being numb*, she couldn't button her coat.
e. *Their home ruined by fire*, they had to seek shelter with relatives.
f. *The plot discovered*, the conspirators fled.

(137a-b)는 분사구문의 의미상의 주어가 주절주어와 같기 때문에 생략된 경우이다. (137c-f)는 의미상의 주어가 주절주어와 다르기 때문에 명시적으로 표시해 준 경우이다. (137a,c,d)는 현재분사구문이고, (137b,e,f)는 과거분사구문이다. 이때 과거분사구문은 수동의 의미가 있으므로 원래 being이 들어가 있는 Being disappointed by the result, ..., Their home being ruined by fire, ..., The plot being discovered, ...이었으나, 과거분사도 분사이기 때문에 being을 생략한 경우이다. 위의 예는 주로 이유, 원인 등을 나타내는 부가부사어이나, 다음처럼 이접부사어로도 쓰일 수 있다.

(138) a. *Generally speaking*, I don't watch television.
b. *Putting it briefly*, your computer cannot be repaired.

이때 의미상의 주어는 생략되는데, 주절주어가 아니라 말하는 화자이다. 한편 분사는 형용사적 용법이 있기 때문에 명사를 수식해 주는 수식어역할을 할 수 있다.

(139) a. The letters (which are) *lying on the counter* are to mail.
b. The book (which was) *written by Chomsky* is on the table.

이들은 정형절의 관계절에서 which are나 which was가 생략된 것으로 분석한다. 이처럼 비정형절인 분사구문이 뒤에서 명사를 수식해 주는 경우는 형용사역할을 하는 단순 분사가 아니라 절의 요소를 지닌 경우이어야 한다.

(140) a. the *ripped* flag/*the flag *ripped*.

b. *the *ripped by the wind* flag/the flag *ripped by the wind*

또 비정형절인 분사구문이 명사를 수식해 주는 경우 정형절인 관계절이 명사를 수식해 주는 경우처럼 제한적 용법뿐만 아니라, 다음처럼 비제한적 용법으로도 쓰일 수 있다.

(141) a. Chomsky's book, *lying on the table over there*, is difficult to read.

b. Chomsky's book, *written just last year*, is difficult to read.

한편 분사구문은 형용사적 용법에 따라 목적격보어 역할을 할 수 있다.

(142) a. I saw him *lying on the beach*.

b. He left me *waiting outside*.

(142a)는 feel, hear, notice, observe, overhear, see, watch 등의 지각동사의 경우이고, (142b)는 catch, discover, find, keep, leave 등의 조우동사(encounter verb)의 경우이다.

지각동사는 부정사구 목적격보어와 현재분사 목적격보어를 다 택할 수 있는 동사인데, 현재분사 목적격보어의 경우 진행상의 의미가 있다.

(143) a. Tim watched Bill *mend/mending the lamp*.

b. Bill did the whole job while Tim was watching.

(143)에서 진행적인 의미를 가지고 있지 않은 원형부정사 mend가 쓰인 경우는 전 과정을 나타내는 (143b)를 함축한다. 그러나 진행상의 현재분사 mending이 쓰인 경우는 그러한 함축적인 의미는 없고, 어떤 한 순간의 진행 상황을 지켜본 것이다.

한편 다음과 같이 비슷한 구조의 문장을 비교해 보자.

(144) a. I saw him *lying on the beach*./I saw him.

b. I hate (my friends) *leaving early*./I hate my friends.

목적어와 목적격보어 관계인 (144a)는 'I saw him.'을 함의하지만, 단순 타동사구문인 (144b)는 'I hate my friends.'를 함의하지 않는다. 또 (144b)는 my friend가 생략할 수 있고 또 소유격 형태를 취할 수 있기 때문에 동사 hate의 목적어가 아니라, 동명사 구문 leaving early의 의미상의 주어인 완전타동사구문이다.

한편 목적격보어로 과거분사를 택하는 동사는 다음과 같이 대략 4가지 종류로 나누어 볼 수 있다.

(145) a. She got/had the watch *repaired immediately*.
b. I want/need this watch *repaired immediately*.
c. Someone must have seen/heard the car *stolen*.
d. They found/discovered/left him *worn out by travel and exertion*.

(145a)는 get, have 등과 같은 사역동사이고, (145b)는 want, need, like 등과 같은 의지동사(volitional verb)이다. (145c)는 see, hear, feel, watch 등과 같은 지각동사이고, (145d)는 find, discover, leave 등과 같은 동사이다. 일반적으로 이 과거분사 목적격보어 구문은 다음과 같은 부정사구 목적격보어 구문에서 to be가 생략된 것으로 보기도 한다.

(146) a. I need this watch *(to be) repaired immediately*.
b. I would like my room *(to be) cleaned*.

연 습 문 제

1. 전통문법의 구성성분요소에 의한 문장 **5**형식의 문제점을 설명하시오.

2. 다음 문장의 뜻과 주어 논항의 의미역을 설명하고, 동사 lie와 taste의 의미역 구조를 설명하시오.

a. The book is lying on the desk. / He is lying on the bed. / Then he lay down.

b. The dinner tastes good. / He bent over and tasted the soup. / Then he tasted the mint in the drink.

3. 다음 각 경우에 그 동사의 보충어가 생략이 가능한 이유를 설명해 보시오.

a. Let's do the dishes. I'll wash and you dry.

b. Watch! / Shake well before use.

c. I don't want to read. / I can't come now, because I'm cleaning.

4. 다음 예에서 전치사구의 역할에 대해 설명하시오.

a. Farris is *in the living room.*/Wilma changed *into work clothes*. / Vancouver has changed *in the last two years*.

b. Isaac played the violin *with a new bow*. / Isaac played the violin *with great skill*. / Isaac played the violin *with the loose bridge*.

c. Monica stepped *on a bee on Tuesday*. / Monica stepped *on a bee with a large stinger*. / Monica consulted *with doctor about the bee sting*.

5. 다음 전치사구는 중의적으로 해석되는데, 설명해 보시오.

a. I beat the dog *with the stick.*

b. I ran into the girls *with flowers*.

6. 다음에서 수량을 나타내는 표현이 목적어로도, 부사어로도 분석될 수 있다. 그 이유를 설명하시오.

a. It costs ten dollars.

b. It weighed almost a ton.

c. She charged me twenty dollars.

7. 다음 that-절의 문장에서의 역할에 대해 설명해 보시오.

a. We are considering your complaint that you are underpaid.

b. That you don't speak French is a pity.

c. My guess is that the case will be settledout of court.

d. It was hoped that the cease-fire wouldhold .

e. She is confident that all will go well.

f. I know it's late to be calling.

g. We are all happy he won't be able to attend.

h. The boss gave him the news he had been promoted.

i. Ari told Jacky that he would marry her next year.

j. It is only reasonable that you should help.

8. 다음 문장의 중의성을 설명하시오.

a. The idea that he proposed made her laugh.

b. The fact that Bill forgot was verified.

9. 다음 밑줄 친 wh-절의 문장에서의 문법적 역할을 설명하시오.

a. This is the time <u>when you go</u>.
b. I don't know <u>when you should go</u>.
c. I will leave <u>when you go</u>.

10. 다음 부정사구를 보충어로 택하는 서술형용사의 통사적 의미적 특성에 대해 설명하시오.

a. Jane is splendid to wait for me. / It is splendid of Jane to wait for me.
b. Bob is slow to react. / Bob reacts slowly.
c. I'm sorry to have kept you waiting.
d. He is eager to leave. / He is eager for us to leave.
e. Jill is likely to attend. / It is likely that Jill will attend.
f. Jack is easy to fool. / Jack is easy for anyone to fool.
To fool Jack is easy. / It is easy to fool Jack.
g. The food is ready to eat. / *To eat the food is ready.
h. It is essential to spray the trees every year. / To spray the trees every year is essential.

11. 다음 문장에서 동명사와 부정사구를 목적어로 택한 경우의 의미차이를 설명하시오.

a. She likes swimming / to swim.
b. When the bell rings, ignore it and continue reading. /
Why don't you continue to read another five minutes?
c. I remember talking/to talk with him.

12. 겉으로 보기에 구조가 비슷하게 보이는 다음 구문의 의미적 통사적 차이를 설명하시오.

a. John wants Mary to see a doctor.
b. John expects Mary to see a doctor.
c. John persuaded Mary to see a doctor.

13. 다음 구문에서 원형부정사, 부정사, 현재분사를 목적보어로 택할 경우의 의미차이를 설명하시오.

a. John made / had Mary pick up her books. /
John forced / caused Mary to pick up her books.
b. We helped him get on a taxi./to get on a taxi.
c. I saw the ladder *lean/leaning against the door.

제6장

생성문법의 통사론

1. 생성문법의 문장구조 분석

전통문법에서는 주어, 동사, 보어, 목적어, 부사어 등을 절을 구성하는 기본 구성요소로 보고 절 구조를 분석하고 있다. 그러나 이러한 분석에는 주어, 목적어 등과 같은 문법관계를 나타내는 기능적 용어와 동사와 같이 절 구성성분의 종류를 나타내는 용어가 혼재하고 있는 문제점이 있다. 또 절 구조는 주어 + 동사 + 목적어 등과 같은 선형적 어순관계만 있는 것이 아니라 상하관계의 계층적 관계도 있다.

1.1. 구성성분구조 분석

문장을 이루는 통사적 단위, 즉 구성성분은 단지 주어, 동사, 목적어 하나, 하나로 나뉘어 선형순서(linear order)로만 배열되는 것이 아니라 서로 일정한 계층(hierarchy)을 이루며 결합한다. 이러한 결합관계를 구성성분구조(constituent structure)라 한다.

(1) Spanish book publishers arrived.

위 문장은 두 가지의 의미로 해석되는 데, 하나는 Spanish에 강세를 두고 발음하면, '스페인 책 출판업자가 도착했다.'라는 의미가 되고, 또 다른 하나는 book에 강세를 두고 발음하면, '스페인 사람인 책 출판업자가 도착했다.'는 의미가 된다. 즉 전자는

Spanish book이 합쳐 명사구가 되고, 다음 publishers와 결합하여 복합명사가 된 경우이다. 후자는 book publishers가 복합명사이고, Spanish가 이를 수식하는 형용사가 된 경우이다. 이를 수형도(tree diagram)를 그려보면 다음과 같다.

(2) a.

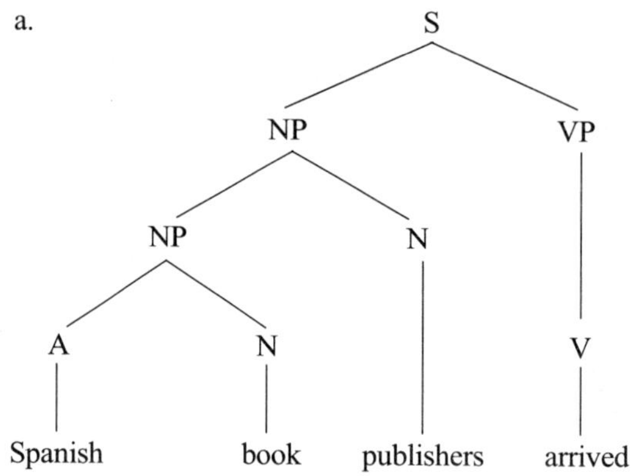

b.

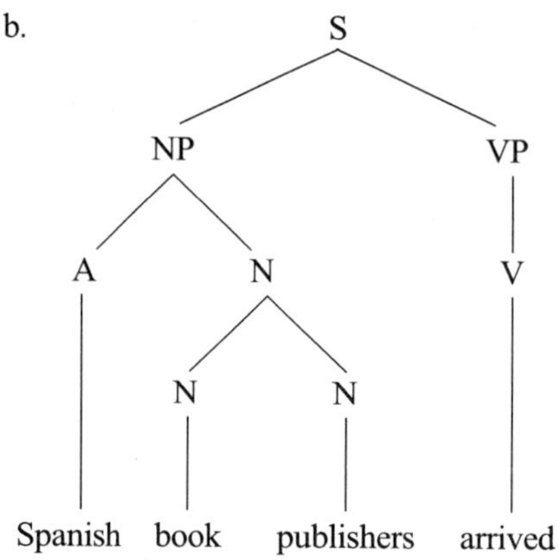

위 수형도에서 보듯 spanish book publishers의 어순은 같아도 계층적으로 수식하는 부분이 다르다. 즉 문장구조에는 어순과 같은 전후관계의 선형구조뿐만 아니라, 상하관계의 계층구조도 있다. 위 수형도처럼 영어문장을 구성성분구조로 분석하는 방법을 직접 구성성분 분석(immediate constituent structure analysis)이라고 한다.

1.2. 구구조규칙과 생산성

Chomsky(1965)의 변형생성문법 이론에서는 문장을 생성(generate)해 내고, 또 위와 같이 그 문장의 직접 구성성분 구조를 정확히 기술해 주는 문법규칙으로 다음과 같은 구구조규칙(phrase structure rule)을 들고 있다.

(3) a. S → NP + AUX + VP
b. VP → V + NP
c. NP → D + N

위의 구구조규칙을 차례로 적용하면 다음과 같은 수형도가 된다.

(4)

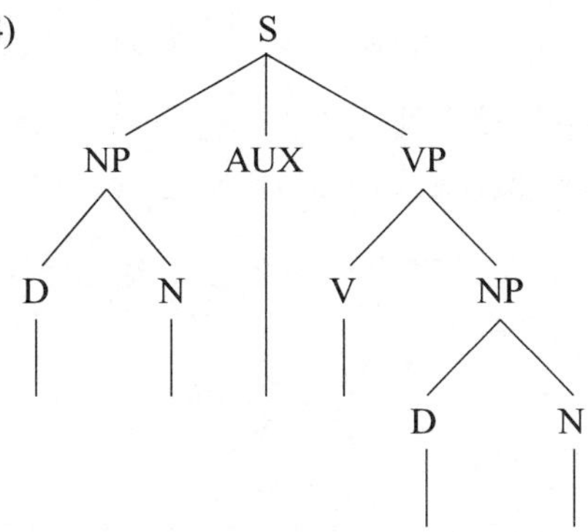

영어 문장의 구조를 위와 같은 수형도를 이용하여 직접 구성성분으로 분석하게 되면 주어와 목적어의 위치와 형태는 자동적으로 설명할 수 있다. 문장(S) 바로 밑이 있는 명사구(NP)가 주어이고, 동사구(VP) 바로 밑에 있는 명사구가 목적어이다. 따라서 구구조규칙에서는 주어, 목적어, 보어 등과 같은 문법관계의 기능을 나타내는 용어는 사용하지 않는다.

한편 어휘목록에는 다음과 같은 어휘항목이 있다고 가정하자.

(5) boy(N), girl(N), like(V), this(D), that(D), will(AUX),...

주어진 어휘범주에 맞는 어휘들을 삽입해야 한다는 어휘삽입규칙(Lexical Insertion Rule)에 따라 위의 어휘 항목을 (4)의 구조에 삽입하면 다음과 같다.

(6)

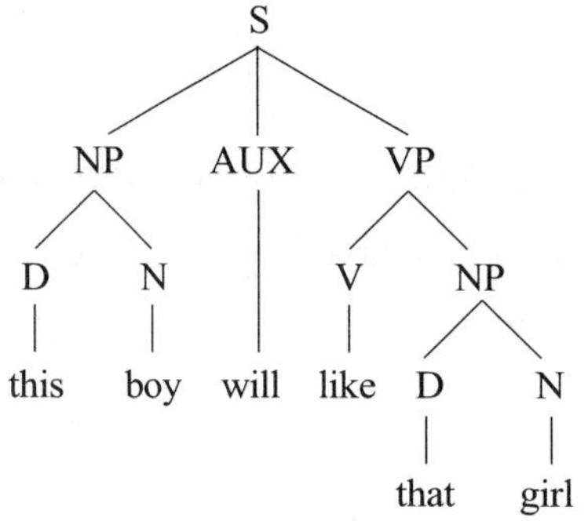

이처럼 어휘목록과 어휘삽입규칙을 활용하여 구구조규칙은 문장을 생성해 내며, 그 문장의 구성성분구조를 잘 기술한다. 이때 주어진 어휘 항목만으로도 this와 that을 교체하거나, boy와 girl을 교체하면, 같은 구조의 문장을 10개나 생성해 낼 수 있다. 따라서 어휘 항목이 늘어나면 날수록 생성해낼 수 있는 문장의 수는 기하급수적으로 늘어난다. 또 임의의 구성성분을 괄호의 기호를 사용하여 (3b)를 VP → V + (NP)로, (3c)를 NP→ (D) + N으로 수정하여 첨가하면, 더 많은 구조의 문장을 생성할 수 있다. 즉 유한수의 구구조규칙으로 무한수의 문장을 생성 할 수 있다.

1.3. 영어문형과 구구조규칙

Chomsky(1965)의 표준이론에서 제시하고 있는 영어의 기본 문장구조를 생성해 낼 수 있는 구구조규칙을 살펴보자.

(7) a. The girls are studying French (with enthusiasm).
b. Kate had been kind (at Harvard).
c. Richard teaches Russian (in the evening).
d. The Norwegians have invaded Burma (for some reason).

영어의 문장을 직접 구성하는 성분으로는 일반적으로 명사구(NP)와 조동사(AUX)와 동사구(VP)이다. 그러나 위 문장에서 볼 수 있듯이 방법, 장소, 시간, 이유 등을 나타내는 부사어로 전치사구(PP)가 문장을 구성하는 직접구성성분이 될 수 있다. 그러나 반드시 문장을 구성하는데 필요한 의무적(obligatory)인 성분이 아니라 수의적이다. 따라서 이를 괄호를 사용하여 다음처럼 표시한다.

(8) S → NP + AUX + VP + (PP)

다음 문장을 구성하는 중심어인 동사구의 직접구성성분을 보자. 동사구는 우선 핵(head)인 동사와 수의적인 보충어(complement)가 있다. 전통문법의 문장 5형식에 근거를 두고 표시하면 다음과 같다.

(9) $$\mathrm{VP} \rightarrow \begin{Bmatrix} \mathrm{V} + (\mathrm{NP}) + \begin{Bmatrix} (\mathrm{NP}) \\ (\mathrm{AP}) \end{Bmatrix} \\ \mathrm{be} + \begin{Bmatrix} \mathrm{AP} \\ \mathrm{NP} \end{Bmatrix} \end{Bmatrix}$$

보충어인 명사구가 수의적이기 때문에 핵인 동사로만 구성된 경우는 전통문법에서의 완전 자동사가 되고, 핵인 동사와 보충어로 하나의 명사구로만 구성된 경우는 전통문법에서의 완전타동사가 되며, 핵인 동사와 보충어로 두개의 명사구가 구성된 경우는 전통문법에서의 이중타동사이다. 핵인 동사와 보충어로 하나의 명사구와 또 다른 명사구나 형용사구로 구성된 경우는 전통문법에서의 불완전타동사이다. 이때 명사구와 형용사구는 선택적이기 때문에 중괄호로 표시한다. 한편 be 동사와 함께 보충어로 형용사구나 명사구로 구성된 경우는 불완전자동사이다. 이 경우도 선택적이기 때문에 중괄호로 표시한다.

(10) a. My glass is empty.
b. Their son is an accountant.
c. Our car isn't *in the garage.*

(11) a. We find them very pleasant.
b. Carol made Joshua and Peter her assistants.
c. I put the kettle *on the stove.*

be동사의 보충어가 전통문법에서의 주격 보어인 형용사구나 명사구만 가능한 것이 아니라 (10c)처럼 처소(locative)의 전치사구도 가능하다. 즉 VP → be + PP[+Loc]인 경우도 확대하여 첨가해야 한다. 또 동사의 두 번째 보충어도 전통문법에서의 목적격 보어인 형용사구나 명사구만 가능한 것이 아니라 (11c)처럼 어떤 동사의 경우에는 처소의 전치사구가 가능하다. 즉 VP → V + NP + PP[+ Loc]인 경우도 확대하여 첨가한다.

한편 동사의 보충어로 문장이 오는 경우도 있다.

(12) a. They agree *(that) she is efficient.*
b. I don't know *who left.*
c. I want *to leave.*
d. I dislike *driving in the rush hour traffic.*

(13) a. He told her *that he would be back early.*
b. She asked me *where I have been.*
c. They persuaded him *to go home early.*
d. I saw him *crossing the bridge.*

이때 that-절, 의문사절과 같이 주어 동사, 시제 등 모든 문장구성 요소가 다 정해져 나온 정형절(finite clause)뿐만 아니라, 부정사구문, 동명사구문과 같이 일부 생략되어 나온 비정형절(non-finite clause)도 동사의 보충어인 문장 S로 분석한다. 따라서 이들을 수정하여 표시하면 다음과 같다.

(14)
$$\text{VP} \rightarrow \left\{ \begin{array}{l} \text{V} + (\text{NP}) + \left\{ \begin{array}{l} (\text{NP}) \\ (\text{AP}) \\ (\text{PP [+Loc]}) \\ (\text{S}) \end{array} \right\} \\ \text{be} + \left\{ \begin{array}{l} \text{AP} \\ \text{NP} \\ \text{PP [+Loc]} \end{array} \right\} \end{array} \right\}$$

다음 명사구의 경우를 보자. 명사구의 직접구성성분은 핵인 명사와 그를 한정해 주는 한정사이다. 따라서 다음처럼 표시된다.

(15) NP → (D) + N

그러나 다음과 같은 경우를 보자.

(16) a. the fence which was painted green
b. the fact that he was honest

(16a)는 관계대명사절이 명사를 수식하는 명사구의 경우이고, (16b)는 동격절 관계의 명사구의 경우이다. 따라서 (15)의 구구조규칙을 확장하여 다음과 같이 표시한다.[29)]

(17) $VP \rightarrow \begin{Bmatrix} (D) + N + (S) \\ NP + (S) \end{Bmatrix}$

한편 조동사의 구성소로는 시제(tense), 서법조동사(modal auxiliary), 완료상, 진행상이 있다. 다음 예문을 보자.

(18) a. John fishes. / John fished.
b. John can fish. / John could fish.
c. John has fished. / John had fished.
d. John has been fishing. / John had been fishing.
e. John may have been fishing. / John might have been fishing.

즉 시제를 제외하고는 모두 수의적이다. 그러나 선택될 경우 그 순서가 서법조동사가 제일 먼저 나오고, 그 다음 완료형, 진행형의 순서이다. 따라서 다음과 같은 규칙으로 표시한다.

(19) AUX → Tense + (Modal) + (have -en) + (be -ing)

이처럼 유한수의 구구조규칙을 알고 있으면 무한수의 문장을 생성하게 된다. 따라

---

29) Chomsky(1970)는 명사도 동사와 마찬가지로 수식어뿐만 아니라, 보충어를 취하는 것으로 보고 있다. 다음을 보자.

(i) a. The enemy destroyed the city.
b. the enemy's destruction of the city

(ii) a. the old fence
b. the fence between the houses

(ii)의 형용사구 old와 전치사구 between the houses가 명사 fence를 수식하는 수식어(modifier)인데 비하여, (ib)의 전치사구 of the city는 명사 destruction의 보충어이다. 따라서 명사와 명사구의 중간단계를 설정하여 N′(N-bar)라 하고, 명사구를 N″(N-two bar)로 하는 핵계층구조(X-bar)를 제안하고 있다. 이때 지정어(specifier)로는 한정사(determiner; a, the, this, that, my, his, Mary's, ...)와 양화표현 형용사구(quantifying AP; many, few, ...)등이 있다. 수식어로는 형용사구, 관계절, 전치사구 또는 부정사구나 분사구문 등이 있다. 보충어로는 명사의 특성에 따라 하위범주화 되는 구가 된다.

서 이와 같은 구구조규칙을 사용하는 생성문법은 인간이 언어를 어떤 원칙에 따라 무한히 많은 문장을 규칙적으로 생성해서 사용한다는 언어의 창조성을 강조하고 있다.[30)]

1.4. 변형규칙과 보문분석

구구조규칙의 생산성에는 한계가 있다. 다음 문장을 보자.

(20) a. The boy killed the dog.
b. The dog was killed by the boy.

(21) a. That you are tired upsets me.
b. It upsets me that you are tired.

(22) a. John ate spaghetti.
b. It was spaghetti that John ate.

위 문장들의 짝은 표면적으로 형태는 다르나, 본질적으로 유사하거나 동일하다. 그러나 구구조문법에서는 이들을 별개의 구구조규칙으로 생성해야 된다. 즉 구구조규칙의 수를 늘려야 하는 문제와, 이들 문장구조 상호간의 연관성을 포착할 수 없는 문제점이 있다. 따라서 변형문법에서는 위와 같은 비슷한 의미의 문장들은 원래 하나의 기저구조를 지닌 것으로 가정한다. 즉 하나의 구구구조규칙에 의해 기저가 되는 심층구조를 만들어 내고, 여기에 형태를 바꾸어 주는 변형규칙이 적용되어 여러 개의 표면구조가 생성된다고 설명한다.

한편 다음과 같이 두 가지로 해석될 수 있는 중의적인 문장을 보자.

(23) a. Flying planes can be dangerous.
b. To fly planes can be dangerous.
c. Planes which are flying can be dangerous.

30) 생성문법의 초기에는 이와 같은 구구조규칙을 설정하여 영어의 기본문장구조를 생성해 내는 것으로 설명하여, 영어문장을 생성해 내는 인간의 언어능력을 어느 정도 설명하고 있으나, 여전히 전통문법의 문장형식과 마찬가지로 언어현상을 기술하고 있는 것이지 왜 이렇게 될 수밖에 없는 지에 대해서는 전혀 설명을 안 하고 있다. Chomsky(1970)에서부터는 이 구구조규칙이 주로 영어를 대상으로 하기 때문에 언어 보편성이 없는 것으로 보고, 핵계층구조(X-bar structure) 이론을 도입하기 시작했다.

(24) a. John likes Mary more than his brother.
b. John likes Mary more than his brother like Mary.
c. John likes Mary more than he likes his brother.

(23a)는 의미적으로 (23b)의 '비행기를 조정하는 것이 위험할 수 있다.'와 (23c)의 '날고 있는 비행기가 위험할 수 있다.'처럼 두 가지로 해석될 수 있는 중의적인 경우이다. 따라서 (23a)와 같은 표면구조만으로는 설명할 수 없고, (23b-c)같은 심층구조와 삭제와 같은 변형규칙이 필요하게 된다. 또 (24a)도 의미적으로 (24b)의 'John이 그의 형이 Mary를 좋아하는 것보다 더 좋아한다.'와 (24c)의 'John이 그가 그의 형을 좋아하는 것보다 Mary를 더 좋아한다.'로 분석될 수 있다. 이때 이와 같은 심층구조를 가정하지 않고 (23a)와 (24a)와 같은 표면구조만 인정하여, 구구조규칙 하나만으로 설명하려고 한다면, 이런 중의성을 설명하기는 여간 어렵지 않다. 따라서 변형문법에서는 서로 다른 구구조규칙에 의해 두 개의 의미구조인 심층구조를 만들어지고, 여기에 변형규칙이 적용되는 과정에서 같은 표면구조가 된 것으로 설명한다. 이처럼 구구조규칙의 생산성에는 한계가 있기 때문에 변형문법은 삭제, 삽입, 이동과 같은 변형규칙의 도입을 주장한다.[31)]

다음 겉으로 비슷한 구조를 지닌 두 개의 문장을 보자

(25) a. John is easy to please.
b. John is eager to please.

위 문장은 표면적으로 비슷한 구조를 지녔으나, 본질상 전혀 다른 구조의 문장이다. (25a)는 의미적으로 다음 (26a)와 같은 심층구조에서 유래된 것이라면, (25b)는 다음 (26b)와 같은 심층구조에서 유래된 것이다.

31) 변형문법에서는 언어사용자가 앞에서 살펴본 바와 같이 구구조규칙에 의한 구성성분구조에 대한 직관을 갖고 있는 것 외에도 표면구조에 나타난 것보다 문장구조에 대한 이해가 훨씬 높은 것으로 보고 있다. 다음 문장을 보자.
(i) a. Alex won a prize but Mary didn't.
b. Alex won a prize but Mary didn't win a prize.
(ia)에서 언어사용자는 didn't 다음에 win a prize가 생략되어 있는 것을 어려움 없이 알고 있다. 다시 말하면, (ia)는 원래 (ib)와 같은 구조에서 유래되었음을 알고 있다. 즉 생략현상과 같은 직관이 있는 것으로 본다. 따라서 구성성분구조에 대한 직관은 구구조규칙으로, 이동과 삭제 및 삽입에 대한 직관은 변형규칙으로 설명한다.

(26) a. It is easy to please John.
b. John is eager to please someone.

즉 표면구조상으로는 비슷하나 의미적으로 전혀 다른 구조인 구조적 중의성(structural ambiguity)을 보인 경우이다. 따라서 구구조규칙만으로는 문장의 중의성뿐만 아니라 구조상의 중의성도 설명할 수 없는 한계가 있다.

이런 구조적 중의성의 경우를 더 살펴보자.

(26) a. Mary tends to catch Fido.
b. Mary seems to be unhappy.
b′. Mary seems to us to be unhappy.
c. Mary prefers to stand alone.
c′. Mary prefers for us to stand alone.
d. Mary tried to leave.

(27) a. It tends that Mary catches Fido.
b. It seems (to us) that Mary is unhappy.
c. Mary prefers [for Mary/us to stand alone].
d. Mary tries [for Mary/*us to leave].

겉으로 보기에는 서로 비슷한 구조를 지녔으나 의미상 주어와 부정사구와의 관계가 다르다. (26a)의 주어 Mary는 의미상 동사 tend의 주어가 아니라, 보문 즉 부정사구 to catch Fido의 주어이다. Chomsky(1965)의 표준이론에 따르면 (27a)와 같은 심층구조에서 보문 주어가 주절 주어로 인상된 경우가 된다. (26b)도 부정사구의 의미상의 주어가 주절 주어로 인상된 구문이다. 단 (26b′)처럼 to us와 같은 전치사구가 수의적으로 나온다는 점에서 (26a)와 다르다. (26c)는 동사 prefer의 목적어가 부정사구 to stand alone인 경우이다. 이때 (26c′)처럼 부정사구의 의미상의 주어가 주절 주어와 다를 경우 반드시 표시해 주어야 한다. 단 의미상의 주어가 주절주어와 같을 경우 (27c)와 같은 심층구조에서 동일-명사구-삭제 변형(Equi-NP-deletion)이 적용되어 (26c)처럼 표현된다. (26d)는 (27d)처럼 부정사구의 의미상의 주어가 반드시 주절 주어와 동일해야만 한다는 점에서 (26c)와 다르다. 즉 동일-명사구-삭제 변형이 반드시 적용되어야 하는 경우이다.

또 다음처럼 목적어인 명사구를 동반한 서로 비슷한 구문을 살펴보자.

(28) a. John wanted Mary to be happy.
 b. John believed Mary to be unhappy.
 c. John persuaded Mary to give herself up.
 d. John promised Mary to behave himself.

(29) a. John wanted [for John/Mary to be happy].
 b. John believed that Mary is happy.
 c. John persuaded Mary that she should give herself up.
 d. John promised Mary that he would behave himself.

겉으로 보면 다 비슷한 구조의 문장이지만 의미적으로는 전혀 다르다. 즉 구구조 규칙만으로는 설명할 수 없고, 의미적으로 다른 심층구조를 설정하고, 변형규칙에 의해 구조가 비슷하게 변형된 것으로 설명해야 한다. (28a)는 보문인 부정사구의 의미상의 주어가 (29a)처럼 주절 주어와 같을 수도 있고 다를 수도 있는 데, 같을 경우 동일-명사구-삭제 변형에 의해 삭제되지만, 다른 경우이므로 그대로 표시된 경우이다. 즉 (26c)의 prefer와 같은 부류의 구문이다. (28b)는 Mary가 보문인 부정사구의 의미상으로 주어로 (29b)와 같은 심층구조에서 보문 주어가 주절 목적어로 주어 인상된 경우이다. (28c)는 목적어 Mary가 보문인 부정사구의 의미상의 주어일 뿐만 아니라, 주절 동사 persuade의 목적어도 된다.[32] 따라서 (29c)와 같은 심층구조에서 보문 주어가 주절 목적어와 같은 경우로 동일-명사구-삭제 변형규칙에 의해 보문 주어가 삭제된 구문이다. (28d)는 부정사구의 의미상의 주어가 (29d)에서 보듯 주절 목적어

---

32) 다음예문을 보면 그 의미상의 차이를 더 확실히 알 수 있다.

(i) a. I wanted to go.
 b. I believed myself to go.

보문의 주어가 주절 주어와 같은 경우 (ia)의 want류의 동사는 동일 명사구 생략에 의해 생략 되지만, (ib)의 believe류의 동사는 보문주어가 주절 목적어로 주어인상되어 목적어가 되었기 때문에 주절 주어와 같은 경우 생략되는 것이 아니라 재귀대명사가 된다. 한편 다음의 경우를 보자.

(ii) a. I believed Mary to be examined by the doctor.
 b. I persuaded Mary to be examined by the doctor.

(iia)의 believe의 주어인상 동사는 보문이 수동문이 되어도 크게 의미상의 차이가 없지만, (iib)의 persuade류의 동사는 의미가 전혀 다르다. 즉 보문 주어에서 목적어로 인상된 것이 아니라 처음부터 설득의 대상인 동사의 목적어인 것이다.

가 아닌 주절 주어와 같은 사람인 경우로 주절 주어에 의해 동일-명사구-삭제 변형규칙이 적용된 구문이다.

2. 표준이론의 문법모형과 의미해석

2.1 문법모형

Chomsky(1965)의 표준이론에서는 다음과 같이 문법모형을 제시하고 있다.

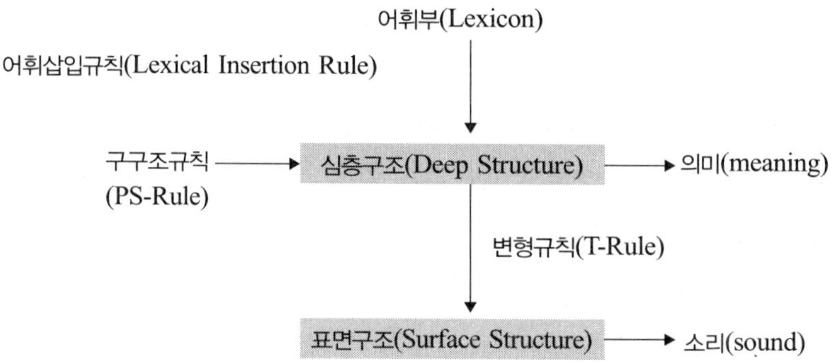

구구조규칙에 의해 기본적인 구조가 만들어지고, 어휘부(lexicon)에서 어휘삽입규칙에 의해 심층구조가 생성된다. 이 심층구조에 의미해석 이론이 적용되어 의미를 해석하게 된다. 즉 심층구조는 일종의 의미구조를 의미하며 초기 해석의미론의 기본적 토대가 된다. 한편 의미적인 심층구조에 삭제, 삽입, 이동과 같은 변형규칙이 적용되어 실제 우리가 발음하게 되는 형태로 변형된 표면구조가 생성된다. 한편 표면구조에 음운론이 적용되어 소리로 해석하게 된다.

2.2 해석 의미론의 의미합성원리

해석 의미론(interpretive semantics)은 Chomsky의 변형생성문법의 이론적 모형이 변해가면서 여러 가지로 달라지고 있지만, 그 기본적 틀은 Chomsky(1965)의 표준이론에서 표방하고 있는 Katz & Fodor(1964)의 투사규칙(Projection Rule)에 있다. 먼저 다음과 같은 문장을 보고, 그 전체 문장의 의미가 그 구성성분의 합으로 투사되어 합성되어 가는 과정을 살펴보자.

(30) a. The man hit the colorful ball.

b.

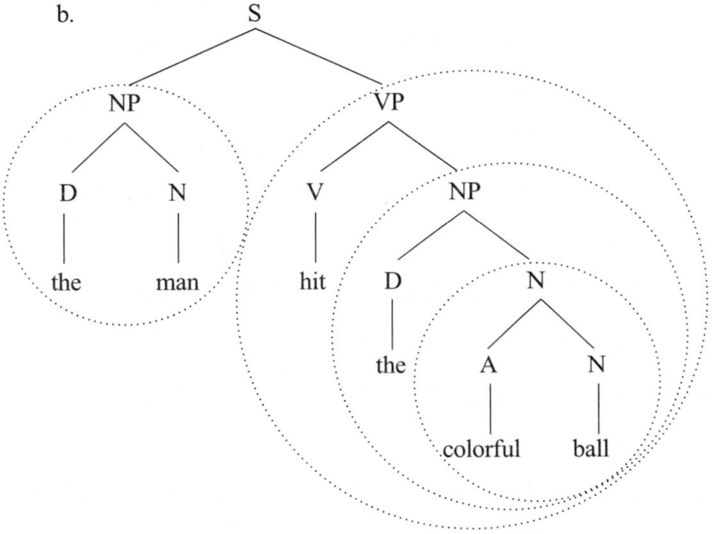

(30a)의 문장의 의미는 (30b)와 같은 심층구조를 바탕으로 해서, 가장 작은 어휘에서부터 단계적으로 구와 문장으로 결합해 가는 투사규칙에 따라 문장 전체의 의미가 합성되는 과정으로 설명된다. 즉 문장 전체의 의미는 '그 남자는 그 울긋불긋한 공을 쳤다.'로 그 가장 작은 구성요소인 어휘의 의미에서부터 점선으로 둘러싸인 순서대로 어휘의 결합관계에 의해 합성하여 설명한다. 이때 각 어휘는 다의적 여러 의미를 지닐 수 있는 데, 이를 의미자질로 표시하여 다른 어휘와의 결합과정에서 일종의 어휘간의 공기관계(co-occurrence relation)를 제한하는 선택제약(selectional restriction)이 적용되어 불필요한 의미를 배제하고, 문맥에 맞는 의미만 투사하여 합성되는 것으로 설명한다. 예를 들어 colorful ball에서 ball은 공, 탄알, 무도회라는 세

가지 뜻이 있고, colorful은 '울긋불긋한'과 '호화로운'라는 두 가지 뜻이 있다고 하면, 논리적으로는 여섯 가지의 의미조합이 가능하나 실제로는 다음 세 가지만이 가능하다.

(31) a. 울긋불긋한 공
b. 울긋불긋한 탄알
c. 호화로운 무도회

이는 각 어휘의 성분분석에 따라 공기하는 선택제약이 다르기 때문이다. 즉 '울긋불긋한' 의미로 쓰인 colorful은 선택제약으로 물리적인 대상이라는 [+physical object]의 의미자질이 있는 데, ball과 결합하는 과정에서 추상적인 모임의 뜻을 지닌 '무도회'하고는 결합할 수 없고, 물리적 개체인 '공'과 '탄알'의 의미하고만 결합이 가능하여 '울긋불긋한 공'과 '울긋불긋한 탄알'만이 합성되어 투사된다. 반면 '호화로운'의 뜻으로 쓰인 colorful은 선택제약으로, 추상적인 개체에 대한 심미적인 의미자질 [+aesthetic]이 있으므로 '무도회'하고만 결합이 가능하여 '호화로운 무도회'의 의미만 합성되어 투사된다. 다음 동사 hit는 '치다', '맞히다'와 '때리다' 등의 세 가지 의미가 있다고 보면, 논리적으로는 hit the colorful ball의 의미는 3 곱하기 3하여 아홉 가지가 가능하나, hit의 세 가지 의미가 다 물리적인 개체하고만 결합이 가능하므로 선택제약으로 [+physical object]의 의미자질로 갖고 있다. 따라서 '호화로운 무도회'와는 결합할 수 없으므로 배제되어 투사되지 못한다. 또 '맞히다'는 의미는 선택제약으로 장소와 같은 목표의 의미자질 [+target]이 있고, '때리다'의 의미는 선택제약으로 사람이나 동물처럼 생명이 있는 [-animate]의 의미자질이 있다. 그러나 울긋불긋한 공이나 탄알은 이러한 목표나 생명체의 의미가 없으므로 '치다'의 의미하고 만 결합이 가능하여 투사된다. 이때 탄알로 무엇을 맞히기는 하지만 탄알을 친다고는 할 수 없으므로, 최종적으로 동사구 hit the colorful ball의 의미는 '그 울긋불긋한 공을 쳤다.'는 의미만 합성되어 투사된다. 이와 같은 해석 의미론은 문장의 의미를 통사구조를 근거로, 최소의 구성성분인 어휘의 의미를 성분분석에 따른 의미자질 분석한 다음, 투사규칙에 따라 작은 부분으로부터 좀 더 큰 부분으로 합성하여 투사하는 과정으로, 전체 문장의 의미를 해석한다. 이때 구성성분의 의미를 합성함과 더불어 동시에 선택제약에 따라 불가능한 의미의 합성을 배제하는 기능을 담당한다.

2.3 생성 의미론의 문장의미 분석

1970년대 이후 문장의 의미는 심층구조보다도 더 추상적인 기저구조(underlying structure)에서 생성되어 나온다고 보는 학자들이 나오기 시작했다. 이를 의미가 기저구조에서 생성되어 나온다는 의미에서 생성 의미론(generative semantics)이라고 한다. 먼저 다음 양화사의 작용역 범위에 따라 중의성을 보이는 문장을 보자.

(32) a. I read some book every morning.
b. Every morning I read some book.

(32a)문장은 양화사 some과 every와의 적용범위에 따라 두 가지 의미로 해석되는 중의성을 보인다. 그 한 가지 의미는 some이 every보다도 적용범위가 커서 어떤 책 한 권이 있어서 매일 읽는 책이 있다는 의미로 “There is a book that I read every morning”과 비슷한 의미이고, 다른 또 한 가지 의미는 every가 some보다 적용범위가 커서 매일 읽는 책이 따로 있다는 의미로 “Every morning there is a book that I read”와 비슷한 의미이다. 이러한 중의성은 양화사의 적용범위에 따른 중의성인데, (32b)는 후자의 의미로만 해석된다. 이때 만약 (32b)의 문장이 (32a) 문장에서 부사구 every morning이 문장 앞으로 이동되어 나온 것이라면, (32a)의 첫 번째 의미는 없어진다. 이처럼 변형규칙이 의미해석에 영향을 주는 문제에 대해서, 수정확대표준이론에서는 심층구조에서 의미를 해석하던 종래의 입장을 버리고, 표면구조에서 의미를 해석하는 입장을 택하였다. 즉 (32a)와 같은 양화사의 적용범위에 의한 중의성의 문제는 표면구조에서 다시 논리형태로 번역하여 해석한다고 하였다. 반면에 생성 의미론에서는 심층구조를 더 추상화하여 이러한 의미차이까지도 기저구조에 표시하여 의미를 생성하는 입장을 취하였다. 즉 양화사나 부정어와 같이 적용범위들을 갖는 요소들을 상위문의 술어(predicate)로 보고 다음처럼 기저구조에 표시한다.

(33) a.

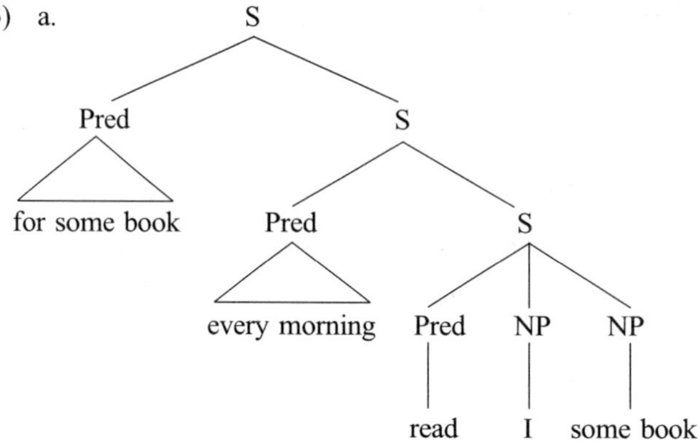

b.

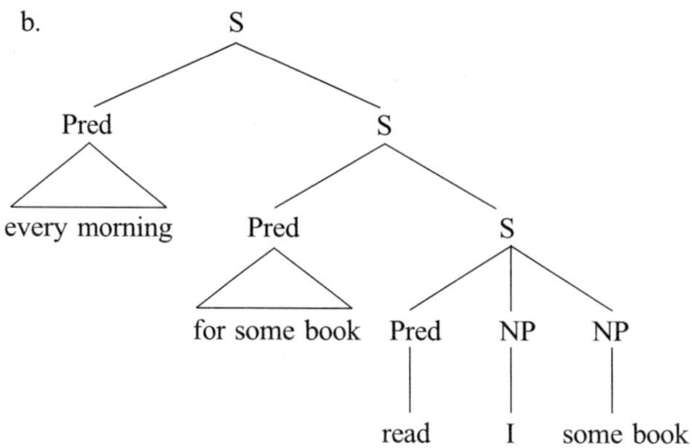

이때 의미구조인 기저구조는 술어논리학(predicate logic)의 개념을 응용하여 술어와 그에 따른 논항으로 '읽는다-내가-책을(read-I-book)'처럼 표시되어, 마치 V-S-O와 같은 어순을 하고 있다. (33a)는 내가 어떤 책을 읽는 데(read-I-some book), 그것을 매일 아침에 하며(every morning), 또 어떤 책에 대해서(for some book)라는 의미로 '어떤 책에 대해서 매일 아침 내가 그 책을 읽는다'란 의미가 된다. 즉 (32a)의 전자의 의미를 표시하는 기저구조이다. 여기서 양화사 낮추기(quantifier lowering)란 일종의 변형으로 some book과 every morning이 모두 맨 밑에 있는 S속으로 낮추어져, 최종적으로 (32a)의 문장으로 생성되는 것으로 설명한다. 반면에 (33b)는 내가 어떤 책을 읽는 데(read-I-some book), 그것을 어떤 책에 대해서(for some book)이며, 또 매일 아침에 한다(every morning)라는 의미로 '매일 아침 그에 따른 어떤 책이 있는데, 그 책을 내가 읽는다'란 의미가 된다. 즉 (32a)로도 생성될 수 있으나, some book만 맨 밑에 있는 S속으로 낮추어지면 (32b)로 생성된다. 표준이론에서 심층구조, 즉 기저구조란 바로 의미를 나타내는 의미구조이므로, 모든 의미적 요소를 다 기저구조에 나타내려고 하다보니 표면에 나타나는 구체적인 표현들보다 더 추상적인 의미표시로 표현될 수 밖에 없게 되었다.

한편 이처럼 변형규칙의 의미불변동 원리를 지키면서, 의미의 모든 요소를 기저구조에 표시하기 위해서는 어휘분해(lexical decomposition)와 같은 방법이 필요하게 되었다.

(34) a. John killed Fred.

b. John caused Fred to become not alive.

c.

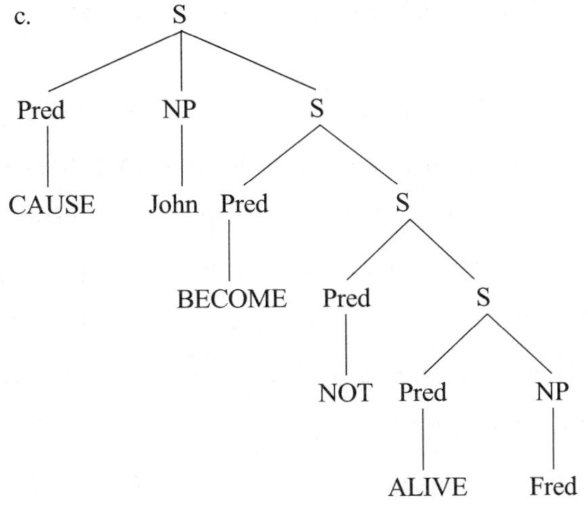

(34a)의 kill이란 어휘를 CAUSE BECOME NOT ALIVE로 어휘 분해하여 (34b)처럼 분석한다. (34c)와 같은 술어논리에 의한 수형도로 표시한다. 즉 Fred는 살아있다(ALIVE-Fred)는 상황이 아니다(NOT), 나아가 살아 있지 않게 되는(BECOME) 상황이며, John이 그런 상황을 야기했다(CAUSE-John-S)라는 의미로 해석된다. 이때 술어인상(predicate raising)이라는 일종의 변형규칙에 의해 맨 아래 술어인 ALIVE가 바로 위 술어자리로 인상되면 NOT ALIVE가 되는데, 이것이 dead로 어휘화 되면 'John caused Fred to become dead'와 같은 표면구조가 생성된다. 다음 술어자리로 다시 인상되면 BECOME NOT ALIVE가 되는데 이것이 die로 어휘화 되면 'John caused Fred to die'와 같은 표면구조가 생성된다. 그 다음 술어자리로 인상되면 CAUSE

BECOME NOT ALIVE가 되어 최종적으로 kill로 어휘화 되어 (4a)의 'John killed Fred'와 같은 표면구조가 생성된다. 이와 같이 어휘를 분해하여 의미구조로 표시하는 이유는 다음 문장의 중의성을 설명할 수 있다는 이점이 있기 때문이다.

(35) a. John *almost* killed Fred.
b. John *almost* did something which would have had the effect of Fred's dying. (e.g. he intended to kill Fred but changed his mind.)
c. John did something which *almost* had the effect of Fred's dying. (e.g. he fired but the bullet missed.)
d. John did something which had the effect of Fred's becoming *almost* not alive. (e.g. he fired at Fred and wounded him so seriously that he was in great danger of death but he recover. red from the wound.)

(35a)의 중의성은 부사 almost의 수식범위에 따른 중의성인데, 이와 같은 중의성을 의미구조에 구별하여 표시하기 위해서는 kill을 CAUSE BECOME NOT ALIVE로 어휘분해하여 almost의 수식범위가 다른 것으로 설명할 수 있다. 즉 almost의 수식범위가 전체술어이면 최상위 술어 CAUSE가 수식되어 '거의 그런 일을 일으킬 뻔했지만 실제는 마음을 바꿔 아무 일도 하지 않았다'로 (35b)의 경우가 된다. 한편 수식범위가 BECOME NOT ALIVE에 해당되면 BECOME이 수식되어 '총을 쏴서 Fred가 거의 죽을 지경을 일으킬 뻔했지만 총알이 빗나가 그런 일이 일어나지 않았다'로 (35c)와 같은 경우가 된다. 또 수식범위가 NOT ALIVE에 해당되면 NOT이 수식되어 '총을 쏘아 상처를 입혀 Fred가 거의 죽을 뻔했지만 실제로 죽지 않았다'로 (35d)와 같은 경우가 된다.

이와 같이 생성 의미론의 의미해석방법은 모든 의미적 차이를 나타내는 요소를 기저구조인 의미구조에 표시하려 하였기 때문에 의미구조가 너무 추상화되는 경향이 있었다. 따라서 어디까지 추상화할 것이냐는 문제가 있었고, 이에 부수되는 문제로 표면구조로 생성되는 과정이 너무 복잡해지는 문제점이 있었다. 따라서 기저구조로 의미를 표시할 것이 아니라, 방향성만 반대로 하여 표면구조에서 논리 형태와 같은 의미구조로 의미를 해석해 나가게 되었다. 즉 생성 의미론은 1970년대 초에 유행하다가 1970년대 후반 및 1980년대 초에는 해석 의미론에 의해 좌초되었다. 그러나 해석 의미론에서 S-구조 다음에 생성 의미론의 기조구조와 비슷한 논리형태(LF)로 의미를 해석하는 방법을 택함으로써, 아이러니칼 하게도 그 세세한 의미분석 방법은 방향성만 바뀌게 되었다.

3. 지배결속이론

3.1 지배결속이론의 핵계층구조

표준문법이론의 구구조규칙은 주로 영어를 대상으로 하기 때문에 언어 보편성이 없다는 문제점을 지적받게 된다. 즉 Chomsky(1981)의 지배결속이론에 와서 모든 어휘범주(lexical category)인 명사, 동사, 형용사, 전치사의 최대 투사범주(maximal projection)를 기본적으로 같은 형상(configuration)을 하고 있는 것으로 보고, 다음과 같은 핵계층구조(X-bar structure)를 가정한다.

(36)

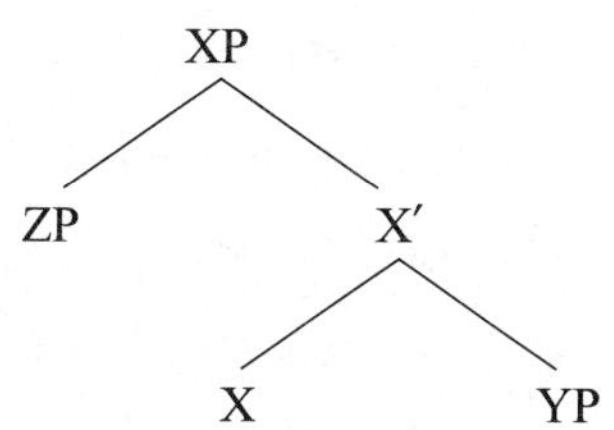

가장 기본범주인 핵(head)이라는 X는 보충어(complement)인 YP와 결합하여 X′로 확대되어 투사되고, 다시 지정어(specifier)인 ZP와 결합하여 XP로 확대되어 투사된다. X의 최대투사범주는 XP로 중간에 X′를 두어 3단계를 가정하고 있다. 즉 명사 N은 N′, NP로 투사되고, 동사 V는 V′, VP로 투사되고, 형용사 A는 A′, AP로 투사되고, 전치사 P는 P′, PP로 투사된다. 이때 기본적으로 보충어 자리에는 예를 들어 동사의 경우 목적어, 보어 등과 같은 내재논항(internal argument)이 와서 직접 의미역 표시가 되고, 지정어 자리에는 주어와 같은 외재논항(external argument)이 와서 간접 의미역 표시가 된다. 먼저 문장의 핵인 동사구의 핵계층구조를 살펴보자.

(37) a. Mary slept.

b. Mary read a book.

(37a)는 보충어가 없는 완전 자동사 sleep의 경우로, 어휘구조자체도 보충어인 내재논항은 없고, 외재논항으로 잠자는 사람인 행위자 Mary가 오는 의미역구조(thematic structure)를 지닌다. 또 (37b)는 하나의 하위범주화된 보충어를 택하는 완전타동사의 경우로, 어휘구조도 보충어 자리의 내재논항으로 a book과 같은 읽는 대상이 오고, 지정어자리의 외재논항으로 책 읽는 사람인 행위자 Mary가 오는 의미역구조를 지닌다. 이처럼 핵계층구조에 따른 의미역구조는 기본적인 문장의 의미를 정해준다. 이때 (37)과 같은 표면문장구조는 위에서 설명한 핵계층구조와 의미역구조뿐만 아니라, 격이론에 의해 정해진다. 즉 모든 명사구는 격을 지녀야 하는데 격을 부여받기 위해서는 다음과 같은 격부여 조건을 만족시켜야 한다.

(38) α assigns Case to β if
a. α is a Case assigner,
b. α governs β and
c. α is adjacent to β.

이때 주어 명사구에게 주격(nominative)을 주는 격부여자 α는 주어와 성, 수 인칭 등의 일치 및 시제, 법, 상 등을 나타내는 동사의 격어미(inflection)를 상징하는 기능범주 INFL이 있다. (slept → sleep + PAST) 목적어 명사구에게 대격(accusative)을 주는 격부여자는 동사와 전치사 등이 있다. 즉 위의 격부여조건에 의하면 명사구는 격을 부여받기 위해서는 격배당자에 의해 지배되어야 할 뿐만 아니라 인접해야 한다. 따라서 (37b)에서 목적어 a book은 동사 read에 의해 지배될 뿐만 아니라 인접해 있으므로 대격을 배당 받는 자리인 동사 다음에 위치해야만 한다. 주어 Mary는 동사 slept과 read의 과거형 어미를 상징하는 INFL에 의해 지배되고 인접해서 주격을 배당받아야 하므로 동사 앞에 위치해야만 한다. 따라서 주어 + 동사 + 목적어와 같은 어순의 문장구조를 지니게 된다.[33)]

33) 한편 다음과 같이 동사를 수식하는 부사어로 전치사구가 올 수 있는데, 이는 V′(V-bar)에 첨가될 수 있는 부가어(adjunct)로 수의적이다.

(i) a. Mary slept *for two hours*.
b. Mary read a book *in the garden after lunch*.

핵인 동사 read의 보충어는 a book이지만 in the garden과 after lunch는 부가어로 V′에 연속으로 첨가하여 붙일 수 있다. 핵인 동사의 의미역구조는 내재논항과 외재논항이 의미적으로 정해져 있는 언어 보편적인 어휘구조를 반영하고 있고, 부가어는 의미역구조와 상관없이 수식어로 V′에 첨가할 수 있는 부사구이다.

3.2 수동문 분석과 명사구 이동규칙

Chomsky(1965)의 표준이론에서는 다음과 같은 영어의 수동문을 능동문과 의미적 유사성뿐만 아니라 구조적 연관성이 있다고 보고, 이를 수동 변형규칙으로 설명하였다.

(39) a. The girl will be loved by the boy.
b. The boy will love the girl.

수동 변형규칙은 능동문의 목적어를 수동문의 주어로 만들고, 주어는 by의 목적어로 만들고, be동사를 부가시키고, 동사에 과거분사 어미를 부가시키는 복잡한 규칙이다. 이때 (39a)와 같은 수동문을 (39b)와 같은 능동문에서 변형규칙으로 설명하지 않고, 별도의 구구조규칙으로 생성해 낸다면, 두 문장간의 의미적 유사성과 선택제약(selectional restriction)과 같은 두 구조간의 긴밀한 상관관계를 전혀 설명할 수 없거나 별도의 복잡한 설명을 부과해야 하는 문제점이 따른다고 보았다. 그러나 Chomsky(1981)의 지배결속(GB)이론에 와서는 (39a)의 수동문과 (39b)의 능동문은 기본적인 의미, 즉 의미역구조는 같지만, 주제나 초점면에 있어 의미가 다르다고 본다. 즉 수동문 (39a)는 주어인 the girl에 대한 이야기로 그 소녀가 어떠하다는 설명이다. 반면 능동문 (39b)는 주어인 the boy에 대한 이야기로 그 소년이 어떠하다는 설명이다. 따라서 수동 변형규칙의 의미보전가설을 포기하고, 수동문과 능동문의 기저구조가 처음부터 다르다고 본다. 따라서 의미해석은 기저구조인 D-구조에서 할 필요가 없고, 변형이 다 이루어진 S-구조에서 논리형태(Logical Form)로 해석하는 입장을 취한다.

(40) a. [$_{NP}$ e] will be [$_{VP}$ loved the girl] by the boy.
b. [$_{NP}$ the boy] will [$_{VP}$ love the girl].
b′. [$_{NP}$ e] will [$_{VP}$ the boy love the girl].

Chomsky(1981)의 지배결속이론에서 변형규칙은 능동문의 목적어가 수동문의 주어자리로 이동한다는 일반화된 명사구 이동규칙으로 단순화되면서, 수동문을 이동 변형규칙 하나로만 설명하지 않고, 격이론, 의미역이론, 투사원리 등의 보편문법 원리에 입각하여 설명한다. 즉 수동문 (39a)의 D-구조를 (40a)로 보고, 기본적으로는 능동문의 D-구조 (40b)와 마찬가지로 사랑하는 사람 the boy와 사랑받는 사람인 the girl과의 관계인 의미역구조는 같다고 본다. 단 과거분사 loved는 형용사적인 성질이 있으므로 명사구 the girl에 목적어인 대격(accusative)을 주지 못하므로, 사랑받는 사람인 the girl은 will에게 주격을 받기 위해, 원래부터 수동문에서는 사랑하는 사람이 by에 의해 표현되고, 주어자리에 없었으므로 공범주(empty category)로 설정하였던 빈자리인 주어자리로 이동한다. 특히 최근 Chomsky(1991)는 기저구조에서 주어가 동사구안에 있다고 보는 동사구내 주어가설(VP-internal Subject Hypothesis)을 받아들여, 능동문의 D-구조도 (40b′)처럼 보고, 수동문뿐만 아니라 능동문을 포함한 모든 문장에 대해 이런 보편문법 원리를 적용한다. 즉 기본적인 의미는 소년이 소녀를 사랑하는 것으로 동사구(VP)가 나타내는 상황 또는 상태로 본다. 여기에 영어에서는 시제, 법, 상이 주로 동사의 굴절어미(inflection)로 나타나므로 INFL이라는 기능범주(functional category)를 설정하여, 의미적으로 이 사랑하는 상황이 미래에 일어난다는 것으로 해석한다. 이때 형태면에서 동사구내에 있는 the boy는 주격을 받지 못하므로, 같은 원리에 의해 will에게 주격을 받기 위해 공범주인 주어자리로 이동한다. 이처럼 개별문법규칙의 효과를 보편문법 원리들에 의해 조합적으로 규명하게 되므로, 문법의 역할은 주어진 구조를 보편문법 원리에 의해 조합적으로 규명, 또는 인허(license)하는 과정이 된다. 이동이 완료된 S-구조를 다시 보자.

(41) a. The girl$_i$ will be [$_{VP}$ loved [$_{NP}$ t$_i$]] by the boy.
b. The boy$_i$ will [$_{VP}$ [$_{NP}$ t$_i$] love the girl].

(41a)에서 주어인 the girl은 격어미를 나타내는 기능범주 INFL, 즉 이 경우는 조동사 will에게서 주격을 받음으로써 will의 지정어 자리, 즉 주어자리에 있을 수 있도록 인허를 받으며, 그 흔적 t는 동사인 loved에게서 사랑을 받는 사람인 피영향자라는 내재의미역을 받음으로써 동사의 보충어 자리에 인허된다. 또 마찬가지로 능동문인 (41b)에서도 주어 the boy는 INFL인 will에게서 주격을 받음으로써 will의 지정어 자리에 인허를 받으며, 그 흔적 t는 동사 love에게서 사랑하는 사람인 행위자라는 외재의미역을 받음으로써 동사의 지정어 자리에 인허된다고 본다.[34] 따라서 격이론에 따

34) '적형구조의 모든 요소는 어떤 문법적 관계를 통하여 인허되어야 한다(Every element that appears in a

라 인허되어 정해진 주어가 가지는 주제어라는 의미와 의미역이론에 따라 정해진 사랑하는 사람과 사랑받는 사람과의 관계인 사랑하는 상황 및 INFL에 의해 정해진 조동사 will에 따라 이 상황이 미래에 일어난다는 의미는 위의 S-구조에서 논리형태로 해석하게 된다.

3.3 주어인상구문의 분석과 명사구 이동규칙

다음은 명사구 이동규칙에 따른 주어인상 구문의 통사적 분석에 대해 알아보자.

(42) a. The boy seems to be sick.
b. It seems that the boy is sick.

(43) a. [$_{NP}$ e] seems [$_{IP}$ the boy to be sick].
b. [$_{NP}$ the boy$_i$] seems [$_{IP}$ t$_i$ to be sick].

Chomsky(1965)의 표준이론에서는 (42a)와 (42b)를 동의의 문장이라고 보고, (42a)를 (42b)와 같은 기저구조에서 보문절의 주어가 주절의 주어로 주어인상 변형규칙에 의해 유도되는 것으로 설명하였다. 그러나 Chomsky(1981)의 지배결속이론에 와서는 변형규칙이 지니는 힘이 너무 막강하고, 이를 일반화된 명사구-이동 변형규칙으로 통합시켰다. 또 위의 두 문장은 주제 및 초점상에서 의미가 다르다고 보고, D-구조에서는 기본적인 의미역 관계만 같은 것으로 보고, 변형이 다 이루어진 S-구조에서 주제와 초점에 대한 의미해석을 한다고 보았다. 즉 (42a)의 D-구조를 (42b)가 아니라, 소년이 아프다라는 의미역 관계만 같은 (43a)로 본다. 이때 주어 the boy는 (43a)의 구조에서는 아픈 사람이란 외재적 의미역은 지니지만, 부정사구를 나타내는 to가 주격을 주지 못하므로, seems에게 주격을 받기 위해 원래부터 영범주(null category)인 주어자리로 명사구-이동되어 (43b)가 된다. 따라서 의미는 이동이 완료된 (43b)와 같은 S-구조에서 논리형태로 해석하게 되는데, 전체적으로 소년에 대한 이야기라는 주제

---

well-formed structure must be licensed by some grammatical relation.).'는 인허원리에 따르면, 주어는 주어에게 외재의미역은 배당하는 동사 또는 술어에 의하여, 또는 주어에게 주격을 배당해 주는 INFL에 의하여 인허된다.

어에 대한 의미와 소년이 아픈 상황이며, 그 상황이 겉으로 보기에 그렇게 보인다는 것과 그렇게 보이는 상황이 현재의 상황이라는 의미로 해석된다.

이와 같이 (43a)의 D-구조에서 (43b)의 S-구조로 변형하는 명사구 이동규칙을 설정하는 근거는 다음과 같은 주어인상 구문에서 주어-보어 일치 제약을 간결하게 보존할 수 있다는 점을 들고 있다.

(44) a. $John_i$ is likely [$_{IP}$ t_i to be a fool].
 b. *$John_i$ is likely [$_{IP}$ t_i to be fools].

(44a, b)의 문법성의 차이는 (44a)는 주어-보어 성, 수의 일치제약에 따라 'John과 바보(a fool)가 같은 사람이라는 의미해석을 할 수 있는 데 비해, (44b)는 바보들(fools)을 John으로 해석할 수 없기 때문이다. 즉 (44b)는 '같은 절 안에서 주어와 보어는 성과 수에 있어서 일치해야 한다'는 주어-보어 일치 제약을 어기고 있다. 이를 설명하기 위해서는 (44a, b)가 명사구 이동에 의해 도출되었다고 보고, John의 흔적 t와 그 보어에 이 제약을 적용하면 된다. 만일 (44a, b)가 명사구 이동에 의해 도출되지 않고, 처음부터 표면구조 그대로였다면, John과 그 보어 a fool/fools가 같은 절 안에 있지 않기 때문에, (44a, b)의 문법성의 차이를 다른 식으로 복잡하게 설명해야 한다.

명사구 이동을 설정하는 또 다른 근거는 대명사류에 대한 해석이론인 결속이론(Binding Theory)을 간결하게 보존할 수 있다는 점이다.

(45) a. $John_i$ seems [$_{IP}$ t_i to be proud of $himself_i$].
 b. *$John_i$ seems [$_{IP}$ t_i to be proud of $themselves_i$].

(45a, b)의 문법성의 차이는 (45a)는 재귀대명사 himself를 선행사 John으로 해석할 수 있는데 비하여, (45b)는 재귀대명사 themselves의 선행사를 찾을 수 없어 의미해석을 할 수 없다. 이를 '대용사(anaphor)는 그 결속 영역(binding domain) 안에서 결속되어야 한다'는 결속원리(A)로 설명하고 있는 데, 만일 (45a, b)가 명사구 이동에 의해 도출되지 않고 표면구조인 주어위치에 처음부터 기저-생성된다고 보면, John과 재귀대명사인 himself, themselves가 같은 절 안에 있지 않기 때문에, (45a, b)의 문법성의 차이를 결속영역을 확대하여 다른 식으로 복잡하게 설명해야 한다. 이와 같은 대명사류에 대한 의미해석은 S-구조에서 논리형태로 의미해석해야 한다는 해석 의미론의

중요한 근거가 되었다.

다음과 같은 구조에서 양화사주어의 의미해석에 있어 작용역 범위의 중의성(scope ambiguity)에 대한 문제도 명사구 이동을 설정하는 또 다른 근거이다.

(46) a. Someone$_i$ seems [$_{IP}$ t$_i$ to be hiding in this house].

b. It seems that someone is hiding in this house.

(46a)는 양화사 주어 someone의 작용역 범위에 따라 두 가지로 해석되는 데, 하나는 someone이 seem의 작용역 범위안에 있는 경우로 '누구인지 모르나 어떤 사람이 이 집안에 숨어 있는 듯하다'는 해석이고, 다른 하나는 someone이 seem의 작용역 범위밖에 있는 경우로 '어떤 특정의 한 사람이 있는 데 이 집안에 숨어 있는 듯하다'는 해석이다. (46a)의 중의적인 해석이 가능한 이유는 양화사 주어 someone이 그 작용역인 seem의 성분통어 영역밖에 있기는 하지만, 그 흔적 t가 seem의 성분통어 영역안에 있기도 하기 때문이다. 한편 (46b)는 양화사 주어 someone이 그 작용역인 seem의 성분통어 영역 안에 있기 때문에 전자의 의미만 가능하다는 것을 설명할 수 있다.[35] 이처럼 주어가 가지는 주제어에 대한 해석과 양화사주어의 작용역 범위에 대한 중의성에 대한 의미해석이 표면구조를 보고 논리형태로 의미를 해석해야 된다는 해석 의미론의 근거가 된다.

3.4 결속이론

Chomsky(1981)의 지배 결속 이론에서는 영어의 대용어(anaphor)와 대명사 및 일반 어휘명사구의 지시적 의미를 결정하고, 그 지시영역을 제한하기 위해 다음과 같은 결

35) 특히 보편문법 원리를 확대하여 동사구내 주어가설을 받아들인 최근의 이론에서는 (45a)와 같은 인상구문의 양화사 주어의 작용역 중의성의 문제를, 서법 조동사(modal auxiliary) 구문의 양화사 주어의 작용역 중의성 문제와 함께 일관성 있게 설명할 수 있다고 본다.

(i) Someone$_i$ must [VP t$_i$ be hiding in this house].

(i)도 두 가지로 해석되는데, 하나는 양화사 주어 someone이 서법 조동사 must의 작용역 안에 있는 경우로 '누구인지 모르나 어떤 사람이 이 집안에 숨어 있음이 틀림없다'는 해석이고, 다른 하나는 someone이 must의 작용역 밖에 있는 경우로 '어떤 특정의 한 사람이 이 집안에 숨어 있음에 틀림없다'는 해석이다. 이것은 (46a)와 똑같이 양화사 주어 someone이 그 작용역인 must의 성분통어 영역 밖에 있기는 하지만, 그 흔적 t가 must의 성분통어 영역안에 있기 때문이다.

속 이론을 제시하였다.

(47) Binding Condition

A: An anaphor is bound in its governing category.

B: A pronominal is free in its governing category.

C: An R-expression is free.

결속조건 (A)에 따르면 대용어는 지배범주내에 결속되어야 하고, 결속조건 (B)에 따르면 대명사는 지배범주내에 결속되지 않고 자유스러워야 한다. 일반적으로 지배범주는 어떤 요소와 그 요소의 지배자를 포함하는 최소의 절이나 명사구가 된다.[36)]즉 대용어와 대명사는 다음 예문에서처럼 같은 위치에 나오지 못하고 서로 상보적 분포(complementary distribution)를 해야 한다.

(48) a. [$John_i$ adores $himself_i$].

b. *[$John_i$ adores him_i].

(49) a. I saw [$John_i$'s picture of $himself_i$].

b. *I saw [$John_i$'s picture of him_i]

(50) a. *$John_i$ saw [my picture of $himself_i$].

b. $John_i$ saw [my picture of him_i].

(48)에서는 절인 문장 전체가 지배범주가 되기 때문에 (48a)의 대용어 himself는 결속조건(A)에 따라 지배범주인 문장내에서 선행사 John에 의해 결속되어 정문이 된다. (48b)의 대명사 him은 결속조건(B)에 따라 지배범주내에서 결속되지 않고 자유스러워야 하나 오히려 선행사 John에 의해 결속되었기 때문에 비문이 된다. 즉 단순문인 문장내의 목적어 자리에는 선행사가 주어일 경우 재귀대명사인 대용어만이 나올 수 있지 대명사는 나올 수 없다. 단 대명사가 나올 경우 선행사가 주어가 아닌 다른

36) Chomsky(1981:188)는 지배범주를 다음과 같이 정의하고 있다.

(i) a. β is a governing category for α iff β is the minimal category containing α, a governor of α, and a SUBJECT accessible to α.

b. β is accessible to α iff α is in the c-command domain of β and assignment to α of the index of β would not violate (c).

c. *$[_\gamma \ldots \sigma \ldots]$, where γ and σ bear the same index.

사람을 지칭해야 한다. (49)에서는 명사구가 지배범주가 되기 때문에 (49a)의 대용어 himself는 지배범주인 명사구 $John_i$'s picture of $himself_i$내에서 선행사 John에 의해 결속되어 정문이 되나, (49b)의 대명사 him은 지배범주내에서 선행사 John에 의해 결속되었기 때문에 비문이 된다. (50)에서도 명사구가 지배범주가 되기 때문에 (50a)의 대용어 himself는 지배범주인 명사구 my picture of $himself_i$내에서 결속되지 못하고 주절의 주어 John과 결속되었기 때문에 비문이 되나, (50b)의 대명사 him은 지배범주인 명사구 my picture of him_i 내에서 결속되지 않고 자유스럽기 때문에 정문이 된다. 즉 명사구내에서 핵인 명사의 보충어인 전치사의 목적어는 지정어인 소유격 주어에 결속되는 재귀대명사인 대용어가 나오던지 소유격 주어에 결속되지 않는 대명사가 나와야 한다. 즉 대용어와 대명사는 같은 위치에 나올 수 없고 서로 다른 위치에만 나와야 되는 상보적 분포를 한다.

좀 더 복잡한 다음의 경우를 보자

(51) a John believes [$Mary_i$ to like $herself_i$].
b. *John believes [$Mary_i$ to like her_i].

(52) a. [$John_i$ believes $himself_i$ to win].
b *[$John_i$ believes him_i to win].

(53) a. *$John_i$ said [that $himself_i$ would come].
b. $John_i$ said [that he_i would come].

(54) a. *$John_i$ thinks [that Mary likes $himself_i$].
b. $John_i$ thinks [that Mary likes him_i].

(51)에서는 부정사구 보문이 지배범주가 되기 때문에 (51a)의 대용어 herself는 결속조건(A)에 따라 지배범주인 부정사구 보문 $Mary_i$ to like $herself_i$내에서 선행사 Mary에 의해 결속되어 정문이 된다. (51b)의 대명사 her는 결속조건(B)에 따라 지배범주인 $Mary_i$ to like her_i내에서 결속되지 않고 자유스러워야 하나 오히려 선행사 Mary에 의해 결속되었기 때문에 비문이 된다. 즉 의미상의 주어를 포함하여 부정사구 보문은 하나의 절로 지배범주가 되며, 그 절내의 목적어 자리에는 부정사구의 주어와 같은 사람일 경우 재귀대명사인 대용어만이 나올 수 있지 대명사는 나올 수 없다. (52)에

서는 문장 전체가 지배범주가 되기 때문에 (52a)의 대용어 himself는 부정사구 보문의 주어로 예외적 격표시에 의해 목적격을 받는 경우인데(표준이론에서는 주절 목적어로 인상된 경우) 지배범주인 문장내에서 주절 주어인 선행사 John에 의해 결속되어 정문이 된다. (52b)의 대명사 him은 지배범주내에서 결속되지 않고 자유스러워야 하나 오히려 선행사 John에 의해 결속되었기 때문에 비문이 된다. 즉 부정사구 보문의 주어가 예외적 격표시에 의해 목적어로 된 경우도 선행사가 주절주어인 경우 재귀대명사만 나와야지 대명사는 나올 수 없다. 단 대명사가 나올 경우 선행사가 주절 주어가 아닌 다른 사람을 지칭해야 된다. (53)에서는 시제절인 that-보문절이 지배범주가 되기 때문에 (53a)의 대용어 himself는 지배범주인 보문절 that $himself_i$ would come내에서 결속되어야 하나 주절 주어 John에 의해 결속되었기 때문에 비문이 된다. (53b)의 대명사 he는 지배범주인 that he_i would come내에서 결속되지 않고 자유스럽고, 주절주어 John에 의해 결속되었기 때문에 정문이 된다. 즉 시제가 있는 종속절 주어 자리에는 재귀대명사가 나올 수 없고 대명사가 나와야 한다. (54)에서도 that-보문절이 지배범주가 되기 때문에 (54a)의 대용어 himself는 지배범주인 that Mary likes $himself_i$내에서 결속되어야 하나 주절 주어 John에 의해 결속되었기 때문에 비문이 되나, (54b)의 대명사 him는 지배범주인 that Mary likes him_i내에서 결속되지 않고 자유스럽고 주절주어 John에 의해 결속되었기 때문에 정문이 된다. 즉 시제가 있는 종속절 목적어자리에는 선행사가 종속절 주어가 아닌 재귀대명사는 나올 수 없고 대명사가 나와야만 한다. 이처럼 대용어와 대명사는 구조적으로 서로 상보적 분포를 이루는 것을 결속이론으로 잘 설명하고 있다.

3.5 통제이론

Chomsky(1981)의 지배결속이론에서는 서술어가 있으면 주어가 있어야 한다는 인허원리(Licensing Principle)에 따라 다음과 같은 부정사구, 동명사구 및 분사구문과 같은 비정형절(non-finite clause)의 주어자리에 공범주 PRO를 설정한다.

(55) a. John$_i$ decided [PRO$_i$ to leave early].
b. John accused Mary$_i$ of [PRO$_i$ being a communist].
c. [PRO$_i$ peeling navel oranges], John$_i$ watched the game.

PRO와 그 통제자(controller)와의 관계를 설명하는 이론을 통제이론(control theory)이라고 한다. 이때 구조적인 면에서 Chomsky(1981)는 PRO는 비지배된다는 조건으로 다른 공범주와 구별하고 있다.[37] 따라서 PRO는 구조적으로 지배되지 않는 (55)과 같은 비정형절의 주어자리만이 가능하다.

다음과 같은 부정사구의 보문절 구조의 경우를 보자.

(56) a. John$_i$ tried [PRO$_i$ to go].
b. John persuaded Mary$_i$ [PRO$_i$ to go].
c. John$_i$ promised Mary [PRO$_i$ to go].

(56a)는 부정사구의 의미상의 주어로 설정된 공범주 대명사인 PRO가 주절 주어와 반드시 같은 사람으로, 주절 주어에 의해 의무적으로 통제되는 주어 의무통제(subject obligatory control)이다. (56b)는 부정사구의 의미상의 주어로 설정된 공범주 PRO가 주절 목적어와 반드시 같은 사람으로, 주절 목적어에 의해 의무적으로 통제되는 목적어 의무통제(object obligatory control)이다. 반면에 (56c)는 공범주 PRO가 주절 목적어가 아닌 주절주어와 반드시 같은 사람으로, 주절 주어에 의해 반드시 통제되는 주어 의무통제이다. 이와 같은 의무통제의 PRO는 통제자가 반드시 있어야 하는 의

37) Chomsky(1981)는 공범주 PRO를 다른 공범주 흔적(trace)과 구별하여 대용어적(anaphoric) 특성과 대명사적(pronominal) 특성을 동시에 지닌 것으로 정의하였다. 따라서 명사구 흔적과 같은 대용어적 요소를 다루는 결속이론(A)(Binding Theory)와 대명사적 요소를 다루는 결속이론(B) 속하게 된다. 그러나 결속이론(A)에 따르면 PRO는 지배범주내에 결속되어야 하며, 결속이론(B)에 의하면 결속되어서는 안 된다. 이는 서로 모순이 되므로 PRO는 지배범주를 갖지 않도록 지배되지 않아야 한다.

무성(obligatoriness), 통제자가 같은 절안에 있어야 하는 국부성(locality), 반드시 하나여야 하는 유일성(uniquenes), 성분통어(c-command)와 같은 구조적 제약 등의 특성이 있다.

이때 통제자와의 공지시관계를 구조적인 면에서 보면 Rosenbaum(1967)의 최소거리원칙(Minimal Distance Principle)에 따라 통제보문과 가장 가까이에 있는 명사구가 통제자가 되어야 하나, (56c)에서 보듯이 오히려 멀리 있는 주어가 통제자가 되고 있다. 따라서 구조적인 면에서가 아니라, 동사의 의미적인 면, 특히 논항구조내에서의 의미역 관계에서 통제자를 설명할 필요가 있다. 즉 통제자를 주절동사와 보문이 결합하는 과정에서 그 논항들 사이의 의미역 관계에서 설명한다. 예를 들어 (56c)의 의미역 관계를 보면, 동사 'promise'의 보문 'to-go'는 약속하는 내용인 대상(theme)이고, 주어 'John'은 약속이 나온 근원(source)이고, 목적어 'Mary'는 약속내용이 가는 목표(goal)가 된다. 이때 Culicove and Wilkins(1986)의 의미역 조건(thematic condition)에 따르면 보문이 대상이면 통제자는 근원이 된다.[38] 따라서 주어인 'John'이 통제자가 됨을 설명할 수 있다. 또 (56b)에서는 'persuade'의 보문 'to-go'가 설득하는 목표가 되고, 주어 'John'은 설득이 나오는 근원이 되고, 목적어 'Mary'는 설득의 대상이 된다. 이때 의미역 조건에 따르면 (56c)에서와 달리 보문의 의미역이 대상이 아니라 목표이면 통제자는 오히려 대상이 된다. 따라서 목적어인 'Mary'가 통제자가 됨을 설명할 수 있게 된다. 그러나 이에는 주어통제인 'promise'와 목적어통제인 'persuade'의 의미역 관계를 다르게 설정해야 하는 부담이 따른다.[39]

보문절 구조가 아닌 부가절(adjunct), 관계절, 의문사절, 주어절 및 외치절 구조의 부정사구는 비의무통제의 경우로 취급되고 있다. 즉 의무통제의 특성인 통제자가 반

---

38) Culicover and Wilkins(1986:125)의 의미역 조건(thematic conditions on R-structure)은 다음과 같다.

Coindex R(NP) and R(X) where X is a predicate.

i) If R(x)bears no thematic role, then R(NP) must be a Theme or a Source.

ii) If R(X) is a GOAL, then R(NP) must be a THEME.

iii) If R(X) is a THEME, then R(NP) must be a SOURCE.

39) 국어의 경우를 보자.

(i) a. 철수가 영희에게 [학교에 간다]고 약속했다.

b. 철수가 영희를 [학교에 가라]고 설득했다.

b′. 철수가 영희에게 [학교에 가라]고 설득했다.

국어의 경우 (ia)와 (ib)처럼 격어미가 달라진다고 보면 의미역을 달리 설정하는 것이 타당한 것 같지만, 많은 사람들이 (ib′)도 자연스럽다고 보고 있기 때문에 그 신뢰도가 떨어진다.

드시 있어야 하는 의무성도, 같은 절안에 있어야 하는 국부성도, 반드시 하나여야 하는 유일성도, 성분통어와 같은 구조적 제약과도 상관없이 비교적 자유스럽게 쓰인다. 그러나 통제자를 어느 정도 의미적으로 일관성 있게 설명할 수 있는 경우도 있다.

(57) a. $John_i$ owns a car [PRO_i to carry his belongings in].
b. Man_i retains [the ability [PRO_i to deceive himself].

위와 같은 부정사관계절(infinitive relatives)구조의 경우 의미역을 이용하여 의미적으로 일관성 있게 통제자를 설명할 수 있다. 즉 'own'이나 'retain'같은 동사는 상태동사(stative verb)이므로 대상(theme)인 'car'나 'ability'가 옮겨 다니지는 않는다. 따라서 그 대상의 위치(location)와만 관련이 있다. 현재의 대상의 위치가 (57a)에서는 'John'에, (57b)에서는 'Man'에 있다. 따라서 통제자는 대상의 위치에 의해서 일정하게 정해진다. 다음의 예문을 보자.

(58) a. Bill bought for $Susan_i$ a large flashy car [PRO_i to drive].
b. $John_i$ received from Susan a book [PRO_i to read].

위 예문의 동사는 (57)의 경우와는 달리 상태동사가 아니다. 따라서 대상의 위치가 이동할 수 있다. 즉 (58a)에서 'buy'라는 동사의 대상인 'a large flashy car'의 위치가 근원(source)인 'Bill'에서 목표(goal)인 'Susan'으로 옮겨진 것이다. 따라서 통제자는 의미적으로 일정하게 대상의 최종위치인 'Susan'으로 정해진다. 또한 (58b)에서는 'receive' 동사의 특성에 따라 대상인 'a book'의 위치가 근원인 'Susan'에서 목표인 'John'으로 옮겨진다. 그러므로 통제자는 의미적으로 일관성 있게 대상인 'a book'의 최종위치인 'John'으로 정해진다.

3.6 지배결속이론에서의 문법모형

Chomsky 생성문법이론은 계속 발전하여 왔는데, 80년대의 지배결속이론 및 90년대의 최소주의이론에서는 어휘적 의미의 합성과정보다는 문장의 부가적 의미를 해석하는 데 더 관심을 보이고 있다. 즉 심층구조에서 의미를 해석하는 것이 아니라, 변형이 다 이루어진 표면구조에서 논리형태로 의미를 해석하는 입장을 취하고 있다.

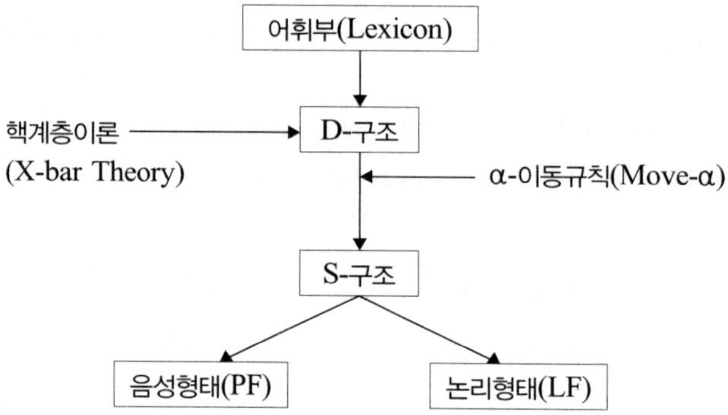

변형규칙이 형태만 바꾸어 놓는 것이 아니라 약간의 의미변화도 초래한다고 보고, 불필요한 변형규칙을 모두 버리고, Move-α라는 이동규칙 하나만 남겨놓았다. 어휘부에서 정해진 기본적인 구조와 의미는 D-구조(D-Structure), S-구조(S-Structure), 논리형태(LF)에 그대로 유지된다고 보고, S-구조에서 재귀대명사, 대명사 등의 대용어의 공지시(coreference)관계와 every, some 등과 같은 양화사들간의 작용역 범위상의 중의성(scope ambiguity) 문제, 또 주제와 초점과 같은 담화상의 의미 등을 논리형태로 번역하여 해석하는 입장을 취하고 있다. 이를 해석의미론(interpretive semantics)이라고 한다.

연 습 문 제

1. 다음 문장의 중의성을 직접구성성분분석을 하여 수형도로 나타내 설명하시오.

The man saw the girl in the park.

2. 다음 영어문장을 근거로 하여 동사구(VP)을 생성해 내는 구구조 규칙을 만들어 설명해 보시오.

a. John is *handsome / my brother / in the garage.*

b. John made his wife *very happy / an assistant.*

c. I put the kettle *on the stove.*

d. I don't know *(that) she left early / who left.*

e. I dislike *to drive / driving in the rush hour traffic.*

f. He told her *a funny story / that he would be back early.*

g. They saw him *go / going home early.*

3. 다음 영어문장을 근거로 하여 명사구(NP)을 생성해 내는 구구조 규칙을 만들어 설명해 보시오.

a. I saw *dogs / the dogs / those dogs / his dogs / them.*

b. I don't like *the large dogs / the loudly barking dogs.*

c. I know the dog *(lying) in the yard / which you bought.*

d. I remember *that I owned a dog / the fact that I bought a dog.*

4. 다음 영어문장에 근거하여 조동사(AUX)를 생성해 내는 구구조 규칙을 만들어 설명해 보시오.

a. John fishes. / John fished.

b. John can fish. / John could fish.

c. John has fished. / John had fished.

d. John has been fishing. / John had been fishing.

e. John may have been fishing. / John might have been fishing.

5. 다음 문장의 중의성을 설명하시오.

a. Hunting dogs can be dangerous.
b. Mary hates Jane more than Bill.

6. 다음 문장의 구조적 중의성을 변형생성문법에서 어떻게 설명하고 있는지 설명하시오.

(1) a. Mary tends to catch Fido.
b. Mary seems to be unhappy.
c. Mary prefers to stand alone.
d. Mary tried to leave.

(2) a. John wanted Mary to be happy.
b. John believed Mary to be unhappy.
c. John persuaded Mary to give herself up.
d. John promised Mary to behave himself.

(3) a. John is certain to leave.
b. John is eager to please.
c. John is easy to please.
d. The food is ready to eat.

7. 다음 문장의 의미를 초기 해석의미론의 입장에서 합성성원리와 투사규칙에 따라 설명해 보시오.

The man hit the colorful ball.

8. 다음 문장의 의미를 생성의미론의 입장에서 양화사의 적용범위에 따른 중의성과 어휘분해의 방법으로 설명해 보시오.

a. I read a book every day. / Every day I read a book.
b. I killed the rabbit. / I caused the rabbit to die. / I caused the rabbit to become dead. / I caused the rabbit to become not alive.

9. 다음 문장의 구조와 의미차이를 지배결속이론의 입장에서 어떻게 설명하고 있는지 설명해 보시오.

a. John played the violin. ↔ The violin was played by John.

b. It seems that John is diligent. ↔ John seems to be diligent.

10. 다음 문장의 문법성을 결속이론에 입각하여 설명해 보시오.

a. $John_i$ loves {*$John_i$/*him_i/$himself_i$}.

b. $John_i$ thinks that {he_i/*$John_i$/*$himself_i$} is the most intelligent.

c. $Mary_i$ recalled that John had permitted {*$herself_i$/her_i}.

d. $John_i$ believes {$himself_i$/*him_i/*$John_i$} to be happy.

e. $Bill_i$ liked Mary's pictures of {*$himself_i$/him_i}.

11. 다음 예문에서 의무통제와 비의무통제의 특성을 설명하시오.

a. $John_i$ decided [PRO_i to leave early].

b. John accused $Mary_i$ of [PRO_i being a communist].

c. [PRO_i peeling navel oranges], $John_i$ watched the game.

12. 다음 예문에서 PRO의 통제자를 의미역 조건에 따라 설명해 보시오.

a. John persuaded $Mary_i$ [PRO_i to go].

b. $John_i$ promised Mary [PRO_i to go].

c. $John_i$ owns a car [PRO_i to carry his belongings in].

d. Bill bought for $Susan_i$ a large flashy car [PRO_i to drive].

e. $John_i$ received from Susan a book [PRO_i to read].

제 7 장

문장 의미론

1. 문장의 의미와 문법이론

전통적으로 통사론 중심의 문법이론에서는 영어문장의 의미를 그 문장을 구성하고 있는 구성성분인 단어와 구의 의미와 합성성원리(전체의 의미는 부분의 의미의 합의 함수)에 따라 이들 단어와 구의 의미의 합으로 정의한다. 따라서 문장을 구성성분으로 분석하는 구성성분구조가 중요하다. 한편 의미론 중심의 문법이론에서는 의미를 논리구조로 나타내고 있는데, 문장을 하나의 명제(proposition)로 보고 명제를 구성하고 있는 술어(predicate)와 논항(argument)사이의 관계에서 논리구조로 문장의 의미를 정의한다. 또 Chomsky(1981)의 지배결속이론의 해석의미론에서도 표면구조인 S-구조에서 논리형태(Logical Form)로 문장의 의미를 해석해 주기 때문에 논리구조가 문장의 의미를 정의하는데 중요하게 되었다.

1.1 통사론 중심의 성분구조분석과 해석의미론

영어 문장의 의미를 알기 위해서는 문장을 구성하고 있는 단어와 숙어의 의미를 알아야 하지만, 더 나아가 문장의 기본구조를 알아야 한다. 전통문법에서는 일반적으로 영어의 기본 문장구조를 다음과 같이 확장된 문장 7형식으로 분류하고 있음을 앞장에서 살폈다.

(1) a. The sun is shining. (SV)
b. Your dinner seems ready. (SVC_s)
c. My office is in the next building. (SVA_s)
d. That lecture bored me. (SVO_d)
e. I must send my parents an anniversary card. (SVO_iO_d)
f. They have found him reasonably helpful. (SVO_dC_o)
g. You can put the dish on the table. (SVO_dA_o)

이때 먼저 문장을 구성하고 있는 단어의 의미를 알아야 하지만, 문장에서의 문법적 역할도 중요하다. 즉 주어, 목적어, 보어, 부사어 등의 문법적 역할에 따라 의미가 정해진다. 일반적으로 부사어는 시간, 장소, 방법, 이유 등을 나타내며 문장에서 반드시 필요한 필수적인 요소가 아닌 수위적인 요소로 보았다. 그러나 (1c)에서 장소의 부사어 in the next building은 주어와 관련된 부사어(As)로 필수적인 절 구성요소이고, (1g)에서 on the table은 목적어와 관련된 부사어(Ao)로 필수적인 절 구성요소이다.

한편 생성문법에서는 문장을 이루는 구성성분이 단지 선형순서(linear order)로만 배열되는 것이 아니라, 일정한 계층(hierarchy)을 이루며 결합하는 것으로 본다. 이러한 결합관계를 구성성분구조(constituent structure)라고 하였다. 다음 문장에서 전치사구 in the library가 무엇을 수식하느냐에 따라 구성성분구조가 달라지며 그 의미도 달라진다.

(2) a. I saw the boys in the library.
b.

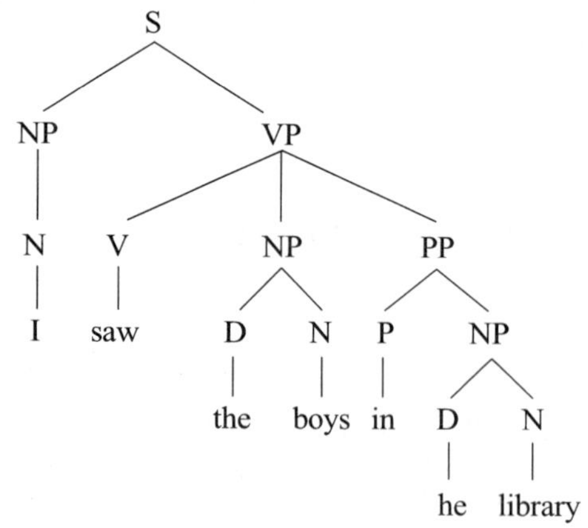

c.

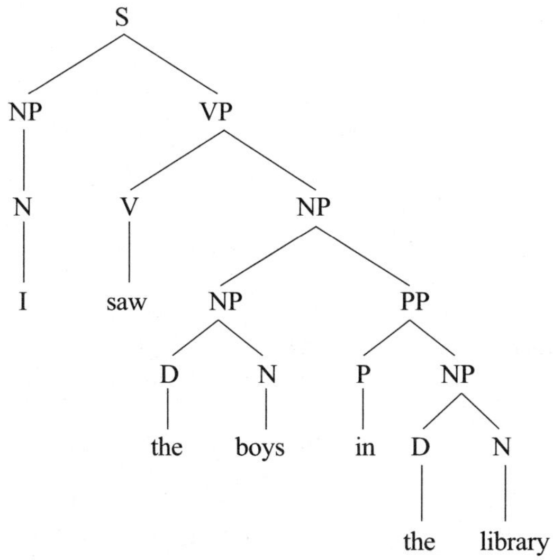

(2b)구조는 명사구(NP) the boys와 전치사구(PP) in the library가 각각 독립적인 구성요소로 나누어져, 동사구(VP)를 구성하는 구성성분이다. 전치사구는 동사를 수식하여 '도서관에서 소년들을 보았다'란 의미를 나타낸다. (2c)구조는 명사구(NP) the boys와 전치사구(PP) in the library가 하나로 결합되어, 전체 명사구를 구성하는 구성성분이다. 전치사구는 옆의 명사구를 수식하는 경우로 '도서관에 있는 소년들을'이란 의미를 나타낸다. 이와 같이 구나 문장의 구조에 따라 의미가 달라지는데, 기능어의 문법적 기능과 함께 이를 구조적 의미라고 한다. 특히 위와 같이 구조에 따라 의미가 달라지는 경우를 구조적 중의성(structural ambiguity)이라고 한다. 이처럼 구성성분구조에 근거를 두고 문장의 의미를 해석하는 해석의미론과 생성의미론에 대해서는 앞장에서 자세히 소개를 하였다.

Chomsky(1965)의 표준이론의 해석 의미론에서는 Katz & Fodor(1964)의 투사규칙(Projection Rule)에 근거를 두고 다음과 같은 문장의 의미를 그 구성성분인 단어나 구의 합으로 투사되어 합성되어 가는 과정으로 앞장에서 설명하였다. 다시 한번 보자.

(3) a. The man hit the colorful ball.

b.

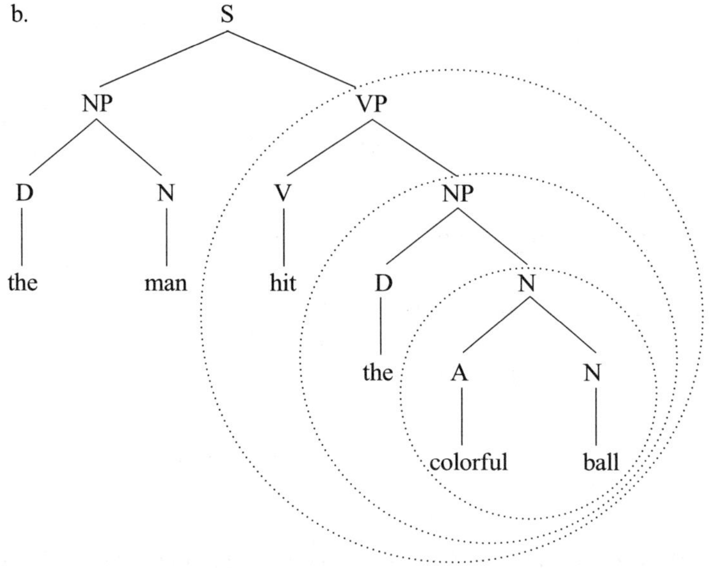

(3a)의 문장의 의미는 (3b)와 같은 심층구조를 바탕으로 해서, 가장 작은 어휘에서부터 단계적으로 구와 문장으로 결합해 가는 투사규칙에 따라 문장 전체의 의미가 합성되는 과정으로 설명된다. 즉 문장 전체의 의미는 '그 남자는 그 울긋불긋한 공을 쳤다.'로 그 가장 작은 구성요소인 어휘의 의미에서부터 점선으로 둘러싸인 순서대로 어휘의 결합관계에 의해 합성하여 설명한다. 이때 각 어휘는 다의적 여러 의미를 지닐 수 있는 데, 이를 의미자질로 표시하여 다른 어휘와의 결합과정에서 일종의 어휘 간의 공기관계를 제한하는 선택제약(selectional restriction)이 적용되어 불필요한 의미를 배제하고, 문맥에 맞는 의미만 투사하여 합성되는 것으로 설명한다. 예를 들어 colorful ball에서 ball은 공, 탄알, 무도회라는 세 가지 뜻이 있고, colorful은 '울긋불긋한'과 '호화로운'라는 두 가지 뜻이 있다고 하면, 논리적으로는 여섯 가지의 의미조합이 가능하나 실제로는 다음 세 가지만이 가능하였다.

(4) a. 울긋불긋한 공
b. 울긋불긋한 탄알
c. 호화로운 무도회

다음 동사 hit는 '치다', '맞히다'와 '때리다' 등의 세 가지 의미가 있다고 보면, 논리적으로는 hit the colorful ball의 의미는 3 곱하기 3하여 아홉 가지가 가능하나, hit의 세 가지 의미가 다 물리적인 개체하고만 결합이 가능하므로 '그 울긋불긋한 공을 쳤다.'는 의미만 합성되어 투사된다. 이처럼 통사론 중심의 전통적인 문법이론에서는 문장의 의미를 통사구조를 근거로, 최소의 구성성분인 어휘의 의미를 성분분석에 따른 의미자질로 분석한 다음, 투사규칙에 따라 작은 부분으로부터 좀 더 큰 부분으로 합성하여 투사하는 과정으로, 전체 문장의 의미를 해석한다.

1.2 의미론 중심의 술어논리학과 논항의 의미역

(1) 술어의 종류와 논항의 의미역

문장의 기본 단위인 절을 구성하는 가장 핵심적인 구성요소를 (서)술어로 보고 문장의 의미를 분석한 이론이 술어논리학이다. 술어는 기본적으로 동사이지만 형용사구, 명사구, 심지어 전치사구도 술어가 될 수 있다. 또 술어는 의미적 특성에 따라 하나 이상의 논항을 갖고 있는데, 논항이 몇 개 있느냐에 따라 1항 술어(one place predicates), 2항 술어(two place predicates), 3항 술어(three place predicates)라 한다.[40] 다음은 주어 논항 하나만을 필요로 하는 1항 술어의 예이다.

(5) a. John arrived. (V)
b. John is very friendly. (AP)
c. John is my true friend. (NP)
d. John is in trouble. (PP)

(5a)의 동사 arrive는 '누가 도착하다'란 의미로 논항 하나만 필요로 하는 1항 술어이다. 즉 전통적으로 주어 하나만 필요로 하는 완전자동사로 분류되는 경우이

40) 술어논리학에서는 임의의 술어를 predicate라 하고, 임의의 논항을 x, y, z라고 할 때, 1항 술어, 2항 술어, 3항 술어의 의미를 다음과 같이 표시한다.
(i) a. predicate'(x) : one place predicates
b. predicate'(x, y) : two place predicates
c. predicate'(x, y, z) : three place predicates

다. (5b)는 전통적으로 형용사구 very friendly가 주격보어로 분석되는 경우이고, (5c)는 명사구 my true friend가 주격보어로 분석되는 경우이다. 또 (5d)의 전치사구 in trouble은 전통적으로 부사구로 분석되던 경우이나 be 동사 다음에 나와 반드시 필요한 보충어로 쓰인 경우이다. 이들은 문법적으로 주격보어를 필요로 하는 불완전자동사 구문으로 취급하여 왔으나, 의미를 따지는 논리학에서는 be동사는 형식적으로 연결동사(linking verb)의 역할만 하고 형용사구, 명사구, 전치사구가 서술어 역할을 하는 것으로 분석한다. 즉 be동사는 이러한 서술어가 존재한다는 연계사(copular)의 의미로 연결만 시켜주고, 실제의 의미는 명사구 my true friend, 형용사구 very friendly 및 전치사구 in trouble 등에 의해 정해진다. 즉 '친하다. 진실한 친구다, 곤란하다'란 의미의 술어로 주어 논항 하나만 필요로 하는 1항 술어이다.

다음은 주어 논항과 목적어 논항 2개를 필요로 하는 2항 술어이다.

(6) a. Mary knows Bill. (V)
b. Mary is afraid of Bill. (AP)
c. Mary is a sister of Bill's. (NP)
d. Mary is with Bill. (PP)

(6a)의 동사 know는 '누가 누구를(무엇을) 알다'란 의미로 주어와 목적어 논항 둘을 필요로 하는 2항 술어이다. (6b)의 형용사구 (be) afraid of는 '누가 누구를 두려워하다'란 의미로 형용사구가 논항 둘을 필요로 하는 술어역할을 하고 있는 경우이다. (6c)의 명사구 (be) a sister of는 '누가 누구의 여동생이다/누가 누구와 자매지간이다'란 의미로 명사구가 논항 둘을 필요로 하는 술어역할을 하고 있는 경우이다. (6d)의 전치사구 (be) with는 '누가 누구와 같이 있다/누가 누구를 동반하고 있다'란 의미로 전치사구가 논항 둘을 필요로 하는 술어역할을 하고 있는 경우이다. 이때 (6b-d)에서 be동사는 형식적으로 연결동사(linking verb)의 역할만 하고 있는 경우이다. 한편 (6b-c)에서 형용사구와 명사구는 목적어 논항을 직접 취할 수 없어 전치사 of를 동반하고 있다.

다음은 주어, 간접목적어, 직접목적어와 같은 논항 3개를 필요로 하는 3항 술어의 예이다.

(7) a. Mary gave Bill a book. (V)
b. The book is a gift of Mary's to Bill? (NP)

(7a)의 동사 give는 '누가 누구에게 무엇을 주다'란 의미로 논항 셋을 필요로 하는 3항 술어로 동사이다. (7b)의 명사구 (be) a gift of는 '무엇이 누가 누구에게 준 선물이다'란 의미로 명사구가 논항 셋을 필요로 하는 술어역할을 하고 있는 경우이다. 이때 (7b)의 명사 gift는 동사 give에서 전성된 명사로 be동사와 연결하여 술어 역할을 하는 경우이다.[41)]

한편 논항의 의미적 역할(semantic role)은 술어의 의미적 특성에 따라 정해지는데, 일반적으로 문장 내에서의 전형적인 주어의 의미역은 행위자(agent)이고, 전형적인 목적어의 의미역은 피영향자(patient)이다.

(8) a. Margaret is mowing the grass.
b. James threw the ball.
c. John gave Mary a book. / John gave a book to Mary.
d. She made her son a scarf. / She made a scarf for her son.
d′. She made me a scarf for her son.

예문 (8a-b)의 주어 논항 Margaret과 James는 모두 유생물(animate)로, 술어동사에 의해 일어나는 사건이 시작되는 근원(instigating)이요, 사건이 일어나게 되는 원인이 되는(causing) 행위자이다. 반면에 (8a)의 목적어 논항 the grass는 행위자가 하는 행동에 의해 영향을 받아 상태변화가 일어나는 피영향자(patient)이다. (8b)의 목적어 논항 the ball은 행위자가 하는 행동에 의해 위치변화가 일어나는 대상(theme)으로 피영향자와 구별하기도 한다. 한편 (8c)에서 간접목적어 Mary는 직접목적어인 대상 a book을 받는 사람이다. 즉 전형적인 간접목적어의 의미역은 대상을 받는 수령자(recipient)이다. 이와 같은 수령자는 이중목적어 구문에서 간접목적어 형태로 표현되기도 하지만 여격인 전치사 to의 목적어로 표현되기도 한다. 한편 (8d)에서 간접목적어 her son은 직접목적어인 대상 a scarf를 궁극적으로는 받는 사람으로 수령자로 보기도 하지만, 경우에 따라 전치사 for의 목적어로 표현되기도 하고, (8d′)처럼 수령

---

41) 다음은 드물지만 4개의 논항을 필요로 하는 4항 술어의 예이다.
(i) Mary *sold* the book to Bill for $50. (V)
(i)의 동사 sell은 '누가, 무엇을 누구에게, 얼마에 팔다'라는 의미에서 4 개의 논항을 필요로 하는 4항 술어라고 할 수 있다. 이외에도 교환하다는 의미의 동사 swap, trade, exchange 등의 술어를 예로 들 수 있다.

자인 간접목적어가 있는 경우가 가능하기 때문에, (8c)의 수령자와 구별하여 수혜자(benefactive or beneficiary)로 본다.

일반적으로 주격보어와 목적격보어는 각각 주어나 목적어의 속성(attribute)을 나타낸다.

(9) a. Kevin is my assistant./I made him my assistant.
b. They are comfortable./She made them comfortable.

(9a)에서 주격보어와 목적격보어는 속성 중에서도 신분(identification)을 나타내고, (9b)에서는 특성(characterization)을 나타낸다. 한편 수의적인 부사구는 시간, 장소, 이유, 방법 등의 상황적 배경을 나타낸다.

(2) 논항의 의미역과 문장의 의미

통사적인 문장구조와 주어, 목적어 등의 논항의 의미역을 종합하여 문장의 의미를 나타내면 다음과 같다.

(10) (완전)자동사 구문(SV):	1항 술어
a. He was working.	(행위자 주어)
b. She is standing.	(자세자 주어)
c. The curtains disappeared.	(피영향자 주어)
d. The wind is blowing.	(자연력 주어)
e. It's raining.	(비인칭 배경 주어)

(10)은 전통문법에서 1형식 구문에 해당하는 (완전)자동사 구문(SV)이다. 논리적으로는 주어인 논항 하나만을 택하는 1항 술어이나 허사주어와 쓰이는 경우 0항 술어로 볼 수 있다. (10a)의 동사 work는 '누가 일하다'란 의미로 행위자(agent) 주어의 완전자동사 구문으로 행위자인 개체가 어떤 행위를 하는 행위사건을 나타낸다. (10b)의 동사 stand는 '누가 서있다'란 의미로 서있는 자세자(positioner) 주어의 완전자동사 구문으로 자세를 취하고 있는 개체의 자세상황을 기술하고 있다. (10c)의 동사 disappear는 무엇인가에 영향을 받아 사라진 피영향자(patient or affected) 주어의 완전자동사 구문으로 상태변화의 피영향자인 개체가 어떤 결과 상태로 변해있는 상태

변화의 결과사건을 나타낸다. (10d)의 동사 blow는 '바람 등이 불다'란 의미로 바람, 폭풍 등의 자연력(natural force)이 작용하는 자연현상을 기술하고 있다. 즉 자연력 주어를 택하는 완전자동사 구문으로 분석된다. (10e)의 동사 rain은 '비오다'란 의미로 비인칭 주어 it의 완전자동사 구문으로 논리적으로는 0항 술어로 기상 등의 상황적 배경을 기술하고 있다.

(11) 연결(불완전)자동사 구문(SVC): 1항 술어 및 2항 술어

a. She's happy.	(피영향자 주어)
b. He turned traditor.	(행위자 주어-결과속성 보어)
c. The Sahara is hot.	(처소 주어)
d. Last night was warm.	(시간 주어)
e. The show was interesting.	(사건 주어)
f. It's windy.	(비인칭 배경 주어)

(11)은 전통문법에서 주어와 주격보어로 구성되었다고 보는 2형식 구문에 해당하는 연결(불완전)자동사 구문(SVC)이다. 명사나 형용사가 현재 상태를 나타내는 주격보어역할을 하는 경우 논리적으로는 논항이 아니라 술어로 보기 때문에 주어 논항 하나만 택하는 1항 술어로 본다. (11a)의 경우 주격보어 형용사 happy는 '행복하다'란 의미로 주어의 속성을 나타내는 술어이고, be 동사는 연결동사(copula) 역할만 하기 때문에 피영향자 주어 하나만 있는 1항 술어구문이 된다. 즉 무엇인가에 영향을 받은 피영향자 개체가 어떤 상태로 있는 (현재)상태를 나타낸다. (11b)의 동사 turn은 '누가 무엇으로 변하다'란 의미로 행위자 주어와 상태변화의 결과속성을 나타내는 주격보어를 택하는 2항 술어의 불완전 자동사구문이다. 즉 행위자인 개체가 어떤 상태로 변하는 상태변화의 결과사건을 나타낸다. (11c)의 주격보어 형용사 hot은 '어디가 덥다'란 의미로 쓰인 경우로 주어인 처소의 속성을 나타내는 술어 역할을 하고 있다. 즉 처소(locative) 주어 하나만 있는 1항 술어구문이다.('언제 덥다'란 의미로 쓰인 경우 시간 주어 구문이 되고, 무엇이 뜨겁다'란 의미로 쓰인 경우 피영향자 주어 구문이 될 수도 있다.) (11d)의 주격보어 형용사 warm은 '언제 따뜻하다'란 의미로 주어인 시간의 속성을 나타내는 술어 역할을 하고 있다. 즉 시간 주어 하나만 택하고 있는 1항 술어구문이다. (11e)의 주격보어 형용사 interesting도 '어떤 사건이 재미있다'란 의미로 주어인 사건의 속성을 나타내는 술어 역할을 하고 있다. 즉 사건(eventive) 주어

하나만 택하는 1항 술어구문이다. (11f)의 주격보어 형용사 windy는 바람이 부는 날씨다'란 의미로 날씨를 나타내는 술어 역할을 하고 있다. 즉 비인칭 주어 it와 결합한 0항 술어구문으로, 배경인 기상상황을 기술하고 있는 경우이다.

(12) 불완전 자동사 구문(SVC): 2항 술어

a. He was at school. (대상 주어-처소 보어)
b. She got into the car. (행위자 주어-처소 보어)
c. He is lying on the floor. (자세자 주어-처소 보어)
d. The meeting is at eight. (사건 주어-시간 보어)

(12)는 전통문법에서 처소나 시간 부사구 형태의 1형식 구문으로 분석하였으나, Chomsky(1965)의 변형문법이후 처소나 시간 부사구가 반드시 의미상 필요한 보충어(complement)로 일종의 주격보어로 분석하게 된 불완전자동사 구문(SVC)이다. 논리적으로는 주어와 주격보어 두 개의 논항을 택하는 2항 술어이다. (12a)의 동사 be는 '무엇이 어디에 있다'란 의미로 대상(theme) 주어와 처소(위치) 보어 논항 두 개를 택하는 2항 술어의 불완전자동사이다. 즉 대상인 개체가 어떤 위치에 있다는 상태를 나타낸다. (12b)의 동사 get은 '누가 어디로 이동하다'란 의미로 행위자 주어와 처소(목표) 보어 논항 두 개를 택하는 2항 술어의 불완전자동사이다. 즉 행위자인 개체가 목표의 위치로 이동한다는 이동결과사건을 나타낸다. (12c)의 동사 lie는 '누가 어디에 드러눕다'란 의미로 드러누운 자세를 취하고 있는 자세자 주어와 처소(위치) 보어 논항 두 개를 택하는 2항 술어의 불완전자동사이다. 즉 자세자인 개체가 어떤 위치에 있다는 상황을 나타낸다. (12d)의 동사 be는 '사건이 언제 있다'란 의미로 사건주어와 시간격 보어 논항 두 개를 택하는 2항 술어의 불완전자동사이다.

(13) 타동사 구문 (SVO) 2항 술어

a. He threw the ball. (행위자 주어-대상 목적어)
b. Lighting struck the house. (원인자 주어-피영향자 목적어)
c. He is holding a knife. (자세자 주어- 대상 목적어)
d. The stone broke the window. (도구 주어-피영향자 목적어)
e. She has a car. (수령자(소유자)주어-대상 목적어)
f. We paid the bus driver. (행위자 주어-수령자 목적어)
g. The will benefits us all. (도구 주어-수혜자 목적어)

(13)은 전통문법에서 주어와 목적어로 구성된 완전타동사 구문으로 분석하고 있는 경우이다. 논리적으로는 주어논항과 목적어논항 두 개를 택하는 2항 술어에 해당된다. (13a)의 동사 throw는 '누가 무엇을 던지다'로 주어인 행위자가 목적어인 대상을 던지는 행위를 한다는 행위사건을 나타낸다. (13b)의 동사 strike는 '벼락 번개 등이 쳐 무엇을 떨어뜨리다/무너뜨리다'란 의미로 주어인 번개와 같은 자연력이 원인이 되어 목적어인 피영향자 집이 불타버리는 상태변화가 일어난다는 사역적인 결과사건을 나타낸다. (13c)의 동사 hold는 '누가 무엇을 쥐고 있다'로 주어인 자세자가 목적어인 대상을 쥐고 있는 상황을 나타낸다. (13d)의 동사 break는 '누가 무엇을 깨뜨리다'란 기본의미에서 '무엇 때문에 무엇이 깨지다'란 의미로 확대되어 쓰인 경우로, 주어인 돌과 같은 도구 때문에 목적어인 피영향자 창문이 깨지는 결과상태가 일어난다는 사역적인 결과사건을 나타낸다. (13e)의 동사 have는 '누가 무엇을 소유하고 있다/누구에게 무엇이 있다'란 의미로 물건을 수령하여 소유한 소유자(possessor) 주어가 목적어인 대상을 소유하고 있는 상태를 나타낸다. (13f)의 동사 pay는 '누가 누구에게 (돈을) 지불하다'란 의미로 주어인 행위자가 목적어인 수령자에게 지불하고 있는 행위사건을 나타낸다. (13g)의 동사 benefit는 '무엇 때문에 누가 혜택을 입다'란 의미로 주어인 유언이라는 수단의 도구가 원인이 되어 목적어인 수혜자가 혜택을 받게 되는 결과상태를 나타낸다. 이처럼 타동사구문에서 주어논항은 행위자, 자연력의 원인자(causer), 자세자, 도구(instrument), 수령자, 처소 등이 가능하고, 목적어 논항은 대상, 피영향자, 수령자, 수혜자, 처소, 동족목적어 등이 가능하여 다양한 의미의 사건이나 상황을 나타낼 수 있다.

(14) 타동사 구문 (SVO)	2항 술어
a. They climbed the mountain.	(행위자주어-처소목적어)
b. The bus seats thirty.	(처소주어-대상목적어)
c. They fought a clean fight.	(행위자주어-동종목적어)
d. I wrote a letter.	(행위자주어-결과목적어)
e. They had an argument.	(행위자주어-사건목적어)
f. He nodded his head.	(행위자주어-도구목적어)

(14a)의 동사 climb는 '누가 어디를 올라가다'란 의미로 주어인 행위자가 목적어인 처소의 위치로 이동해 가는 이동(결과)사건을 나타낸다. (14b)의 동사 seat는 '어디에

몇 개의 좌석이 있다'란 의미로 주어인 처소에 목적어인 대상이 어느 정도 들어간다는 처소주어의 수용능력을 나타낸다. (13c)의 동사 fight는 '누가 어떤 싸움을 벌이다'란 의미로 주어인 행위자가 동족목적어인 어떤 싸움을 한다는 행위사건을 나타낸다. (13d)의 동사 write는 '누가 무엇을 쓰다'란 의미로 주어인 행위자가 행위를 해서 그 결과 목적어인 어떤 결과물(resultant, effected)이 만들어진다는 창조사건을 나타낸다. (13e)의 동사 have는 '누가 어떤 일을 벌이다'란 의미로 주어인 행위자가 목적어인 사건을 한다는 행위사건을 나타낸다. (13f)의 동사 nod는 '누가 머리 등을 끄덕이다'란 의미로 주어인 행위자가 목적어인 신체의 일부인 머리를 도구로 사용하여 행위를 한다는 행위사건을 나타낸다.

(14) 이중타동사 구문 (SVOO) 3항 술어

a. I sent her a gift. (행위자주어-수령자-대상목적어)

b. She gave the door a kick. (행위자주어-대상-사건목적어)

c. She knitted me a sweater. (행위자주어-수혜자-결과목적어)

(14)는 전통문법에서 주어와 간접목적어 및 직접목적어로 구성된 이중타동사 구문으로 분석하고 있는 경우이다. 논리적으로는 주어논항과 간접목적어논항, 직접목적어논항 세 개를 택하는 3항 술어에 해당된다. (14a)의 동사 send는 '누가 누구에게 무엇을 보내다'란 의미로 주어인 사역적인 행위자가 간접목적어인 수령자에게 직접목적어인 대상을 보내어 소유할 수 있도록 한다는 전형적인 사역소유사건을 나타낸다. (14b)의 동사 give는 '누가 누구에게 무엇을 주다'란 기본의미에서 '누가 무엇에게 어떤 일을 벌이다'란 의미로 확대되어 쓰인 경우로, 주어인 행위자가 간접목적어인 대상에게 직접목적어인 어떤 사건을 한다는 행위사건을 나타낸다. (14c)의 동사 knit는 '누가 누구에게 편물 등을 짜주다'란 의미로 주어인 사역적인 행위자가 간접목적어인 수혜자에게 뜨개질이란 행위를 해서 목적어인 그 결과물을 소유하게 한다는 사역소유사건을 나타낸다. 이처럼 이중타동사구문에서 주어논항은 행위자이고, 간접목적어논항은 수령자와 수혜자이나, (14b)처럼 대상논항도 가능하다. 또 직접목적어는 이동되는 개체인 대상이나, (14b)처럼 사건도 가능하고, (14c)처럼 결과도 가능하다.

(15) 복합타동사 1 (SVOC) 2항 술어(+ 1항 속성술어)

a. He declared her the winner. (행위자-피영향자-속성술어)

b. The sun turned it yellow. (원인자-피영향자-속성술어)
c. The revolver made him afraid. (도구-피영향자-속성술어)
d. I found it strange. (경험자-대상-속성술어)

(15)는 전통문법에서 주어와 목적어 및 목적격보어로 구성된 복합타동사 구문으로 분석하고 있는 경우이다. 논리적으로는 주어논항과 목적어인 어떤 내용을 택하는 2항 술어이다. 그러나 목적어 내용 속에 목적어를 주어로 하는 술어가 들어가 있는 복합사건구조에 해당된다. (15a)의 동사 declare는 '누가 어떤 내용을 선언하다'란 의미로 주어인 행위자가 목적어인 피영향자가 어떤 속성을 지니게 된다는 내용을 선언하는 선언(화행)사건을 나타낸다. (15b)의 동사 turn은 '무엇 때문에 무엇이 어떻게 변하다'란 의미로 주어인 햇빛과 같은 자연력이 원인이 되어서 목적어인 피영향자가 어떤 속성의 상태로 변화되었다는 사역적인 결과사건을 나타낸다. (15c)의 동사 make는 '누가 무엇을 만들다'란 기본의미에서 '무엇 때문에 누가 어떤 상태가 되다'란 의미로 확대된 경우로, 주어인 사람이 사용하는 도구인 회전식 연발 권총 때문에 목적어인 피영향자가 어떤 속성의 상태로 변화되었다는 사역적인 상태변화의 결과사건을 나타낸다. (15d)의 동사 find는 '누가 무엇이 어떠하다란 사실을 알게 되다'란 의미로 주어인 경험자가 목적어인 대상이 어떤 속성이 있다는 사실을 인지하는 상태를 나타낸다. 이처럼 복합타동사구문에서 주어논항은 행위자, 원인자, 도구, 경험자(experiencer) 등이 가능하고, 목적어도 피영향자와 대상이 가능하다. 목적격보어는 주로 명사나 형용사가 나와 목적어에 대한 술어역할을 한다.

(16) 복합타동사 2 (SVOA) 3항 술어
a. He placed it on the shelf. (행위자-대상-처소)
b. The storm drove the ship ashore. (원인자-대상-처소)
c. A car knocked him down. (도구-대상-처소)
d. I prefer them on toast. (경험자-대상-처소)

(16)은 전통문법에서 주어와 목적어 및 처소의 부사구로 구성된 타동사 구문으로 분석하고 있었으나, Chomsky(1965)의 변형문법이후 처소의 부사구가 첨가된 부가어가 아니라 반드시 의미적으로 필요한 보충어인 보어로 분석하게 되어 복합타동사 구문이 된 경우이다. 논리적으로는 주어논항과 목적어논항 및 목적격보어인 처소논항

세 개를 택하는 3항 술어에 해당된다. (16a)의 동사 place는 '누가 무엇을 어디에 갖다 놓다'란 의미로 주어인 행위자가 목적어인 대상을 어떤 위치의 처소에 놓아 이동시킨다는 사역이동결과사건을 나타낸다. (16b)의 동사 drive는 '누가 자동차 등을 운전하다/운전하여 어디로 가다'란 기본의미에서 '자현현상 때문에 무엇이 어디에 놓이게 되다'란 의미로 확대된 경우로, 주어인 폭풍과 같은 자연력 때문에 목적어인 대상이 어떤 위치인 처소로 이동된다는 사역이동결과사건을 나타낸다. (16c)의 동사 knock은 '누가 누구를 쳐서 타격을 입히다/타격을 입혀 어떤 상태로 만들다'란 기본의미에서 '무엇 때문에 누가 타격을 받아 어떻게 되다'란 의미로 확대된 경우이다. 주어인 자동차와 같은 사람이 사용하는 도구 때문에 표면적으로는 목적어인 대상이 어떤 위치로 이동된다는 사역이동결과사건을 나타낸다. 그러나 비유적으로 의미가 확대되어 그가 차에 치여 넘어졌다는 사역적인 상태변화의 결과사건을 의미한다. (16d)의 동사 prefer는 '누가 무엇을/누구를 더 좋아한다'란 타동사의 의미에서 '누가 무엇이 어디에 있는/어떤 상태에 있는 것을 더 좋아한다'란 복합타동사의 의미로 확대된 경우이다. 주어인 경험자가 목적어인 대상이 어떤 위치에 있는 상태를 선호한다는 정서적인 상태를 나타낸다. 이처럼 주어논항은 행위자, 원인자, 도구, 경험자 등이 가능하고, 목적어는 주로 위치에 있거나 이동하는 개체인 대상이며, 목적격보어는 대상이 위치에 있거나 이동하는 처소상태이다.

한편 영어는 하나의 동사가 타동사로도 자동사로도 쓰이는데, 타동사로 쓰일 때의 목적어가 자동사의 주어로 교체하여 쓰이는 경우가 많다. 이를 주어교체(subject alternation)라고 한다.

(17) a. The butcher cuts *the meat*./*The meat* cuts *easily*.
b. The butler polished *the silver*./*The silver* polished *itself*.
c. Janet broke *the cup*./*The cup* broke.
d. The sun radiates *heat*./*Heat* radiates from the sun.

(17a)는 타동사의 목적어 meat가 자동사의 주어로 쓰인 경우로 '어느 누구라도 이 고기를 자른다면 쉽게 자를 수 있다'는 고기라는 개체의 특성을 나타내는 중간동사 교체이다. (17b)는 중간동사교체와 비슷한 가상적 재귀 교체(virtual reflexive alternation)로 주어가 재귀목적어를 동반하여 쓰인다는 점에서 따로 분류하기도 한

다. (17c)는 사역적인 타동사의 목적어가 비사역적인 자동사의 주어로 교체되는 사역교체이다. (17d)는 타동사의 목적어인 방출된 물질이 자동사의 주어로 쓰이는 물질-출처 교체현상(substance-source alternation)이다. 이들 문장들은 구성성분구조는 달라도 어떤 의미적 상관관계를 갖고 있다.

다음은 전치사구의 처소논항이 주어로도 표현되는 주어교체현상이다.

(18) a. Bees are swarming *in the garden.* / *The Garden* is swarming with bees.
b. Clouds cleared *from the sky.* / *The sky* cleared (?of clouds).
c. An oak tree will grow *from that acorn.* / *That acorn* will grow into an oak tree.

(18a)의 동사 swarm은 '무엇이 어디에서 우글거리다'처럼 처소 논항이 전치사구로 표현이 될 수 있고, 또 '어디가 무엇으로 우글거리다'처럼 주어로도 표현될 수 있다. (18b)의 동사 clear는 '무엇이 어디에서 걷히다'처럼 처소 논항이 전치사구로 표현될 수 있고, '어디가 맑게 개다'처럼 주어로 표현될 수 있다. 단 (18a)의 swarm과 달리 이동하여 없어지는 대상이 생략되는 경우가 더 자연스럽다. (18c)의 동사 grow도 제품의 소재인 출처의 처소 논항이 전치사구로도 표현되지만. 주어로도 표현될 수 있다. 즉 자동사형태의 소재-제품 교체현상(material-product alternation)이다. 이처럼 주어가 교체되면서 문장구조가 달라지는데 문장 구조만을 분석하는 구성성분구조로만으로는 이들 문장 간의 의미적 관계를 설명하기 어렵다. 따라서 술어논리학을 근거로 하여 술어와 논항사이의 관계에서 논항의 의미역을 이용하여 문장의 의미를 해석하는 의미역 이론과 문장의 의미를 논리구조(logical structure)로 해석하는 사건구조 의미론을 소개하고자 한다. 또 이들 문장 간의 관계인 함의와 중의성, 동의성 및 의미차이 등을 살펴보고자 한다.

2. 의미역 중심의 문장의미론

2.1 Fillmore(1968)의 격문법과 의미역 계층

(1) 논항의 의미역과 격문법

논항(argument)들의 의미역을 이용하여 문장의 의미를 기술한 최초의 문법이론은 Fillmore(1968)의 격문법(case grammar)이다. Fillmore(1968)는 술어논리학의 기본개념을 응용하여, 절의 의미구조를 술어와 그 술어에 대한 논항으로 기술하고자 했다. 이때 논항과 술어와의 관계에서, 논항들의 의미역을 명사구의 의미격(deep case)으로 보고, 문장의 의미구조를 기술하는 가장 기본적인 개념으로 가정하여 격문법을 주장하였다.

(19) a. John opened the door with the key.
b. The key opened the door.
c. The door opened.

이들 문장들은 모두 동사 open과 그에 관련된 명사구로 구성되어 있다. John은 동사 open과 관련해서, 여는 행위를 하는 행위자(agent)이고, the door는 여는 행위의 대상(theme)이고, the key는 여는 행위를 할 때 쓰는 도구(instrument)이다. (19a)문장에서는 행위자가 주어로, 대상이 목적어로, 도구가 수단의 전치사구로 표현되었다. (19b)에서는 도구가 오히려 주어로 표현되었으며, (19c)에서는 대상이 주어로 표현되었다. 종래의 변형문법에서는 이들 문장들이 서로 관련성이 있음에도 불구하고, 별도의 심층구조를 설정하였으므로 이들 상호간의 관련을 설명하기 어려웠다.

Fillmore(1968)는 이들 명사구들의 의미역할을 문장의 의미구조를 기술하는 가장 기본적인 개념인 격으로 보고 다음처럼 분석하였다.

(20) a.

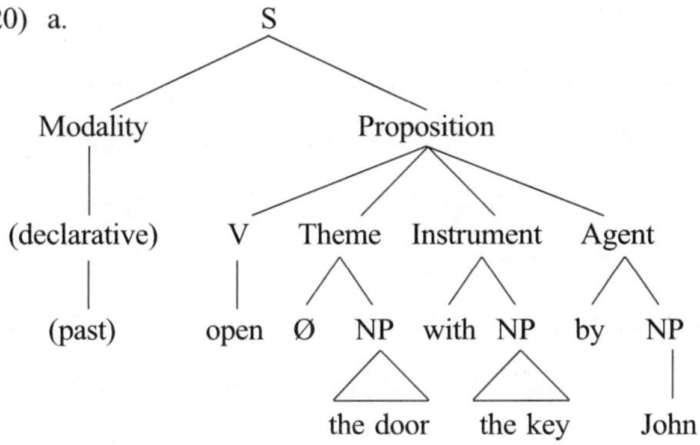

b.

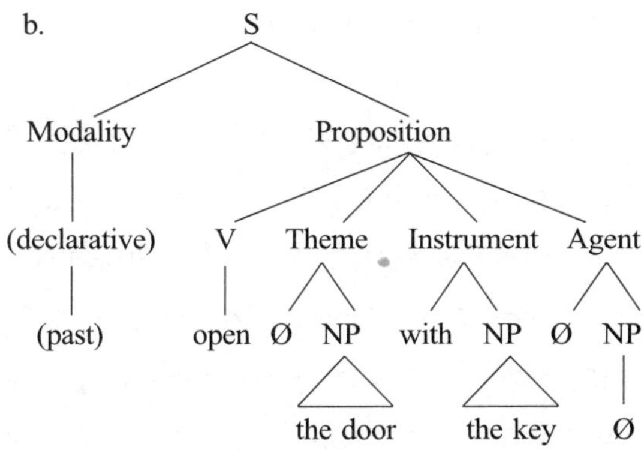

c.

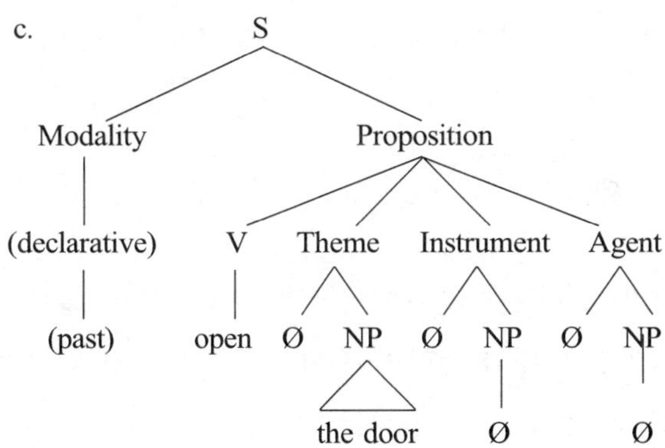

기저구조에서 문장은 법성(modality)과 명제(proposition)로 구성되는데, 법성은 평서문(declarative), 의문문(interrogative), 명령문(imperative), 부정문(negative)과 같은 문장형태와 시제(tense), 법(mood), 상(aspect) 등을 나타낸다. 명제는 동사와 그와 관

련된 명사구의 격관계로 표시되는데, 격에는 일반적으로 위에 든 행위자, 대상, 도구 외에도 경험자(experiencer), 처소(locative), 목표(goal) 등이 있다. 영어는 일반적으로 격표시가 전치사로 표현되는데, (20)에서 행위자는 by로, 도구는 with로 표시되었다. (20a)는 동사 open과 관련된 명사구가 모두 나타난 경우로, 주로 이동과 삭제의 변형 과정을 통해 (19a)의 표면구조로 생성된다. (20b)는 행위자가 안 나타난 경우로 (19b)로, (20c)는 행위자뿐만 아니라 도구까지 나타나지 않는 경우로 (19c)로 생성된다. 따라서 어휘목록(lexicon)에 open과 같은 동사는 다음과 같은 격틀(case frame)의 의미역 자질로 표시된다.

(21) open + [________Theme (Instrument) (Agent)]

즉 영어의 '열다'라는 의미의 동사 open은 항상 대상이라는 논항과는 같이 쓰여야 하며, 도구와 행위자는 선택적이라는 의미이다. 이와 같이 격문법은 문장의 의미를 동사와 그와 관련된 명사구의 의미역할에 의한 격표시로 분석한다. 따라서 위와 같은 문장 상호간의 관련성이나 무생물 주어 문장의 의미해석에 많은 도움을 주었다. 격문법은 문장의 의미를 술어와 논항과의 관계인 술어논리학으로 표시하데, 논항이 술어의 의미에 따라 어떤 의미역을 지니는지 해석해 주는 의미론이다. 그러나 어떤 격을 기본적인 의미격으로 할 것인가와 경우에 따라서 같은 명사구를 학자마다 다른 이름의 의미역으로 정의하는 등 의미격의 수와 타당성에 대한 문제점이 노출되었다.

(2) 의미역 계층 이론과 문제점

격문법에서는 의미구조인 술어-논항관계에서 논항의 의미역이 실제로 통사구조인 문장으로 표현될 때, 어떤 의미역 논항이 주어로 표현되는지 의미역 계층순위(thematic hierarchy)가 있다고 본다.

(22) a. *The door* opened.
b. *Dana* opened the door.
c. *The chisel* opened the door.
d. *Dana* opened the door with a chisel.

e. *The door* opened by Dana.

f. *The chisel* opened the door by Dana.

(22a)는 술어 open의 논항으로 대상인 the door만이 있는 경우로 대상이 주어로 실현된 경우이다. (22b)는 술어 open의 논항으로 대상과 행위자가 있는 경우로, 행위자가 대상에 앞서 주어로 실현된 경우이다. (22c)는 대상과 도구만이 있는 경우로 도구가 대상에 앞서 주어로 실현된 경우이다. (22d)는 대상, 도구, 행위자 모두 있는 경우로 행위자가, 도구나 대상에 앞서 주어로 실현된 경우이다. (22e)는 대상과 행위자만 있는 경우로 대상이 행위자에 앞서 주어로 실현될 수는 없다. (22f)는 대상, 도구, 행위자 모두 있는 경우로 도구가 행위자에 앞서 주어로 실현될 수 없다. 즉 대상도, 도구도, 행위자도 모두 다 주어로 실현될 수 있지만, 도구와 대상만 있을 때는 대상이 도구에 앞서 주어로 실현될 수는 없다. 또 도구와 행위자가 같이 있을 때는 도구가 행위자에 앞서 주어로 실현될 수는 없다. 따라서 Fillmore(1968:33)은 다음과 같은 의미역 순위를 가정한다.

(23) a. If there is an A [=Agent], it becomes the subject; otherwise, if there is an I [=Instrument], it becomes the subject; otherwise, the subject is the O [=Objective, i.e.Theme/Patient]

b. Agent 〉 Instrument 〉 Object(Theme)

행위자, 도구(자연력 포함), 대상 간의 순위를 갖고 위의 예문을 잘 설명할 수 있는 것처럼 보인다. 그러나 많은 문제점이 노출되었다.[42] 먼저 단순한 의미역 순위만을

42) 경험자, 수령자, 처소를 포함해서 다음과 같은 의미역 계층을 가정한다.

(i) Thematic Hierarchy

Agent 〉 Experiencer/Recipient 〉 Instrument 〉 Object(Theme) 〉 Source 〉 Goal 〉 Location 〉 Time ...

논항 중에 행위자가 있으면 그 행위자 논항이 주어가 되고, 행위자가 없고 경험자(수령자)가 있으면 그 경험자(수령자) 논항이 주어가 되고, 다음 도구격이 있으면 도구격 논항이 주어가 되고, 이것도 없고 대상이 있으면 그 대상 논항이 주어가 되고, 근원, 목표, 처소, 시간 등이 있으면 이 의미격의 논항이 주어가 되는 식으로 가정하고 있다. 그러나 학자마다 기본적인 의미역이 조금씩 다르고, 다음과 같이 의미역 계층도 다르다는 문제점이 있다.

(ii) a. Jackendoff(1972): Agent 〉 Loc/Source 〉 Theme

b. Larson(1988): Agent 〉 Theme 〉 Goal 〉 Oblique

c. Kiparsky(1993): Agent / Cause 〉 Experiencer/Recipient 〉 Instrument 〉 Theme 〉 Loc 〉 Verb

d. Grimshaw(1990): (Agent(Experiencer(Goal/Source/Location(Theme))))

정해 놓았지, 왜 이런 식으로 주어가 교체되는지 설명이 별로 없다. 또 의미역 순위에 어긋나는 반례들이 많이 지적되었다.

(24) a. *Bees* are swarming in the garden. / *The Garden* is swarming with bees.
b. *We* sleep *five people* in each room. / *Each room* sleeps five people.

위 예문에서 행위자인 bees, five people과 처소인 garden, room 사이의 의미역 순위는 어떻게 되어 통사구조인 문장으로 표현되는지 전혀 설명이 없다.

다음과 같이 동일한 동사는 아니지만, 비슷한 의미의 문장에서 어느 논항이 주어로 표현되는지 의미역 계층(순위)이론으로 설명하기 어렵다.

(25) a. *Mary* owns many books. / *This book* belongs to Mary.
b. *I* must have missed the meaning of what he said. / *The meaning of what he says* escapes / eludes me.
c. *Four people* were occupying / inhabiting the room. / *This table* seats/ accommodates four.
d. *Oak trees* plague / grace / the hillsides./*The hillsides* boast / spot oak trees.

(25a)의 동사 own은 소유자가 주어로 표현되고, 소유물이 목적어로 표현되는 데 비하여, belong to는 소유물이 주어로 표현되고, 소유자는 전치사의 목적어로 표현되고 있다. 또 (25b)의 동사 miss와 escape/elude도 의미역이 통사적으로 정반대로 표현되고 있다. (25c)의 동사 occupy, inhabit는 대상이 주어로, 처소가 목적어로 표현되었는데, 동사 seat, accommodate는 처소가 주어로 대상이 목적어로 표현되고 있다. (25d)의 동사 plague, grace와 동사 boast, spot도 마찬가지로 의미역이 통사적으로 정반대로 표현되고 있다. 이와 같이 주어교체에 의한 비슷한 의미의 문장을 의미역 계층이론으로는 설명하기 어렵다.

또 다음처럼 화자의 관점과 같은 화용적인 요인에 의해, 통사적으로 표현되는 것이 달라지는 경우에도 의미역 계층이론으로는 설명하기 어렵다.

(26) a. Zeta *precedes* eta in the Greek alphabet.
b. Eta *follows* zeta in the Greek alphabet.

(27) a. His house *was next to* ours.
b. His house *boarders* Jamestown.

(26)의 동사 precede와 follow는 의미역 순위와는 상관없이 두 대응관계에 있는 논항중 화용적인 화자의 관점에 따라 주어 논항이 선택되는 경우이다. (27)의 술어동사 be next to와 board도 논항의 의미역 계층과는 상관없이 두 대응관계에 있는 논항 중 의미적으로 화제에 해당되는 논항이 주어로 선택되는 경우이다. 즉 의미역 계층과는 상관없이 무엇을 화제로 하여 기술하느냐에 따라 통사적으로 주어가 달라지는 주어 교체 현상이다.

2.2. 인지문법의 분석

(1) 인지문법의 개관

Langacker(1995:17-21)는 문장의 의미를 상태이든 사건이든 그 과정(process)을 윤곽적인 모습(profile)으로 드러내는 것으로 보고 있다. 이때 전형적인 사건모형(canonical event model)에는 시간적 공간적 배경(setting)이 있고, 그 사건에 참여하는 참여자(participant)가 있다. 또 참여자가 단지 배경에 위치해 정적인 상태를 나타내기도 하지만, 참여자들 사이에 상호작용이 일어나는 사건을 나타내며, 이 상호작용은 에너지가 어떤 참여자에서부터 시작하여 다른 참여자에게 전달되는 행동연쇄(action chain)로 나타난다.

(28) In his kitchen, Phil sliced the bread with a sharp knife.

위 예문에서, 전치사구 In his kitchen은 사건이 일어나는 공간적 배경을 나타내고, 주어 Phil은 사건의 참여자로 행위자가 되며, 목적어 the bread는 사건의 참여자로 피영향자가 된다. 전치사의 목적어 a sharp knife은 사건의 참여자로 도구가 된다. 이에 대한 사건모형의 도식이 다음 (29)이다.

(29)

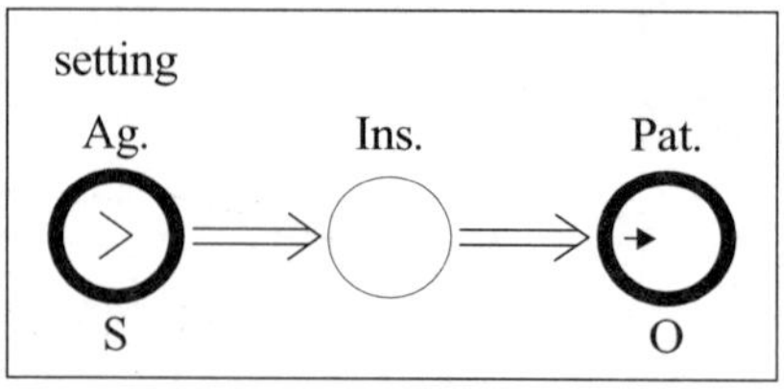

인지문법에서 사용하는 도식에는 무대 모형과 당구공 모형을 사용한다. 무대 모형은 사각형으로 표시하여 일종의 배경을 나타내며, 당구공 모형은 이 무대에서 참여자들의 상호작용을 나타낸다. 참여자들의 상호작용은 당구공의 움직임으로 표시하는데, 외부의 힘이 원인이 되어 움직이기도 하고, 내부의 힘이 원인이 되기도 한다. 이것을 에너지원(energy source)으로 보고, 이러한 에너지의 흐름을 두 줄의 화살표로 표시한다. 위 도식 (29)는 전형적인 사건모형에 대한 도식으로 에너지의 흐름이 행위자에서부터 시작되어 도구로 가고, 다시 피영향자로 가는 행동연쇄의 형태를 취하고 있다. 이때 행위자내의 쐐기모양은 의도성(volitionality)을, 피영향자내의 화살표는 상태의 변화를 의미한다. 즉 부엌이라는 공간적 배경에서, 행위자인 Phil은 의도성을 지닌 에너지원으로써 에너지가 도구인 칼로 전달되고, 다시 그 에너지가 피영향자인 빵으로 전달되어, 빵이 얇게 베어진다는 상태변화가 일어난다. 이때 행위자는 에너지 흐름의 머리(head)인 주어로 나타나고, 피영향자는 꼬리(tail)인 목적어로 나타난다. 반면에 도구는 전치사구로 표현된다. 따라서 주어와 목적어는 윤곽적으로 돌출된(focal) 모습의 참여자로 굵은 선의 당구공으로 표현되나, 도구는 비돌출된(non focal) 참여자로 가는 실선의 당구공으로 표현된다. 전치사구로 표현된 공간적 배경도 비돌출적이므로 가는 실선의 사각형으로 표현된다.

한편 다음과 같은 행위자, 도구, 피영향자 주어교체현상을 보자.

(30) a. *Phil* sliced the bread with a sharp knife.
b. *A sharp knife* easily sliced the bread.
c. *The bread* easily sliced.

(30a)처럼 사건의 참여자인 행위자, 피영향자, 도구가 다 표현이 된 경우는 에너지흐름의 전 과정을 다 윤곽적인 모습으로 표현한 경우로 도식 (29)에 해당된다. (30b)의 도구주어구문은 도구에서 시작되어 피영향자로 가는 일부분만 윤곽적인 모습으로 표현

한 경우로, 다음 도식 (31a)에 해당한다. 반면 (30c)의 피영향자 주어구문은 피영향자의 상태변화만 윤곽적인 모습으로 표현한 경우로 다음 도식 (31b)에 해당한다.

(31) a.

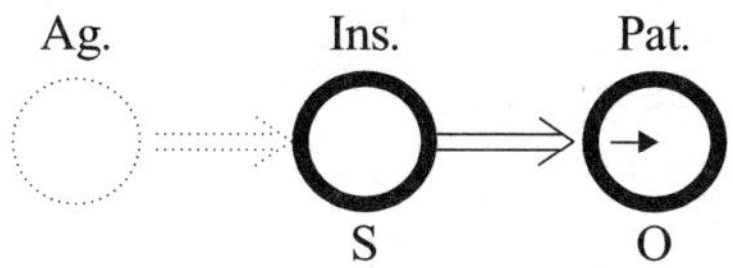

b.

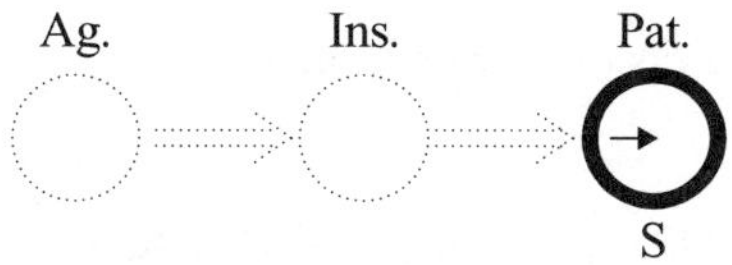

(29)와 달리 (31a)는 도구와 피영향자간의 상호작용에 대한 행동연쇄로, 도구는 행동연쇄의 머리(head)인 주어로 나타나고, 피영향자는 꼬리(tail)인 목적어로 나타나 윤곽적으로 돌출된(focal) 모습의 참여자이다. 따라서 굵은 선의 당구공으로 표시된다. 이때 행위자는 명시되어 있지는 않지만, 누군가가 빵을 자를 때의 상황을 가정할 수 있으므로, 암시되어 있다고 본다. 따라서 이를 구별하여 윤곽이 부여되지 않은 가는 점선의 당구공으로 표시하며, 그 에너지 흐름도 점선으로 표시한다. 한편 (31b)는 피영향자의 상태변화에 관한 행동연쇄로, 피영향자는 이 행동연쇄의 머리인 주어로 돌출된 모습의 참여자이므로 윤곽적으로 돌출된 굵은 선의 당구공으로 표시한다. 이때 행위자뿐만 아니라 도구도 명시되어 있지 않고, 암시되어 있을 뿐이다. 따라서 윤곽이 부여되지 않은 가는 점선의 당구공으로 표시하며, 그 에너지 흐름도 점선으로 표시한다. 이처럼 인지문법에서는 절의 의미를 사건이나 과정에 참여하는 참여자들과 배경과의 관계에서 무대모형과 당구공모형을 사용하여 사건모형으로 표현하는데, 주어와 목적어와 같은 문법관계는 의미역 계층관계에서가 아니라 사건모형에서의 사건이나 과정에 대한 윤곽부여의 현저성에 의해 결정된다. 주어는 제일의 초점을 받아 윤곽적으로 돌출된 모습의 참여자이며, 에너지 흐름의 행동연쇄 형태에서 보면 시작인 머리에 해당한다. 즉 주어는 움직이는 개체인 탄도체(trajector)와 같은 것으로 보고 있다. 한편 목적어는 제이의 초점을 받아 윤곽적으로 돌출된 모습의 참여자이며, 에너지 흐름의 행동연쇄 형태에서 보면 끝인 꼬리에 해당한다. 따라서 주어인 탄도체가 이동하여 도달하는 지표(landmark)와 같은 것으로 본다. 에너지원인 탄도체

로서의 주어는 행위자나 도구 외에도, 다음 예문 (32)와 같이 외적인 자연의 힘과 같은 원인자가 되기 쉽다. 반면에 에너지가 도달하는 지표로서의 목적어는 피영향자 외에도, (33)과 같이 이동되는 대상과 경험자가 되기 쉽다.

(32) a. *An earthquake* destroyed the village.
b. *A meteor* made that crater.

(33) a. They were pushing *a heavily-laden wagon* up the hill.
b. Zack's hard work pleased *his teachers* enormously.

(32a)는 '지진으로 마을이 파괴되었다.'이고, (32b)는 '유성이 떨어져 분화구가 만들어졌다.'로 지진이나 유성 등과 같은 자연력이 사건을 일으키는 에너지원으로서의 시작점인 탄도체 역활을 하고 있다. (33a)는 '그들이 무거운 짐을 실은 마차를 언덕위로 밀어 올리고 있다.'로 목적어인 마차는 이동하는 대상으로 행위자에서 나온 힘이 도달하는 지표이다. (33b)는 'Zack이 열심히 공부해서 선생님을 몹시 기쁘게 했다.'로 목적어인 선생님은 감정을 경험하는 경험자로 감정의 영향을 받는 도착점으로서의 지표가 된다.

한편 주어와 목적어는 둘 다 윤곽적으로 돌출된 모습의 참여자이지만 에너지의 흐름면에서 보면 시작과 도착점이라는 비대칭적인 관계에 있다. 또 물리적인 에너지 흐름이 없는 다음과 같은 상태의 경우에도 주어는 객관적이던 주관적이던 현저하게 두드러진 적극적인 참여자이나, 목적어는 비적극적인 참여자이다.

(34) a. *I* remember my childhood very well.
b. *Sharon's apartment* faces the country yard.

(35) a. *Line A* intersects line B.
b. *The railroad tracks* parallel the highway.

(34a)의 '나는 어린 시절을 잘 기억한다.'에서 객관적으로 보아 기억을 하는 경험자 주어가 단순히 기억의 대상인 목적어보다는 더 적극적으로 두드러진 참여자이다. (34b)의 'Sharon의 아파트는 시골마당을 향하고 있다.'에서도 에너지의 흐름이 없는 두 대상 사이의 상태관계이지만 주관적인 면에서 주어인 샤론의 아파트를 목적어

인 시골마당보다 더 적극적으로 두드러진 참여자로 본 경우이다. 특히 (35)는 대칭관계에 있어 주어와 목적어의 위치를 서로 바꿀 수도 있지만 그 의미는 사뭇 달라진다. 즉 물리적인 에너지의 흐름은 아니지만 심리적인 에너지의 흐름이 탄도체인 주어에서 지표인 목적어로 흘러가는 것으로 본다. 이처럼 행동연쇄의 탄도체로서의 주어와 지표로서의 목적어는 똑같이 윤곽적으로 돌출된 모습의 참여자이므로 당구공 모형에서 굵은 선의 당구공으로 표시하게 되지만, 물리적이던 심리적이던, 에너지 흐름이 주어인 탄도체에서 시작하여 목적어인 지표로 이어지기 때문에 주어와 목적어는 비대칭관계에 있다.

(2) 유사구문의 의미차이

인지문법에서는 사건을 묘사하는 화자가 어디에 더 윤곽을 부여하느냐에 따라 주어와 목적어가 결정된다. 의미적으로 유사한 구문에서도 어떤 참여자 논항이 주어와 목적어로 표현되느냐에 따라 상당한 의미차이가 있는 것으로 본다. 예를 들어 intersect와 같이 대칭관계에 있는 문장에서의 주어와 목적어의 선택이 그러하듯이 수동문과 능동문에서 주어의 선택도 마찬가지이다. 좀 더 구체적으로 다음의 처소격 주어 구문의 경우를 보자.

(36) a. *Bees* are swarming in the garden.
b. *The garden* is swarming with bees.

(36a)의 주어 bees는 대상의 의미역을 지닌 참여자 논항이고, 배경인 in the garden은 주어인 참여자 논항이 활동하는 처소이다. (36b)에서는 이 처소격 논항이 주어가 되고, 대상 논항인 bees는 전치사 with와 같이 쓰였다. 위 두 문장은 기본적인 의미는 비슷하지만 윤곽적으로 부각되는 현저성에 있어 상당히 다르다. 이를 도식적으로 표현하면 다음과 같다.

(37) a. 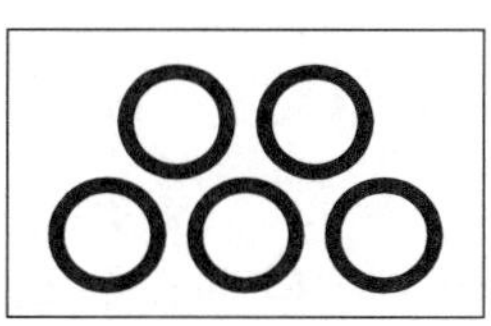 b. 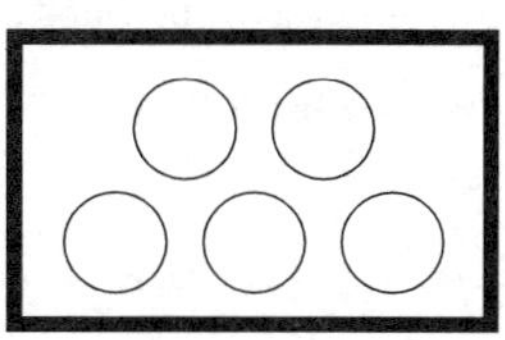

(37a)는 사건의 참여자인 벌이 주어로 표현되어 그 만큼 윤곽적으로 부각된 경우로 전체적으로 벌에 대한이야기이고, (37b)는 사건의 배경인 처소가 주어로 표현되어 그 만큼 윤곽적으로 부각된 경우로 정원에 관한 이야기이다.

다음은 추상적 배경이라고 본 there주어 구문에 대해 살펴보자.

(38) a. Across the street is a grocery.
b. Across the street *there* is a grocery.

이기동(1992:287)은 there가 쓰이지 않은 (38a)는 길 건너에 있는 식료품 가계를 실제로 눈앞에서 보면서 제시할 때 쓰는 문장구조라면, there가 쓰인 (38b)는 길 건너에 있는 식료품 가게에 대해 청자의 의식속에 제시하거나 도입하는 구문이라고 설명한다. 따라서 다음과 같이 문맥에 따라 쓰이는 것이 다르다.

(39) a. *As I recall, across the street is a grocery store.
b. As I recall, across the street *there's* a grocery store.

(40) a. As you can see, across the street is a grocery store.
b. *I can see that across the street is a grocery store.
c. I can see that across the street *there's* a grocery store.

(39)에서 'as I recall'은 마음속에 있는 것을 상기하는 것이므로, there가 있는 (39b)가 적합한 문장이다. (40)에서 'as you can see'는 실제 보면서 하는 말이므로 there가 없는 (40a)가 더 적합하다. 단 'I can see that'은 심리적인 지각을 나타내므로 there가 있는 (40c)가 더 적합한 경우가 된다. 이와 같이 there-제시 구문은 청자가 의식하고 있지 않다고 생각되는 개체를 화자가 청자의 의식 속에 도입할 때 쓰는 구문이다.

다음은 주어 인상에 따른 주어교체이다.

(41) a. *It* seems *that John is happy*.
b. *John* seems to be happy.
c. *John* seems *happy*.

(41a)는 it-that의 가주어구문으로 단지 일반적인 사고의 내용을 표현한 것인데 반

하여, 주어 인상된 (41b)는 일종의 주제화 현상으로, 어떤 구체적 주제(이경우 John)에 대한 진술이므로 뜻의 뉘앙스가 달라진다. 특히 (41c)는 (41b)보다도 더 구체적 주제에 대한 주관적인 견해를 나타낸다.[43)]

Langacker(1995)는 이러한 인상구문의 의미차이를 주어의 의미 및 기능과 밀접한 관계가 있다고 본다. 인지문법에서는 문장의 의미를 행동 및 사건이거나 상태관계인 어떤 과정을 윤곽적으로 드러내어 묘사하는 것으로 본다. 따라서 다음 문장의 의미 차이는 주어의 선택에 있다.

(42) a. *That John will leave* is likely.
b. *John* is likely to leave.

(42a)는 'John이 떠날거다.'라는 과정(process)이 주어인 탄도체로 선택된 경우라면, (42b)는 그 과정에 참여한 개체인 John을 주어인 탄도체로 선택한 경우이다. 이를 도식적으로 표현하면 다음과 같다.

(43) a. LIKELY 1 b. LIKELY 2

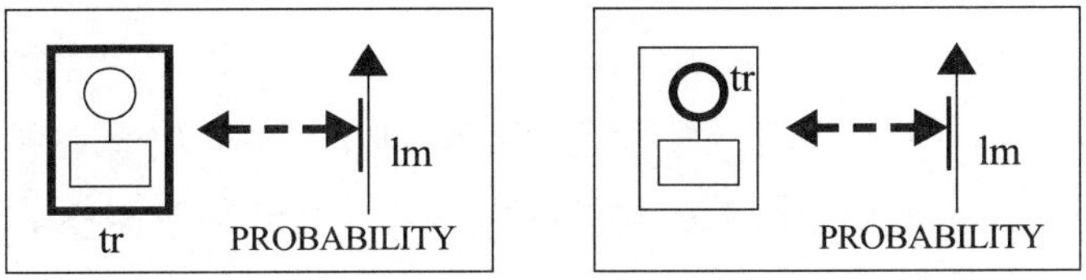

43) (41c)와 같이 to be가 생략되고 직접 형용사구나 명사구가 나오는 경우 주관적인 평가를 내포한다.
(i) a. He seems to be a doctor.
b. He seems a *good* doctor.
(ia)는 개관적인 진술이므로 to be를 생략할 수 없지만, (ib)는 주관적인 평가인 good이 들어가 있으므로 to be의 생략이 가능하다. Langacker(1991)는 이러한 의미 차이를 that-절과 to-부정사의 의미와도 연관이 있다고 본다. (41a)와 같이 사고의 내용이 that-절로 표현된 경우는 그 내용이 객관적이고 공적인 경우로 화자가 간접적으로 듣거나 알아내서 표현한 경우라면, (41b)는 화자 자신이 직접 그 사람을 보고 내린 진술의 경우이고, (41c)는 이보다 더 직접적으로 경험을 통하여 주관적으로 평가를 내린 경우가 된다. 즉 (41a)의 의미의 간접성은 부분적으로는 보문소 that에 의해 전달되는 개념적 거리(conceptual distance)일 수도 있지만, 보다 중요한 것은 that-절의 의미이다. that-절은 시제를 포함하고 있는 정형절로 주절과는 별도로 시간적 공간적 개념을 지니고 있다. 따라서 그 내용을 사고하는 데는 상당히 시간적 간격이 있고, 또 객관적일 수밖에 없으며 동시에 간접적이다. 반면 (41b)는 보다 직접적이기는 하지만, 동사 be의 의미에 따라 경험과 사고 사이에 약간의 간격이 있을 수 있으며, 또 보문소 to-에는 시간적인 일치의 개념은 없음이 이를 밑받침 한다. 그러나 (41c)에는 이런 간접적 요소가 없기 때문에 심리적으로 직접 사고한 경험을 주관적으로 평가하고 있음을 시사한다.

(43a)는 (42a)에 대한 도식으로, 과정자체가 제일의 촛점을 받아 윤곽적으로 돌출된 탄도체로 현저하게 부각되어 굵은 실선으로 하나의 과정인 사각형으로 표현하였다. (43b)는 (42b)에 대한 도식으로, 그 과정에 참여한 개체인 John이 탄도체로 윤곽적으로 현저하게 부각되어 굵은 실선의 참여자인 당구공으로 표현된 경우이다. 이때 술어는 가능성(probability)을 나타내는데, 그 가능성의 척도(scale)를 지표로 표현한 것이다. 따라서 (43a)가 그 가능성의 정도를 객관적인 진술인 과정에 두고 있다면, (43b)는 그 가능성의 정도를 과정에 참여한 개체인 인물 John에 두고 있는 것이다. 즉 보문의 주어인 John을 윤곽적으로 현저하게 부각시켜 주절의 주어로 표현함으로써, 개체인 인물 John의 의지가 과정이 일어날 가능성의 정도에 결정적인 역할을 하고 있음을 보여주는 것이다. 따라서 예문 (42a, b)의 의미차이를 잘 설명할 수 있다. 이때 과정에 참여한 개체가 초점적으로 부각되어 주어로 선택될 수 있는 이유를 일종의 환유법으로 다음처럼 활성영역(active zone)과 윤곽(profile)이란 개념으로 설명하고 있다.

(44) a. *The wombat* bit the skunk on the tail *with its sharp teeth.*
b. *Jane* blinked *her big blue eyes.*

(44a)에서 움벳이 이빨로 스컹크를 물은 경우이지만, 부분인 이빨보다는 더 인지적으로 더 큰 전체인 움벳을 모습으로 부각시켜 주어로 표현한 환유법이 적용된 경우이다. 이때 활성영역은 당연히 이빨이므로 묵시적으로 표현하지 않을 수도 있지만, 날카로운 이라는 것을 나타내기 위해 전치사구 with its sharp teeth로 표현하고 있다. (44b)에서도 전체와 부분이라는 환유법을 적용하여 부분인 눈보다는 전체인 사람 Jane을 모습으로 부각시켜 주어로 표현한 경우이다. 이때도 깜박였다면 활성영역은 당연히 눈이므로 보통은 생략하지만 크고 푸른 눈이라는 것을 명시적으로 나타내기 위해 목적어 her big blue eyes로 표현한 경우이다. 이와 같은 설명을 그대로 (42b)와 같은 인상 구문에 적용할 수 있다. 실제로 가능성 높은 것은 John이 아니라 그가 떠난다는 사실이지만 더 구체적이고 생기 있는 John이란 인물을 모습으로 부각시켜 강조 시켰으며, 실제 활성영역은 생략되지 않고 부정사구로 표현된 경우이다. 따라서 보문의 사실적 내용보다 주어 인상된 (42b)는 그 가능성이 객관적인 사실에 근거를 둔 것이라기보다는 인물에 대한 주관적인 가능성임을 시사한다.

한편 다음은 소유자의 속성과 소유자에 의한 주어교체이다.

(45) a. *The clown's antics* amused the children.
b. *The clown* amused the children with his antics.

(45a)는 소유자의 속성이 주어로 표현된 구문이고, (45b)는 소유자가 주어로 표현된 구문이다. 즉 주어교체가 일어난 경우이다. 이 경우 실제 어린애를 즐겁게 한 것은 광대의 익살이다. 광대의 익살대신 광대를 대신 주어로 내세워 광대가 어린애를 즐겁게 했다고 할 수 있다. 이것이 가능 이유는 주어 인상과 같이 일종의 환유법으로 추상적인 광대의 익살대신 조금 더 구체인 사람인 광대를 직접 주어로 부각시켜 모습으로 표현하였기 때문이다. (45a)는 객관적인 광대의 익살에 대한 평가라면, (45b)는 조금 주관적인 광대라는 사람에 대한 평가라고 할 수 있다.

다음은 여격 구문과 이중목적어 구문을 비교해 보자.

(46) a. She threw *a ball* to Bill.
b. She threw *Bill* a ball.

(46a)는 공을 Bill에게 던졌을 뿐이지, Bill이 그것을 받었는지에 대해서는 중립적이다. (46b)는 공을 받었다는 의미가 전제되어 있다. 따라서 다음 (47a)는 자연스러운 문장이나, (47b)는 불가능하다.

(47) a. She threw *a ball* to Bill, but it never reached him.
b. *She threw *Bill* a ball, but it never reached him.

또 이중목적어 구문에서는 동작이 완료되어서 간접목적어인 수령자가 직접목적어인 대상을 소유하는 관계가 성립한다. 따라서 다음 (48b)처럼 대상을 소유할 수 없는 남극과 같은 지역일 경우에는 이중목적어 구문으로 쓰이지 않고, 그 방향성만 나타내는 여격 구문으로만 쓰인다.

(48) a. I sent *Harvey* the walrus. / I sent the walrus *to Harvey*.
b. *I sent *Antarctica* the walrus. / I sent the walrus *to Antarctica*.

이처럼 인지문법에서는 목적어의 의미를 주어 다음으로 윤곽적으로 현저하게 두드러진 참여자로 보고 있기 때문에, 수령자가 전치사구로 표현되지 않고 목적어로 표현된 경우는 그 만큼 윤곽적으로 현저하게 부각되어 동작이 완료되어, 그 대상을 소유하는 관계에까지 이른 것으로 본다.

3. 논리구조 중심의 문장의미론

3.1 Van Vallin and LaPolla(1997)의 논리구조

Van Vallin and LaPolla(1997)에서는 문장의 의미를 논리기호를 사용하여 논리구조(logical structure)로 나타낸다. 이때 논항의 의미역을 문장의 의미를 분석하는 기본적인 개념으로 보지 않고, 논리구조를 통해 추론해 낼 수 있는 이차적인 개념으로 본다.

(1) 동사분류와 의미자질

Dowty(1979)는 Vendler(1967)에서 제시된 네 가지 종류의 술어를 받아들여, 영어 술어동사를 다음과 같이 상태술어(states), 행위술어(activities), 완수술어(achievements), 달성술어(accomplishments)로 분류하였다.[44)]

(49)	States	Activities	Achievements	Accomplishments
	know	run	pop	melt
	believe	walk	explode	freeze
	have	swim	die	make a chair

44) achievements는 순간적으로 성취되거나 성취된 시점의 상태사건을 나타내고, accomplishments는 지속적으로 또는 점진적으로 성취되는 상태변화의 과정을 나타낸다. 그러나 한국어의 완수나 달성은 이런 상적인 차이를 나타내지 않으므로 책이나 학자에 따라 achievements를 달성술어, accomplishments를 완수술어 또는 완성술어로 번역하기도 한다. 본 책에서는 편의상 순간적으로 완수된 결과의 성취상태를 완수, 점진적으로 성취해 가는 과정을 달성으로 정의하여 이 용어를 쓰고자 한다.

desire	eat	shatter	draw a circle
love	drive a car	recognize	recover from illness

Van Vallin and LaPolla(1997:(3.10-12))는 이와 같은 Dowty(1979)의 동사분류체계를 근거로 하여, 다음과 같이 의미자질로 구별하고 있다.

(50) a. State: [+state], [-punctual], [-telic]
b. Activity: [-state], [-punctual], [-telic]
c. Achievement: [-state], [+punctual], [+telic]
d. Accomplishment: [-state], [-punctual], [+telic]

이들 동사의 분류는 [±state], [±punctual], [±telic]의 세 가지 자질로 구별하여 나타낸다. 즉 상태동사는 비역동적(non-dynamic)인 상태이므로 [+state]이며, 지속되는 상태를 나타내므로 비순간적인 [-punctual]이다. 또 상태가 지속되므로 끝나는 시점이 없는 비완료적인 [-telic]이다. 행위동사는 역동적이므로 [-state]이나, 일순간에 일어나는 동작이 아니고 어느 정도 지속되는 행위를 나타내므로 비순간적인 [-punctual]이다. 또 행위의 결과를 나타내는 것이 아니므로 비완료적인 [-telic]이다. 따라서 상태동사와는 [±state]로 구별된다. 반면에 완수동사는 역동적인 사건이므로 [-state]이며, 순간적으로 일어난 사건이므로 [+punctual]이다. 또 완료된 결과상태를 나타내므로 완료적인 [+telic]이다. 따라서 행위동사와는 [-state]라는 점만 같다. 한편 달성동사는 점진적으로 지속되는 과정이므로 [-state]이며, 비순간적인 [-punctual]이다. 또 지속적인 행위의 결과로 성취한 결과상태를 나타내므로 완료적인 [+telic]이다. 따라서 완수동사와는 [±punctual]로 구별된다.[45]

이와 같은 분류는 다음과 같은 통사적 방법에 의해 검증된다.

(51) a. *John is liking Mary. / *He is recognizing her./He is walking.
b. John drove a car vigorously. / *He recovered from illness vigorously. / *He made a chair vigorously.
c. John drove a car quickly. / He made a chair quickly. / *He recovered from illness quickly.
d. He walked in the park *for ten minutes*. / He painted a picture *in an hour*.

45) 이들 동사를 일의 상태(states of affairs)로 보면, 상태동사는 상황(situation)을 나타내고, 행위동사는 행동(action)을 나타내고, 완수동사는 사건(event)을 나타내고, 달성동사는 과정(process)을 나타낸다.

첫 번째 (51a)처럼 그 자체가 지속적인 상태([+state])를 나타내는 상태동사 like와 순간적([+punctual])으로 성취된 결과의 상태를 나타내는 완수동사 recognize는 진행형으로 쓰이지 못한다. 반면 역동적([-state])이며, 비순간적([-punctual])인 행위동사 walk는 (점진적인 과정을 나타내는 달성동사 포함) 진행형으로 쓰일 수 있다. 두 번째 vigorously, dynamically, actively 등과 같은 행위방법을 나타내는 부사는 (51b)처럼 역동적([-state])이면서 비완료적([-telic])으로 지속적([-punctual])인 행위를 나타내는 행위동사 drive와만 같이 쓰인다. 반면 역동적이지만 완료적([+telic])인 결과상태를 나타내는 완수동사 recover나 달성동사 make와는 같이 쓰이지 못한다. 세 번째 quickly, rapidly, slowly 등과 같은 과정상의 속도를 나타내는 속도부사(pace adverb)는 (51c)처럼 지속적([-punctual])이며 역동적([-state])인 행위를 나타내는 행위동사 drive와 과정을 나타내는 달성동사 make와 같이 쓰인다. 반면 역동적이지만 순간적으로 성취된 결과상태를 나타내는 완수동사 recover와는 같이 쓰이지 않는다.[46] 네 번째 (51d)처럼 for an hour와 같은 지속되는 기간을 나타내는 시간 부사구는 끝나는 시점이 없어 비완료적이면서 지속적인 행위를 나타내는 행위동사와 상태를 나타내는 상태동사만 가능하다. 반면 in an hour와 같은 완료되는 기간을 나타내는 시간 부사구는 지속적이면서, 완료적인 과정을 나타내는 달성동사 paint만 가능하다.[47]

한편 행위동사는 다음과 같이 달성동사로도 쓰일 수 있다.

(52) a. He walked in the park *for ten minutes*.
b. He ate spaghetti *for ten minutes*.

(53) a. He walked <u>to the park</u> *in ten minutes*.
b. He ate <u>a plate of spaghetti</u> *in ten minutes*.

---

46) 단 instantly와 같이 매우 짧은 시간을 나타내는 속도부사는 어느 정도 완수동사와 같이 쓰일 수 있다.

47) 단 상태술어중 내적인 속성을 나타내는 be tall, be red 등은 for-와 같이 쓰일 수 없다.

(i) *Sandy was tall/thin/short/fat for an hour.

한편 완수동사는 순간적으로 일어난 결과의 상태사건을 나타내므로 in an instant, in the blink of an eye와 같은 표현과는 같이 쓰일 수 있다. 그러나 다음과 같은 경우 완수동사와 행위동사가 in- 과 같이 쓰일 수 있는 것 같이 보이나, 과정의 지속시간이 아니라, 그 사건이 일어나기 위해 기다려야 하는 예비시간을 의미한다.

(ii) a. The bomb will explode *in an hour*.
b. Mary will sing *in ten minutes*.

(52a)에 쓰인 행위동사 walk는 장소의 부가어 in the park가 아니라, (53a)처럼 목적지 to the park와 같이 쓰이면 이동하여 목적지에 도착하는 과정을 나타내는 달성동사가 된다. 또 (52b)에 쓰인 행위동사 eat도 목적어가 비한정 물질명사 spaghetti가 아니라, (53b)처럼 한정된 양을 나타내는 a plate of spaghetti가 되면 한정된 양의 음식을 다 먹었다는 달성동사가 된다. Van Vallin and LaPolla(1997: 4.2-3)는 이를 특별히 행위-달성동사(active accomplishments)로 분류하여 구별한다.

또 이런 동사분류에 따른 기본적인 동사들은 다음 (54)와 같이 이에 상응하는 사역적인 동사들이 있다.

(54) a. The boy is afraid. ↔ The dog *frightens / scares* the boy.
b. The ball bounced around the room. ↔ The girl *bounced* the ball around the room.
c. The ballon popped. ↔ The cat *popped* the ballon.
d. The ice melted. ↔ The hot water *melted* the ice.
e. The sergeant marched to the barracks. ↔ The sergeant *marched* the troops to the barracks.

따라서 영어동사 분류는 위와 같이 상태동사, 행위동사, 완수동사, 달성동사, 행위-달성동사의 기본 5종류와 그에 대응하는 사역-상태동사, 사역-행위동사, 사역-완수동사, 사역-달성동사, 사역-행위-달성동사의 사역동사 5종류로 총 10종류로 대별된다.

(2) 동사의 어휘표시와 논리구조

Van Vallin and LaPolla(1997)는 이와 같은 술어동사의 의미구조를 다음과 같은 논리구조로 나타낸다.

(55) a. State : predicate'(x) or (x, y)
b. Activity : DO (x, [predicate'(x) or (x, y)])
c. Achievement : INGR predicate'(x) or (x, y)
d. Accomplishment : BECOME predicate'(x) or (x, y)

(56) a. Leon is sick. sick' (Leon)
John saw the picture. see' (John, picture)
b. The children sing. DO (children, [sing' (children)])
John ate fish. DO (John, [eat' (John, fish)])
c. The window shattered. INGR shattered' (window)
John noticed the picture. INGR see' (John, picture)
d. The snow melted. BECOME melted' (snow)
Mary learned French. BECOME know' (Mary, French)

(55a)의 상태동사는 의미적으로 더 이상 어휘 분해할 수 없는 술어로 그 자체가 논항에 대한 술어가 된다. 1항 술어인 자동사의 경우 predicate'(x)로, 2항 술어인 타동사의 경우 predicate'(x, y)와 같은 논리구조로 표시한다.[48] 예를 들어 (56a)처럼 Leon이 아프다면, sick'(Leon)으로, John이 그림을 보았다면 see'(John, picture)로 표시한다. 다음 (55b)의 행위동사는 행위를 나타내는 추상적 술어인 운영소(operator) DO를 사용하여, 그 논리구조를 DO(x, [predicate'(x) or (x, y)])로 표시한다. 예를 들어 (56b)처럼 어린애들이 노래한다면, 노래하는 행위를 한다(DO)는 의미의 DO(children, [sing'(children)])으로 표시한다. 또 John이 생선을 먹는다면, 먹는 행위를 한다는 의미로 DO(John, [eat'(John, fish)])로 표시한다. (55c)의 완수동사는 순간적으로 이루어진 결과상태의 사건을 나타내므로 변했다는 의미의 기동의(ingressive) 추상적 운영소로 INGR을 사용하여 그 논리구조를 INGR predicate'(x) or (x, y)로 표시한다. 예를 들어 (56c)처럼 창문이 깨졌다면, 창문이 순간적으로 깨진(shattered) 상태로 변했다는 의미의 INGR shattered'(window)로 표시한다. 또 John이 그림을 알아보았다면, John이 그림을 순간적으로 보고(see) 알아본 상태로 변했다는 의미의 INGR see'(John,

48) Dowty(1979)의 다음과 같은 상적 속성에 따른 동사분류와 논리구조와 비교된다.
(i) a. State : predicate'(x)
b. Activity : DO (x, [predicate'(x) or (x, y)])
c. Achievement : BECOME predicate'(x) or (x, y)
d. Accomplishment: ϕ CAUSE Ψ (where ϕ is normally an activity verb and Ψ an achievement)
Dowty(1979)는 상태동사의 논리구조를 (ia)처럼 predicate'(x)로 표시하였다. 행위동사는 추상운영소인 DO를 사용하여 (ib)처럼 DO (x, [predicate'(x)])로 표시하였다. 완수의 기동동사는 (ic)처럼 BECOME predicate'(x)로 표시하였다. (id)의 사역적인 달성동사는 행위동사가 포함된 명제 ϕ가 원인이 되어 그 결과 완수동사가 포함된 명제 ψ가 된다는 논리구조 ϕ CAUSE ψ로 표시하였다. 즉 [DO (x, [predicate'(x)])] CAUSE [BECOME predicate'(x)]와 같은 복합사건구조이다.

picture)로 표시한다. (55d)의 달성동사는 점진적인 상태변화의 과정을 나타내므로 어떤 상태가 된다는 의미의 추상적 운영소 BECOME을 사용하여 BECOME predicate'(x) or (x, y)로 표시한다. 예를 들어 (56d)처럼 눈이 녹았다면, 눈이 녹은(melted) 상태가 된다는 의미의 BECOME melted'(snow)로 표시한다. Mary가 불어를 배웠다면, Mary가 불어를 알게(know) 되는 상태가 된다는 의미의 BECOME know'(Mary, French)로 표시된다.

한편 행위동사에서 파생된 행위-달성동사와 이런 다섯 종류의 기본동사에서 파생된 사역동사는 다음과 같이 좀 복잡한 논리구조로 표시된다.

(57) a. Active Accomplishment: DO (x, [predicate'(x) or (x, y)]) & BECOME predicate'(z, x) or (y))
b. Causative: α CAUSE β, where α, β are representations of any type

(57a)의 행위-달성동사는 어떤 행위를 해서 점진적으로 상태변화가 된다는 의미이므로 행위동사의 논리구조와 달성동사의 논리구조를 연결사(connective) &로 연결시켜 표시한다. 이에 대한 예는 다음과 같다.

(58) a. Paul ran to the store.
DO (Paul, [run'(Paul)]) & BECOME be-at' (store, Paul)
b. John write a poem.
DO (John, [write'(John, poetry)]) & BECOME exist' (poem)
c. Carl drank a glass of beer.
DO (Carl, [drink'(Carl, beer]) & BECOME consumed' (a glass of beer)

(58a)는 이동 행위동사 run이 이동 결과구문으로 쓰인 경우로, Paul이 뛰는 행위를 해서 Paul이 가게에 가 있게 된다는 의미로 해석된다. (58b)는 행위동사 write이 창조의 결과구문으로 쓰인 경우로, John이 시를 쓰는 행위를 해서 시가 존재하게 된다는 의미로 해석된다. (58c)는 소비 행위동사 drink가 소비의 결과구문으로 쓰인 경우로, Carl이 맥주를 먹는 행위를 해서 맥주 한잔이 소비 된다는 의미로 해석된다.

한편 사역동사는 논리구조가 좀 복잡한데, 어떤 종류의 동사이건, 그 논리구조로 표시된 명제가 원인이 되어 그에 해당하는 동사의 논리구조로 표시되는 명제가 일어난다는 의미이다. 즉 두 명제를 나타내는 α, β와 추상적인 운영소로서의 연계사

CAUSE를 사용하여, α CAUSE β로 표시된다. 이에 대한 예는 다음과 같다.

(59) a. The dog frightens/scares the boy. ↔ The boy is afraid.
[DO (dog, Ø)] CAUSE [afraid of'(boy, dog)]
b. The girl bounced the ball around the room. ↔ The ball bounced around the room.
[DO (girl, Ø)] CAUSE [do'(ball, [bounce'(ball)])]
c. The man melted the snow. ↔ The snow melted.
[DO (man, Ø)] CAUSE [BECOME melted'(snow)]
d. The cat popped the ballon. ↔ The ballon popped.
[DO (cat, Ø)] CAUSE [INGR popped'(ballon)]

(59a)는 상태 사역동사로, 개가 어떤 행위(Ø)를 한 것이 원인이 되어 소년이 개를 무서워하는 상태가 된다는 의미로 해석된다. (59b)는 행위 사역동사로, 소녀가 어떤 행위(Ø)를 한 것이 원인이 되어 공이 튀는 행위가 일어난다(do)는 의미로 해석된다.[49] (59c)는 달성 사역동사로, 그 남자가 어떤 행위(Ø)를 한 것이 원인이 되어 눈이 녹는 상태(melted)가 된다는 의미로 해석된다. (59d)는 완수 사역동사로, 고양이가 어떤 행위(Ø)를 한 것이 원인이 되어 풍선이 순간적으로 터진(popped) 상태로 변한다는 의미로 해석된다.

(3) 논리구조와 논항의 의미역

Van Vallin and LaPolla(1997)는 논항의 의미역을 기본적인 개념으로 보지 않고, 논리구조를 통해 추론해 낼 수 있는 이차적인 개념으로 보고 있다. 즉 논리구조에서의 논항의 위치에 따라 그 논항의 의미역을 정의한다. 먼저 상태동사의 경우를 보자.

(60) a. The cat is on the mat.
b. The boy is sick.

49) 의도적인 행위자의 행위는 대문자 DO로 비의도적인 대상의 행위는 소문자 do로 표기하여 구별하기도 한다.

(61) a. be-at' (the mat, the cat)
b. sick' (the boy)

일반적으로 상태동사는 위치나 상태를 나타내는데, (60a)와 같이 be동사와 처소의 전치사구가 결합한 경우는 위치를 나타내는 경우이다. (60b)와 같이 be동사와 형용사가 결합한 경우는 상태를 나타내는 경우가 된다. 이들 각각의 논리구조를 (61)과 같이 표시할 수 있다. 위치 관계의 논리구조 (61a)에서 매트 위에 고양이가 있다면, 매트의 의미역은 당연히 위치를 나타내는 처소격(location)이고, 고양이의 의미역은 어떤 장소에 있는 대상(theme)이다. 상태관계의 (61b)의 논리구조에서 소년이 아픈 상태에 있다면 그 소년은 상태변화의 피영향자(patient)이다.

다음 행위동사의 경우를 보자.

(62) a. The stone fell. → do (the stone, [fall' (the stone)])
b. John swam. → DO (John, [swim' (John)])

(62a)는 주어가 무생물로 어떤 행위의 통제력이 없다. 단지 무엇인가에 영향을 받거나 원인이 되어 위치이동의 행위를 하는 이동 동사(motion verb)의 대상일 뿐이다. 반면에 (62b)는 주어가 유생물인 사람으로 스스로 통제하에 어떤 행위를 의도적으로 한 행위자이다. 이와 같은 차이를 운영소 소문자 do와 대문자 DO로 구별하여 (62a)에서는 소문자 do의 운영소로 표시하여 주어논항 the stone이 위치이동의 행위를 하는 대상으로 본다. (62b)에서는 대문자 DO의 운영소로 표시하여 주어논항 John이 의도적으로 행위를 하는 행위자로 본다. 한편 통제력이 있는 유생물의 경우 행위의 의도적인 통제력에 따라 행위자와 작동자(effector)로 구별된다.

(63) a. Max *instinctively* smiled at the laughing baby.
→ do (Max, [smile' (Max, the baby)])
b. Max *intentionally* smiled at the comely lass.
→ DO (Max, [smile' (Max, the lass)])

Max는 사람인 유생물로 잠재적으로 통제력을 지니고 있지만, (63a)는 부사 instinctively 때문에 의도성이 없이 무의식적으로 웃는 행위를 수행한 작동자로 해석된다. (63b)는 intentionally 때문에 의도성을 지닌 행위자로 해석된다. 즉 운영소 do와 DO를 사용하여 이들을 구별한다.[50)]

다음 달성동사의 논리구조와 의미역을 살펴보자.

(64) a. Joan broke the glass.
b. [Joan do something] CAUSE [BECOME broken'(glass)]

사역적인 달성동사 구문인 (64a)의 대략적인 논리구조는 (64b)와 같다. 이때 유리가 깨진 결과의 의미인 CAUSE의 뒤 부분은 의미가 확실한데, 앞부분은 고의적으로 깬 것인지 우연히 깬 것인지 의미가 확실하지 않다. 즉 이런 의도성과 고의성에 의해 적어도 세 가지의 의미가 가능하다. 첫 번째는 Joan이 남에게 떠 밀려서 유리를 깨트린 경우이거나, 놀래서 유리를 떨어뜨려 유리가 깨진 경우로 고의성도 의도성도 없이 그저 행위만 수행한 작동자이다. 두 번째는 Joan이 유리를 깨려하는 고의성은 없었지만 어떤 일을 의도적으로 행하다가 보니 유리가 깨진 경우이다. 이 경우 고의성은 없지만 어떤 행위를 한 행위자이다. 세 번째는 Joan이 고의적으로 유리를 깨려고 의도적으로 행위를 한 경우이다. 이와 같은 미묘한 의미차이를 운영소 do와 DO를 사용하여 다음과 같은 논리구조로 구별하여 표시한다.

(65) a. [do (Joan, Ø)] CAUSE [BECOME broken'(glass)]
b. [DO (Joan, Ø)] CAUSE [BECOME broken'(glass)]
c. [DO (Joan, [do (Joan, Ø)])] CAUSE [BECOME broken' (glass)])

(65a)에서 우연히 한 행위를 술어 do로 표시만 했기 때문에 Joan은 고의성과 의도성이 없는 작동자로 해석된다. (65b)에서 고의성은 없지만 의도적으로 한 행위를 DO로 표시하여 원인적인 행위자로 해석된다. (65c)에서 고의적으로 깰 목적으로 의도적

---

50) 이를 일반화하여 나타내면 다음과 같다.
(i) a. Potentially controllable
1. Controlled: DO (x, (**predicate'** (x)]) → x = agent
2. Uncontrolled: do (y, **predicate'**(y)]) → y = effector
b. Motional do (x, **fall'**(x)]) → x = theme

행위동사에서 유생물로 통제력이 있어 의도성을 지닌 첫째 논항은 운영소 DO를 통해 행위자로, 유생물로 잠재적 통제력은 있지만 통제되지 않은 상태에서 행위를 한 논항은 작동자로 정의하고, 통제력이 없는 무생물이 이동의 행위를 한 경우 대상으로 정의한다.

으로 한 행위에 대해 do와 DO를 다 사용하여 사역적인 행위자로 해석된다.

동사 kill과 murder의 차이를 다음과 같이 의도성의 차이로 운영소 do와 DO를 사용하여 작동자와 행위자로 구별할 수 있다.

(66) a. John unintentially killed his dog.
b. *John unintentially murdered his dog.

(67) a. kill: [do' (x, Ø)] CAUSE [BECOME dead' (y)]
b. murder: DO (x, [do' (x, Ø)] CAUSE [BECOME dead' (y)])

kill은 의도성이 없이도 죽일 수 있으므로 (66a)가 의미적으로 모순이 되지 않으나, murder는 고의성과 의도성을 지닌 동사이므로 (66b)가 의미적으로 모순이 된다. 따라서 이를 운용소 do와 DO를 사용하여 (67)과 같은 논리구조로 구별하여 나타낸다. 즉 kill의 첫째 논항 x는 작동자로 해석되지만, murder의 첫째 논항 x는 사역적인 행위자로 해석된다.

3.2 Levin and Rappaport Hovav(2008)의 사건구조

Levin and Rappaport Hovav(2008)도 문장의 의미를 논리구조와 비슷한 사건구조(event structure)로 나타내고 있다. 단 복잡한 논리구조대신 문장의 의미인 상태나 사건을 모두 넓은 의미의 사건으로 보고 체계적으로 사건구조로 통합하여 종합적으로 나타내고자 하였다.

(1) 사건구조유형과 기본 술어

Levin and Rappaport Hovav(2008)는 술어동사에 따른 문장의 의미를 구조적이며 체계적으로 나타내야 하고, 그것이 바로 사건구조라고 하였다.

(68) a. John is afraid. → [x ⟨*STATE*⟩]
b. John kicked the ball. → [x ACT $_{\langle MANNER \rangle}$ y]

c. John died. → [BECOME [x 〈*RES-STATE*〉]]

d. John melted the ice. → [[x ACT 〈MANNER〉] CAUSE
[BECOME [y 〈*RES-STATE*〉]]]

(68a)의 상태술어 be afraid는 [x 〈*STATE*〉]처럼 x가 어떤 상태에 있다는 하위사건(subevent) 하나로만 구성되어 있는 단순 사건구조(simple event structure)로 표현된다. (68b)의 행위양태동사 kick도 [x ACT 〈MANNER〉 y]처럼 x가 (y에 대해) 어떤 식의 행위를 한다는 하위사건 하나로만 구성되어 있는 단순 사건구조로 표현된다. (68c)의 상태변화 기동동사 die도 [BECOME [x 〈*RES-STATE*〉]]처럼 x가 어떤 결과상태(result state)가 된다는 하위사건 하나로만 구성되어 있는 단순 사건구조로 표현된다. 그러나 (68d)의 사역적인 결과동사 melt는 x가 어떤 식으로 행위를 한다는 원인의 하위사건 [x ACT 〈MANNER〉]와 y가 어떤 결과상태가 된다는 결과의 하위사건 [BECOME [y 〈*RES-STATE*〉]]이 인과관계(CAUSE)로 구성되어 있는 복합 사건구조(complex event structure)로 표현된다.

사건구조의 유형을 상태사건을 나타내는 STATE, 행위사건을 나타내는 ACT, 순간적으로 상태 변화하는 완수의 기동사건이라는 BECOME, 사역사건이라는 CAUSE 등의 기본 술어(primitive predicate)를 사용하여 사건구조유형을 분류한다. 따라서 (68a)의 상태사건구조에서 참여자 논항 x의 의미역은 상태술어 STATE에 따라 달라지겠지만, (68b)의 행위사건구조에서 참여자 논항 x의 의미역은 행위술어 ACT가 암시하듯이 행위를 하는 행위자(actor)임을 알 수 있다. 또 (68c)의 상태변화의 기동사건구조에서 참여자 논항 x의 의미역은 기동술어 BECOME이 암시하듯 상태 변화하는 피영향자(patient)임을 알 수 있다. 따라서 (68d)의 사역적인 복합사건구조에서 참여자 논항 x의 의미역은 행위자(경우에 따라 유생물이 아닌 자연력인 경우 원인자)이며, y는 피영향자임을 알 수 있다. 이처럼 행위자, 피영향자와 같은 의미역은 별도로 설정해 주지 않아도 사건구조상에서 의미적으로 함의되어 있는 것으로 본다.

(2) 개별 동사의 본질적 의미

다음 각 사건구조유형에 속하는 개별동사 나름의 독특한 본질적 의미는 사건구조유형에 속한 동사들의 공통된 의미와 구별하여 이태릭체로 나타낸다. 예를 들어 상태변화의 기동동사의 공통된 의미는 사건의 참여자 x가 어떤 결과 상태(result state)로 변한다는 의미의 [BECOME [x 〈*RES-STATE*〉]]이다. 이때 어떤 상태로 변한다는 개별동사 나름의 독특한 어휘적 의미(verb's idiosyncratic meaning)는 사건구조 속의 논항형태(argument) 〈*RES-STATE*〉처럼 이탤릭체로 표시한다. 즉 개별 동사의 본질(root)에 해당하는 의미이다.

(69) [BECOME [x 〈*RES-STATE*〉]]
a. dry: [BECOME [x 〈*DRY*〉]]
b. widen: [BECOME [x 〈*WIDE*〉]]
c. dim: [BECOME [x 〈*DIM*〉]]

동사 dry, widen, dim은 상태변화의 기동사건 유형에 속하는 동사들이다. 이때 구체적인 개별동사 dry, wide, dim의 의미는 피영향자인 개체 x가 DRY, WIDE, DIM하게 된다는 의미로 이태릭체로 표시되어 있는 〈*RES-STATE*〉에 들어가 〈*DRY*〉, 〈*WIDE*〉, 〈*DIM*〉으로 표시된다.

마찬가지 행위동사의 경우 동사유형에 따라 다음과 같이 나타낸다.

(70) Manner verbs: [x ACT$_{\langle MANNER \rangle}$ y]
a. jog: [x ACT$_{\langle JOG \rangle}$]
b. wipe: [x ACT$_{\langle WIPE \rangle}$ y]

(71) Instrument Verbs: [x ACT$_{\langle INSTRUMENT \rangle}$ y]
a. brush: [x ACT$_{\langle BRUSH \rangle}$ y]
b. hammer: [x ACT$_{\langle HAMMER \rangle}$ y]

(70)은 행위사건구조 유형중에서도 행위의 방법(manner)을 나타내는 양태동사의 사건구조이다. 개별 양태동사 본질에 해당하는 의미는 행위사건구조 유형이라는 기본 술어 ACT 밑의 수식어(modifier)형태로 $_{\langle MANNER \rangle}$처럼 이태릭체로 나타낸다. 따라서

개별 자동사 jog는 행위자 x가 조깅이라는 방법의 행위를 한다는 (70a)의 행위사건구조 [x $ACT_{\langle JOG \rangle}$]로 표시된다. 또 타동사 wipe는 행위자 x가 y를 문질러 닦는 행위를 한다는 (70b)의 행위사건구조 [x $ACT_{\langle WIPE \rangle}$ y]로 표시된다. 한편 (71)은 도구를 나타내는 명사에서 전성된 파생동사로 행위사건 유형중에서도 도구 동사의 사건구조로 표시된다. 개별 도구 동사의 본질적 의미는 행위술어 ACT 밑의 수식어로 $_{\langle INSTRUMENT \rangle}$ 처럼 이태릭체로 나타내고 있다. 따라서 개별동사 brush, hammer는 행위자 x가 대상 y에게 솔, 망치라는 도구를 갖고 어떤 행위를 한다는 (71a,b)의 사건구조로 표시된다.

한편 사역적인 상태변화의 결과동사 bend, break 등은 다음과 같은 복합사건구조로 공통적 의미를 나타낸다.

(72) [[x ACT] CAUSE [BECOME [y ⟨*RES-STATE*⟩]]]
a. bend: [[x ACT] CAUSE [BECOME [y ⟨*BENDED*⟩]]]
b. break: [[x ACT] CAUSE [BECOME [y ⟨*BROKEN*⟩]]]

개개의 사역적인 결과동사의 본질적 의미는 상태변화의 결과인 하위사건구조 [BECOME [Y⟨*RES-STATE*⟩]]]의 논항 ⟨*RES-STATE*⟩처럼 이태릭체로 나타낸다. 따라서 (72a,b)의 개별동사 bend, break는 행위자 x가 행위를 해서 그 결과 피영향자 y가 구부러지거나(*BENDED*), 부서지게(*BROKEN*) 된다는 복합사건구조로 표시된다.

다음 (73)의 butter, oil 등은 물질 명사에서 전성된 파생동사들이다. 따라서 행위자 x가 피영향자인 처소 y에 물건이나 물질(thing/stuff)을 집어넣어 그 안에 있게 한다는 의미의 복합 사건구조로 표현된다.

(73) [x CAUSE [BECOME [y WITH ⟨*THING/STUFF*⟩]]]
a. butter: [x CAUSE [BECOME [y WITH ⟨*BUTTER*⟩]]]
b. oil: [x CAUSE [BECOME [y WITH ⟨*OIL*⟩]]]

개별동사 각각의 본질적 의미는 물질에서 파생된 동사이기 때문에 동반의 전치사 술어 WITH의 논항인 ⟨*THING/ STUFF*⟩에 들어가 표시된다. 즉 행위자 x가 피영향자인 처소 y에 ⟨*BUTTER*⟩, ⟨*OIL*⟩ 등을 집어넣어 그 안에 있게 한다는 의미가 된다.

다음 bag, pocket 등은 처소 등을 나타내는 명사에서 전성된 파생동사들이다. 따라서 행위자 x가 피영향자인 개체 y를 처소인 용기나 저장소(container)에 집어넣는다는 의미의 복합사건구조로 표현된다.

(74) [x CAUSE [BECOME [y AT 〈*CONTAINER*〉]]]
a. bag: [x CAUSE [BECOME [y AT 〈*BAG*〉]]]
b. pocket: [x CAUSE [BECOME [y AT 〈*POCKET*〉]]]

이들 동사는 처소 등을 나타내는 명사에서 파생된 동사이기 때문에 처소 전치사 술어 AT의 논항인 〈*CONTAINER*〉에 들어가 표시된다. 즉 행위자 x가 피영향자인 개체 y를 〈*BAG*〉, 〈*POCKET*〉 등에 집어넣는다는 의미가 된다.

(3) 구조적 참여자와 본질적 참여자

한편 같은 양태동사이지만 다음과 같이 본질적으로 택하는 논항수가 다를 수 있다.

(75) a. Casey *ran*.
b. Jan *wiped* the counter.

(75a)의 동사 run은 기본적으로 행위자 논항 하나만 있으면 되는 1항 술어동사이다. 반면에 (75b)의 동사 wipe는 기본적으로 행위자와 대상인 장소(표면)로 논항 2개가 있어야 되는 2항 술어동사이다. 또 같은 양태를 나타내는 동사이지만 동사 run은 이동양태동사(manner of motion verb)이고, 동사 wipe는 표면접촉(surface contact)의 행위양태동사이다. 그러나 기본적으로 양태동사이기 때문에 다음처럼 사건구조에서 행위사건을 수식하는 수식어(modifier)형태도 표시해 준다.

(76) a. [x $\text{ACT}_{\langle \mathit{RUN} \rangle}$] : Casey ran.
b. [x $\text{ACT}_{\langle \mathit{WIPE} \rangle}$ y] : Jan wiped the counter.

(76a)의 사건구조는 x라는 임의의 주어논항 하나만 있으면 되는 1항 술어동사이며, x가 〈run〉이라는 방식으로 행위를 하는 행위사건구조이다. (76b)의 사건구조는 x와 y라는 두 개의 논항이 필요한 2항 술어동사로, x가 y를 〈wipe〉라는 방식으로 표면접촉의 행위를 하는 행위사건구조이다. 이때 (76b)의 사건구조에서 두 개의 참여자 논

항 x, y는 동사의 의미에 의해 의미상 꼭 필요한 본질적 참여자(root participant)이지만, 그 통사적인 실현상황이 조금 다르다. 영어문장에 주어가 없는 문장은 없기 때문에 행위자 x는 동사의 의미에 의해 필요한 본질적 참여자이기도 하지만, 또 구조적으로도 꼭 필요한 구조적 참여자(structure participant)이다. 반면에 영어 문장에 목적어가 없는 문장도 가능하기 때문에 대상 y는 의미상 필요한 본질적 참여자이지만 반드시 구조적으로 필요한 구조적 참여자는 아니다. 즉 통사적으로 꼭 있어야 하는 구조적 참여자가 아니라 동사의 의미상 본질적으로 들어가 있는 순수 본질적 참여자(pure root participant)이다. 따라서 (76b)의 [x $\text{ACT}_{\langle \textit{WIPE} \rangle}$ $\underline{\text{y}}$]에서 $\underline{\text{y}}$와 같이 밑줄을 쳐서 구별한다.

2항 술어동사인 양태동사 sweep, scrup, rub 등이 구체적인 문장으로 표현되는 논항 실현의 경우를 보자.

(77) a. Leslie swept/scrubbed (*the floor*) this morning.
b. The child rubbed *the tiredness* out of his eyes.
c. Cinderella scrubbed *her hands* raw.

동사 sweep, scrub, rub 등은 기본적으로 타동사로서 논항 두 개를 필요로 하는 2항 술어동사이다. 그러나 (77a)처럼 대상인 floor가 통사적으로 생략될 수가 있다. 즉 참여자 y는 동사의 의미상 내재적으로 필요한 순수 본질적 참여자이지만, 구조적으로 반드시 필요한 구조적 참여자는 아니기 때문에 생략이 가능하다. 따라서 (77b, c)에서처럼 생략되고, 동사의 의미와 직접 연관이 없는 비하위범주화된 목적어(nonsubcategorized object)인 the tiredness, her hands를 목적어로 표현하여 결과구문으로 쓰일 수 있다.

한편 사역적인 상태변화의 결과동사 break, empty의 경우 다음 (78)과 같이 목적어가 생략될 수 없다. 이를 (79)와 같은 복합 사건구조로 설명할 수 있다.

(78) a. Leslie broke *(*the window*) this morning.
b. Leslie emptied *(*the room*) this morning.

(79) a. break: [[x ACT] CAUSE [BECOME [y ⟨*BROKEN*⟩]]]
b. empty: [[x ACT] CAUSE [BECOME [y ⟨*EMPTY*⟩]]]

사역결과동사 break, empty는 양태동사 sweep, scrub 등과는 달리 (78)처럼 목적어가 생략될 수 없다. 또 의미적으로 행위자 x가 행위를 해서 그 결과 피영향자 y가 부서지거나, 텅 비게 된다는 복합 사건구조를 지닌다. 이때 논항 x는 동사의 의미상 필요한 본질적 참여자인 행위자이면서, 동시에 사건구조의 기본 술어 ACT 앞에 있는 첫 번째 참여자로 통사적으로 반드시 실현되어야 하는 구조적 참여자이다. 즉 이 경우 주어로 실현된다. 다음 논항 y도 동사의 의미상 필요한 본질적 참여자인 피영향자이면서, 동시에 사건구조의 기본 술어 BROKEN 앞에 있는 첫 번째 참여자로 통사적으로 반드시 실현되어야 하는 구조적 참여자이다. 즉 이 경우 목적어로 실현된다.[51] 따라서 양태동사 sweep, scrub 등과는 달리 목적어가 생략될 수 없을 뿐만 아니라, 다음처럼 비하위범주화된 목적어를 동반한 결과구문도 만들 수 없다.

(80) a. *Kelly broke again tonight when she did *the dishes*.
b. *The clumsy child broke *the beauty* out of the vase.
c. *The clumsy child broke *his knuckles* raw.

주어로 실현되는 구조적 참여자 x 논항은 말할 것 없고, 목적어로 실현되는 구조적 참여자 y 논항도 (80a)처럼 문맥 속에서 알 수 있다고 해서 생략될 수는 없다. 또 (80b,c)처럼 생략하고 비하위범주화된 목적어 결과구문으로도 쓰일 수 없다. 즉 결과동사의 복합 사건구조상의 두 개 참여자 x, y는 동사의 의미상 필요한 본질적인 참여자인 동시에 통사적으로도 꼭 실현되어야만 하는 구조적 참여자이다.

51) 한편 다음과 같은 사역교체의 경우를 보자.
(i) [[x ACT] CAUSE [BECOME [y ⟨*RES-STATE*⟩]]]
a. John broke the window. / The window broke.
b. John opened the door. / The door opened.
동사 break, open 등은 사역적인 타동사로도 쓰일 수 있지만 경우에 따라 자동사로도 쓰일 수 있다. 즉 사역교체가 가능하다. 사역적인 타동사로 쓰인 복합사건구조일 때는 행위자 x는 주어로, 피영향자 y는 목적어로 실현되지만, 자동사로 쓰인 상태변화의 결과사건인 단순사건구조일 때는 피영향자 y는 주어로 실현된다. 즉 사건구조에서 기본술어의 첫 번째 참여자는 주어이든 목적어이든 상관없이 통사적으로 반드시 실현되어야만 하는 구조적 참여자이다.

(4) 양태동사, 결과동사와 목적어교체

Levin and Rappaport Hovav(2008)는 비슷한 의미의 동사들을 단순사건구조의 양태동사와 복합사건구조의 결과동사로 나누어 구별한다. 양태동사는 행위의 양태만을 나타내므로 결과는 문맥에 따라 다르게 표현하여 교체를 허용하지만, 결과동사는 이미 의미적으로 결과상태의 의미가 함의되어 있으므로 교체를 허용하지 않고 한 가지 유형으로만 쓰이는 것으로 본다. 먼저 양태동사와 결과동사의 분류를 보자. 다음 동사 sweep와 clear는 겉으로 보면 비슷하게 제거를 나타내는 동사인 것처럼 보이는데, 결과적 의미에 대해 차이가 있다.

(81) a. Sam *swept* the floor, but there were still crumbs under the desk.
b. *A thunderstorm cleared the sky, but there were still clouds in the sky.

동사 sweep는 어떤 장소를 쓸거나, 닦아서 그 장소에 있던 더러운 물질을 옮겨 제거하는 동사이다. 그러나 (81a)과 같은 문장이 성립하는 것으로 보아 완전히 제거되었다는 결과의 의미를 함의하지는 않는다. 동사의 본질적인 의미는 장소를 깨끗이 하기 위해 어떤 방식의 행위를 했다는 의미로, 행위수행방법에 대한 의미만을 함의하는 양태동사이다. 반면에 (81b)의 동사 clear는 어떤 장소를 깨끗이 하거나, 비워서, 그 결과 장소가 깨끗해지거나 비워졌다는 결과상태의 의미를 어휘적으로 함의하고 있는 동사이다. 즉 깨끗해졌다고 하고서 아직 덜 깨끗해졌다고 하면 의미적으로 서로 모순이 된다. 겉으로는 비슷한 의미의 제거동사처럼 보이지만, 동사 sweep는 본질적으로 행위동사인 양태동사에 속하고, 동사 clear는 결과동사에 속한다. 이를 정리해 보면 다음과 같다.

(82)

	Means/Manner	vs.	Result
a. Verbs of Removal:	sweep, wipe	vs.	clear, empty
b. Verbs of Putting:	smear, spray	vs.	cover, fill
c. Verbs of Combining:	shake, stir	vs.	combine
d. Verbs of Killing:	stab, strangle	vs.	kill
e. Verbs of Creation:	carve, sew	vs.	construct

(82)에서 보듯 비슷한 의미유형에 속하는 것처럼 보여도, 본질적으로 양태동사는 행위의 수행방법을 나타내는 동사이고, 결과동사는 행위의 결과를 나타내는 동사이다. 단 다음과 같이 양태동사는 결과 상태를 나타내는 보충어를 첨가하여 결과를 나타낼 수 있고, 결과동사는 방법을 나타내는 수식어를 첨가하여 그 방법을 나타낼 수 있다.

(83) a. Sam swept the floor *clean.*
b. I cleaned the tub *by wiping it with a sponge.*

(83a)의 양태동사 sweep는 본질적으로 행위의 수행방법을 나타내는 동사로 결과의 의미를 함의하지 못하기 때문에 구조적으로 결과의미를 나타내는 술어 clean을 첨가하여 파생 복합사건구조의 결과구문으로 쓰일 수 있다. (83b)의 결과동사 clean은 결과의 의미까지 포함하는 복합사건구조의 동사이나, 그 방법을 어휘적으로 함의하고 있지는 않기 때문에 양태의 by-수식어를 첨가할 수 있다.

먼저 양태동사 wipe의 경우를 보자.

(84) a. Jack wiped (*the table*).: [x $\text{ACT}_{\langle \textit{WIPE} \rangle}$ y]
b. Jack wiped *crumbs* off the table.: [[x $\text{ACT}_{\langle \textit{WIPE} \rangle}$ y] CAUSE [BECOME [z NOT AT 〈*PLACE*〉]]]

동사 wipe는 결과의 의미가 함의되어 있지 않은 행위동사로서 장소의 표면을 닦는 행위방식을 나타내는 양태동사이다. 따라서 (84a)와 같은 단순 사건구조에서 첫 번째 논항 x는 행위사건구조의 행위자 논항으로 의미적인 본질적 참여자이면서 동시에 문장의 주어로 반드시 실현되어야만 하는 구조적인 참여자이다. 닦는 장소의 표면인 두 번째 논항 y는 동사의 의미상 들어있는 순수 본질적 참여자로 통사적으로 반드시 실현될 필요는 없어 생략이 가능하다. 한편 (84b)와 같은 파생결과구문은 복합사건구조를 지닌다. 동사 wipe 자체는 양태의 행위동사로 닦는 행위만을 나타내지만, 어디를 닦는 행위를 한 결과 무엇이 어디에서 제거되어 없어지는 결과를 예상할 수 있다. 즉 동사 wipe 뒤에 *crumbs* off the table을 첨가하여 파생된 결과구문을 만들 수 있다. 따라서 그 의미에 해당하는 사건구조도 행위사건구조 [x $\text{ACT}_{\langle \textit{WIPE} \rangle}$ y]에 이와 같은 결과의 하위사건구조 [BECOME [z NOT AT 〈*PLACE*〉]]를 첨가한 복합 사건구조가 된다. 이때 두 번째 논항 y는 순수 본질적 참여자로 (84a)에서는 목적어로 실현되었지만, (84b)에서는 의미적으로 파생된 결과상태 하위사건구조 속의 논항인 〈*PLACE*〉로 표시되어 통사적으로 출처(source)의 처소인 전치사구 off the table로 실현된다. 따라서 세 번째 논항인 교체된 목적어 crumbs는 비동사적인 술어(nonverbal predicate)인 전치사구 off the table에 의해 출처인 장소(place)에서 제거되어 그 곳에 있지 않게 되는 개체 z로 표시되어 의미적으로 인허된다. 파생된 복합사건구소속의 결과상태의 하위사건구조상에서 통사적으로 반드시 있어야 하는 구조적 참여자가 된다. 이처럼 동사 wipe는 기본적으로는 닦는 사람과 닦는 곳이라는 2개의 참여자만 필요한 2항 술어동사로 제 3의 참여자인 제거되어 없어지는 물질은 (84b)와 같은 파생된 복합사건구조속의 하위사건구조의 제 3의 참여자 z로 표현되어 의미적으로도 구조적으로도 인허된다.

동사 spray는 다음과 같은 처소격교체(locative alternation)가 가능하다.

(85) a. Jill sprayed paint *on the wall.*
b. Jill sprayed *the wall* with paint.

(85a)처럼 뿌려진 물체인 대상을 목적어로, 뿌려지는 처소 논항을 전치사 on으로 표현할 수 있다. 또 경우에 따라 (85b)처럼 처소를 목적어로 표현하는 처소 목적어구문으로도 쓰인다.[52] 이때 뿌리는 사람인 행위자 Jill은 의미적으로 필요한 본질적 참여자이며, 동시에 통사적으로도 필요한 구조적 참여자이다. 그러나 나머지 두 개의 참여자인 뿌려진 물체인 대상 paint와 뿌려지는 장소인 처소 the wall은 순수 본질적 참여자이다. 이를 사건구조로 표시하면 다음과 같다.

(86) a. [[x $\text{ACT}_{\langle spray \rangle}$] CAUSE [BECOME [y ON 〈 z 〉]]]
b. [[x $\text{ACT}_{\langle spray \rangle}$)] CAUSE [BECOME [z WITH 〈 y 〉]]]

(85a)와 같이 페인트를 벽에 뿌리는 의미는 (86a)와 같은 복합사건구조로 표시된다. 페인트는 결과의 하위사건구조속의 대상논항 y가 되어 구조적인 참여자로 인허되기 때문에 동사의 목적어로 실현된다. 벽은 결과의 하위사건구조의 전치사술어

52) Schlesinger(1995)는 처소격 목적어 구문은 페인트로 벽을 모두 다 뿌려 놓은 경우로 동작의 완료(completion)와 같은 의미특성이 있다고 본다.

ON의 논항 z가 되어 인허되기 때문에 전치사의 목적어 실현된다. (85b)와 같이 벽을 페인트로 뿌린 의미는 (86b)와 같은 복합사건구조로 표시된다. 이때 벽은 결과의 하위사건구조속의 처소논항 z가 되어 구조적인 참여자로 인허되기 때문에 동사의 목적어로 실현되는 것을 설명할 수 있다. 또 페인트는 결과의 하위사건구조속의 전치사 술어 WITH의 논항 y가 되어 인허되기 때문에 전치사의 목적어 실현되는 것을 설명할 수 있다.

한편 다음과 같이 처소격교체를 하지 않고 한 가지 형태로만 쓰이는 동사는 의미적으로 하나의 복합 사건구조로 고정된 결과동사이다.

(87) a. Ashley poured *water* into the bucket. / *Ashley poured *the bucket* with water.
b. Ashley filled *the bucket* with water./*Ashley filled *water* into the bucket.

(88) a. [[x $ACT_{\langle fill \rangle}$)] CAUSE [BECOME [y AT ⟨z⟩]]]
b. [[x $ACT_{\langle pour \rangle}$] CAUSE [BECOME [z WITH ⟨ y ⟩]]]

(87a)의 동사 pour의 사건구조는 구조적 참여자 x가 pour라는 행위를 하는 행위사건([x $ACT_{\langle pour \rangle}$])과 그 행위를 해서 그 결과 어떤 물질 y가 z로 이동되어 옮겨지는 결과의 하위사건 [BECOME [y AT ⟨ z ⟩]]으로 구성된 복합 사건구조를 지닌 동사이다. 즉 pour는 어휘적 의미 자체가 이미 (88a)와 같이 대상이 목적지로 이동하는 사역이동의 복합 사건구조로 고정된 결과동사이다. 반면에 (87b)의 동사 fill의 사건구조는 구조적 참여자 x가 fill이라는 행위를 하는 행위사건([x $ACT_{\langle fill \rangle}$)]과 그 행위를 해서 그 결과 처소의 구조적 참여자인 z가 대상인 본질적 참여자 y로 채워지는 결과의 하위사건([BECOME [y WITH ⟨z⟩]])으로 구성된 복합 사건구조이다. 즉 동사 fill은 어휘적 의미 자체가 이미 (88b)와 같이 처소변화의 복합 사건구조로 고정된 결과동사이다.

한편 제거의 양태동사 중 도구 의미의 명사에서 전성된 동사 mop, rake, shovel, brush의 경우를 보자. 이들은 겉으로 보이기에는 이런 도구를 이용하여 무엇인가를 제거하거나 이동시키는 동사처럼 보여 결과의 의미가 있는 것처럼 보였다. 그러나 본질적으로는 결과의 의미를 함의하고 있지는 않고, 행위의 방식만을 나타내는 양태동사이다.

(89) a. Tracy shoveled *snow* off the sidewalk.
b. Tracy shoveled *the sidewalk.*

(90) a. Robin brushed *oil* on the bread.
b. Robin brushed *the bread* with oil.

동사 shovel은 삽이라는 도구를 이용하여 도로에 있는 눈을 제거하는 의미로 (89a)처럼 제거되어 없어지는 대상인 눈을 목적어로 택할 수도 있고, (89b)처럼 눈이 제거되어 없어지는 출처(source)의 장소인 도로를 목적어로 택할 수 있다. 동사 brush도 솔이라는 도구를 이용하여 기름을 빵에 바르는 의미로 (90a)처럼 바르는 대상인 기름을 목적어로 택할 수도 있고, (90b)처럼 기름이 이동되어 가는 목표(goal)의 장소인 빵을 목적어로 택할 수 있다. 즉 목적어 논항은 순수 본질적 참여자로 구조적으로 고정되어 있지 않으므로, 자유스럽게 교체가 가능하다. 또 다음과 같이 생략되거나, 생략되어 비하위범주화 목적어를 동반한 결과구문으로 쓰일 수 있다.

(91) a. Tracy shoveled.
b. Tracy shoveled [*the car* free].

(91a)에서 눈 등을 삽으로 제거한 경우이지만, 생략하고 삽을 이용하여 행위를 한다는 행위방식만을 나타내는 구문으로 쓸 수 있다. 또 (91b)처럼 자동차를 목적어로 하여 삽질을 해서 자동차가 자유스럽게 다닐 수 있게 했다는 의미의 파생 결과구문으로도 쓰일 수 있다.

한편 창조동사에서도 construct와 같은 동사는 결과의 의미를 함의하고 있는 결과동사이었지만, carve, sew 등은 결과의 의미를 함의하지 못하고, 창조행위를 하는 방식만을 나타내는 양태동사이었다. 즉 단순 사건구조를 지닌 것으로 본다. 따라서 다음과 같은 재료-제품(material-product) 교체현상이 가능하다.

(92) a. Martha carved *a toy* out of the piece of wood.
b. Martha carved *the piece of wood* into a toy.

(93) a. David constructed *a house* out of/from bricks.
b. *David constructed the bricks into a house.

동사 carve는 (92a)처럼 제품인 a toy를 목적어로도, (92b)처럼 재료인 the piece of wood를 목적어로도 표현할 수 있다. 재료-제품 교체가 가능하여 두 가지 유형의 구문으로 다 쓰일 수 있다. 즉 논항 y는 구조적인 참여자가 아니라 순수 본질적 참여자로 구조적으로 고정되어 있지 않으므로, 자유스럽게 교체가 가능하다.[53] 그러나 동사 construct는 창조물에 대한 결과의 의미가 있어 (93a)처럼 창조물인 제품만 목적어로 표현되지, 재료인 물질을 목적어로 표현하지는 않는다. 즉 논항 y는 복합 사건구조상 창조되어 존재하게 되는 창조물로 고정되어 있는 구조적 참여자로 반드시 통사적으로 목적어로 고정되어 실현되어야만 한다.

다음 이미지 각인동사에서도 cope와 decorate와 같은 동사는 결과의 의미를 함의하고 있는 결과동사이지만, embroider, inscribe 등은 결과의 의미를 함의하지 못하고, 이미지 각인 행위 방식만을 나타내는 양태동사이다. 즉 단순 사건구조를 지니고 있기 때문에 다음과 같은 이미지 각인 교체(image impression alternation) 현상이 가능하다.

(94) a. The jeweller inscribed the name *on the ring*. / The jeweller inscribed *the ring* with the name.
b. The jeweller coped the name *on the ring*. / *The jeweller coped *the ring* with the name.
c. *The jeweller decorated the name *on the ring*. / The jeweller decorated *the ring* with the name.

동사 inscribe는 새기는 방법만을 나타내는 양태동사이기 때문에 (94a)처럼 이미지 각인 교체가 가능하다. 반면 동사 cope는 무엇을 어디에 새겨넣다라는 의미의 결과동사로 (94b)처럼 on-유형의 대상목적어 구문으로만 쓰인다. 또 동사 decorate도 어디를 무엇으로 장식하다란 의미의 결과동사로 (95c)처럼 with-유형의 처소목적어 구문으로만 쓰인다.

한편 동사에 따라 논항교체가 하나가 아니라 둘 이상의 다양한 교체가 가능한 경우도 있다.

53) 이런 유형의 동사로는 assemble, bake, build, carve, cast, cook, cut, grind, hammer, knit, make, mold, pound, sculpt, sew, shape, stitch, weave 등의 build 유형의 창조동사들이다.

(95) a. Dale sewed *the piece of silk* into a ball gown.
b. Dale sewed *a ball gown* out of the piece of silk.

(96) a. Dale sewed *bows* on the costume.
b. Dale sewed *the costume* with bows.

(97) a. Dale sewed *the lining* to the skirt.
b. Dale sewed *the lining and skirt together*.

동사 sew는 바느질 하는 행위동사로 행위방법을 나타내는 양태동사이다. 이때 이와 같은 행위사건으로 일어날 수 있는 결과를 다양하게 예상할 수 있다. (95)는 바느질이라는 행위를 해서 그 결과 옷감인 재료를 이용하여 제품을 만들어 내는 경우이다. 즉 재료/제품 교체가 가능하다. (96)은 바느질이라는 행위를 해서 그 결과 옷에 bows라는 이미지를 각인하는 경우이다. 즉 이미지 각인 교체가 가능하다. (97)은 바느질이라는 행위를 해서 그 결과 두 개의 개체를 하나로 묶는 경우이다. 즉 together 상호 교체가 가능하다. 즉 동사의 의미에 따라 인습적으로 예상할 수 있는 결과가 하나 일 수도 있지만 둘 이상으로 다양할 수 있다.

한편 처소격교체, 재료/제품교체, 이미지 각인교체는 파생된 복합 사건구조로 설명할 수 있지만, 다음 동사 hit의 with/against 교체는 조금 다르다.

(98) a. Sam hit the fence with a stick. (*with* variant)
b. Sam hit a stick against the fence. (*against* variant)

동사 hit는 표면 접촉동사로 기본적으로 치는 사람(actor), 쳐서 접촉하게 되는 표면(surface) 등 두 개의 참여자가 필요한 2항 술어동사이다. 동사 hit 자체는 결과의 의미가 없는 양태동사이므로 (98a)의 with 변이형에서 도구인 a stick이 첨가되었을 뿐이지, 막대기로 쳐 울타리가 부서졌다는 등의 결과의미는 없다. 즉 복합사건구조가 아니라, 그대로 단순 사건구조이다. (98b)의 against 변이형에서도 부딪치는 장소 the fence가 첨가되었을 뿐이지, 막대가 울타리에 부딪혀 부러졌다는 등의 결과의미는 없다. 즉 두 문장의 의미가 비슷한 단순 사건구조이다. 다음과 같은 사역이동의 파생된 결과구문의 의미와는 다르다.

(99) The batter hit the ball *to the outfield.*

(99)에서는 공을 쳐서 그 결과 공이 외야로 공이 날라 간 경우로 파생된 복합사건 구조의 결과구문이다.

다음 심리적인 감정을 나타내는 정의동사는 근본적으로 행위동사가 아니라 상태동사이다. 따라서 이들 정의동사의 주어는 행위자가 아니라 경험자이다. 다음과 같이 목적어 논항교체가 가능하지만 근본적인 의미가 다르듯이 그 목적어 논항교체의 양상도 다르다.

(100) [x 〈*STATE*〉 y̲]
a. Tony admired *them* for their integrity.
b. Tony admired *the integrity in them.*
c. Tony admired *their integrity.*
d. Tony admired *them.*

동사 admire는 '어떤 속성 때문에 그 소유자인 사람을 감탄해마지 않는다.'처럼 속성의 소유자인 사람을 직접 목적어로 표현한 (100a)이 가능하다. 또 (100b)처럼 감탄한 이유인 내용 their integrity를 풀어서 the integrity in them으로 표현하여 목적어로 표현할 수 있다. 또 (100c)처럼 감탄한 내용인 their integrity를 직접 목적어로 표현할 수 있고, (100d)처럼 속성의 소유자인 사람을 직접 목적어로 표현할 수도 있다. 즉 속성 및 소유자 목적어 교체가 가능하다.[54)]

마찬가지로 정의동사 fear도 이런 속성 및 소유자 목적어 교체가 가능하여 다음처럼 여러 유형으로 쓰일 수 있다.

---

54) 다음 praise는 비슷한 것 같지만, 약간의 차이가 있다.
(i) a. They praised the volunteers for their dedication.
b. *They praised the dedication in the volunteers.
c. They praised the volunteers' dedication.
d. They praised the volunteers.
동사 praise는 칭찬한 내용인 the volunteers' dedication을 풀어서 (ib)처럼 the dedication in the volunteers로 표현할 수 없다. 즉 어떤 사람의 속성이나 어떤 사람을 칭찬할 수는 있어도 속성에 더 초점을 두어 목적어로 내세울 수는 없는 경우이다. 이와 같은 속성 목적어 구문으로는 쓰이지 않고, 소유자 목적어 구문으로만 교체를 허용하는 동사는 사람의 속성이나 사람을 보고 판단하는 동사들이라고 할 수 있다.

(101) a. The slaves feared *the tyrant* for his cruelty.
b. The slaves feared *the cruelty in the tyrant.*
c. The slaves feared *his cruelty.*
d. The slaves feared *the tyrant.*

이들 정의동사도 기본적으로 경험자와 감정의 대상(target)과의 관계로 정의되는 2항 술어이다. 또 감정의 이유나 원인을 첨가할 수 있다는 점에서 3항 술어로도 나타날 수 있다. 그러나 어떤 감정의 결과를 함의하고 있지는 않는다. 따라서 근본적으로는 단순 사건구조를 지닌 것으로 본다. 그러나 양태동사와 달리 다음과 같은 비명시 목적어 교체나 비범주화 목적어 결과구문으로는 쓰이지 않는다.

(102) a. She admired *(his honesty/him).
b. *She admired her way to the front of the line.

(102a)처럼 감탄해 마지않는 내용인 속성이나 그 속성의 소유자가 반드시 목적어로 실현되어야지 생략할 수 없다. 또 (102b)처럼 원래의 목적어를 생략하고 다른 목적어인 one's way를 동반한 결과구문으로도 쓰일 수 없다.

지금까지 논의한 목적어 논항교체에 따른 동사분류를 정리하면 다음과 같다. 첫째 break, fill, pour등의 결과동사는 이미 의미적으로 복합사건구조로 고정되어 있기 때문에 논항교체를 하지 않는다. 둘째 논항교체를 하는 동사는 기본적으로는 단순 행위사건구조를 지닌 양태동사이나, 그 행위사건이 원인이 되어 통상적으로 예상할 수 있는 결과가 있다. 따라서 그 결과에 따라 파생된 복합사건구조를 만들 수 있다. 셋째 동사에 따라 통상적으로 예상되는 결과의 파생된 복합사건구조가 달라 논항교체 유형도 다르다. spray, load 유형의 동사는 뿌리거나, 싣는 행위를 해서 물질이 어디로 이동되어 옮겨지는 결과를 예상 할 수 있으므로 첨가형 처소격교체가 가능하다. wipe 유형의 동사는 닦는 행위를 해서 어디에서 물질이 제거되는 결과를 예상할 수 있으므로 제거형 처소격교체가 가능하다. carve 등의 창조동사는 조각하는 행위를 해서 재료를 이용하여 새로운 창조물을 만들어 낼 수 있으므로 재료/제품교체가 가능하다. embroider 등의 이미지 각인동사는 수를 놓는 행위를 해서 어디에다 이미지를 각인 시킬 수 있으므로 이미지 각인 교체가 가능하다. 단 hit 등의 표면 접촉동사는 단순 사건구조 자체에 with/against 교체가 일어난 경우이다. 넷째 동사에 따라 통상적으로 예상되는 결과가 하나 이상이 가능하여 다수의 논항교체가 가능하다. sew는 바느질해서 옷감인 재료를 이용하여 제품을 만들어 낼 수 있으므로 재료/제품 교체도 가능하고, 바느질해서 그 결과 옷에 어떤 이미지를 각인할 수 있으므로 이미지 각인 교체가 가능하며, 바느질해서 두 개의 개체를 하나로 묶을 수 있으므로 together 상호 교체가 가능하다. 다섯째 admire 등의 정의동사는 상태동사이므로 행위동사의 경우처럼 결과상태의 하위사건구조를 첨가하여 파생된 복합 사건구조를 만들 수는 없다. 단 속성 및 소유자 목적어 교체는 가능하다.

연 습 문 제

1. 다음 문장의 문법성을 설명하고, 주어가 될 수 있는 의미역간의 순위를 기술 하시오.

a. *The window* broke.

b. **The window* broke by John.

c. *The hammer broke* the window.

d. *John* broke the window.

e. **The hammer* broke the window by John.

f. *John* broke the window with a hammer.

2. 다음 문장의 차이를 주어의 의미역을 이용하여 설명하고, 의미역 순위의 문제점을 기술하시오.

a. *Mary* had many books. / *Many books* belong to Mary.

b. Many problems *faced* the new administration. / The new administration *faced* many problems.

c. Water *filled* the tank. / The tank *filled with* water.

d. Wastes *leave* the cell. / The cell *expels* wastes.

e. The tarantula *frightened* the puppy. / The puppy *feared* the tarantula.

3. 인지문법에서는 다음 문장에서 주어 선택을 어떻게 설명하고 있는가.

a. *John* cut the bread with a knife.

b. *A knife* easily cut the bread.

c. *The bread* easily cut.

d. *Jonathan* resembles Joshua.

e. *There* is a grocery across the street.

4. 인지문법에서는 다음 문장의 문법성과 의미차이를 어떻게 설명하고 있는가.

a. *Music* resounded in the hall. ↔ *The hall* resounded with music.
b. I believe that John is a man of integrity. ↔ I believe *John* to be a man of integrity.
c. Terry touched *Bill's shoulder*. ↔ Terry touched *Bill* on the shoulder.
d. She brought a package to the *boarder/border*. ↔ She brought the *boarder* / **border* a package.

5. 다음 상태동사, 행위동사, 완수동사 달성동사의 의미적 특성을 설명하여 공통점과 차이점을 의미자질로 구별하여 설명해 보시오.

a. *John is having books. / *The glass is shattering. / He is swimming.
b. They marched actively. / *The ballon popped actively. / *He built a house actively.
c. John drove a car slowly. / *The bomb exploded slowly. / He recovered from illness slowly.
d. He read books *for an hour.* / He painted a picture *in an hour*.

6. 다음 문장을 Van Vallin and LaPolla(**1997**)식의 논리구조로 나타내 보시오.

a. John is a fool.
b. The children cried.
c. Fred arrived at the house.
d. The sky reddened.
e. John walked to the school.
f. The dog frightens the boy.
g. The man carved the log into a canoe.

7. 다음 a 문장의 중의성을 설명하고, 논리구조로 그 세 가지 의미를 구별해 보시오. 또 b 문장의 문법성의 차이를 설명하고, 그에 근거하여 c 문장을 논리구조로 구별하여 설명해 보시오.

a. John broke the window.
b. A bystander was killed/*murdered in the shootout.
c. John killed/murdered his dog.

8. 다음 개별동사의 본질적 의미를 어떤 사건구조유형에 속하며, 그 구체적인 사건구조를 Levin and Rappaport Hovav(**2008**)의 사건구조로 나타내 보시오.

warm, wipe, shovel, empty, wax, cage

9. 다음 목적어 교체를 하는 동사와 하지 않는 동사를 사건구조를 통해 설명해 보시오.

a. Jill sprayed paint *on the wall*. / Jill sprayed *the wall* with paint.
b. He poured water *into the bowl*. / *He poured *the bowl* with water.
c. She carved a toy *out of the piece of wood*. / She carved *the piece of wood* into a toy.
d. He constructed a house *out of bricks*. / *He constructed *the bricks* into a house.
e. He brushed *oil* on the bread. / He brushed *the bread* with oil. She buttered *the toast* with unsalted butter. / *She buttered unsalted butter on the toast.

제 8 장

화용론과 정보구조

1. 화용론의 대상과 발화행위

1.1 화용론의 대상

Morris의 기호론(semiotics)에 따르면, 기호와 기호와의 결합관계를 연구하는 분야가 통사론이라면, 기호와 그 지시대상과의 관계를 연구하는 분야가 의미론(semantics)이고, 기호와 그 사용자와의 관계를 연구하는 분야가 화용론(pragmatics)이다. 이후 언어학의 발달에 따라 이 세 분야는 서로 복잡한 상호관계를 이루면서 발달하여왔기 때문에, 이 세 분야에 대한 정의가 모리스 분류처럼 명확하게 세분되는 것은 아니다. 그러나 일반적으로 화용론은 화자, 청자, 시간, 장소로 구성되는 맥락과 상황 속에서의 언어사용을 다루는 이론이라고 할 수 있다. 특히 Montague는 일상대화에서 I, you, he 등과 같은 인칭대명사와, this, that, it 등의 지시대명사와, now, then, there 등의 시간, 장소 등과 관련된 표현 등의 지시적 표현들이 상황과 맥락에 따라 문장의 진리치에 변화를 준다고 보았다. 따라서 지시어가 든 문장의 논리적 연구를 화용론의 대상으로 여기고, 이에 대한 연구에 치중하였다. 이처럼 화용론은 의미분석에서 문장이라는 한계를 벗어나서, 화자와 청자가 포함되고, 말을 주고받을 때의 대화 및 담화상황 등을 고려해야 한다는 뜻이 된다.

예를 들어 다음 문장의 문자적 의미를 다 알았다고 해서 그 문장이 전달하고자 하는 정보나 내용을 다 알았다고 할 수는 없다.

(1) a. She's very clever.

b. *I* didn't have to do *that yesterday* because I wasn't *there then.*

c. There is a bull in the field.

만약 (1a) 문장을 발화(utterance)할 때 정상적인 억양이 아니라 내림-올림조(fall-rising intonation)로 발음했다면, 그 전달하는 내용은 원래의 의미와 정반대인 'She's rather ugly.'가 된다. 또 (1b) 문장의 경우, 누가, 언제, 어디서, 누구에게 말하고 있는지 알지 못하면, 그 전달하고 있는 내용을 전혀 이해할 수 없다. 대부분의 인칭대명사와 there, here, this, that, now, then, yesterday, tomorrow 등과 같이 사람, 사물, 장소, 시간을 지시하는 지시적 표현어(deictic expression)가 들어 있는 문장은 그 발화의 상황이나 담화적 문맥을 모르면 이해하기 힘들다. 또 (1c) 같은 문장은 단순히 '들판에 황소가 있다'는 정보를 전달하는 경우도 있지만, 그 발화상황에 따라 '황소가 있으니 조심하라'는 경고도 될 수 있고, '황소를 보아라'는 제안이 될 수도 있다. 이와 같이 발화상 전달되는 의미를 발화의미(utterance meaning)라고 한다. 발화의미와 관련된 발화행위(speech act)와 그 발화행위에서 암시하고 있는 함축(implicature)이나 간접 발화행위(indirect speech act) 등은 의미론에서 독립하여 별도의 화용론(pragmatics)에서 다룬다.

이들 언어표현과 의미의 관계를 도표로 나타내어 알기 쉽게 설명하면 다음과 같다.

(2)

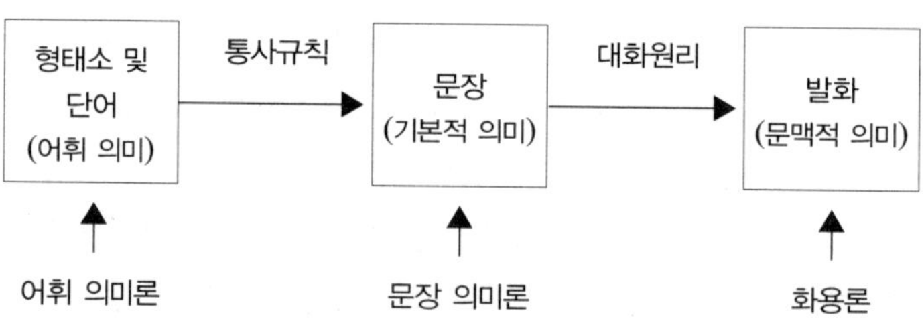

앞에서 배운 어휘 의미론에서는 형태소 및 단어의 어휘적 의미 및 어휘들 사이의 관계를 설명하는 것이 주목적이었다. 문장 의미론에서는 이런 기본적인 단어들이 어떻게 결합하여 문장을 구성하는지 그 통사규칙과 합성성 원리에 따라 의미해석규칙으로 문장의 기본적 의미를 해석하는 분야이었다. 또 문장의 의미를 사건구조로 표시하여 문장들 사이의 관계를 논리적으로 분석하였으며, 더불어 동의성과 중의성도 다루었다. 앞으로 배울 화용론에서는 대화원리에 따라 화자와 청자가 어떤 식의 대화를 하고, 그 발화 속에 어떤 문맥적 정보가 들어 있는지 발화해석규칙으로 해석하는 분야가 된다. 즉 일상언어와 언어사용 면에서 언어를 분석한 J. Austin, Grice, J. Searle 등은 발화행위를 중심으로 이론을 전개하였다. 이에 영향을 받아 오늘날 이 분야에 대해 많은 언어학자들이 활발히 연구를 전개해오고 있다. 이밖에 B. Russell, Strawson 등의 철학자들은 발화를 할 때, 그 발화의 전제(presupposition)가 되는 내용에 대한 연구에 관심을 갖고, 이에 대한 연구를 활발히 진행시켜 왔다.

한편 대화와 담화(discourse)가 말이나 글로 정보를 주고받는 과정이라고 할 때, 대화나 담화속의 문장이 지닌 정보구조가 중요하게 된다. 일반적인 영어문장은 화제인 구정보를 주어로 내세워 대화가 시작하여, 초점인 신정보를 문장 뒤에 놓아 강조하여 전달하는 정보구조를 지닌다. 또 담화도 주제어를 맨 처음 내세워 응집력 있고 일관성 있게 조직하여 신정보를 전달한다. 이와 같은 정보의 구조화가 또 화용론의 대상이 된다. 이밖에 사회언어학에서 다루고 있는 경어법 등의 여러 연구 분야도 화용론의 대상이 될 수 있다.

1.2 발화행위

(1) 단언문과 수행문

우리가 실제 대화상에서 사용하는 말을 발화라고 한다. 또 발화에 쓰이는 문장들 가운데에는 의문문, 명령문, 서술문 등 여러 형태가 있다. 이런 문장 형태상에서의 분류가 아니라, 실제 대화상에서 하는 발화행위라는 측면에서는 서술문도 다른 발화행위를 할 수 있다. 먼저 다음 서술문 형태의 문장들은 말을 하는 발화행위의 측면에서 보면, 화자가 사실임을 주장하여 단언하는 문장으로, Austin(1962)은 이를 다른 발화행위와 구별해서 단언문(constative sentence)이라 불렀다.

(3) a. I will take you to the concert tomorrow.
b. They are man and wife.
c. You must withdraw yourself at last.

위 문장들의 특징은 단순히 발화내용이 사실이라고 단언하는 것뿐만 아니라, 말하는 발화행위를 하면서 동시에 각각 약속, 선언, 명령의 행위를 하고 있다. Austin(1962)은 이를 말을 하면서 동시에 어떤 행위를 수행하는 수행문(performative sentence)이라고 하였다. 생성의미론에서는 (3)과 같은 단언문도 화자가 청자에게 말을 하는 행위를 하고 있다고 보고, 기저구조에 'I tell you that...'을 상위문으로 설정하기도 했다. 이와 같이 상위문에 설정한 발화행위동사를 수행동사(performative verb)라고 한다.

다음 문장들은 서술문형태를 취하고 있지만, 화자가 말을 하는 것 자체가 어떤 행위를 수행한다는 취지가 드러나도록 그 문장의 주절에 수행동사로 분명하게 밝혀주고 있다.

(4) a. I **promise** to take you to the concert.
b. I **pronounce** you man and wife.
c. I **order** you to withdraw yourself.

(4)의 문장은 각각 (3)의 문장에 해당하는 약속, 선언, 명령의 발화행위를 분명하게 주절의 수행동사로 나타내고 있다. 이런 수행문의 통사적 특성은 위 예문처럼 주어가 일인칭이어야 하며, 동사는 수행동사이어야 하며, 시제는 현재이어야 한다는 점이다.

한편 단언문은 화자가 청자에게 사실이라고 단언하는 문장이므로, 사실여부를 가릴 수 있는 문장이다. 거짓일 경우라도 화자가 의도적으로 거짓말을 한 경우와 거짓인지 모르고 사실로 착각하여 단언한 경우가 있다. 그러나 수행문은 그 발화 내용이 사실이냐 아니냐를 따지는 문장이 아니라, 그 말을 하면서 수행하는 행위가 그때의 상황에 적절하냐 적절하지 않느냐를 따지는 문장이다.

(2) 발화행위와 언표내적 행위

Searle(1969)은 발화행위는 문장이라는 측면에서 단언문과 수행문이라는 두 분류 외에도, 행위라는 측면에서 세 개의 행위로 더 세분화될 수 있다고 보았다. 첫째, 말을 하는 행위, 즉 언어로 내용을 표현한다는 언표적 행위(locutionary act), 둘째, 말을 하면서 동시에 내적으로 수행하는 제안, 권유, 약속 등과 같은 언표내적인 행위

(illocutionary act), 셋째, 말하는 언표적 행위와 그와 동시에 수행되는 언표내적인 행위가 청자나 그 외 인물의 감정, 사고, 행위 등에 영향을 미치는 결과적인 언향적 행위(perlocutionary act)이다.

(5) It's raining.

(5)의 문장은 비가 오고 있다는 내용을 표현하는 언표적 행위를 하면서, 단지 비가 온다고 진술하거나 주장하는 언표내적 행위를 할 수 있다. 또 대화 상황에 따라 우산을 갖고 가라는 충고나 외출을 하지 말라는 경고와 같은 언표내적인 행위를 할 수 있다. 또 이와 같은 언표내적인 행위가 청자에게 고마움이나 불쾌감 등의 영향을 끼칠 수 있는 언향적 행위도 상상할 수 있다. 이때 진술이나 주장과 같은 언표내적인 행위는 언어기호인 말과 세상과의 일치 관계를 따진다. 즉 비가 오고 있다고 진술하는 언어기호인 말과 실제 실세계에서 비가 오는 상황과 일치하면 맞는 말이 되고, 실상황에서 비가 오지 않는다면 이 말은 거짓 진술이 된다. 그러나 충고나 경고와 같은 언표내적인 행위는 이 말을 하면서 실제 상황이 말처럼 되기를 바라는 경우로 진위를 따지는 경우가 아니라, 실제 상황에 맞게 적절하게 발화했느냐를 따지게 된다. 이런 충고나 경고를 했는데도 우산을 갖고 가지 않거나 외출을 했다면 이 말은 적절한 충고나 경고가 아닌 것이다. 한편 (5)의 문장을 통해 화자가 우산을 갖고 가라는 충고와 같은 언표내적인 행위를 하고 있다면, 화자의 심리상태는 청자가 우산을 갖고 갔으면 하는 소망을 나타내고 있다고 할 수 있다.

다음 표현은 그가 담배를 피우지 않는다는 명제내용에 대해 각각 진술, 의문, 부정, 기원과 같은 다른 언표내적인 힘(illocutionary force)이 담겨 있다.

(6) a. He doesn't smoke.
b. Doesn't he smoke?
c. Don't smoke.
d. Would that he didn't smoke.

(6a)의 부정문은 담배를 피우지 않는다는 부정의 진술을 하고 있는 단언문으로 서술, 주장이라는 언표내적인 힘이 그 문장 속에 담겨 있다. (6b)의 의문문은 질문이라는 언표내적인 힘이 담겨 있고, (6c)의 명령문은 명령이라는 언표내적인 힘이 담겨 있

다. (6d)의 기원문은 기원과 같은 언표내적인 힘이 문장 속에 담겨 있다. 즉 언표내적인 힘이란 쉽게 이야기한다면 어떤 문장이 가지는 의사소통기능이라고 할 수 있다. 오늘날 언어교육은 정확성을 따지는 문법교육이 아니라, 유창성을 따지는 의사소통능력 위주의 교육이라는 점에서 발화를 하면서 하는 언표내적인 행위, 즉 의사소통기능이 무엇보다도 중요하다고 할 수 있다.

한편 Searle(1969)은 언표내적인 힘에 따라 발화행위를 다음과 같이 여섯 가지로 분류하고 있다.

1) 지시(Directive)

지시란 명령, 요구, 간청, 요청, 탄원, 권유, 질문(청자에게 대답이라는 화행을 수행하도록 하므로), 제안, 허락, 도전 등과 같이 화자가 청자로 하여금 어떤 일을 하도록 지시하는 발화 행위를 말한다. 이때 화자의 지시에 따라 청자가 수행하는 행위는 앞으로 해야 할 미래의 행위이고, 또 지시를 받아 스스로 할 수 있는 행위이어야 한다. 또 화자의 심리상태는 청자로 하여금 어떤 일을 하기를 원하거나 소망하는 것이다. 따라서 다음 문장은 부적절한 명령이 된다.

(7) a. #I command you to leave yesterday.
b. #I order you to grow taller.
c. #Turn on the T.V., but I don't want you to.

(7a)는 미래 행위가 아니라는 점에서, (7b)는 스스로 할 수 있는 행위가 아니라는 점에서, (7c)는 화자가 원하지도 않으면서 명령을 하고 있다는 점에서 부적절한 명령이 되는 것이다.

한편 명령은 명제내용을 부정하느냐, 언표내적인 힘을 부정하느냐에 따라 금지(forbid, prohibit)와 허용(permit)을 나타내기도 한다.

(8) a. I command you to close the door.
b. I command you **not** to close the door.
c. I **don't** command you to close the door.
d. I **don't** command you **not** to close the door.

(8a)는 '문을 닫으라'는 명령이지만, 명령의 내용을 부정한 (8b)는 닫지 말라는 금지로 'I forbid you to close the door.'란 의미이다. 명령의 언표내적 힘을 부정하여 '닫으라고 명령하지 않았다'는 (8c)와, 둘 다 부정한 '닫지 말라고 명령하지 않았다'는 (8d)는 'You may close the door.'란 의미로 둘 다 허락에 가깝다.

2) 약속(Commissive)

약속이란 약속, 맹세, 언약, 위협, 보장, 동의, 합의, 거절 등처럼 화자가 어떤 행위를 하겠다고 약속하는 발화행위를 말한다. 이때 화자가 약속한 행위는 앞으로 하겠다는 미래 행위이고, 스스로의 의지에 따라 하겠다는 행위로 화자의 심리상태는 화자가 어떤 일을 하고자 하는 의지를 나타낸다. 따라서 다음 문장은 부적절한 약속이 된다.

(9) a. #I promise to leave yesterday.
b. #I promise to grow taller.

(9a)는 미래 행위가 아니라는 점에서, (9b)는 스스로 의지에 따라 할 수 있는 행위가 아니라는 점에서 부적절한 약속이 되는 것이다.

3) 표상(Representative)

표상이란 확인, 선포, 묘사, 주장, 진술, 설명, 분류, 고집, 이야기, 가정, 기억, 언급, 증언, 비밀, 강조, 예측 등과 같이 화자가 어떤 명제의 내용을 표현하는 발화행위로 Austin(1962)의 단언문에 해당한다. 이때 화자는 명제의 내용이 진실이라고 단언하는 것으로 화자의 심리상태는 명제 내용이 진실이라고 믿고 있다는 것이다. 즉 진위를 따질 수 있는 발화이다.

4) 감정표현(Expressive)

감정표현이란 감사, 사과, 위로, 축하, 인사, 환영, 개탄 등과 같이 화자의 심리적 감정 상태를 표현하는 발화행위를 말한다. 이때 화자는 감정표현을 통해 청자에게 영향을 주고자 한다.

(10) a. Congratulations on your promotion.
b. Thank you for the beautiful gift.
c. 1 am sorry about your car accident.

(10a)는 승진에 대한 축하표현이고, (10b)는 선물에 대한 감사표현이며, (10c)는 자동차 사고에 대한 유감 표현이다. 그러나 이와 같은 감정표현의 말은 매우 상투적이고 관습적인 표현이 많기 때문에 진실성 여부를 따지기는 쉽지 않다. 이때 명제 내용인 승진, 선물, 자동차 사고가 먼저 전제되어야 한다는 특성이 있다. 단지 다음과 같은 기원문은 이런 전제에서 예외가 된다.

(11) a. Would that it would rain.
b. If only Noel would come.

5) 판결(Verdictive)

판결이란 평가, 점검, 등위, 점수, 진단, 계산, 측량 등과 같이 화자가 어떤 것에 대해 가치 판단을 하거나 등급을 매기는 발화행위를 말한다. 화자의 심리상태는 언어로 표현하여 위와 같은 판결내용을 전달하고자 하는 것이다. 판결은 판결내용과 실제 상황이 일치하느냐를 따질 수 있고, 화자의 믿음을 나타낸다는 점에서 진위여부를 따지는 표상의 일부로 보기도 한다.

6) 선언(Declarative)

선언은 전쟁의 선포, 법안의 재청, 회의의 연기, 해고, 지명, 세례, 유죄판결과 무죄판결, 내기, 카드놀이의 패스, 이혼, 체포, 사임 등과 같이 화자가 발화행위를 함으로써 실제 상황을 이루어졌음을 선언하는 발화행위를 말한다. 화자는 언어외적인 체제(extralinguistic institution)에서 이런 선언이 할 수 있을 만한 합당한 위치나 지위를 지니고 있어야 한다.

(3) 적정조건

어떤 문장의 발화가 적절한 의사소통기능 즉 언표내적인 행위를 구성하기 위해서는 그 발화가 그때의 상황에 맞게 쓰였는지를 따지게 된다. 즉 화용론적 개념인 문맥과 상황에 맞게 적절하게 쓰였느냐를 따지게 되므로, 이를 전문용어로 특별히 적정조건(felicity condition)이라고 한다. 이와 같은 적정조건에는 명제내용조건(propositional content condition), 예비조건(preparatory condition), 기본조건(essential condition), 진지성조건(sincerity condition) 등이 있다.

1) 명제내용조건(propositional content condition)

명제내용조건은 발화행위에 사용한 명제내용이 언표내적인 힘에 적절해야 한다는 조건이다. 예를 들어 예측이란 발화행위의 내용은 미래의 사건에 관련된 것이어야 하고, 보고란 발화행위의 내용은 현재나 과거의 사건에 관한 것이어야 한다는 조건이다. 앞의 명령과 약속의 발화행위의 내용은 미래 행위이고 스스로의 의지에 따라 할 수 있는 행위내용이어야 한다는 조건도 이와 같은 명제내용조건의 일종이다.

(7) a. #I command you to leave yesterday.
b. #I order you to grow taller.

(9) a. #I promise to leave yesterday.
b. #I promise to grow taller.

2) 예비조건(preparatory condition)

예비조건은 어떤 발화행위가 적절하게 수행되기 위해서 필요한 예비적인 여러 조건을 말한다. 즉 화자와 청자는 그 발화행위에 대한 믿음이 있어야 하며, 그 발화행위는 관습적으로 용인된 맥락이나 적절한 상황에서 이루어져야 하며, 또 화자는 발화행위를 하기 위한 적절한 위치나 지위에 있어야 한다는 조건이다. 예를 들어 약속이라는 행위가 이루어지기 위해서는 먼저 화자가 약속하려고 하는 어떤 행위를 청자가 좋아할 것이라는 믿음 하에서 수행된다. 이를 약속이라는 의사소통기능 즉 약속의 언표내적인 행위가 이루어지기 위한 예비조건이라고 한다. 또 요청을 하기 위해서는 청자가 요청한 행위를 할 능력이 있다는 믿음이 있어야 요청이 성립된다. 이를 요청의 예비조건이라고 한다. 다음 (12)의 문장은 이와 같은 예비의 적정조건을 부정하고 있으므로 화용론적 모순이 생겨 적절한 대화가 이루어지지 못한 비적절한 발화가 된 경우이다.

(12) a. I promise to kill you.
b. #Please take out the garbage, even if you can't.

(12a)의 청자를 죽이겠다는 내용은 아무리 보아도 청자가 좋아 할 내용이 아니다. 즉 위협이나 경고는 되어도 약속은 될 수가 없다. 즉 약속의 예비조건을 어긴 경우이다. (12b)는 요청하는 어떤 행위를 청자가 할 수 있을 것이라는 요청의 예비조건을 어긴 경우로 요청이 성립될 수 없다.

3) 기본조건(essential condition)

기본조건은 화자의 어떤 발화행위가 기본적으로 청자에게 특정 발화행위를 하고 있구나 하고 인정 되어야만 된다는 조건이다. 예를 들어 화자가 약속이라는 발화행위를 한다면, 화자가 그 약속한 행위를 해야 할 의무를 기본적으로 짊어질 때, 청자는 약속으로 인정한다는 것이다. 이를 약속의 언표내적인 행위의 기본조건이라고 한다.

(13) a. I promise to take you to the concert.
b. I didn't do it, I promise.
c. I promise you'll go to jail for 10 years.

(13a)는 화자가 약속한 행위를 해야 할 의무를 짊어진다는 것을 청자가 인정할 수 있기 때문에 기본조건을 지킨 적절한 약속의 발화행위가 된다. 그러나 (13b)처럼 화자가 해야 할 의무와는 상관없는 과거의 일이거나, (13c)처럼 청자가 약속으로 인정할 수 없는 비우호적인 미래의 일일 경우에는 약속의 기본조건을 어긴 경우로 약속이 성립될 수 없다. 오히려 그 내용이나 행위에 대해 책임진다는 화자의 의지를 나타내게 되어 약속보다는 강력한 단언이 될 수 있다.

3) 진지성 조건(sincerity condition)

진지성조건은 화자나 청자의 심리상태와 관련된 조건으로 발화행위를 하는 화자는 자신이 말하는 것에 대해 책임을 져야 하고 진지해야 하며, 청자도 화자가 진지하게 말하고 있다고 가정해야 한다는 조건이다. 예를 들어 화자가 약속하는 발화행위에서 화자는 자신이 약속한 것을 실행할 의도를 가지고 있고, 그렇게 하는 것이 가능하다고 생각해야 진지하다고 할 수 있다. 또 요청의 발화행위에는 화자가 요청한 행위를 진정으로 원할 때 진지하다고 할 수 있다. 다음 (14)의 문장은 이와 같은 조건을 부정하고 있으므로 화용론적 모순이 생겨 적절한 대화가 아닌 경우이다.

(14) a. #I promise to take you to the concert, even if I can't.
b. #Turn on the T.V., but I don't want you to.

(14a)는 약속을 했다면 화자가 약속한 행위를 할 의도가 있고, 할 수 있다는 생각이 있어야 한다는 약속의 진지성조건을 어긴 경우로 적절한 약속의 발화행위가 아니다. (14b)는 요청을 했다면 화자가 요청한 행위를 화자가 진지하게 원한다는 요청의 진지성조건을 어긴 경우로 적절한 요청의 발화행위가 아니다.

1.3 간접발화행위

명령문과 의문문 속에는 각각 명령과 질문이라는 언표내적인 힘이 담겨 있다. 그러나 이와 같이 직접적으로 명령문이나 의문문을 사용하지 않고, 어떤 명령이나 질문 행위에 필요한 조건들 가운데 어느 하나와 관련된 다른 문장형태를 가지고, 간접적으로 이와 같은 명령이나 의문의 언표내적인 힘을 나타내는 경우를 간접발화행위(indirect speech act)라고 한다. 먼저 요청의 진지성조건과 관련된 다음 문장을 보자.

(15) a. I *would like/want* the salt.
b. I *would like/want* you to pass the salt.

요청의 진지성 조건은 화자의 심리상태로 화자가 진지하게 그 행위를 원하고 있다는 것이었다. 따라서 (15)는 명령문이 아닌 서술문이지만, 간접적으로 이런 요청의 언표내적인 힘을 갖게 된다. 이외에도 다음과 같은 표현이 요청의 진지성조건과 관련된 간접발화행위이다.

(16) a. *It would be nice* if you passed the salt.
b. *I'd rather* you didn't do that any more.
c. *I hope* you'll do it. *I wish* you wouldn't do that.

이와 같은 발화는 서술문 형식을 취했으나, 화자가 진지하게 원하고 있다는 요청의 진지성 조건과 관련해서 간접적으로 요청하는 간접발화행위이다. 이외에도 다음과 같은 표현이 가능하다.

(17) a. The cook forget the salt in this dish.
b. This dish needs/could use salt.
c. A little salt would help this dish.

요청의 진지성조건은 화자가 진지하게 원한다는 것인데, (17)의 표현은 화자가 원하는 것이 화자에게는 없다고 표현하므로 간접적으로 원한다는 것을 나타내고 있으므로 요청이라는 언표내적인 힘을 지니게 된다.

다음은 약속의 진지성 조건과 관련된 간접발화행위이다.

(18) a. *I will buy* a watch on your birthday.
b. *I will take* you to the concert tomorrow.

약속의 진지성조건은 화자가 진지하게 그 행위를 하겠다는 의도가 있어야 한다는 것이었다. 이런 점에서 (18)은 화자가 이런 의도를 분명하게 표명하고 있기 때문에 간접적으로 약속이라는 언표내적인 힘을 지니게 된다. 이와 같은 발화는 진지성조건과 관련하여 간접적으로 요청이나 약속의 언표내적인 힘을 지니게 되므로 간접발화행위라고 한다. 이런 간접발화행위는 직접적인 명령이나 약속보다 훨씬 점잖은 표현으로 일상대화에서 많이 사용되고 있다.

다음은 요청의 예비조건과 관련된 문장으로 간접발화 행위를 수행하는 경우이다.

(19) a. *Can you* pass me the salt?
b. *Is it possible for you* to pass the salt?
c. *Are you able* to reach the salt on the table?

요청의 예비조건은 화자는 청자가 그 행위를 할 수 있다는 믿음이 있어야 한다는 조건이다. 이때 (19)의 발화는 이런 믿음과 관련해서 청자가 이런 행위를 할 수 있는지 여부를 물어봄으로써 간접적으로 이런 요청을 표현하는 경우이다. 이외에도 다음과 같은 표현이 요청의 예비조건과 관련된 간접발화행위이다.

(19) a. *Would you mind* passing the salt?
b. *Would it be too much trouble for you* to pass the salt?
c. *Do you think you can manage* to the salt?

(19a-b)는 매우 간접적이라 점잖은 표현이라 할 수 있지만, (19c)는 지나치게 간접적으로 할 수 있다고 생각하느냐고 물어봄으로 오히려 냉소적인 표현이라 할 수 있다. 이외에도 다음과 같은 표현이 가능하다.

(20) a. *You can* go now.
b. *You could* be a little more quiet.

요청의 예비조건은 청자가 그 행위를 할 수 있다는 믿음인데, (20)의 표현은 청자에게 그런 능력이 있다고 진술함으로써 간접적으로 이런 요청의 언표내적인 힘을 지니게 된다.

다음은 요청의 명제내용조건과 관련된 간접발화행위이다.

(21) a. Officers *will* henceforth wear ties at dinner.
b. *Will* you quit making that awful racket? (Please.)
c. *Would you* kindly get off my foot? (Please.)
d. *Aren't you going to* eat you cereal? (Please.)

요청의 명제내용조건은 요청한 행위는 청자가 앞으로 해야 할 미래행위라는 조건이었다. 따라서 (21a)는 청자가 앞으로 어떤 행위를 하게 될 것이라고 서술하는 표현으로 간접적으로 어떤 행위를 해 달라는 요청의 언표내적인 힘을 지니게 된다. (21b-d)는 어떤 행위를 하겠느냐고 물어 봄으로 간접적으로 어떤 행위를 해 달라는 요청의 언표내적인 힘을 지니게 된다. 이처럼 의문문 형식을 빌려 간접적으로 요청을 표시하는 방법은 할 수 없으면 안 해도 되고, 할 의도가 없으면 안 해도 된다는 여유를 남김으로써 직접적으로 요청하는 것보다 더 점잖은 표현이 되어, 오히려 명령문 형식보다 더 많이 쓰이고 있다. 특히 (21b)는 요청의 형식으로 거의 굳어져 있어, 그 간접성도 약화되어 있다. 더욱이 (21c)처럼 will 대신 would가 쓰이면 더욱 더 요청의 뜻으로만 쓰인다. 즉 자연스럽게 문장 앞이나 뒤에 요청의 의미를 나타내는 'please'란 말을 덧붙일 수 있다.

다음 (22)는 이런 양상을 잘 대변하고 있다.

(22) a. *Why don't you* sit down?
b. *Why not* sit down?

(22a)는 의문문 형식으로 간접적인 제의의 언표내적인 힘을 나타내고 있다. 그러나 아직은 질문의 언표내적인 힘이 남아 있기 때문에 간접적인 제의의 발화형식이다.[55] 그러나 (22b)는 질문의 형식으로는 거의 쓰이지 않고, 완전히 제의의 형식으로 굳어져 버린 문형이다. 따라서 다음 문장의 문법성을 설명할 수 있다.

(23) a. Why not *listen to* the music?
b. *Why not *hear* the music?

(23b)의 hear는 (23a)의 listen to와 달리 행위동사가 아니므로, 요청의 형식으로 굳어진 (23b)의 문장 형태로는 쓰일 수 없다.

55) 다음과 같은 의문문은 간접적인 요청의 언표내적인 힘을 지니고 있으나, 아직은 질문의 언표내적인 힘이 남아 있기 때문에 yes-no의 대답을 할 수 있다.
i) a. Can you reach the salt? No, it's too far away.
b. Do you have the time? No, I don't wear a watch.
c. Do you have a match? No, I don't smoke.

1.4 대화상의 함축과 전제

(1) 대화상의 함축

실제 대화상에서는 화자와 청자 사이에 특유한 대화상황에 따라 화자가 원래 의도한 내용을 직선적으로 표현하지 않고 우회적으로 둘러서 표현하는 경우가 많다. 간접발화행위도 그 가운데 한 예라고 할 수 있다. 대화상의 함축(implicature)이란 이처럼, 실제 말한 것은 아니나, 그 말한 것 속에 암시되어 있는 내용을 의미한다. 다음의 예를 보자.

(24) It's cold here.

(25) a. Close the window, will you?
b. May I close the window?
c. Please turn on the heater.
d. Shall I turn on the heater?

(24)의 발화는 실제 발화된 내용은 문자 그대로의 의미로 춥다는 내용이다. 그러나 그때의 발화상황에 따라 청자에게는 (25)와 같은 여러 가지의 의미가 함축되어 있는 것으로 여겨질 수 있다. 즉 '추우니 창문을 닫아 달라.'는 의미도 될 수 있고, '추운데 창문을 닫아도 될까요.' 하는 의미도 될 수 있고, '난로를 켜 달라.'는 의미 혹은 난로를 켤까요.' 하는 의미 등 여러 가지의 의미가 상황과 문맥에 따라 함축되어 있다. 이처럼 대화상의 함축은 상황과 문맥에 따라 얼마든지 달라질 수 있다는 점에서 그 문장의 논리적인 함의와는 전혀 다르다.

한편 이와 같은 대화상의 함축은 담화의 일반적인 성질과 관련이 깊은 것으로 이를 어느 정도 체계적으로 정리해놓은 것이 Grice(1975)의 대화의 공리(maxims of conversation)이다. Grice(1975)는 일상대화는 화자와 청자가 서로 의사소통을 주고받는 협력적인 행위라는 생각에 기초를 두고, 협력의 원리(co-operative principle)를 제의했다. 즉 자신의 대화상의 발화가 주고받는 대화의 목적이나 방향에 맞게 요구되는 대로 대화에 이바지하라는 협력의 원리이다. 이에는 다음과 같은 세 가지의 공리가 있다.

(26) a. **The maxim of Quantity**.

i. Make your contribution as informative as required (for the current purpose of the exchange).

ii. Do not make your contribution more informative than is required.

b. **The maxim of Quality**: Try to make your contribution one that is true.

i. Do not say what you believe to be false.

ii. Do not say that for which you lack evidence.

c. **The maxim of Relation:** Be relevant.

i. The maxim of Manner: Be perspicuous.

ii. Avoid ambiguity.

iii. Be brief.

iv. Be orderly.

먼저 (26a)는 정보의 양을 주고받는 데 있어, 대화가 원만하게 협력적으로 이루어지기 위해서는 '필요한 만큼의 정보를 제공하라'와 '필요이상의 정보를 제공하지는 말라'는 양의 공리(maxim of quantity)이다. (26b)는 대화를 주고받는 정보의 질에 있어서는 사실만 말하라는 질의 공리(maxim of quality)이다. 즉 '거짓이라고 믿는 것은 말하지 말라'와 '증거가 불충분한 것은 말하지 말라'가 해당된다. (26c)는 대화가 원만히 이루지기 위해서는 관련성이 있게 말하라는 관련성 공리(maxim of relation)이다. 이에는 '명확하게 말하라', '중의성을 피해라', '간단하게 말하라', '질서 정연하게 말하라' 등이 있다. 일상대화에서는 이와 같이 상식적인 대화원리가 지켜지고 있지 않는 경우가 허다한데, 그 경우 청자는 말하는 화자가 왜 이와 같은 협력의 원칙을 어기고 있을까 하고 추론하게 되므로 여러 가지 대화상의 추측을 낳게 된다. 이를 전문용어로 대화상의 함축이라고 한다.

예를 들어 어느 철학과 교수가 교직에 응모한 자기 제자에 대한 추천서를 "A군은 언변이 대단히 좋고 강의에 출석도 대단히 잘했습니다."라고 썼다면, 그 교수는 필요한 만큼의 정보를 제공하라는 양의 공리를 어긴 것이 된다. 이는 'A군의 철학 실력은 형편없다'는 가정에서 이루어진 추천서라는 추론을 낳게 한다. 이런 추론이 바로 대화상의 함축이다.

(27) A: Do you have any money?

B: I have a ten-dollar bill.

가진 돈이 있냐는 A의 질문에 10달라 있다는 B의 대답에서 '필요한 만큼의 정보를 제공하라'와 '필요이상의 정보를 제공하지는 말라'는 양의 공리에 따라 B가 단지 10달러 밖에 없다는 의미를 함축하고 있음을 알 수 있다. 만약 10달라 이상을 갖고 있다면 거짓말을 하는 경우로 양의 공리뿐 아니라 질의 공리도 어긴 경우가 된다. 또 경우에 따라서는 두 가지 공리를 동시에 고려해야 할 때도 있다. 다음의 대화는 프랑스로 여행하려는 사람이 미리 그곳에 사는 친구의 집을 알아보려는 대화 내용이다.

(28) A : Where dose he live?
B : Somewhere in the south of France.

B의 대답은 충분히 제보적이지 못하여 양의 공리를 어기는 것 같이 보인다. 그러나 이는 오히려 사실만 말하려는 질의 공리를 지키려다보니 어쩔 수 없이 그렇게 된 경우이다. 즉 질의 공리가 양의 공리를 선행하는 경우이다. 따라서 B의 말속에는 그 친구가 프랑스의 어느 시에 살고 있는지 자신도 구체적으로는 모른다는 내용을 함축하고 있다.

다음의 대화는 관련성의 공리와 관련된 대화상의 함축이다.

(29) A: I am out of petrol.
B: There is a garage round the corner.

A와 B가 하는 대화가 성공적인 대화가 되려면, B가 관련성이 있게 말하라는 관련성 공리를 어기지 않는다고 보아야 한다. 따라서 A와 B의 대화가 관련을 맺으려면 B의 말속에는 다음의 내용을 함축하고 있다고 추론할 수 있다.

(30) a. The garage is, or at least may be open.
b. The garage has petrol to sell.

즉 가스가 떨어졌다는 A의 발화에 대해, 적절한 B의 대답이 되기 위해서는 저쪽 구석에 있는 주유소에서 가스를 충전할 수 있다는 내용이 함축되어 있다. 다음의 대화도 관련성의 공리와 관련된 대화상의 함축이다.

(31) A : What on earth has happened to the roast beef?
B : The dog is looking very happy.

(32) A : Is Jim coming to the party tonight?
B : His parents are visiting for the weekend.
B′ : Well, his parents are visiting for the weekend.

(33) A : Is Ellen at home?
B : Her light is on.
A : So / Then she must be at home.

(31)에서 '구운 고기가 어떻게 된거냐?'는 A의 질문에 '개가 만족해 보인다.'는 B의 대답이 관련성을 가지려면 개가 먹어치웠다는 함축을 추론하게 된다. (32)에서 '파티에 올 수 있나?'는 A의 질문에 대해 'Jim의 부모가 주말동안 출타중이다.'라는 B의 대답이 관련성을 가지려면 집이 비어 그가 파티에 올 수 없을 것이라는 함축을 추론하게 된다. 이때 (31B')처럼 담화표지(discourse marker)로 Well과 같은 말을 첨가하면 더 자연스럽게 관련성을 지어 추론하는 상황임을 보여준다. (33)에서 'Ellen이 집에 있나?'는 A의 질문에 대해 '방에 불이 켜져 있다.'는 B의 대답이 관련성을 가지려면 그녀가 집에 있다는 함축을 추론하게 된다. 이때도 So나 Then과 같은 담화표지를 첨가하면 이런 내용이 함의가 아니라 함축된 추론임을 자연스럽게 나타낼 수 있다.

한편 Gazdar(1979)는 다음 (34)와 같은 양의 척도를 제시하여, 약한 것을 말할 때는 그보다 강한 것이 아니기 때문이라는 함축을 추론할 수 있다고 설명한다.

(34) a. 〈all, most, many, some, few, ……〉
b. 〈……, ten, nine, eight, ……〉
c. 〈necessarily, probably, possibly, ……〉
d. 〈must, should, may, ……〉

(35) a. *Some of the students* were present.
b. *Not all of the students* were present.

(36) a. John *believes* that Mary is right.
b. John *does not know* that Mary is right.

일부 학생이 출석했다는 (35a) 발화는 척도가 낮은 요소인 some을 사용했기 때문에, 양의 공리에 따라 그보다 높은 요소인 all은 아닐 것이라는, 즉 모든 학생이 출석한 것이 아닐 것이라는 (35b)를 함축하고 있다. 또 (36a) 발화도 척도가 높은 요소인 know를 쓰지 않고, believe를 썼기 때문에 '알고 있는 것은 아니다'는 (36b)를 함축하고 있다.

이와 같은 대화상의 함축에는 몇 가지 특징이 있는 데, 첫째, 그 함축을 지니는 표현 자체의 의미가 함축의 일부가 되어서는 안 된다. 즉 발화내용에 표현된 어휘나 통사구조 속에 포함된 의미가 아니라 순수 대화상에서 추론해 낸 함축이라는 것이다.

둘째, 대화의 맥락에서 추론한 내용이므로, 경우에 따라서는 취소가 가능하다.

(37) a. John tried to drive the car.
b. John did not succeed in driving the car.
c. John tried, and in fact succeeded, in driving the car.

(37a)는 '차를 운전하려고 시도했다.'는 내용이므로, 양의 척도에 따라 '실제 차를 제대로 운전하지 못했구나.' 라고 추론할 수 있다. 즉 (37b)를 함축할 수 있다. 그러나 (37c)에서 보듯, 시도해서 실제 제대로 운전했다는 발화가 가능하므로, 그 추론한 함축이 얼마든지 취소될 수 있다.

셋째, 둘 이상의 여러 가지 추론 즉 함축이 가능하다.

(38) a. Bob failed to win.
b. Bob tried to win.
c. Bob was expected to win.

우승하지 못했다는 발화 (38a)속에는 '우승하려고 노력했었구나.' 라는 (38b)도, '우승할 것으로 기대되었었는데.' 라는 (38c)도 대화상의 함축으로 추론이 가능하다.

넷째, 그런 대화상의 함축을 추론할 수 없으면서, 의미에 별 차이 없는 다른 표현으로 바꿀 수 없다. 예를 들어 위 발화 (38a)에서 fail 대신 의미가 비슷한 not succeed, not able, not manage를 바꾸어 넣은 (39)도 같은 대화상의 함축 (38b-c)를 추론할 수 있다.

(39) a. Bob didn't succeed in winning.
b. Bob wasn't able to win.
c. Bob didn't manage to win.

따라서 대화상의 함축은 특정 어휘나 표현에서 나온 것이 아니고, 대화상의 맥락이나 상황에 의해 추론되는 내용이다.

(2) 전제와 함의

전제(presupposition)란 어떤 한 문장이나 발화가 사실이 되기 위해서 먼저 전제되는 내용이다. 예를 들어 다음 (40a)문장은 (40b)의 내용을 전제로 하고 있다.

(40) a. John stopped beating his wife.
b. John had been beating his wife.

(40a)의 동사 stop은 의미상 '어떤 일을 하던 것을 그만두었다.'로, '그 이전에 이미 그 일을 하였었다.'는 내용이 전제로 되어야만 한다. 한편 이와 같은 전제는 그 문장이 부정이 되거나 의문이 되어도 그대로 사실로 남아 있다.

(41) a. John didn't stop beating his wife.
b. Did John stop beating his wife?

아내를 구타하는 짓을 그만두지 않았다고 부정을 해도, 또 아내를 구타하는 짓을 그만두었냐고 물어도 아내를 이전에 구타하고 있었다는 내용이 전제되고 있다. 따라서 대화상의 함축과 달리, 부정문에서 의하여 부정되지도 않고, 의문문에 의하여 의문의 대상이 되지도 않는 부분을 어떤 문장의 전제라고 한다. 또 대화상의 함축과 달리 대화상의 상황이나 맥락에서 추론되는 내용이 아니라, 특정 어휘나 표현 속에 들어있는 내용이다. 이와 같은 전제관계를 보이는 특정 표현의 동사로는 stop, continue 등과 같이 시상과 관련된 동사뿐만 아니라, regret, forget 등과 같이 그 보문이 사실이라고 항상 전제로 하는 사실동사(factive verb) 등이 있다.

(42) a. John *regrets* that he failed in the exam.
b. John *forgot* that he went there.

(43) a. John believes that he failed in the exam.
b. John asserted that he went there.

(42)의 예문들은 항상 그 보문이 사실임을 전제로 하여, 그 사실을 후회하거나 잊어버리는 경우이다. 따라서 부정문이 되거나 의문문이 되어도 그 보문이 사실임이 전제가 되어, 그 사실을 후회하지 않거나, 또는 후회하는지 잊었는지를 묻는 경우가 된다. 그러나 (43)의 예문들은 그런 전제가 없고, 단지 그 보문에 대한 믿음이나 주장을 하고 있을 뿐이다. 따라서 부정문이 되거나 의문문이 되면, 그런 보문에 대한 믿음이나 주장을 부정하거나 의문시하는 경우가 된다. 이런 동사들을 전자의 사실동사와 구별하기 위해 비사실 동사(non-factive verb)라고 한다. 이밖에도 전제를 포함하고 있는 어휘는 정관사 the, 부사 also, too, even 등이 있다.

(44) a. *The king of France* is bald.
b. There is a king of France.

(45) a. John *also* likes Mary.
b. There is other than John who likes Mary.

(44a)의 프랑스 왕이 대머리라면(the king of France의 표현 속에는) 프랑스 왕이 있다는 (44b)가 전제되어야 말이 성립한다. 또 (45a)의 John도(also) Mary를 좋아한다면 Mary를 좋아하는 사람으로 John 이외의 다른 사람이 있다는 (45b)가 전제되어 있다.

한편 함의(entailment)란 논리적으로 한 문장이 참이면 항상 참이 되는 문장을 말한다. 예를 들어 다음 (46a)는 (46b)를 논리적으로 함의한다.

(46) a. Mary *killed* the rabbit.
b. The rabbit died.

kill이란 동사의 죽였다는 의미에는 그 결과 죽었다는 의미가 함의되어 있다. 즉 전제와 마찬가지로 함축과 달리 취소할 수 없다. 그러나 함의가 전제와 다른 것은 부정문이나 의문문에서 이러한 함의관계가 성립하지 않는다는 점이다.

(47) a. Mary didn't kill the rabbit.
b. Did Mary kill the rabbit?

죽이지 않았거나, 죽였느냐고 묻는 경우에는 논리상 죽었다는 의미가 함의될 수 없다. 즉 전제와 달리 부정문이나 의문문이 되면 그 논리적 함의관계가 사라진다. 이와 같은 함의관계를 이루는 특정 어휘나 표현으로는 clean, cause, force, become, have to 등이 있다.

(48) a. May *cleaned* the room.
b. The room became clean.

(49) a. John *forced* Mary to go there.
b. Mary went there.

깨끗이 청소했다면 깨끗해졌다는 내용이 함의되어 있고, 강제로 가게 했다면 간 것이 함의 되어있다. 이처럼 함의란 한 문장의 의미 속에 내포되어 있는 의미를 뜻한다. 즉 한 문장의 의미에서 논리적으로 다른 한 문장의 의미가 나오는 경우이다. 따라서 이와 같이 논리적으로 함의되어 나온 의미를 부정하게 되면 서로 모순이 생긴다.

(50) a. Wilkins *hopes* to sell his farm.
b. Wilkins does not wish to sell his farm.

위의 두 문장은 논리적으로 서로 모순이 된다. 팔기를 희망한다면, 팔고 싶어하는 경우이다. 따라서 위 두 문장은 서로 양립할 수 없다. 전제의 경우도 이를 부정하면 마찬가지로 논리적으로 모순이 생긴다.

(51) a. *John stopped beating his wife but he didn't beat his wife.
b. *John regrets that he went there but he didn't go there.

(52) a. *The king of France is bald but there is no king of France.
b. *John also likes Mary but no other than John likes Mary.

구타를 그만두었다고 하면서, 구타한 적이 없다고 하면 서로 논리적으로 모순이 생겨 비문법적이 된다. 또 그곳에 간 것을 후회한다고 하면서 실제로 그곳에 가지 않았다고 하면 서로 논리적으로 모순이 생겨 비문법적이 된다. 마찬가지로 프랑스 왕이 대머리라고 하면서 프랑스 왕이 없다고 한다든지, John도 Mary를 좋아한다고 하면서, John 이외에 아무도 Mary를 좋아하는 사람이 없다고 하면 앞뒤가 안 맞는 모순된 말이 된다.

한편 전제란 함의와는 달리, 부정문이 되어도 그대로 남아있는 것으로 정의하였다. 그러나 부정문의 경우, 부정의 적용범위에 따라 두 가지 의미로 해석되는 중의성이 있다.

(53) a. John did not stop beating his wife.
b. It is not the case that John stopped beating his wife.

(53a)는 일반적으로 not의 적용범위가 동사에 한정되는 내부 부정으로 해석하여, '구타하는 것을 그만두지 않았다.'는 의미라면 구타했던 사실이 전제가 된다. 그러나 문맥이나 상황에 따라 not의 적용범위가 문장 전체에 걸리는 (53b)와 같은 의미로 해석될 수도 있다. 즉 구타를 그만둔 경우가 아니라면 구타를 했었다는 전제도 부정될 수 있으므로, 다음 (54)의 문장은 논리적 모순이 생기지 않아 정상적으로 받아들여진다.

(54) a. John did not stop beating his wife because he hadn't been beating his wife.
b. The king of France is not bald because there is no king of France.

이처럼 부정문에서 전제란 문맥이나 상황에 따라 부정될 수 있기 때문에 긍정문에서 전제와 달리 화용론적 전제(pragmatic presupposition), 또는 대화상의 함축(conversational implicature)으로 정의하기도 한다.

2. 담화와 정보구조

대화는 말로 서로 의사소통을 하는 과정이라면, 담화는 주로 글로 의사소통을 하는 과정이라 할 수 있다. 이때 의사소통이란 서로 정보를 주고받는 과정으로 대화나 담화속의 문장이 지닌 정보구조가 중요한 역할을 하게 된다. 즉 같은 말이나 글이라고 하여도 어떻게 정보를 조직하여 전달하느냐에 따라 효과가 달라진다. 발화행위와 마찬가지로 문법적으로 맞느냐 틀리느냐의 문제가 아니라 적절한 표현의 정보전달이냐 아니냐를 따지게 된다.

2.1 정보구조의 기본개념

(1) 구정보와 신정보

일반적으로 대화나 담화는 이미 알고 있는 주어진 정보(given information), 즉 구정보(old information)를 주제(theme)로 하여 신정보(new information)를 초점(focus)으로 의사 전달하는 소통의 과정이다. 구정보란 화자와 청자와 같은 대화의 참여자들에게 이미 알려진 주어진 정보이며, 담화에서 이전의 담화문맥에서 명시적으로 언급되어 주어졌거나, 어떤 정보로부터 암시되어 있는 정보를 말한다. 또는 사적으로 공유하고 있는 정보(shared information)이거나, 사회문화적으로 널리 알려진 정보를 말한다. 반면에 신정보란 대화에서 화자가 청자에게 전달하려고 하는 정보이며, 담화에서 처음으로 도입되는 정보를 의미한다. 이때 문장 앞에 오는 주어는 보통 주제인 구정보이며, 문장 뒤에 오는 서술어 또는 서술어 속의 목적어 등은 전달하고자 하는 초점인 신정보가 되는 정보구조의 패턴을 이룬다. 다음의 담화를 보자.

(55) *I* must tell you about <u>my move</u>. First, *the movers* arrived <u>two hours late</u>. Then, *they* <u>damaged my new couch</u>. *The upholstery on the back* <u>is badly ripped</u>. And *they* <u>dropped two boxes of dishes</u>. <u>What a nightmare!</u>

첫 문장에서 일인칭 주어 I 및 말하는 행위는 의사소통 맥락에서 주어진 것으로 구정보이고, 이사하는 내용은 전달하고자 하는 신정보가 된다. 두 번째 문장의 주어인 이사꾼들은 비록 처음으로 등장하지만 앞 문장의 이사(move)라는 상황적 맥락에서 추측할 수 있는 구정보이다. 따라서 화자나 청자가 알고 있는 정보란 의미에서 정관사 the로 표현하고 있다. 두 시간 늦게 도착했다는 서술구가 전달하고자 하는 초점인 신정보이다. 세 번째 문장의 주어 "they"는 앞 문장의 주어 the movers를 대신해서 쓴 대명사로 구정보이고, 새 실내가구를 망가트렸다는 서술구가 전달하고자 하는 신정보이다. 네 번째 문장의 주어인 의자 뒷부분 속도 앞 문장의 실내가구(couch)라는 맥락에서 알 수 있는 구정보이다. 따라서 정관사 the로 표현되었다. 심하게 뜯겨 나갔다란 서술구가 전달하고자 하는 신정보이다. 다섯 번째 문장의 주어 "they"는 앞에서 언급된 이사꾼들로 구정보이고, 접시 두 상자를 떨어뜨렸다는 서술구가 전달하고자 하는 신정보이다. 즉 주어는 구정보인 주제어이고, 서술어는 신정보인 초점이 되는 전형적인 패턴을 보여준다. 마지막 문장인 감탄문에서는 주어(the move)는 문맥상 알 수 있는 구정보이므로 생략되었다.

(2) 화제와 논평

화제(topic)는 발화의 주제로, 출발점이며, 관심사이며, 관점이다. 즉 문장의 주어가 이야기의 주제이면서 동시에 이야기의 시작이며 관점인 화제가 된다. 논평(comment)은 화자가 화제에 관해 평하여 말하는 내용으로 대개 문장의 서술구가 논평이 된다. 앞 (55) 담화문맥에서의 한 문장인 '*They* damaged my new couch.' 를 보아도 주어인 they(movers)는 주제어이면 이야기의 시작이고 관심사인 화제가 되며, 서술어는 그 화제내용에 대해 화자가 평하고 있는 논평이 된다. 이를 다음과 같이 as for...를 사용하여 명시적으로 나타낼 수도 있다.

(56) a. As for the mover, *They* damaged my new couch.
b. As for my chair, *it* got badly ripped too.

이때 화제 X를 도입하는 표현으로 "As for X"외에도 "Speaking of X"나 "Tell me something about X"가 가능하다. 앞 (55) 담화는 이사에 대한 화제내용이고 혹은 어제 일어난 이사에 대한 이야기일 수 있다. 따라서 다음과 같이 표현할 수도 있다.

(57) a. Tell me something about your move.
b. Tell me something about yesterday.

이때 (55) 담화에서 주어진 문장들의 주어가 모두 화제이지만, 다음 (58a)처럼 화제가 반드시 문장의 주어일 필요는 없으므로 목적어를 전치하여 화제로 삼을 수도 있고, (58b)처럼 절 전체가 화제가 될 수도 있다.

(58) a. *That movie* I want to see.
b. *That my furniture was damaged* was upsetting.

(3) 대조

일반적으로 신정보는 강세를 받는 초점인데, 신정보가 아니라도 구정보중에서 다른 정보와 대조를 이룰 경우 대조강세의 초점이 될 수 있다.

(59) Most of my high school friends have moved away.
a. Only Phyllis still lives in town.
b. (even) *Phyllis* has now left town.
c. Phyllis rather than Amanda still lives in town.
d. and Phyllis has died

(59)의 담화문맥에서 (59a)의 주어 'Only Phyllis'는 "most of my high school friends"와 대조를 이룬다. 둘 다 대조강세의 초점을 받아 강하게 발음된다. 한편 명시적으로 앞의 문맥이 없다고 하여도 (59a)처럼 only를 쓸 경우, 다른 사람이 아닌 Phyllis만은 이라는 대조 강세를 받는다. 반면 (59b)의 담화로 이어진다면 맥락 속에서 추론되는 구정보로 주제이며 화제가 된다. (59c)처럼 대조의 대상이 되는 두 개의 명사구를 rather than과 같은 어구를 이용하여 명시적으로 표시할 수도 있다. 또 (59d)처럼 서술어 die가 move away와 대조관계를 이룰 수도 있다.

(4) 한정 명사구와 비한정 명사구

한정 명사구란 정관사 the 등에 의해 한정된 명사를 의미한다. 즉 화자와 청자 등과 같이 대화나 담화에 참여한 참여자에게 정해져 한정되어 있는 개체나 지시물을 나타내는 방법이다. 정관사 the 외에도 this, that과 같은 지시사(demonstrative)에 의해 수식받는 명사들과 고유명사, 대명사 등도 정해진 한정 표현이다. 반면 비한정 명사구란 부정관사 a 등에 의해 수식되는 명사를 의미하는데, 어떤 개체인지 정해져 있지 않은 개체를 도입할 때 사용한다. 부정관사 a 외에도 any 등에 의해서 수식되는 명사구가 이에 해당된다.

일반적으로 한정 명사구는 이미 알려진 구정보를 의미하고. 비한정 명사구는 알려지지 않은 신정보를 의미하지만 반드시 일치하지는 않는다. 다음 담화문맥을 보자.

(60) a. A couple I know just returned from a vacation in Africa.
b. They visited four countries—a vacation they'll never forget.
c. They went on a photographic safari in Tanzania.
d. The guide on their trip was excellent.

(60a)의 A couple은 부정관사에 의해 수식받는 비한정적 명사구로 당연히 청자가 모르고 있는 신정보이다. (60b)의 a vacation도 부정관사에 의해 수식받는 비한정적 명사구이지만, 앞 문맥에서 추론할 수 있는 구정보이다. (60c)의 대명사 they는 한정 명사구로 당연히 화자나 청자가 알고 있는 구정보이다. (60d)의 The guide는 정관사에 의해 수식받는 한정 명사구이지만 현재의 문맥에서는 처음 도입되는 신정보이다.

(5) 특정적, 불특정적 및 총칭적 명사구

실세계에 존재하는 특정 개체를 나타내면 특정적(specific)이라 하고, 실세계의 존재하지 않거나 아직 모르는 어떤 개체를 나타내면 불특정적(nonspecific)이라 한다. 대명사와 고유명사는 이미 실세계의 특정 개체를 지시하는 표현이므로 특정적이지만, 다음과 같이 불특정 일반 사람을 나타내는 you, one, they 등과 같은 부정 대명사(indefinit pronoun)는 불특정적이다.

(61) a. *You* never can tell.
b. *One* must consider all options.
c. *They* never tell you anything.

일반적으로 특정 명사구는 한정 명사구로 표현되고, 불특정 명사구는 비한정 명사구로 표현되지만 반드시 일치하지는 않는다.

(62) a. Tomorrow I'm going to polish the car.
b. I dream of buying an expensive car.
c. I saw a car I liked yesterday.
d. I'm going to buy the first car off the production line.

(62a)의 the car는 실제 존재하는 특정 자동차를 나타내는 특정 명사구이면서, 동시에 정관사에 the에 의해 수식받는 한정 명사구이다. (62b)의 an expensive car는 꿈속에서 생각하고 있는 실제 존재하지 않는 어떤 비싼 차라는 불특정 명사구이면서, 부정관사 a에 의해 수식받는 비한정 명사구이다. 그러나 (62c)의 a car는 내가 어제 본 실제 존재하는 특정 자동차를 나타내는 특정 명사구이지만, 청자는 아직 모르고 있는 신정보로 부정관사 a에 의해 수식받는 비한정 명사구이다. (62d)의 the first car는 아직 생산하지 않아 실제 존재하지 않는 앞으로 생산될 자동차로 불특정 명사구이지만, 정관사 the에 의해 수식받는 첫 번째로 생산되는 한정 명사구이다.

총칭적 명사구란 어떤 명사가 나타내는 특정 개체를 나타내는 것이 아니라 그 개체 구성원 전체를 나타내는 경우이다. 총칭명사구는 다음처럼 비한정 명사구로도 한정 명사구로도 나타낼 수 있다.

(63) a. Houses are expensive.
b. A house is expensive.
c. The house is the largest purchase you will make in your lifetime.
d. The house is beautiful.

(63a)의 복수명사구 Houses와 (63b)의 단수 명사구 A house는 어떤 특정 집을 의미하는 것이 아니라, 집이란 개체 전체를 총칭하여 나타낸 경우로 비한정 명사구로 표현하였다. 이때 (63a)처럼 복수명사구로 표현할 경우 특별히 bare plural이라고 한다.

(63c)의 The house도 어떤 특정 집을 의미하는 것이 아니라 집을 산다면 일생동안 구매한 것 중 최대의 구매가 될 것이라는 의미로 집을 총칭하여 나타낸 경우로 한정 명사구로 표현하였다. 반면 (63d)의 the house는 특정 집을 지시하는 경우이다.

한편 관계절에 의해 수식을 받는 명사구도 제한적 용법이냐 비제한적 용법이냐에 따라 특정성이 달라진다. 다음처럼 비제한적 용법일 경우 이미 특정한 개체를 지시하는 명사구에 대해 부연 설명하는 경우이기 때문에 특정명사구와만 같이 쓰인다.

(64) a. I am going to remodel the kitchen, which is fifty years old.
b. Yesterday I saw a beautiful kitchen, which had granite counters.
c. *I dream of having a new kitchen, which has a gas stove.
d. *The biggest kitchen, which I can afford, costs $10,000.

(64a)의 the kitchen은 내가 리모델링하려고 하는 정해진 어떤 특정 부엌이므로 정관사가 수식하는 한정명사구로 자연스러운 문장이다. (64b)의 a beautiful kitchen은 부정관사가 수식하는 비한정명사구로 청자는 잘 모르는 신정보의 어떤 부엌이지만, 어제 내가 본 특정 부엌을 나타내기 때문에 문법적인 문장이다. 반면에 (64c)의 a new kitchen은 신정보의 어떤 부엌으로 비한정 명사구이면서, 실존하지 않는 꿈속에서 본 비특정 명사구이므로 비제한적 용법으로 부연 설명할 수 없어 비문법적이다. (64d)의 The biggest kitchen도 비록 최고로 큰 부엌이라는 한정명사구이지만, 실존하지 않는 비특정 개체를 나타내는 비특정 명사구이기 때문에 비제한적 용법으로 부연 설명할 수 없어 비문법적이다. 한편 제한적 용법의 경우 이런 제약이 없이 비교적 자유스럽게 다음처럼 쓸 수 있다.

(65) a. I am going to buy the cabinets that I looked at yesterday.
b. Yesterday I saw a model kitchen that I can afford.
c. I am going to build the biggest kitchen that I afford.
d. I dreamed of having a kitchen that has sufficient storage space.

2.2 정보구조와 통사현상

영어 문장은 주어처럼 문장 앞에 위치하면 주제인 화제가 되고, 문장 뒤에 위치하면 초점인 논평이 되는 경향이 있다. 이번 장에는 이와 같은 정보구조에 따라 문장의 구조가 재배치되는 여러 통사현상에 대해 살펴보고자 한다.

(1) 전치

전치(fronting)는 단어, 구, 절 등을 문장의 시작 부분으로 이동시키는 것을 말한다. 아래 예문들에서 밑줄 친 부분은 모두 전치된 것이다.

(66) A: Which holiday do you like best?
B: Christmas I like best; Thanksgiving I like least.

(67) A: Do you swim or run for exercise?
B: Swimming I do everyday, but running very seldom.

전치된 요소는 문맥에서 명시되었거나 암시되어 있는 구정보이어야 하며, 전치의 결과로 전치된 요소가 발화의 화제가 된다. 따라서 전치는 문맥 속에서 주어진 정보를 화제화하는 수단이다. 전치된 요소는 (66-67)처럼 대조가 될 수 있다.
전치된 요소는 화제인 구정보이므로 대개 한정 명사구로 표현된다.

(68) a. *That movie* I want to see. / **A movie* I want to see.
b. *Wilson* his name is.

또 화제가 되는 전치된 요소는 문장에서 가장 돌출적인, 두드러진 요소이며 동시에 문맥에서 가장 요구되는 정보이다.
명사구외에 다음처럼 부사구나 부사절을 전치하여 화제화할 수 있다.

(69) a. *Suddenly* the car careered across the road.
b. *The day after tomorrow/on Tuesday* I hope to return home.
c. *Working late*, I missed my train.
d. *If you don't stop playing that loud music*, I'll go crazy.

e. *Because Rosa's leaving next week*, we're planning a party.
f. *When we get home*, let's watch a video.

특히 (69d-f)처럼 조건절과 원인절의 경우 전치되는 것이 흔하다. 한편 전치와 도치(inversion)가 같이 일어나는 경우도 있다.

(70) a. *Out* popped **a clown**.
b. *On the porch* sat **a fierce dog**.
c. *Never* have I seen **such a sight**.
d. *Here* comes **my brother**.
e. *There* is the book I was **looking for**.

처소격 및 부정 부사어를 전치시키면서 주어와 동사가 도치되는 현상인데, 전치와 마찬가지로 문장 끝으로 도치된 요소를 초점화하는 효과가 있다. 이때 대명사는 구정보이므로 도치되어 문장 끝부분으로 가지 않는다.

(2) 좌향배치

전치와 마찬가지로 좌향배치(left-dislocation)는 단어, 구, 절을 문장의 시작 부분인 좌측으로 이동시키는데, 이동된 요소의 원래 자리에 대명사를 남긴다는 특징이 전치와 다르다.

(71) a. *Annette*, she'll be home late tonight.
b. There are several interesting people we have met here, Mary, Sue, or Sarah. *Sarah*, we met her the first day we arrived.
c. *That party*, Alison said that Susie had organized it for Dean.

좌향배치는 일정 기간 동안 화제의 대상이 되지 않았던 구정보를 화제로 재도입하는 기능을 가진다. (71b)처럼 Mary, Sue, Sarah 등은 오래전 만났던 사람으로 구정보인데, 이중 Sarah를 화제로 재등장시키고 있다. (71c)처럼 심지어 종속절내의 요소도 좌향배치시켜 화제화할 수 있다.

(3) 분열문

분열문(cleft sentence)은 It-that의 강조구문으로 "Jane gave this book to Bill on Saturday because it was his birthday"와 같은 문장에서 강조할 부분을 분열시켜 다음과 같이 it-that안에 배치하여 강조시키는 것을 말한다.

(72) a. It was this book that Jane gave to Bill.
b. It was Bill who Jane gave this book to.
c. It was Jane who gave this book to Bill.
d. It was on Saturday that Jane gave this book to Bill.
e. It was because it was his birthday that Jane gave this book to Bill.

It-that의 강조구문으로 (72a-c)에서는 명사구를, (72d)에서는 전치사구를, (72e)에서는 종속절인 부사절을 분열시켜 강조할 수 있다. 분열시켜 강조된 요소는 종종 대조 강세를 받기도 한다. 즉 (72b)에서 강조된 Bill은 John, Jack 등 다른 사람이 아닌 Bill에게만(only Bill)이란 의미가 담겨 있다. 또 강조된 부분은 대개 신정보인데 다음처럼 구정보일 때도 가능하다.

(73) a. It was in 1954 that I first visited London…
b. His ego knew no bounds. It was his egoism that I despised, but it was his brilliance that I admired.

(73a)는 이야기를 시작하는 도입부 문장으로 강조된 'in 1954'은 이미 청자도 알고 있는 구정보일 수 있는데, 화자는 청자가 말하는 순간에는 생각하지 못하고 있지만, 재확인 시키면 금방 기억해 내거나 추리할 수 있다고 가정하여 강조한 경우가 된다. (73b)는 처음 강조된 his egoism은 문맥상(his ego) 알 수 있는 구정보이다. 그러나 다음 강조된 신정보 his brilliance와 대조가 되므로 대조 강세를 받는 경우이다. 이처럼 it-that의 강조구문은 원래 문장의 통사구조를 바꾸기는 하지만 주어, 목적어 등의 기능적 관계를 바꾸는 것은 아니라, 위치만 재배열시킨 것이다.

(4) 유사 분열문

유사 분열문(pseudocleft sentence)은 분열문과 비슷한 강조구문으로 "Henry Studied linguistics at university."와 같은 문장을 다음과 같이 분열시켜 강조시키는 경우이다.

(74) a. What Henry studied at university was **linguistics**.
 b. What Henry did was **study linguistics at university**.

유사 분열문에서 강조되는 부분은 NP나 VP 등인데, be 동사 다음의 문장 끝에 위치한다. 강조되는 부분은 당연히 신정보이며 대조강세의 초점을 받는다. 즉 (74a)에서 강조된 언어학은 수학 등 다른 과목이 아니라 언어학이라는 의미가 담겨있다.(What Henry studied at university was linguistics (not mathematics)). 유사 분열문에서 복합관계대명사절로 문장 앞에 위치한 부분이 구정보요 화제가 되며, 강조된 부분이 신정보인 논평이 된다. 따라서 다음처럼 문장의 어순을 바꾸면 화제와 논평도 바뀌게 된다.

(75) a. What Henry studied at university was Linguistics.
 → *Linguistics* was what Henry studied at university.
 b. The one who studied linguistics at university was Henry.
 → *Henry* was the one who studied linguistics at university.

새로 바뀐 문장에서는 Linguistics와 Henry가 구정보인 화제가 되며, 관계절은 신정보인 논평이 되는 구조이다. 특히 (75b)는 유사 분열분과 유사한 one-분열문(one-cleft sentence)이라 한다.

(5) 강세

신정보와 대조적 정보는 제일 강세를 받는 초점이다.

(76) a. He stood on the **dóck**. / He **stóod** there./He **sáw** them.
 b. **Sálly** (not june) did that.

(76a)처럼 일반적인 문장에서는 문장 끝에 오는 마지막 내용어(명사, 동사, 형용사, 부사 등)가 신정보로 제일 강세를 받는 초점이 된다. (76b)에서는 주어인 Sally가 대조 강세의 초점이 되어 제일 강세를 받는다.

한편 화자에 따라 강세를 주어 발음하는 것이 달라질 수 있다.

(77) a. The **ców** jumped over the moon. (↔ horse)
b. The cow **júmped** over the moon. (↔ stepped)
c. The cow jumped **óver** the moon. (↔ around)
d. The cow jumped over the **móon**. (↔ sun)

이를 특별히 강조강세(emphatic stress)라고 하는데, 'It was the **ców** that jumped over the moon.'처럼 it-that의 강조구문으로 표현할 수 있다. 또 말(horse)이 아니라 소(cow)라는 일종의 대조강세의 의미가 담겨 있다.

(6) 수동문

수동문도 일종의 문장구조의 재배열로 화제와 논평이 바뀌는 효과가 있다.

(78) a. Did you hear the news about Adele?
b. *She* was given a commendation by the council.

(78a)는 "Adele"을 담화의 화제로 도입하는 문장이기 때문에, 능동문 'The council gave her a commendation.'이라는 대답은 담화의 화제가 "council"이 되기 때문에 부자연스럽다. 따라서 (78b)처럼 수동문으로 표현하여 그녀(Adele)를 화제로 시작하는 것이 자연스럽다. 이처럼 수동문은 능동문의 주어인 행위자(agent)를 화제로 삼지 않는 경우이므로 다음처럼 능동문의 주어인 행위자를 생략하는 경우가 많다.

(79) a. A bomb was thrown.
b. The expensive vase was broken.
c. The tape should be rewound.

(79a)는 행위자가 알려지지 않아 화제대상이 될 수 없기 때문에, (79b) 는 화자가

행위자를 명시하고 싶지 않기 때문에, (79c)는 행위자가 일반인이거나 불특정인이기 때문에 능동문으로 쓰이지 않고 수동문으로 쓰인다.

특히 다음과 같이 감정을 나타내는 동사는 무생물 주어인 능동문보다는 유생물 주어인 경험자를 주어인 화제로 내세우는 수동문을 더 많이 사용한다.

(80) a. *We* were amused by the movie. ← The movie amused us.
b. *I* am frightened by the prospect of tackling that job. ← The prospect of tackling that job frightens me.

수동문외에도 다음 (81c)처럼 주어를 교체하여 행위자대신 새로운 주어를 구정보인 화제로 할 수 있다.

(81) a. *You* can buy a good computer for $2000.
b. *A good computer* can be bought for $2000.
c. *$2000* can get you a good computer.

(81a)는 능동문으로 행위자 주어가 화제인 문장이지만, (81b)는 수동문으로 대상인 computer가 새로운 주어로 화제가 된 경우이다. (81c)는 금액 $2000가 새로운 주어로 화제가 된 경우이다.

(7) 정보구조와 주어 교체현상

문장의 주어를 바꾸어 놓는 대표적인 주어교체현상에는 다음과 같은 타동사의 목적어가 자동사의 주어가 되는 주어교체 현상이 있었다.

(82) a. The meat cuts *easily*. ← The butcher cuts the meat.
b. *The silver* polished *itself*. ← The butler polished the silver.
c. *The cup* broke. ← Janet broke the cup.
d. *Heat* radiates from the sun. ← The sun radiates heat.

(82a)는 '어느 누구라도 이 고기를 자른다면 쉽게 자를 수 있다'는 고기라는 개체의 특성을 나타내는 중간동사 교체현상이다. (82b)는 중간동사교체와 비슷한 가상적 재

귀 교체(virtual reflexive alternation)로 주어가 재귀목적어를 동반하여 쓰인다는 점에서 따로 분류하기도 한다. (82c)는 사역적인 타동사의 목적어가 비사역적인 자동사의 주어로 교체되는 사역교체현상이다. (82d)는 타동사의 목적어인 방출된 물질이 자동사의 주어로 쓰이는 물질-출처 교체현상(substance-source alternation)으로 radiate, 이다. 이들은 모두 타동사의 목적어를 자동사의 주어로 바꾸어 놓은 주어교체현상으로, 타동사구문으로 쓰지 않고 구태여 자동구문으로 쓴 경우라면 의미상 목적어였던 자동사의 주어가 구정보인 화제인 경우이다. 이처럼 주어교체는 단순히 통사적인 문장의 배열만 바꾸어 놓는 것이 아니라 화용적인 정보구조에서 화제가 달라진 경우가 된다.

이외에도 전치사구로 표현되던 시간, 도구, 원인, 이동체, 처소, 용기, 원료, 금액, 출처 등의 논항이 주어로 표현되는 사격주어(oblique subject)교체도 대표적인 주어교체 중의 하나이다. 먼저 시간, 자연력, 도구, 원인 주어의 경우를 보자.

(83) a. *1492* saw the beginning of a new era. ← The world saw the beginning of a new era *in 1492*.
b. *The sun* dried the clothes. ← I dried the clothes *in the sun*.
c. *The hammer* broke the window. ← David broke the window *with a hammer*.
d. *The letter* established his innocence. ← He established his innocence *with the letter*.

(83a)의 동사 see는 '1492년이 새로운 시대의 시작을 지켜보았다'처럼 시간을 의인화 하여 주어로 표현할 수 있다. (83b)의 동사 dry는 '햇볕 때문에 옷이 말랐다'처럼 자연력인 햇볕을 원인자 주어로 표현할 수 있다. 또 (83c)처럼 도구를 주어로 표현할 수 있다. (83d)처럼 추상적 원인을 주어로 표현할 수 있다. 이들도 통사적인 문장의 배열이 바뀌면서 화용적인 정보구조가 달라진 경우로 전치사구로 표현되던 시간, 자연력, 도구, 원인 등이 문장의 화제가 되는 경우이다.

다음도 사격의 전치사구로 표현되던 처소, 용기, 원료, 총금액, 출처 등이 주어로 표현되는 사격교체현상이다.

(84) a. *Each room* sleeps five people. ← We sleep five people *in each room*.
b. *The paper* incorporated the new results. ← I incorporated the new results

into the paper.

c. *That whole wheat flour* baked wonderful bread. ← She baked wonderful bread *from that whole wheat flour.*/

d. *$5* will buy (you) a ticket. ← I bought (you) a ticket *for $5*.

e. *The new tax laws* will benefit the middle class. ← The middle class will benefit *from the new tax laws*.

(84a)의 동사 sleep도 처소를 전치사 in을 사용하여 표현할 수도 있지만, 처소 주어로 표현할 수 있다. (84b)의 동사 incorporate도 수록된 장소내지 용기를 전치사구로 표현할 수도 있지만, 주어로 표현할 수 있다. (84c)의 동사 bake도 원료를 전치사구로 표현할 수도 있지만, 주어로 내세워 표현할 수 있다. 이때 빵의 원료인 전분이 제품인 빵의 성격을 좌우함으로 주제어로 부각시켜 주어로 표현할 수 있는 것이다. (84c)의 동사 buy는 '얼마의 금액을 주고 무엇을 사다'처럼 돈을 주고 물건을 구입하는 의미의 획득동사이지만, 경우에 따라서는 '얼마의 금액이 있으면 무엇을 살 수 있다'처럼 총금액을 주어로 내세워 표현할 수 있다. (84d)의 동사 benefit는 '무엇으로부터 이득을 보다'처럼 이득의 원천이 되는 출처를 전치사구로 표현할 수도 있지만, '무엇이 (있으면) 누구에게 이득이 된다'처럼 주어로 내세워 표현할 수 있다. 이들도 통사적인 문장의 배열이 바뀌면서 화용적인 정보구조가 달라진 경우로 전치사구로 표현되던 처소, 용기, 원료, 총금액, 출처 등이 문장의 화제가 되는 경우이다.

이외에도 다음과 같은 주어교체현상이 있다.

(85) a. *That Sam will foot the bill* is certain. → *It* is certain *that Sam will foot the ball.* → *Sam* is certain to foot the bill.

b. *To find the right answer* is difficult. → *It*'s difficult to find the right answer. → *The right answer* is difficult to find.

(85a)는 먼저 that-절의 긴 문장 주어를 가주어 it를 내세워 진주어를 문장 뒤로 보내는 외치변형(extraposition)이 된 문장이다. 다음 문장은 진주어인 종속절속의 주어를 주절 주어로 인상시키는 주어인상(subjectraising)시킨 문장이다. 먼저 외치변형된 문장은 Sam이 계산서를 발로 찼다는 긴 문장의 구체적인 사건보다 가주어 it를 내세워 가상의 상황을 화제로 자연스럽게 등장시키는 경우이다. 즉 대화나 담화가 시작할 때 일반적인 가상의 상황에 대해 이야기 한다는 것은 맥락 속에서 추론할 수 있

는 자연스러운 경우이기 때문이다. 또 주어인상규칙도 객관적인 사건이나 사실보다는 사건속의 주어인 Sam을 화제로 내세우는 경우로 Sam을 보면 발로 차고도 남는다는 주관적인 견해를 표현하는 효과도 있다. (85b)도 외치변형과 함께 부정사의 목적어를 주절 주어로 이동 시키는 현상으로 tough, hard, easy, impossible 등의 서술어 형용사에서 볼 수 있다. 주어인상규칙과 마찬가지로 올바른 답을 찾아낸다는 객관적인 사실보다는 목적어인 올바른 대답을 화제로 삼는 문장으로 올바른 대답이란 찾기 어렵다는 주관적인 견해를 표현하는 효과가 있다.

한편 상대적 대립의 반의어는 다음처럼 주어를 교체하여 표현할 수 있다.

(86) a. *John* bought it from Bill. ↔ *Bill* sold it to John.
b. *John* is Mary's husband. ↔ *Mary* is John's wife.
c. *John* is in front of mary. ↔ *Mary* is behind John.

이들도 같은 어떤 상황의 사건을 누구의 입장에서 이야기를 서술하느냐의 문제로 문장의 배열을 바꾸면서 화용적인 정보구조의 화제가 달라진 경우이다. 또 다음과 같은 주어교체도 가능하다.

(87) a. *This* pleased/frightened John. ↔ *John* liked/feared this.
b. *I* need to tune my bike. ↔ *My bike* needs to be tuned.
c. *The waves* battered the ship. ↔ *The ship* took a battering from the waves.

(87a)에서 원인자 주어의 사역적인 타동사 please, frighten 등은 경험자인 사람을 주어로 감정을 나타내는 정의동사 like, fear로 바꾸어 쓸 수 있다. 이들도 통사적인 문장의 구조만 바뀌는 것이 아니라 화용적인 정보구조에서 화제가 달라지는 경우이다. (87b-c)도 무엇을 화제로 등장시켜 주어로 표현하느냐의 정부구조상의 화제의 문제이다.

다음 문장의 쌍도 통사적인 문장구조의 배열이 바꾸면서 화용적인 정보구조에서 화제가 달라지는 경우이다.

(88) a. *Mary* owns many books. ↔ *This book* belongs to Mary.
b. *I* must have missed the meaning of what he said. ↔ *The meaning of what he says* escapes/eludes me.

c. *Oak trees* plague/grace/dot the hillsides. ↔ *The hillsides* boast/spot/eature oak trees.

(88a)의 동사 own은 소유자가 주어로 표현되고, 소유물이 목적어로 표현되는 데 비하여, belong to는 소유물이 주어로 표현되고, 소유자는 전치사의 목적어로 표현된다. 또 (88b)의 동사 miss는 경험자가 주어로, escape/elude는 대상이 주어로 표현된다. (88c)의 동사 plague, grace, dot는 처소의 상징물인 대상이 주어로, 동사 boast, spot, eature는 처소가 주어로 표현된다. 이들은 말하는 화자의 관점에 따라 무엇을 화제인 주어로 내세우냐에 따라 다르게 표현하는 경우이다.

(8) 정보구조와 목적어 교체현상

다음은 목적어 교체 현상으로 먼저 가장 대표적인 여격교체와 수혜자교체현상을 보자.

(89) a. Bill sold a car **to Tom**. / Bill sold Tom **a car**.
b. Martha carved a toy **for Tom**./Martha carved Tom **a toy**.

(89a)의 동사 sell은 수령자인 사람이 to-형태의 전치사로도 쓰이지만, 간접목적어 형태의 이중목적어 구문으로도 쓰인다. (89b)의 동사 carve는 '누구를 위하여 무엇을 조각해 내다'란 의미의 창조동사이다. 이들은 원래 수혜자를 전치사 for로 나타내는 for-수혜자구문으로 쓰이지만, 이중목적어구문으로도 쓰인다. 주어는 아니지만 문장 끝에 있던 초점의 요소를 화제가 있는 왼쪽의 목적어 자리로 이동시키는 현상이다. 즉 (89a)의 첫 문장인 여격구문은 'Bill이 자동차를 팔았다.'는 내용이 구정보인 화제인데, 팔은 대상이 Tom이라는 사람이라는 것이 신정보인 논평이 되는 문장이다. 반면에 두 번째 문장인 이중목적어 구문은 'Bill이 Tom에게 무엇인가 팔았다.'는 내용이 구정보인 화제인데, 팔은 물건이 자동차라는 것이 신정보인 논평이 되는 문장이다. (89b)의 수혜자교체도 같은 식으로 설명된다. 이처럼 목적어 교체현상도 통사적인 문장 구조의 배열만 달라지는 것이 아니라 화용적인 정보구조에서 화제와 논평이 달라진 경우가 된다.

다음은 처소격 교체(locative alternation) 현상이다.

(90) a. Jill sprayed paint **on the wall**. / Jill sprayed *the wall* **with paint**.
b. *June covered the blanket **over the baby**. / June covered *the baby* **with a blanket**.
c. Tamara poured water **into the bowl**. / *Tamara poured *the bowl* **with water**.

(90a)의 동사 spray는 이동체인 대상을 목적어로, 이동되어 가는 목표(goal)의 처소 논항을 전치사 on으로 표현하는 사역이동구문으로 쓰인다. 그러나 경우에 따라 처소를 목적어도 표현하여 처소 목적어구문으로도 쓰인다. 이때 처소격 목적어 구문은 페인트로 벽을 모두 다 뿌려 놓아 온통 벽이 페인트칠로 번벅이 되어 있다는 총체적 의미가 있어 의미적으로도 약간의 차이가 있지만, 화용적인 정보구조 면에서도 다르다. 즉 대상 목적어 구문은 'Jill이 페인트칠을 했다.'는 내용이 구정보인 화제인데, 그것이 벽에다라는 처소가 신정보인 논평인 문장이다. 반면에 처소격목적어 구문은 'Jill이 벽에다 무엇인가 칠했다.'는 내용이 구정보인 화제인데, 그것이 페인트라는 것이 신정보인 논평이 되는 문장이다. 한편 (90b)의 동사 cover는 이런 교체를 허용하지 않고, 처소목적어 구문으로만 쓰이고, (90c)의 동사 pour는 대상 목적어인 사역이동구문으로만 쓰인다. 즉 동사의 의미상 이런 구조로 고정되어 있기 때문에 화용상의 정보구조도 고정되어 쓰이는 경우이다.

한편 다음과 같은 불변화사 이동(particle movement)도 문장의 배열이 달라지면서 화용적인 정보구조가 달라진 경우가 된다.

(91) a. He wore out **the brakes**. / He wore the brakes **out**.
b. He cut down **the tree**. / He cut the tree **down**.
c. He rubbed out **the error**. / He rubbed the error **out**

(91a)에서 첫 문장은 '그가 무엇인가를 많이 사용하여 고장냈다'는 내용이 구정보인 화제라면, 고장 낸 것이 브레이크라는 것이 신정보인 논평이 되는 문장이다. 따라서 논평으로 초점이 되는 목적어 brake에 강세를 두어 발음하게 된다. 반면 불변화사 out이 뒤로 이동된 두 번째 문장은 '그가 brake를 많이 사용했다'는 내용이 구정보인 화제이고, 그 결과 brake가 고장이 났다는 것이 신정보인 논평이 되는 문장이다. 따

라서 out에 강세가 오게 된다. 이 문장의 의미를 확실하게 불변화사를 동사로 다음과 같이 표현할 수도 있다.

(92) a. He *downed* the tree by cutting.
b. She *outed* the error by rubbing.

(9) 정보구조와 초점화 현상

문장에는 첫 부분은 화제가 되는 중요한 위치이고, 끝 부분은 논평인 초점이 되는 중요한 위치이다. 따라서 오른쪽인 문장의 끝으로 이동시키므로 초점화하는 효과를 얻을 수 있다. 이런 초점화에는 다음과 같은 현상이 있다.

(93) a. It has been confirmed **that boris won the election**.
b. A new course will be offered **which explores the influence of global warming.**
c. You should see before it leaves **the show at the art gallery**.
d. In the room were **several people I knew**.
e. There were **two children killed in the fire**.
f. The ships in the harbor **all** suffered damage in the storm.
g. *She*'s gone out shopping, **your mother**.

(93a)는 it-that의 외치변형(extraposition)으로 상황을 나타내는 가주어 it를 화제로 만들고, 진주어인 that-절을 문장 뒤로 보내면서 초점화하는 효과가 있다. (93b)는 명사구에서 외치변형(extraposition from NP)으로 명사구를 수식하는 wh-관계절구조에서 긴 주어를 분리하여 명사구만 그대로 주어인 화제로 남겨놓고, 관계절을 뒤로 보내 초점화하는 경우이다. (93c)는 중명사구 이동(heavy NP shift)으로 명사구를 수식어하는 말이 있어 길이가 길어진 중명사구를 뒤로 보내는 경향이 있는데, 이도 초점화 현상의 일종이다. (93d)는 주어-동사 도치(subject-verb inversion)현상으로 부사구를 문장 앞으로 이동시켜 화제화하면서, 도치된 주어를 초점화 하는 효과가 있다. (93e)는 there-삽입(insertion)현상으로 허사 there를 가상의 화제공간으로 설정하여 주어로 내세우면서 신정보인 새 개체를 도입하는 규칙인데, 신정보인 새 개체를 초점화

하는 효과가 있다. (93f)는 양화사후치(quantifier postposing)로 all, some 등의 양화사를 뒤로 보내 초점화하는 현상이다. (93g)는 우향배치(right-dislocation)로 대명사 주어로 표현된 구정보의 개체를 문장 끝에 다시 명시적인 명사구로 표현하는 방법으로 구정보인 화제를 재확인하면서 초점화하는 효과가 있다.

2.3 정보구조와 담화

지금까지 살펴본 정보구조와 문장구조를 근거로 다음의 정상적인 담화 단락 (94a)와 부자연스러운 담화단락 (94b)를 일관성(coherence)과 응집력(cohesion)에 있어 어떻게 다른지 비교 분석해 보자.

(94) a: (1) *The sun*'s shining, it's a perfect day. (2) *Here* comes the astronauts. (3) *They*'re just passing the Great Hall; (4) perhaps *the president* will come out to greet them. (5) No, *it*'s the admiral *who*'s taking the ceremony.

b: (1) *It*'s the sun *that*'s shining, the day that's perfect. (2) *The astronauts* come here. (3) *The Great Hall* they're just passing; (4) *he*'ll perhaps come out to greet them, the President. (5) No, *it*'s the ceremony *that* the admiral's taking.

(94a)의 담화에서 도입부의 문장 (1)에서 주어 태양은 사회-물리적으로 화자나 청자에게 이미 널리 알려져 주어진 구정보로 정관사 the로 한정해 주는 한정명사구 the sun으로 표현되고 있다. 즉 화제로 자연스럽게 도입하고 있다. 또 날씨나 상황을 나타내는 허사 주어 it를 화제로 내세워 자연스럽게 담화를 시작하고 있다. 반면 (94b)의 담화에서 도입부의 문장 (1)은 처음부터 it-that의 강조구문으로 the sun과 the day를 신정보로 도입하여 강조하는 문장으로 시작하고 있다. 즉 자연스러운 담화문맥의 시작이 아니다. (94a)의 담화에서 다음 문장 (2)는 가상의 화제공간 here를 주어로 내세워 신정보인 새로운 인물인 우주비행사를 소개하고 있다. 즉 자연스럽게 앞의 도입부 문장과 연결되고 있어 일관성이 있고, 앞 뒤 두 문장의 응집력도 있다. 반면 (94b)의 담화에서 두 번째 문장 (2)는 처음 소개하는 신정보 우주비행사를 화제인 주어로 내세우고 있다. 즉 담화가 앞 도입부 문장과 연결이 안되어 일관성도 없고, 강조구문이 나오고 신정보가 주어로 나오면서 문맥이 짜임새가 없어 응집력도 없는 매

우 부자연스러운 담화문장이 되고 있다. (94a)의 담화에서 세 번째 문장 (3)은 앞에서 소개한 구정보인 우주비행사를 자연스럽게 대명사 they로 주어인 화제로 시작하여 신정보인 the Great Hall을 지나가고 있다는 논평을 하고 있다. 즉 자연스럽게 앞의 문장과 연결되고 있어 일관성이 있고 간결하게 표현되는 응집력도 있다. 반면 (94b)의 담화에서 세 번째 문장 (3)은 신정보인 the Great Hall을 전치시켜 화제로 삼고 있으므로 매우 부자연스럽다. 즉 앞 뒤 문장이 응집력도 없고 일관성도 없다. (94a)의 담화에서 네 번째 문장 (4)는 부사구 perhaps를 문장 앞으로 전치시켜 신정보인 대통령께서 친히 우주비행사들을 맞아 주리라는 내용을 추론할 수 있도록 하고 있다. 즉 앞의 문장과 일관성 있게 연결되고 있어 응집력도 있다. 반면 (94b)의 담화에서 네 번째 문장 (4)는 구정보가 아닌 대통령을 대명사 he로 주어로 등장시키고 다시 확인하여 강조하는 우향배치를 하고 있다. 즉 문장 내의 화제와 논평이 서로 맞지 않아 일관성도 없고, 앞 뒤 문장이 연결이 안되어 응집력도 없어 매우 부자연스럽다. (94a)의 담화에서 마지막 문장 (5)는 앞에서 언급된 대통령이 식을 진행하는 것이 아니라 신정보로 대통령과 대조되는 장군이 진행한다는 것을 it-that의 강조구문으로 도입하고 있으므로 논리적으로 일관성이 있고 응집력도 있다. 반면 (94b)의 담화에서 마지막 문장 (5)는 같은 it-that의 강조구문이지만 엉뚱하게 식을 강조하고 있는데 앞뒤 문맥으로 보아 식이 진행될 것이라는 것은 알 수 있는 구정보이므로 논리적으로 맞지 않고, 또 장군은 새로 도입된 신정보인데 주어로 화제처럼 취급하고 있어 일관성도 없고, 응집력도 없는 매우 부자연스러운 문장이 되고 있다.

연 습 문 제

1. 다음 문장에서 수행문을 가려내고, 통사적 의미적 특성을 설명해 보시오.

a. John cautiones Mary to drive carefully.

b. I warn you to drive carefully.

c. I vowed to love mary forever.

d. I promise you to tell the truth.

e. They are man and wife.

2. 다음 문장에서 언표적 행위와 언표내적인 행위는 무엇인가?

a. Open the window.

b. Who is the man over there?

c. He doesn't smoke.

d. I would like you to open the window.

e. I will take you to the concert tomorrow.

3. 다음 문장에서 발화행위의 모순성을 설명해 보시오.

a. I promise to leave yesterday.

b. Please take out the garbage, though I don't want you to.

c. I promise to pay you back, but I don't intend to.

d. I order you to grow older.

e. Turn on the T.V., but I don't want you to.

4. 다음 문장은 어떤 의미이며, 왜 그런 화행의미가 나왔는지 그 근거를 들어 설명하시오.

a. It's raining.(세 가지 화행의미)

b. I {would like, want} you to pass the salt.

c. Would you mind passing the salt?

d. The salt is in front of you, Bill.

e. The cook forget the salt in this dish.

5. 다음 문장의 언표내적인 힘은 무엇이며, 왜 문법성에서 차이가 나는지 설명하시오.

a. Can you pass me the salt?

b. Will / Would you open the window?

c. Why don't you / not listen to the music?

d. Why don't you / *not hear the music?

6. 다음 A-B의 대화에서 B의 대답을 통해 어떤 대화상의 함축을 추론할 수 있는지 설명해 보시오.

a. A: It's cold in here.	B: I'll turn the heat up.
b. A: Where's Harry?	B: Jani's taking a holiday in Bermuda now.
c. A: What's the weather prediction?	B: Bring your coat.
d. A: Are your parents coming to visit?	B: My mother is.
e. A: Do you like Rosie?	B: Well, she has a nice husband.

7. 다음 a는 함축, b는 전제, c는 함의를 나타내는 경우이다 이들 함축, 전제, 함의가 어떻게 다른지 설명해 보시오.

a. John tried to drive the car. / John did not succeed in driving the car.

b. John stopped beating his wife. / John had been beating his wife.

c. Mary killed the rabbit. / The rabbit died.

8. 다음 문장의 밑줄 친 부분이 화제인지 논평인지, 또 구정보인지 신정보인지 설명해 보시오.

a. Eric is the one who participated in the bike race.

b. At this intersection an accident occurred yesterday.

c. It was in Spain that I was robbed.
d. There is always too much food at wedding receptions.
e. What I can't stand is the noise of rock concerts.

9. 다음 밑줄 친 명사구가 한정적(definite)인지 비한정적(indefinite)인지, 또 특정적(specific)인지 불특정적(nonspecific)인지 총칭적(generic)인지설명해 보시오.

a. I found the book I was looking for.
b. I asked the librarian for the latest book on the topic.
c. I received an interesting book for my birthday.
d. I think that books are getting prohibitedly expensive.
e. I am reading about the history of the book.

10. 다음 문장들의 짝은 어떤 통사현상에 의한 문법관계이며, 정보구조면에서 어떻게 다른지 설명해 보시오.

a. I had my car stolen yesterday. / My car was stolen yesterday.
b. He resigned today, the president. / The president, he resigned today. / Today the president resigned.
c. It is Harold who is upsetting our plans. / What Harold is doing is upsetting our plans. / Harold is the one who is upsetting our plans.
d. John cut the bread with a knife. / The knife cuts the bread. / The bread cuts easily.
e. A good man is hard to find. / It is hard to find a good man. / What's hard to find is a good man.
f. John sprayed paint on the wall. / John sprayed the wall with paint.

11. 다음 담화 텍스트 A가 자연스럽고 B가 매우 부자연스럽고 적절하지 않음을 정보구조면에서 설명해 보시오.

Text A: (1) At 3 a.m. last Sunday, the Santa Clara Fire Department evacuated two apartment buildings at the corner of Country Club Drive and 5th Avenue. (2) Oil had been discovered leaking from a furnace in the basement of one of the buildings. (3) Firemen sprayed chemical foam over the oil for several hours. (4) By 8 a.m., the situation was under control. (5) Any danger of explosion or fire had been averted, and the leaky furnace was sealed. (6) Residents of the two apartment buildings were given temporary shelter in the Country Club High School gymnasium. (7) They regained possession of their apartments at 5 p.m.

Text B: (1) As for the Santa Clara Fire Department, it evacuated two apartment buildings at the corner of Country Club Drive and 5th Avenue at 3 a.m. last Sunday. (2) There was someone who had discovered a furnace in the basement of one of the buildings from which oil was leaking. (3) What was sprayed by firemen over the oil for several hours was chemical foam. (4) It was by 8 a.m. that the situation was under control. (5) What someone had averted was any danger of explosion or fire, and as for the leaky furnace, it was sealed. (6) What the residents of the two apartment buildings were given in the Country Club High School gymnasium was temporary shelter. (7) Possession of their apartments was regained by them at 5 p.m.

• 참고문헌 및 더 읽어 볼만한 책 •

김경학 (1999) 『영어 구문의 이해』, 도서출판 만남.

김경학 (2008) 『전치사의 의미와 용법 및 숙어이야기』, 한국문화사.

김경학 (2009) 『영어의 이해』, ㈜ 이지북스.

김경학 (2013) 『영어 문장의 구조와 의미』, J. K. Global.

김경학 (2014) 『영어 음성음운 연구와 발음연습』, 신아사.

김영석, 이상억 (1992) 『현대형태론』, 학연사.

구학관 (2000) 『영문법 이야기』, 테스트 뱅크 이십일 닷컴.

심재기, 이기용, 이정민 (1984) 『의미론서설』, 집문당.

안승신 (199x) 영어 음성학, 인터넷 자료(http://ksys10.knou.ac.kr/phonetics)

양동휘 (1994) 『문법론』, 한국문화사.

이기동 (1992) 『영어동사의 문법』, 신아사.

이기동 (1998) 『영어전치사 연구』, 교문사.

이익환 (1985) 『의미론개론』, 한신문화사.

Aarts, B. & Meyer, C.F. (1995) *The Verbs in Contemporary English.* Cambridge University Press.

Aronoff, M. (1976) *Word Formation in Generative Grammar*, Cambridge (mass.): The MIT press.

Austin, N. L(1962), *How to do Thing with words*, Oxford: Clarendon Press.

Bauer, L. (1983) *English Word Formation*, Cambridge: Cambridge University Press.

Bolinger, Dwight (1971) *The Phrasal Verb in English*. Cambridge, Mass: Harvard University Press.

Bolinger, Dwight (1977) *Meaning and Form.* London : Longman.

Chomsky, Noam (1965) *Aspects of the Theory of Syntax*, MIT Press.

Chomsky, Noam (1970) "Remarks on Nominalization" *Readings in English Transformational Grammar*, 184-221, Ginn and Company.

Chomsky, Noam (1981) *Lectures on Government and Binding*. Dordreht, holland : Foris.

Chomsky, Noam (1991) "Some Notes on Economy of Derivation and Representation," *Principles and Parameters in Comparative Grammar*, MIT press.

Chomsky, Noam (1995) *The Minimalist Program.* MIT Pess.

Clark, H. H. and E. V. Clark (1977) *Psychology and Language*, Harcourt Brace Jovanovich, Inc.

Cole, P. ed (1978) *Syntax and Semantics 9: Pragmatics,* New York: Academic Press

Cole, P & J. L. Morgan ed. (1975) *Syntax and Semantics 3: Speech Act,* New York : Academic Press.

Culicover, P. and W. Wilkins (1986) "Control, Pro, and the Projection Principle" *Language 62*.

Davis, Anthony. R. (1996) *Lexical Semantics and Linking in the Hierarchical Lexicon*, Ph. D. thesis, Stanford University.

Davis, Anthony and Jean-Pierre Koenig (2000) "Linking as Constraints on Word Classes in a Hierarchical Lexicon", *Language 76*, 56-91.

Dowty, D. R. (1979) *Word Meaning and Montague Grammar*, Dordrecht: Reidel.

Dowty, D. R. (1991) "Thematic Proto-Roles and Argument Selection". *Language 67*: 547-619.

Dowty, D. R. (2001) "The Semantic Assymmetry of 'Argument Alternations' (and Why it Matters)", *Making Sense: From Lexeme to Discourse, in Groninger Arbeiten zur germanistischen Linguistik Nr. 44*, Center for Language and Cognition Groningen, Groningen.

Fillmore, Charles J. (1968) "The case for Case", *Universals in Linguistic Theory*, 1-88.

Fillmore, Charles J. (1970). "The Grammar of Hitting and Breaking", *Readings in English Transformational Grammar*. Waltham, MA: Ginn, 120-133.

Fillmore, Charles J. (1977) "The case for Case Reopened", *Syntax and Semantics 8*: *Grammatical Relations*, 59-82.

Fillmore, C.J. (1982) "Toward a Descriptive Framework of Spatial Deixis", *Speech, Place and Action*, John Wiley, London.

Fillmore, C. J., Paul Kay and M. C. O'Connor (1988) "Regularity and idiomaticity in Grammatical Construction: The Case of let along", *Language 64*, 501-38.

Foley, W. A. and R. Van Valin (1984) *Functional Syntax and Universal Grammar*. Cambridge: Cambridge University Press.

Gazdar, G., E. Klein, G. Pullum and I. Sag (1985) *Generalized Phrase Structure Grammar*, Cambridge, Mass: Harvard University Press.

Gazdar, Gerald (1979), *Pragmatics,* New York: Holt, Academic Press.

Gertrude F. Orion (1997) *Pronouncing American English: Sounds, Stress, and Intonation*. Heinle & Heinle Publishers.

Givon, Talmy. (1979) *On Understanding Grammar,* New York: Academic Press.

Geoffrey Leech and Jan Svartvik (1996) *A Communicative Grammar of English.* London and New York: Longman.

Goldberg, Adel E. (1995) *Construction: A Construction Grammar Approach to Argument Structure*. The University of Chicago Press.

Goldberg, Adele E. (2006) *Constructions at Work: the nature of generalization in language.* Oxford: Oxford University Press.

Goldberg, Adel E. (2010) "Verbs, Constructions and Semantic Frames", *Syntax, Lexical Semantics, and Event Structure*, Oxford University Press, Oxford, UK, 39-58.

Grice, Paul H. (1975) "Logic and Conversation". *Syntax and Semantics volume 3: Speech Acts*. NY: Academic Press. 41-58.

Greenbaum, Sidney & Rendolph Quirk (1990) *A Student's Grammar of the English Language*. Longman.

Grimshaw, Jane (1990) *Argument Structure.* Cambridge. Mass: MIT Press.

Hopper, P. J. and S. A. Thompson (1980) "Transitivity in grammar and Discourse", *Language 56*, 251-276.

Jackendoff, Ray (1972) *Semantic Interpretation in Generative Grammar, Cambridge,* Mass: MIT Press.

Jackendoff, Ray (1983) *Semantics and Cognition*, Cambridge, Mass: MIT Press.

Jackendoff, Ray (1990) *Semantic Structures*, Cambridge, Mass: MIT Press.

Jackendoff, Ray (2002) *Foundations of Language*, Oxford University Press.

Jones, C. (1988) "Thematic Relations in Control" *Syntax and Semantics 21.* New York : Academic Press.

Jones, D. (1967) *An Outline of English Phonetics*, Cambridge: W. Heffer & Sons Ltd.

Katz, J. & I. A Fodor (1964) "The Structure of a Semantic Theory," *Language 39*. 170-210

Kennedy, Arthur G. (1920) *The modern English verb-adverb combination.* Stanford: Stanford University Press.

Keyser, S. and T. Roeper (1984) "On the Middle and Ergative Constructions in English", *Linguistic Inquiry 15*, 381-416.

Kiparsky, P. (1997) "Remarks on Denominal Verbs" *Complex Predicates*, CSLI Publications, 473-499.

Krifka, Manfred (2004) "Semantic and Pragmatic Conditions for the Dative Alternation". *Korean Journal of English Language and Linguistics 4*, 1-32.

Kuiper and Allan (1996) *An Introduction to English Language: Sound, Word and Sentence.*

Palgrave.

Ladefoged, P. (2001) *A Course in Phonetics*. Fourth Edition. New York: Harcourt.

Ladefoged, P. (2001) *Vowels and Consonants. An Introduction to the Sounds of Languages*. Oxford: Blackwell.

Lakoff, George (1977) "Linguistic Gestalts", *CLS 13*, 225-235.

Lakoff, George (1987) *Women, Fire and Dangerous Things*. Chicago: University of Chicago Press.

Lakoff, George, and Mark Johnson (1980) *Metaphors we live by*. Chicago: University of Chicago Press.

Langacker, Ronald W. (1987) *Foundations of cognitive grammar Volume I*. Stanford, Calif.: Stanford University Press.

Langacker, Ronald, W. (1991) *Foundations of Cognitive Grammar. Volume II*. Stanford : Stanford University Press.

Langacker, Ronald, W. (1995) "Raising and Transparency," in *Language 71-1*, 1-62.

Larson, R. K. (1988) "On the Double Object Construction," *Linguistic Inquiry* 19-3.

Laurel J. Brinton (2000) *The Structure of Modern English*. John benjamins Publishing Company.

Levin, Beth (1993) *English Verb Classes and Alternations: A Preliminary Investigation*. Chicago: University of Chicago Press.

Levin, Beth (1999) "Objecthood: An Event Structure Perspective", *CLS 35, Part 1: Papers from The Main Session*, 223-247.

Levin, Beth (2006) "English Object Alternations: A Unified Account", Unpublished Manuscript. Stanford University, Stanford, CA.

Levin, B. and M. Rappaport Hovav (1995) *Unaccusativity: At the Syntax-Lexical Semantics Interface, Linguistic Inquiry Monographs 26*, MIT Press.

Levin, B. and M. Rappaport Hovav (1999) "Two Structures for Compositionally Derived Events", *SALT 9*, 199-223.

Levin, B. and M. Rappaport Hovav (2005) *Argument Realization*, Cambridge University Press, Cambridge.

Levin, B. and M. Rappaport Hovav (2008) "Lexical Conceptual Structure", *Semantics: An International Handbook of Natural Language Meaning*, Mouton de Gruyter, Berlin.

Levin, B. and M. Rappaport Hovav (2010) "Lexicalized Meaning and Manner/Result Complementarity", *The Subatomic Semantics of Event Predicates,* Springer, Dordrecht.

Linda Lane (2005) *Focus on Pronunciation 1, 2*. Longman Com.

Lindner, Susan, J. (1982) "What Goes Up Doesn't Necessarily Come Down: The Ins and Outs of Opposites." *CLS 18*. Chicago Linguistic Society. 305-323.

Lindner, Susan, J. (1893) *A Lexico-Semantic Analysis of English Verb Particle Constructions with OUT and UP*. IULC. Bloomington, Indiana.

Lyons, John (1977) *Semantics*, Cambridge: Cambridge University Press.

Lyons, John (1981) *Language, Meaning & Context*, Suffolk: Fontana Paperbacks.

Martin Hewings & Sharon Goldstein (2000) *Pronunciation Plus: Practice through Interaction.* Cambridge : Cambridge University Press.

McCawley, James D. (1978). "Conversational Implicature and the Lexicon", *Syntax and Semantics 9: Pragmatics*. New York: Academic Press, 245-59.

Meyer, C. F. (1995) "Grammatical Relations in English," *The Verbs in Contemporary English*. Cambridge.

Montague, R (1974) *Formal Philosophy: Selected Papers of Richard Montague*. Yale University Press

Ogden, C. K. & & I. A. Richards (1923) *The Meaning of Meaning*, New York: Harcourt Brace Jovanovich International Inc.

Palmer, Frank, R. (1965) *A linguistic study of the English verb*, London: Longman.

Palmer, F. R. (1981) *Semantics*, Cambridge: Cambridge University

Parsons, Terence (1990) *Events in the semantics of English*. Cambridge, MA: MIT Press.

Pinker, Steven (1989) *Learnability and Cognition: the acquisition of argument structure*. Cambridge ,Mass: MIT Press.

Pustejovsky, James (1995) *The Generative Lexicon*. Cambridge, Mass.: MIT Press.

Quirk, R., Greenbaum, S. Leech, G and Svartvik, J. (1985) *A Comprehensive Grammar of the English Language*, London : Longman.

Rappaport Hovav, Malka and Beth Levin (1998) "Building Verb Meanings". *The Projection of Arguments: Lexical and Compositional Factors*. Stanford: CSLI Publications.

Rappaport Hovav, Malka and Beth Levin (2001) "An Event Structure Account of English Resultatives". *Language, 77*. 766-97.

Rappaport Hovav, Malka and Beth Levin (2008) "The English dative alternation: The case for verb sensitivity". *Journal of Linguistics 44*: 129-167.

Rappaport Hovav, Malka and Beth Levin (2010) "Reflections on Manner/Result Complementarity", *Syntax, Lexical Semantics, and Event Structure*. Oxford: Oxford University Press, 21-38.

Rappaport Hovav, Malka and Beth Levin (2011) "Lexicon Uniformity and the causative alternation". *The Theta System: Argument Structure at the Interface*, Oxford University Press, Oxford, UK.

Reinhart, Tanya (2002) "The Theta System—An Overview", *Theoretical Linguistics* 28, 229-290.

Rosch, E. H. (1973). "Natural categories". *Cognitive Psychology 4-3*: 328350.

Saussure, F. (1916) *Course de Linguistique*, Paris.

Schlesinger, I. M. (1995) "On the Semantics of the Object" *The Verbs in Contemporary English*. Cambridge.

Searle, John (1969) *Speech Acts, Cambridge*: Cambridge University Press.

Snyder, William (2001) "On the nature of syntactic variation: evidence from complex predicates and complex word-formation". *Language, 77*. 324-342.

Spencer, Andrew (1991) *Morphological theory*, Cambridge(Mass.): Basil blackwell.

Trager, G & H. Smith (1951) *An Outline of English Structure. Studies in Linguistics : Occasional Papers 3*. Okl: Battenburg Press.

Tsunoda, T. (1985) "Remarks on Transitivity", *Journal of Linguistics 21*, 385-396.

Ullmann, Stephen (1962) *Semantics: An Introduction to the Science of Meaning*, Oxford: Basil Blackwell.

Van Valin, R. and R. LaPolla (1997) *Syntax: Structure, Meaning and Function*. Cambridge; Cambridge University Press.

Vendler, Z. (1957) "Verbs and Times", *Philosophical Review 56*, 143-160. Reprinted in Z. Vendler (1967), *Linguistics in Philosophy*, Cornell University Press, Ithaca, NY, 97-121.

Verspoor, C. M. (1997) *Contextually-Dependent Lexical Semantics*, Ph. D. thesis, The university of Edinburgh.

Wechsler, Stephen (1995) *The Semantic Basis of Argument Structure*, CSLI Publications.

Wechsler, Stephen (2001) "An Analysis of English Resultatives Under the Event-Argument Homomorphism Model of Telicity". *Proceedings of the 3rd Workshop on Text Structure*, University of Texas, Austin.

Wright, Saundra K. (2002) "Transitivity and change of state verbs". *BLS 28*: 339-350.

색인

ㄴ

ㄷ

ㅂ

ㅇ

ㅈ

ㅊ

ㅋ

ㅌ

ㅍ

ㅎ

김경학

서울대학교 사범대학 영어교육과 졸업
서울대학교 교육학 석사
서울대학교 문학박사
해군 제2 사관학교 영어과 주임
울산대학교 영문과 교수
94년도 1차 대수능 영어과 출제위원
현) 수원대학교 영문과 교수

저서

통제와 문법이론
영어학의 이해(공저), 영어구문의 이해
문제없다 영작문, 문제없다 영어발음
영어이야기, 팝송과 함께하는 영어발음청취
전치사의 의미와 용법 및 숙어 이야기
영어의 이해, 영어음성학의 이해와 활용
영어 문장의 구조와 의미
영어 음성음운 연구와 발음연습 외 다수

영어학의 이해와 활용

초판 1쇄 발행 _ 2015년 2월 10일

저　　자 · 김 경 학
발 행 인 · 정 현 걸
발　　행 · 신 아 사
인　　쇄 · 예지인쇄
출판등록 · 1956년 1월 5일 (제9-52호)
주　　소 · 서울특별시 은평구 녹번동 28-36번지 2F
전　　화 · (02)382-6411 · 팩스 (02)382-6401
홈페이지 · www.shinasa.co.kr
E-MAIL · shinasa@daum.net
ISBN: 978-89-8396-880-7 (93740)

정가 18,000원